臺灣政經轉型下之制度變遷

王業立、宋興洲、傅恒德——主編

主編簡介

王業立（Wang, Yeh-Lih）

【學歷】美國德州大學奧斯汀校區政治學博士

【現職】臺灣大學政治學系教授

【研究領域】選舉制度、投票理論、地方政治、比較政治

【經歷】東海大學政治學系副教授、東海大學政治學系教授兼系主任、
　　　　臺灣大學政治學系教授兼系主任

【著作】學術論文曾發表於《政治科學論叢》、《選舉研究》、《問題與研
　　　　究》、《臺灣民主季刊》、《東吳政治學報》與《問題と研究》等
　　　　學術期刊，另著有《比較選舉制度》專書。

宋興洲（Sung, Hsing-Chou）

【學歷】美國亞利桑那州立大學政治學博士

【現職】東海大學政治學系教授

【研究領域】政治經濟學、國際政治、社會科學計量研究法

【經歷】東海大學政治學系副教授、東海大學政治學系教授兼系主任、
　　　　學生事務長

【著作】學術論文曾發表於《亞太和平月刊》、《政治學報》、《政治科學
　　　　論叢》、《亞太經濟合作評論》、《問題與研究》、《全球政治評論》、
　　　　《東海大學學報》等學術期刊。另著有專書《動態的東亞經濟
　　　　合作：理論性爭辯與實踐》。

傅恒德（Fu, Hung-Der）

【學歷】美國亞利桑那大學政治學博士

【現職】東海大學政治學系教授

【研究領域】政治行為、比較政治、政治學研究法

【經歷】東海大學學生事務長、政治學系主任、中國政治學會理事長
【著作】學術論文曾發表於《選舉研究》、《政治學報》、《政治科學論叢》、《遠景基金會季刊》、《問題與研究》、《國家發展研究》、《東海大學學報》、《東海大學社會科學學報》等學術期刊。另著有《政治暴力與革命》、《政治文化與政治行為》兩本專書。

作者群簡介

王光旭（Wang, Guang-Xu）

【學歷】英國諾丁漢大學社會政策學博士、國立政治大學公共行政學博士

【現職】國立臺南大學行政管理學系副教授

【研究領域】社會網絡分析、社區與福利服務、跨域管理、健保政策

【經歷】考試院國家文官學院講座、人事行政總處地方研習中心講座

【著作】學術論文曾發表於 Social Science & Medicine、Journal of Asian Public Policy、International Review of Administrative Sciences、Asian Social Science、政治科學論叢、公共行政學報、行政暨政策學報、都市與計畫、調查研究－方法與應用、民主與治理等期刊與中英文專書。

王篤強（Wang, Duu-Chiang）

【學歷】中正大學社會福利學系博士

【現職】東海大學社會工作學系教授

【研究領域】弱勢人口與社會工作、志願服務與非營利組織、社會救助與社會工作、社會工作與社會福利理論

【經歷】東海大學社會工作學系主任

【著作】研究著作曾發表於《China journal of Social Work》、《社會政策與社會工作學刊》、《中國社會工作研究》等期刊，並著有《貧窮、文化與社會工作》一書與數篇中文專書論文。

史美強（Shih, Mei-Chiang）

【學歷】美國奧克拉荷馬大學公共行政學系博士

【現職】東海大學行政管理暨政策學系教授、東海大學公共事務碩士在職專班主任

【研究領域】官僚理論、組織網絡 、網路社會與治理專題、組織理論
【經歷】東海大學公共事務碩士在職專班執行秘書、考試院國家文官學院講座、人事行政總處地方研習中心講座
【著作】研究著作曾發表於 *International Public Management Review*、*Journal of Asian Public Policy*、*International Review of Administrative Sciences*、公共行政學報等期刊，並著有《制度、網絡與府際治理》一書與數篇中文專書論文。

李成（Lee, Cherng）

【學歷】美國杜蘭大學法學博士
【現職】東海大學法律學院副教授
【研究領域】英美法導論、海商法、國貿法規、消費者保護法
【著作】

1. 李成，2014 年 11 月，〈論我國國際醫療現況與未來發展〉，收錄於陳運財、林更盛主編之專書「社會變遷下醫療法制發展之研究（一）」，東海大學法律學院出版，台中市，ISBN: 978-986-5990-61-9。
2. 李成，2009 年，限額再保險法制之研究，風險管理學報，第 11 卷，第 1 期，pp35-61。
3. 卓俊雄、李成，2011 年 3 月，民事法學的現代課題與展望－溫豐文教授六秩五華誕祝壽論文集，元照出版，台北市，ISBN: 9789862551004。

吳秀照（Wu, Shiou-Chao）

【學歷】美國布蘭岱斯大學社會政策博士
【現職】東海大學社會工作學系副教授兼系主任
【研究領域】婦女勞動與福利、身心障礙就業與福利
【經歷】東海大學博雅書院副書院長、東海大學諮商中心主任
【著作】

1. 吳秀照（2007）。《*身心障礙者就業需求與就業政策*》。台北：雙葉書廊。

2. 吳秀照、陳美智（2012）。《*障礙研究：理論與政策應用第六章——勞動與就業*》，159-202。高雄：巨流圖書公司。

3. 吳秀照、陶蕃瀛（2014）。《社會工作從業人員職場安全的雇主責任與相關議題探討》。社區發展季刊，147：89-101。

宋興洲（Sung, Hsing-Chou）

【學歷】美國亞利桑那州立大學政治學博士

【現職】東海大學政治學系教授

【研究領域】政治經濟學、國際政治、社會科學計量研究法

【經歷】東海大學政治學系副教授、東海大學政治學系教授兼系主任、學生事務長

【著作】學術論文曾發表於《亞太和平月刊》、《政治學報》、《政治科學論叢》、《亞太經濟合作評論》、《問題與研究》、《全球政治評論》、《東海大學學報》等學術期刊。另著有專書《*動態的東亞經濟合作：理論性爭辯與實踐*》。

卓俊雄（Cho, Chun-Hsiung）

【學歷】東海大學法學博士

【現職】東海大學法律學院教授、東海大學企業法制研究中心主任

【研究領域】保險法、 商事法、金融法

【著作】

1. 卓俊雄，2014 年，論保險經紀人保證保險之屬性－兼論要保人故意行為之可保性，高大法學，第 10 卷，第 1 期，pp125-164。

2. 卓俊雄，2014 年 11 月，〈兩岸醫療爭議事件處理機制之研究－兼論醫療補償互助金之屬性〉，收錄於陳運財、林更盛主編之專書「社會變遷下醫療法制發展之研究（一）」，東海大學法律學院出版，台中市，ISBN：978-986-5990-61-9。

3. 卓俊雄，2014 年 10 月，保險證券化發行架構與監理機制，財團法人保險事業發展中心，ISBN: 978-986-7516-84-8。

林庭麒（Lin, Ting-Chi）

【學歷】東海大學經濟系碩士

【現職】台灣工業銀行企金業務專員（JRM）

【經歷】遠東國際商業銀行、國泰世華商業銀行

洪秀芬（Hung, Shiu-Feng）

【學歷】德國慕尼黑大學法學博士

【現職】東吳大學法學院專任副教授

【研究領域】商事財經法

【經歷】逢甲大學財經法律研究所副教授、東海大學法律學系副教授

【著作】研究論文曾發表於《台大法學論叢》、《政大法學評論》、《東吳
法律學報》、東海大學法學研究》、《輔仁法學》、《興大法學》、《中
正財經法學》、《華岡法粹》等學報，及《月旦法學雜誌》、《月
旦裁判時報》、《月旦民商法雜誌》、《月旦財經法雜誌》、《台灣
法學雜誌》、《萬國法律》、《全國律師》等。

高迪理（Kao, Ti-Li）

【學歷】美國伊利諾大學香檳校區社會工作博士

【現職】東海大學社會工作學系副教授

【研究領域】社會工作研究法、老人住宅服務、個案管理服務、社會工
作方案設計與評估、社會工作行政管理

【經歷】中華兒童暨家庭扶助基金會諮詢委員、現任兒福聯盟台中中心
專業督導、東海大學社會工作學系副教授兼系主任

【著作】

1. 高迪理〈2004〉。《計畫擬定與評估準則。兒童安置及教養機構經營管
理手冊》，頁65-94。內政部兒童局。

2. 高迪理、尤幸玲（合譯）〈2003〉。《社會工作實習——學生指引手冊》。
台北：雙葉書廊。

3. 相關研究論文發表於《當代社會工作學刊》、《社區發展季刊》、《社會工作學刊》、《社會福利》與《社會個案工作實務》等學術期刊。

黃依筠（Huang, Yi-Yun）

【學歷】東海大學經濟學系碩士
【現職】永豐銀行企金業務

黃莉娟（Huang, Li-Chuan）

【現職】東海大學經濟學研究所碩士，高考財稅行政人員及格，目前從事公職。
【研究領域】國際金融理論
【著作】名目所得目標區與物價目標區下的蜜月效果──不確定情況下的分析（2002 年 6 月），東海大學經濟學研究所碩士論文。

賀惠玲（Hou, Huei-Ling）

【學歷】美國喬治亞大學農業經濟暨應用經濟博士
【現職】東海大學經濟學系副教授兼系主任
【研究領域】國際貿易、期貨與選擇權
【經歷】東海大學經濟學系副教授
【著作】
1. 賀惠玲及陳怡君，簽訂經濟合作協議對台灣電子電機產業之貿易效果──以引力模型驗證，2015 國際經營創新、變革與挑戰學術研討會，2015/04。
2. 賀惠玲及曾涵屏，第三方支付對電子商務公司的影響之分析──以美國、日本及台灣為例，2015 國際經營創新、變革與挑戰學術研討會，2015/04。
3. 賀惠玲、梁秀精及陳韋君，台灣面板類股股價報酬之分析──以友達及群創面板雙虎為例，2015 國際經營創新、變革與挑戰學術研討會，2015/04。

4. 賀惠玲及吳冠達，國民飲食習慣之分析，2014 國際經營創新、變革與挑戰學術研討會，2014/04/25。

5. 賀惠玲及李政霖，量化寬鬆貨幣政策下臺灣銀行業之要素配置與成本效率研究，2014 國際經營創新、變革與挑戰學術研討會，2014/04/25。

廖培賢（Liaw, Peir-Shyan）

【學歷】國立台灣大學經濟學研究所碩士、國立台灣大學經濟學研究所博士班肄業

【現職】東海大學經濟學系專任教授

【研究領域】總體經濟學、國際金融理論、動態經濟分析方法與應用、金融市場

【經歷】東海大學經濟學系系主任、逢甲大學經濟學系兼任教授

【著作】研究論文曾發表於《經濟論文》、《經濟論文叢刊》、《經濟研究》、《農業與經濟》、《政治經濟評論》、《經濟與管理論叢》、《東吳經濟商學學報》、《東海管理評論》、《東海學報》、《東海社會科學學報》等學術期刊，以及出版《政策相對有效性與匯率動態調整之探討》專書。

陳文典（Chen, Wen-Den）

【學歷】國立交通大學經營管理研究所博士

【現職】東海大學經濟學系教授

【研究領域】數量方法、計量經濟學、時間序列分析

【經歷】傅爾布萊特訪問學者、東海大學經濟學系教授兼系主任

【著作】

1. W.D. Chen, 2016, "Detecting multiple factors in panel data: an application on the growth of local regions in China," *Applied Economics,*（SSCI, forthcoming, 具匿名審稿制度, accept）.

2. W.D. Chen, H.C. Li, 2015, "Wavelet Decomposition of Heterogeneous Investment Horizons," Journal of economics and finance,（forthcoming, 具匿名審稿制度,accept）.

3. 陳香梅、陳文典、游懷萱, 2014, "清潔發展機制（CDM）對溫室氣體之減量效果分析," *應用經濟論叢 vol 94*, 94, 75-112.（TSSCI）.

4. 姚名鴻、陳文典、林秀娟, 2013, "公共投資、租稅政策與台灣經濟成長," *經濟與管理論叢*, 9, 1, 77-102. （具匿名審稿制度）.

5. D.S. Chang, Y.T. Chen, and W.D. Chen, 2009, "The exogenous factors affecting the cost efficiency of power generation," *Energy Policy*, Vol. 37, No. 12, pp. 5540-5545.（SSCI,具匿名審稿制度）.

陳世佳（Chen, Shr-Jya）

【學歷】美國愛荷華大學教育行政學博士

【現職】東海大學教育研究所副教授

【研究領域】教育行政、師資培育、教師專業發展

【經歷】東海大學學生事務長、東海大學附屬實驗高級中學代理校長、東海大學教育研究所所長、東海大學師資培育中心主任、東海大學學生諮商中心主任

【著作】

1. 陳逸敬、陳世佳（2010.04）。台中市國民中小學教師參與「教師專業發展評鑑」教師教學效能之研究。*東海教育評論*，4，147-188。

2. 張仕政、陳世佳（2010.05）。僕人式領導對國小教師班級經營之啟示。*學校行政雙月刊*，67，18-30。

3. 陳世佳、許瑞娥、陳逸敬（2010.06）。誰是超額教師?台中市國小超額教師輔導遷調介聘作業要點之分析。*教育科學期刊*，9（1），163-177。

4. 陳錦惠、陳世佳（2010.12）。國中導師僕人式領導之初探。*教育科學期刊*，9（2），123-142。

5. Shr-Jya Chen & Ying-Chyi Chou & Hsin-Yi Yen & Yu-Long Chao（2015.Feb.）Investigating and structural modeling energy literacy of high school students in Taiwan. *Energy Efficiency*. 8（1）.（SSCI）

謝甄滿（Hsieh, Chen-Man）

【學歷】東海大學教育研究所
【現職】臺中市清水國中數學科教師

主編序

行政院國家科學委員會(現已改制成科技部)於 2006 年 3 月為強化私立大學校院人文及社會科學研究能量,提升其學術研究競爭力,特別訂定「提升私立大學校院人文及社會科學研究能量專案計畫試辦方案」。旨在鼓勵私立大學院校提出為期三年的整合型研究計畫,藉此鼓勵學校發展本身的研究特色並提升研究能量。時任本校社會科學院院長的溫豐文教授,為促成了社會科學研究資源的整合,委由政治學系負責總計畫的統籌,並結合經濟學系、法律學系、社會工作學系、行政管理與政策學系、教育研究所與師資培育中心等社會科學學門系所,進行為期三年半的跨領域研究的學術對話。總計畫前兩年由時任本系的王業立教授擔任,統籌各項事務,舉辦學術研討會等,最後一年半由本人續辦本專案計畫。

總計畫主要負責理論基礎的建構,藉著描繪制度制約、社會互動、結構再造與制度選擇等面向,勾勒出政經轉型的整體動能與未來趨勢,為整體計畫提供核心理論探索與研究基礎。計畫並以研究對象的多樣性與互補性為原則議定工作分配,一方面保持各子計畫的獨立性與專業領域的特殊性,借重並延續參與學者既有的研究成果;另一方面則透過共同議題來整合各個子計畫,使各子計畫之研究對象互有關聯但不相重複,以免研究範圍過於狹窄。

具體而言,各子計畫處理問題大致皆涉及制度變遷與政經轉型之議題,其中包括理論層面與實證研究層次,也包括歷史脈絡、現象詮釋與未來建言。同時各子計畫的實際分析也以轉型中社會階層與實際現象為基本著眼。所以各子計畫之間既有共同社會現象為基礎,在一定程度可以相互整合的理論架構,也有含納各種實例的比較研究框架,有利於子計畫間分進合流,達成整合目標。

本書總共集結了十篇專文，主題涉及政治、經濟、社會工作、法律、行政管理到教育政策等面向，從制度變遷及其效果為主軸進行延伸，文章內容涵蓋金融政策、福利民營化、法律暨社會責任、組織再造至高等教育議題。由於本計畫在研擬計畫構想書時，宋興洲教授負責理論背景的文獻探討與研究架構的擬定，因此在導論中，請他撰寫制度與制度變遷專章，以作為本書的理論基礎並彰顯宋教授在本計畫中的貢獻。

　　本書除了明列的專家學者外，本整合型計畫在執行的三年半期間，參與的人員多達六十多位，其中包含多位博士後研究人員與為數甚多的研究所在學博碩士生，也因為所有人員的共同參與以及投入心力，本書的才得以順利出版問世。本書有下列幾項特色：（1）對於制度與制度變遷相關理論的介紹；（2）理論與實務案例的結合；（3）增進對我國各領域內制度發展與變遷的理解；（4）學門間整合研究的效益。我們期許透過本書的這幾項特點，讓有興趣的讀者能夠確實掌握制度與其變遷的脈絡發展，擴增視野的深度與廣度，並可循此模式探索國內社會科學領域制度變遷的現象。

　　本書的付梓要特別感謝科技部的支持，溫豐文院長的先期規劃，王業立教授的統籌和宋興洲教授的推動，社會科學院蔡麗玲秘書和政治系趙尹詩助教在行政上的協助，撰寫各篇章的學術先進與研究人員，曾經參與本整合型計畫的所有博、碩士生，以及秀威資訊科技股份有限公司同仁的鼎力協助，本書才有機會問世，在此一併致謝。

　　學海無涯，對於書內的觀點或許仍有可論述的空間，若有任何疏漏、未盡理想之處，望各位學術先進不吝指教，以便於再版時一併更正。

傅恒德　謹識

東海大學政治學系

2016 年 7 月

目錄

導論 制度與制度變遷

宋興洲

壹 制度論：從舊到新

　　1950 年代以前，政治學雖不乏以制度研究為焦點，惟其主要在描述憲法、法律體系和政府結構。1960 年代以後，行為學派及理性選擇理論則取而代之成為主流。然而，馬埒和歐爾森（James G. March and Johan P. Olsen）兩位美國學者於 1984 年撰文批判主流政治學為「化約論」（reductionist），因為行為學派只把制度視為個人角色、地位和學習反應的集合而已，而理性選擇理論學者只不過視制度為個人基於功利極大化的偏好，進行選擇的積累罷了。相對地，兩位學者認為，政治制度在塑造政治結果上扮演著更自主性角色。他們並主張，政治生活的組織有其不同之處，因此「官僚機構、立法委員會、上訴法院都是社會勢力互相競爭的場域，它們同時也是界定和保衛利益的標準操作程序集合體與結構。它們本身就是政治行動者」。由於兩位學者對制度的重新詮釋，因而他們稱其為「新制度論」（New Institutionalism）。

　　基本上，新制度理論不止一個，而是至少有七個（Peters, 1999），包括：（一）規範性制度論（normative institutionalism），研究「具體展現在政治制度中的規範和價值是如何塑造個人行為」；（二）理性選擇制度論（rational choice institutionalism），主張「政治制度是規則和引導的系統，個人處於其中試圖極大化其功利」；（三）歷史制度論（historical institutionalism），檢視「政府體制制度設計的選擇是如何影響個人未來的行動與決策」；（四）經驗性制度論（empirical institutionalism），類似

傳統的制度研究，區別不同的制度類型，並分析其對政府作為的實際影響；（五）國際制度論（international institutionalism）顯示「國家行為是受到國際政治生活的結構性限制所引導」（六）社會學制度論（social institutionalism），研究「制度創建意義的方式（也就是說，舉凡對個人有意義的事物皆是其所處的制度所塑造而成）」；（七）網絡式制度論（network institutionalism），顯現「個人、團體之間（包括個人與個人之間、個人與團體之間、以及團體與團體之間）規律化，但通常非正式，的互動形態是如何形塑政治行為」。

以上七種制度論（通稱新制度論）是從不同的角度來探視制度如何塑造或便利個人的行為和選擇，而其共同點則是制度影響個人或團體。這是新制度論展現的理論解釋力。申言之，研究新制度論的學者是在「重新找回政治」（Bringing Politics Back In）的反省之下（Cammack, 1992: 403），肯定「制度」乃中介及結構化政治過程的重要變項，進而強調制度的相對自主性功能。惟對於如何看待制度與個體行為之間的聯結，以及如何解釋制度起源與變遷等兩大議題，根據美國學者，豪爾與泰勒（Hall and Taylor, 1996）的看法，一般將新制度論分為「理性選擇制度論」、「社會學制度論」與「歷史制度論」三大支系。簡言之，若就制度的角色相對於個體與結構間的位置而言，「理性選擇制度論」認為制度雖然影響個體的選擇與行動，但並非絕對的因素；「社會學制度論」認為制度本身即鑲嵌於更大的社會或文化結構，個體選擇幾乎不足以發揮作用；而「歷史制度論」則主張制度在形塑個人行為與選擇方面確實扮演著關鍵角色，但同時也受限於結構因素的影響。換言之，以「偏好」為基礎，「理性選擇制度論」是一種「以行為者為中心」（agency-centered）的研究途徑，「社會學制度論」的研究途徑是「以結構為基礎」（structure-based），而「歷史制度論」則是兩者的折衷（Clark, 1998; Koeble, 1995）。

貳　制度和穩定

何謂制度？根據諾斯（Douglass North）的定義，制度是「社會的遊戲規則，或更正式的說，是人們所設計出來的限制以形塑人與人之間的互動」。同時，制度「為日常生活提供結構以減少不確定性」，它包含了正式的規則例如法律和憲法，以及非正式的限制譬如習慣和規範（North, 1990: 3）。基本上，制度可被視為持續性的規則，以管理人際間的互動，是由人所設計出來的，而非自然天成。至於正式及非正式的規則（或限制），前者指的是明顯或書寫的規則，而後者則為不明顯或隱含的規則。或者說，正式規則是由具特別角色的行為者所遵守或執行，而非正式的行為準則是由相關團體的成員們所服從與遵守。非正式限制，在大部分的情況下，不是要遵守完整的詳細規定，但其包含行為準則（codes of conduct）、行為規範（norms of behavior）、傳統、以及針對過去規則予以擴大、闡述與修正，或者說，它是遺留下來的部分結晶，可稱之為文化（North, 1990: 36-40）。

另外，史翠克和斯蘭（Wolfgang Streek and Kathleen Thelen）則把制度界定為「體制（regimes）」，是「社會秩序的建築基石（building blocks）」，代表的意義是社會所認可的行為，也就是說，不論對行為者或活動而言，都有集體強制的期待，不指望逾越。通常，制度包含了行動者彼此相關的權利和義務，將行動區分為那些是適當或不適當、對或錯、可能或不可能，因而才能把行為歸類為可預測和可靠的形態（Streek and Thelen, 2005: 9）。儘管這種定義較為複雜，但不外乎是將制度作為行動者的行為準則與規範。所以，簡單的說，制度就是社會的正式和非正式遊戲規則。

雖然制度是由人所制定，但並非是在有意識的情況下設計而成，反而，制度的出現和進化則是對於集體需要的回應。就系譜學（genealogy）的角度，市場經濟的提倡可回溯到亞當史密斯（Adam Smith）。而政治與社會制度的概念，則由休姆（David Hume）於「人性論（*A Treatise of Human Nature*）」一書中所提出。他認為，社會制度是基於對相互利益的

認識而啟發，個人會日漸地體會出，從社會中可以獲得利益，並且為個人有利的好事。而海耶克（Friedrich Hayek）則主張，制度雖然是由人類行動所創造，但並非是有目的的產物。結構的規則性，可以說，是個人在沒有任何意圖的情況下，規則性的行為所產生的結果（Busetti, 2015: 31）。

基本上，當行動者面對協調產生問題時，制度是個有效的解決途徑。因為每個人的偏好不同，採取的策略也所在多有，在解決問題的方法上就沒有一致性，所以建立制度的目的，一方面可產生限制選擇的功能，另一方面，則可達到平衡或穩定的地步。例如，集體決定的規則中有投票制度，讓參與的人有所遵循，使過程和結果有所預期，而不會有太大的爭議。因此，設定規則的理由（reason of rules）有其內在的效率，讓參與者，在比較之下，會偏好制度化的互動而不是處於無政府狀態。而制度一旦建立之後，就有朝向穩定發展的趨勢。這通常有兩個原因：首先，政治人物想要制度的理由就像簽約者想要立即簽下合約一樣，也就是，他們想要降低不確定性、消除風險、並極小化交易成本；其次，針對現有的制度，行動者自然投入相當多的精力以選擇對其最適當的策略，自然不希望制度不穩定、變來變去而無所適從。也就是，制度變遷將帶來額外的成本。例如，如果選舉制度的決定規則是獲得高票者當選，但如果改成比例代表制，將會在地方選舉結構上造成原先投入的努力和資源變得浪費而無用，所以行動者較無傾向希望制度改變（Busetti, 2015: 32-33）。

就制度的穩定性而言，可分為三類：簡單的持續、抗拒改變以及制約後續的結果。首先，持續性有如基本的功能論，是要發揮作用以達到目的。換言之，制度的規則能達到效率的均衡，規則會改變除非是有更佳的均衡可以取代。從政策的結果而言，規則會傾向於以有系統的方式產生出某種形式的選擇，因而政策改變就會促成規則改變。所以，制度的偏好可以被視為複雜的政策偏好。其次，現有的制度要持續維持，是因為必須考慮在現有制度中已經投入的交易成本和沈澱成本。如果改變規則或制度，則這些成本無法回收、「血本無歸」。同時，風險迴避也是規則延續的另一項來源。事實上，制度改變會創造出更高程度的不確定

性。就此層面而言，除非政策範圍不斷地出現錯誤，才會促使行動者採取改變制度的手段與途徑。再者，在改變的過程中，制度本身並不是行為者，個人或團體才是。當行動者發現新的規則較為方便時，他們就會放棄舊的規則。換句話說，雖然制度塑造並限制了政治的運作，但是需要制度改變時，則這種關係正好反過來，也就是，行動者塑造（新）制度。根據歷史制度論的途徑依賴（path dependence）邏輯，制度一方面抗拒改變，另一方面制約制度改變的後續發展。易言之，目前的事件是受到之前的事故所影響，也進而日漸強化其效果並決定未來變化的特殊軌道（Busetti, 2015: 34-35）。

另外，羅倫斯和薩達比（Thomas Lawrence and Roy Suddab）認為，制度要維持，其所代表的意義是，支持、修補或重建社會機制以確保制度的有效或發揮效果。他們主張六種類型的制度式行動以維持制度的穩定。這六種類型又可分為兩類：第一類是維持制度需確保其固守於信念和價值體系；第二類則是針對現存的規範與信仰體系予以再造。第一類與第二類又各有三種形式。第一類包括：（一）促其運作（enabling work）；（二）監督（policing）；（三）威嚇（deterring）。第二類則涉及：（一）穩定化及妖魔化（valorizing and demonizing）；（二）迷思化（mythologizing）；以及（三）鑲嵌化和慣例化（embedding and routinizing）（Lawrence and Suddaby, 2006: 230）。

所謂「促其運作」是指建立規則以助長、補充和支持制度，例如建立授權單位或分散資源。「監督」是指透過執行、考核和督察等方式以確保遵守或服從。「威嚇」是指建立強制性的障礙以防止制度改變。以上三種手段主要是在維持規則體系，為的是要對制度規則有高度的理解。而以下的三種形態則是以標準和信念為根基而落實制度的穩定。所謂「穩定化及妖魔化」指的是，提供民眾正面和負面的例子以展現制度的規範性基礎。「迷思化」是指從歷史中創造和維繫迷思（神話）以保存制度的規範性意義。而「鑲嵌化和慣例化」指的是，積極地把制度的規範基礎融入參與者日常生活的事務中和組織內的例行實務中。無論如何，維持制度需要相當的努力和安排而非一帆風順地穩定不疑。

參　制度為何變遷

　　制度會改變，可以用「中斷性均衡（punctuated equilibrium）」模型解釋（True, Jones, and Baumgartner, 2006）。公共政策運作的過程，其特性是經歷「平衡」的階段，當碰到變化時則會「中斷」，但改變後又會恢復到平衡的時刻。中斷之所以發生，是當某項議題開始出現在政府的議程當中，不再禁止討論或不受次級體系成員的干擾。因此，中斷均衡是指，出現關鍵時刻（critical junctures or moments），不但干擾了制度的慣性而且造成激烈的改變。關鍵時刻的來臨主要是來自於外來的衝擊，在過程中是股外在的力量對內在次級體系造成影響。

　　雖然關鍵時刻導致制度的改變，但在制度變遷的案例中並非普遍的現象。也就是說，大部分制度形式的改變都不是關鍵時刻所使然：並非外在因素導致制度的變遷，反倒是內在機制（或因素）比外在衝擊更具有影響力促使制度的改變。因此，學者們把焦點著眼於長期在政治上和組織上相當穩定的制度其所變遷的過程。史翠克和斯蘭（Streek and Thelen）把這種變遷的過程分為四種類型（見表1）。

表 1　制度變遷的類型——過程與結果

		變遷結果	
		連續性	不連續性
變遷過程	漸進式	透過適應而繁殖（甲）	逐漸轉型（乙）
	突然式	生存並回復（丙）	瓦解而取代（丁）

資料來源：Steek and Thelen, 2005, p.9

　　表1顯示，將變遷過程（漸進或突然）和變遷結果（連續或更為不連續）交叉對照會有四種情形。上述所謂「中斷性均衡」即是表中的（丁）：突然式變遷過程和不連續變遷結果，導致舊的瓦解被新的制度所取代（breakdown and replacement）。另外三種情形，不像中斷性變遷的結果，由新的制度取代舊的制度。如（丙），即使突然遭到外來衝擊，但其結果

仍能透過存活的策略保留現有的制度而延續下去（survival and return）。不受到外來衝擊的制度變遷則屬於漸進的變化，一種是透過適應改善的方式而延續發展（reproduction by adaptation），見（甲），另一種則是逐漸轉型（gradual transformation），即（乙），之所以如此，並不是制度本身的組成部分有所改變，而是行為者（agents）的策略、互動或行動所造成。譬如，行為者可以採取分層（stratification）的方式，亦即，制度的某些元素（或部分）透過重新協商而調整，其餘部分則保留不動；或者，行為者實施變動（conversion）的手段，將現有的制度重新轉往新的目的，使其執行的角色或扮演的功能導致改變。

　　逐漸轉型相較於其他三種制度變化，在先進國家的政治經濟制度中，乃屬最常發生的情形。針對逐漸轉型，史翠克和斯蘭（Streek and Thelen）又劃分出五種類型（5 types of gradual institutional transformation）：取代（displacement）、加層（layering）、漂動（drift）、變動（conversion）以及消逝（exhaustion），見表2。

　　就第一種情形「取代」的發生，是社會中先前存在的制度結構並不完全一致，因此其環境受到挑戰而舊的制度逐漸被取代，就像傳統的包裝方式不再適用而被新的制度及相關的行為邏輯取而代之。換句話說，改變之所以發生，並非將現有的制度予以修正或改進，而是用不同的制度來安排而轉換（Steek and Thelen, 2005, pp.19-22）。第二種「加層」狀況的產生，是舊的制度在發展途徑中，經過差異性成長（differential growth，例如，雖然有公部門的學校或日托中心制度，但私部門教育的相關業務及企業也跟著快速成長）機制，公部門因而加上私部門運作的方式，原本兩者共存，但經過時日，新的就逐漸排除或補充舊的制度（Steek and Thelen, 2005, pp.22-24）。第三種「漂動」的情形是：制度絕不會靜止不動而存活，而且其穩定的運作並未產生正面的效果或報酬遞增，所以為了保留或維持其原有的目的，就必須重新評估、重新協商、轉移焦點或替代以因應變遷中的環境。例如，美國福利計畫制度經過長時期的運作，對於新浮起和增加的風險未能提供保護，使得原來設計的福利「縮水」，所以必須漂動（Steek and Thelen, 2005, pp.24-26）。

表 2　制度變遷——逐漸轉型的五種型態

	定義	機制	說明
取代（replacement）	相對於主要制度，次要制度日漸興盛而變為顯著	脫離（defection）	・制度的不連貫而讓異常的行為有所空隙 ・在現在的制度環境內積極開發新的行動「邏輯」 ・重新發掘和活化已休眠或隱藏的制度資源 ・擁入或吸收外來的運作
加層（layering）	新的要素附加在現有的制度中，而逐漸改變原有的地位和結構	差異性的成長（differential growth）	・在舊制度的邊緣創造新的制度而快速成長 ・新的要素腐蝕舊的核心 ・新制度的層級轉移對舊制度層級的支持 ・假定的「定位」動搖了現有的制度 ・在舊的和新的之間妥協而逐漸地將舊的廢除
漂動（drift）	儘管外在的變化但仍忽視制度的維持，而導致制度在實際的運作上出現「下滑」（標準下降）的情形	刻意的忽視（deliberate neglect）	・策略性忽視變遷中環境應有所調整而導致制度的改變 ・在面對演變的外在條件下，制度的改變，不是因為規則的改革，而是仍維持原來的規則
變動（conversion）	為了新的目的而將舊的制度重新設置；新的目的附加在舊的結構中	重新導向（redirection）；重新詮釋（reinterpretation）	舊規則和新規定的差距是由於： ・缺乏遠見：只限於制度設計 ・刻意的模糊制度規則：制度為妥協的產物 ・顛覆：重新詮釋規則 ・時間：變化的脈絡情況以及結盟，開放了重新設置的空間
消逝（exhaustion）	隨著時間的流逝，制度日漸崩潰（凋零）	耗盡（depletion）	・自我消耗：制度正常的運作卻腐蝕了其外在的先決條件 ・報酬遞減：普遍化的結果改變了成本—效益之間的關係 ・過度擴張：限制了成長

資料來源：Steek and Thelen, 2005, p.31

第四種「變動」的原因是，就現有的制度而言，與其予以修改或順其自然讓其腐敗，不如重新引導致新的目標、功能或目的。這種轉變起因於政治的爭議，質疑現有的制度是否能發揮其功能或達成其目的。一方面，制度當初在設計時並未預期到某種結果，也就是，意想不到的結果（unintended consequences），另一方面，當初制度設計時是妥協（compromise）下的結果，因此某些規則含糊不清、無所依據，其次，當權者在詮釋制度的規則時以其本身利益為考慮依據，排除其他的團體適用。再者，時間扮演重要因素。許多制度長期下來已經過時，不僅當初設計者或聯盟已經不再，而且外來的條件隨著時間的遷移也變化很大。無論上述何種原因，原來的制度造成了不確定性，所以產生了政治的爭議，也因此爭議的一方取得上風改變了制度。不過，其發生的過程並非突然、快速，而是逐漸的調整，可算是具有連續性（Steek and Thelen, 2005, pp.26-29）。最後一種是「消逝」。誠如馬克斯所言，任何社會的安排，一旦開始就已種下種子，經過動態的發展，最後走向毀滅。消逝與變動不同，變動是指保留其正式的整合性，但其日漸失去對現實的掌握，至於消逝是指，現有規則的運作不良而導致瓦解，一方面是團體間衝突的結果，另一方面則是制度的老化現象，繼續擴張只有用盡資源而無以為繼（Steek and Thelen, 2005, pp.29-30）。

肆　制度變遷的分析架構

制度變遷，根據表 1，如果從環境變化的過程（漸進或突然）和導致的結果（連續或不連續）一併考慮，則有四種形態。那麼，綜合而言，是否可以解釋制度從開始到改變的過程？馬宏尼和斯蘭（James Mahoney and Kathleen Thelen）提出了一個模型作為解釋各種形式的制度的變遷（見圖 1）。他們認為，政治脈絡的特點（捍衛者擁有否決權強或弱）和

制度本身的特性（對規則予以詮釋和執行裁量權高或低）就會日漸導致對制度變化有所期待而變更（圖中Ⅰ是指脈絡與制度的特徵與制度變化的類型有關）。但是制度從原先的特徵經過挑戰或改革而導致最後的結果，這是一個或長、或短、或多或少的過程。不過，制度本身自己不會變化，是處在其中的人（特別是指能掌握權力或有能力改變，無論是多數或少數），經過努力、策劃、合縱連橫、角力的結果，才有可能促成制度的改變（滿意與否則另當別論）。簡言之，關鍵在於行為者。所以，圖1中的Ⅲ部分，行為者在政治和制度的運作下所產生的反應，進而採取策略、聯盟等手段進行改革（圖中的Ⅱ代表著此種過程）。如此，整個過程從Ⅰ或Ⅲ、Ⅱ的順序演變發展而成。

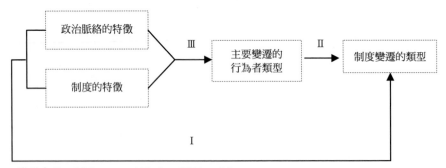

資料來源：Mahoney and Thelen, 2010, p. 15.

圖 1　解釋制度變遷模式的架構

　　圖1的分析架構顯示，行為者的動見觀瞻，不但與處在政治脈絡和制度環境有關，而且對制度的未來發展、因應與調整也息息相關。至於行為者（不管是個人或群體）的角色為何？馬宏尼和斯蘭（Mahoney and Thelen）把制度的行動者（institutional actors）分為四類：（一）起義者（insurrectionaries）；（二）共生者（symbionts）；（三）顛覆者（subversives）；（四）機會主義者（opportunists）。這四種制度行動者對於現有制度的態度（保留制度或遵守制度規則），表3予以說明及區分。

表 3　促成變遷行為者類型

	尋求保留制度	遵守制度規則
起義者（insurrectionaries）	不是	不是
共生者（symbionts）	是	不是
顛覆者（subversives）	不是	是
機會主義者（opportunists）	是／不是	是／不是

資料來源：Mahoney and Thelen, 2010, p.23.

　　雖然四種類型的行為者對現有制度的態度不同，但如果沒有時空、環境的背景考慮，則無所適從，難以進一步分析其策略。因此，表 4 即是把四種類型的行為者放在政治脈絡及既有制度的環境下，才能理解其各自之盤算、策略及行動。同時，表 4 也把表 2 的四種逐漸轉型模式一起併入。

表 4　政治脈絡、制度來源與行為者之間關係

		既定制度的特徵	
		詮釋／執行的裁量權低	詮釋／執行的裁量權高
政治脈絡的特徵	否決權可能性高	加層（顛覆者）	漂動（寄生的共生者）
	否決權可能性低	取代（起義者）	變動（機會主義者）

資料來源：Mahoney and Thelen, 2010, p.28

　　首先，就起義者而言，其試圖剷除現有的制度：他們一方面拒絕制度的現狀，也一方面不遵守其規定（Mahoney and Thelen, 2010: 23）。起義者與制度的「取代」有關，因為他們偏好新的規則。其次，共生者又可分為兩種：一種是寄生式（parasitic），另一則是互惠式（mutualistic）。無論何者，共生者都是試圖保留並利用現有的制度以獲得本身的利益。寄生式的共生者，以取巧的方式利用規則逃避執行從漏洞中圖利自己。互惠式的共生者，則是可能違反規則中的文字但支持及維護規則的精神。寄生的共生者與「漂動」有關，他們的行為之所以侵蝕了制度，是因為規則和實作之間出現下跌（標準下降）的情形。而互惠共生者並不與「漂動」有連帶關係，而是對穩固制度有所貢獻（Mahoney and Thelen, 2010: 24-25）。再者，顛覆者試圖取代制度，但在追求此目標時，其並未

打破制度本身的規則。顛覆者可說是與「加層」有所關聯，其企圖在制度的邊緣部分加上改變，以致於到最後邊緣改變的部分將成為制度的核心（Mahoney and Thelen, 2010: 25-26）。最後，機會主義者，既可保留也可改變制度，也就是，他們可以遵守規則，也可以打破規則。機會主義者對於制度的延續性抱持著模糊的立場，他們儘可能地在現有的制度中找尋各種可能的手段或方式以達到其獲利之目的。所以，機會主義者與「變動」有關，因為對於現有制度如何詮釋或如何應用出現了模糊性，所以他們就有空間，以原來制度設計者所未預期的方式，重新調動（redeploy）這些規則（Mahoney & Thelen 2010, pp.26-27）。

　　從以上的討論，制度，簡單的說，是為集體需要而設置。其如何設計，本文雖未討論，但大抵上與設計者之思維、時空背景、自然與社會環境、權力掌握及互動等因素有關。制度一旦設計完成並開始實施，則為了維持其堅固及穩定，必須一方面固守信念與價值，另一方面創造規範及信仰，才能使生活其中之人民願意共同維護此制度。固守價值信念包括：促其運作、堅督及威嚇；而創造規範信仰則包含：穩定化及妖魔化、迷思化（訴諸神話）與鑲嵌化和建立慣例。

　　然而，制度執行後，因設計不良、不合時宜、交易成本過高、或權力轉移等因素，就可能面臨更換或變動的挑戰，也就是制度的變化。大體上，快速的環境變化，不論是來自內部或外部的壓力，制度如果在應接不暇之下可能就被更換或取代，但如果妥善處置，則制度被保存下來或恢復原狀。不過，劇烈事件，如內戰、瘟疫、革命、侵略或入侵等，導致制度變更的情形較不常見。逐漸轉型的現象倒是較為頻繁。也因此，學者們在此類型下的種類分得比較細。由於制度非自主性地延續或變遷，必須由人來操作或運作，但同時，制度下的人們也非可隨興之所至，任意變更制度。

　　因此，在政治脈絡及制度特性的交錯互動下，行為者才有可乘之機。在此前提下，如表 4，起義者權衡後會採用「取代」手段；顛覆者利用「加層」方式；寄生共生者以「漂動」的現實為其策略；機會主義者則以重新詮釋或引導的作法「變動」制度。

所以，概念及架構很重要。如果理解了制度延續或變遷過程的因素及流程，那麼當我們面對任何一個制度，循著上述的分析架構及確定相關的變項後，根據事實及資料，就可釐清制度如何延續或者制度何變遷的發展過程了。

伍　本書各章的制度性探討

在世界局勢、外在因素的衝擊以及國內環境的改變下，台灣的政治和經濟已然轉型。換言之，台灣的政經發展已經朝向政治民主化與經濟自由化的方向邁進。雖然這個目標和方向不受質疑，但是否往後的發展就一帆風順則不無疑問。例如，進行民主化的「工程」設計與運作可能會朝向民主「鞏固」，但相反地，也有可能導致民主的「潰退」。許多開發中國家推動「總統制」，後果卻不堪設想。而「半總統制」則又是混沌不明的現象。另一方面，經濟自由化也可能會產生正面或負面迥然不同的結果。譬如，「民營化」（即私有化）是真的解除政府不必要的負擔還是促成「財團化」，或引發市場崩盤？美國於 1980 年代實施「解除管制」（deregulation）政策，結果導致航空業及銀行業的惡性競爭而一敗塗地。東南亞國家對其金融界的鬆綁，卻引發「亞洲金融風暴與危機」。因此，在民主化和自由化的同時，制度就變得非常重要，制度下所制定的政策亦影響甚大，牽一髮而動全身。

美國哈佛大學教授杭廷頓（Samuel Huntington）早在 1968 年出版的「政治秩序與變遷中的社會」一書中指出，一個國家如果政治制度化（political institutionalization）的效果不彰，那麼就會導致政治的不穩定（political instability）。美國麻省理工學院講座教授梭羅（Lester Thurow）則論道，資本主義有三個與生俱來的弱點：短視近利、經濟衰退、以及金融風暴。所以，水可載舟也可覆舟，制度的好壞會影響未來的發展。

不過，英國蘭卡斯特（University of Lancaster）大學社會學教授傑瑟普（Bob Jessop）認為，「不但形式會使功能問題化（Form problematizes function），而且形式創造出特殊矛盾、困境和衝突」。他所指的「形式」可以包括：資本主義形式、資產階級形式、公與私的形式、甚而戰爭的形式。按照這種邏輯，任何形式的制度，功能上也是有利有弊。例如，總統制有優點也有缺點，內閣制亦然，雙首長制更不用說。然而，制度不是死的、一成不變，反而會隨著時間而改變或更新。一般而言，新的取代舊的，就是把不好的換成好的。可是，如傑瑟普（Jessop）所言，新的固然可以減少、降低或消除舊的缺點，但也同時產生新的問題。因此，我們如果肯定制度研究的重要性，那麼同時也應該著重分析制度的變遷以及其所帶來的優缺點與影響。台灣既然已經在政治和經濟層面轉型，那麼研究各層面的制度變遷就有其重要性及必要性。

根據上述的思維，台灣政經轉型的背景可以概述如下。自 1986 年起，台灣政治上產生重大的變化。例如：1986 年民進黨成立、1987 戒嚴解除、1989「人團法」修正（政黨合法登記）、1991「動員戡亂時期臨時條款」廢除、國民大會全面改選、1992 立法委員全面改選、1994 台灣省長選舉、1995 三屆立法委員選舉（奠定國會定期全面改選基礎）、1996 總統首度民選。另外，從 1991 到 2000 年，中華民國憲法歷經六次修改。而 2000 年總統大選結果，政黨輪替成為事實。2004 年總統大選，民進黨繼續執政。2005 年第七次修憲，立法委員人數下屆減半並將實施單一選區兩票制選舉立法委員。

相對地，經濟層面也有重大的變革。例如，政府於 1984 年推動「經濟自由化、國際化與制度化」，並於 1987 年解除外匯管制、容許對外投資、准許和絕大部分社會主義國家貿易、並開放大陸探親。另外，行政院亦推動「民營化」，並於 1989 年揭示四點民營化主要目的：（一）增進事業經營自主權，以提高其經營績效；（二）籌措公共建設財源，加速公共投資，藉以提昇生活品質；（三）吸收市場過剩游資，紓解通貨膨脹壓力；（四）增加資本市場籌碼，擴大資本市場規模，以健全資本市場之發展。結果，立法院於 1989 年三讀通過「公營事業移轉民營條例」修正條文。

除了「民營化」政策外，1991年銀行開放新設，短短不到十年，銀行數目成長一倍以上達 50 多家。而政黨輪替後的政府則推動金融改革（第一階段），2002 年 5 月行政院提出「挑戰 2008—國家發展重點計畫」，將金融改革列為三大改革之一。陳水扁總統則於該年 8 月宣示「258 金融改革目標」：以 2 年為期，銀行愈放比率降至 5%以下，資本適足率維持 8%以上。2004 年 7 月 1 日，台灣正式邁入金檢一元化國家。2004 年 10 月 20 日「總統經濟顧問小組」會議後明白指示，金融整併四大目標。此即為，金融改革第二階段的開始。

　　在上述的背景下，本書研究範圍包括：台灣金融機構（銀行）之成本效益及要素配置、台灣金控公司下之銀行效率、政府貨幣政策與名目所得之關係、台灣社會福利民營化之歷程、德國公司之監控及社會責任、台灣公司之社會責任與永續發展、我國行政院組織再造之歷史延革、台灣高等教育之擴大與公平性、以及台灣高等教育與社會地位取得之關係，共計九篇，研究期間為三年，從 2006 至 2009。以下是各章研究成果的簡要說明。

　　第一章以台灣已上市非金融控股之本國銀行 13 家與金融控股公司旗下之銀行 11 家，總共 24 家銀行為研究對象，並以 2006 年第一季至 2008 年第四季為研究期間。其研究目的是在探討全球金融風暴對於這些銀行在成本效率及要素配置上是否有影響進而連累其營運能力。經過實證研究結果顯示，資本額較大的銀行在面對外來衝擊（如金融風暴）時較有能力應付，而較小的銀行則相當應付能力弱。至於就資金、資本及勞動等三種份額，研究建議宜採取適當的方式以調整達到穩定之目的。簡言之，本章是就銀行運行之基本要素在面對外來衝擊時是否有能力及調整運作上加以探討，結論是：金控公司旗下的銀行較能承受金融海嘯的衝擊；非金控之商業銀行在面對金融海嘯之衝擊，經營上是相對較無效率。

　　第二章是探討我國 14 家金融控股公司，於金融控股公司法（2001年 7 月 9 日通過，11 月 1 日實施）實施後相繼成立，在效率上是否達到立法之宗旨（亦即，股權集中化、組織大型化、經營多角化、監理透明

化，以提升國際競爭力）。研究發現，加入金融控股體系的銀行，其效率較加入前的效率為佳。同時，銀行的效率值與銀行規模大小（亦即銀行分行家數）呈現顯著的正向關係，也就是，當銀行擴張規模大小（增加分行家數）時，銀行的效率值亦會跟著改善。此章與上一章均討論到金融控股公司，雖目的不同但共同的結論是，資本額大的金融控股公司績效佳。就制度逐漸轉型的角度而言，台灣的銀行制度已往「加層」的途徑邁進（即金融控股公司法的實施）。

第三章的出發點是，貨幣政策以效果有效性（policy effectiveness）為最終目標（final target），但需要中間目標（intermediate target）先穩定。隨著金融創新與金融改革的發展，先進國家中央銀行近年來逐漸改變貨幣政策的中間目標，由原先的利率、貨幣供給，改為釘住通貨膨脹率（inflation targeting）或名目所得（nominal income targeting）。我國中央銀行過去選擇 M1B、M2 作為中間目標，而今則面臨選擇何者為替代之困境。因此，研究目的是以名目所得為假想中間目標來分析其效果。而研究結論則為：我國中央銀行如果實施「名目所得目標區」政策，那麼對名目所得、實質產出、物價與名目利率水準則將有良好的效果。本章論文與制度變遷無直接關係，但世界金融情勢快速變化，使得各國中央銀行的貨幣政策在中間目標上不得不改弦更張。因此，本章因應潮流提供了中央銀行未來參考之依據。

第四章檢視我國社會福利制度走向民營化的發展過程，論文的分析架構是歷史制度論，從途徑依賴的角度追蹤我國社會福利發展的軌跡。基本上，台灣福利制度的發展經過三個階段。第一，社會福利民營化萌芽與啟動期（約從 1980 年代初期到 1990 年代初期）。自 1980 年代初期，台灣地方政府開始以公設民營、方案委託的方式，透過民間社會福利團體推動第一線社會福利服務。第二，社會福利民營化發展與建制期（約從 1990 年代初期到 1990 年代後期）。各級政府陸續訂定行政命令，獎助或委託民間推動各項福利業務。1990 年代中後期，社會福利民營化不但形成政策，更透過立法規範，全面影響我國福利服務的輸送體系及政府與民間的合作關係，甚至左右多數民間機構的組織發展與互動生態。第

三，社會福利民營化法制化與定型期（約 1990 年代後期迄 2008 年）。福利民營化在法制與操作技術的逐步建構下，政府運用公設民營、招標策略、甚至以人力派遣方式委託民間組織提供服務，已成為福利資源配置與服務輸送的常態。然而，社會福利民營化的結果也帶來挑戰，包括：招標僵化與監督限制、民間競逐與資源不均、政府規劃與調節能力不足等等。總之，我國社會福利制度的轉型，根據前述的分類，應是朝向「變動」而發展。

第五章以外國（德國）經驗為借鏡提供本國公司監控機制運作上之參考。我國股份有限公司之經營監控機制，依證券交易法之修訂，已有重大轉變：公開發行公司可選擇採用設有董事會與監察人之雙軌制，或是採用在董事會中設審計委員會以取代監察人之單軌制。也就是，我國採兼容並蓄、自主選擇的方式實施監控。基於他山之石可以攻錯，論文主要在探討德國股份公司雙軌制係之運作、公司法制所面臨的問題，以及分析德國公司對企業社會責任的實踐。就制度論的角度而言，本章屬於制度穩定面的分析，例如德國公司治理公約的公佈和企業社會責任的推動與實踐，目的無非是「支持、修補或重建社會機制以確保制度的有效或發揮效果」。

第六章則以公司社會責任為分析重點，除了比較美國、歐盟、中國大陸及國際組織對此議題的發展趨勢外，也嘗試分析公司投入社會公益的必要性及適法性。我國公司法雖明定公司以營利為目的，且目前亦無相關法令明確要求公司須善盡社會責任。不過，論文認為，為避免資源浪費，公司參與社會責任，應透過立法限定範圍（例如，環境保護、公共福利、社會慈善、教育、及科學研究等）及監督機制。由於制度尚未建立，無從分析制度穩定、轉型或變遷，但如何建立制度及應掌握之原則或規則，本章針對公司社會責任提供了理論的基礎及實踐的方向。

第七章從歷史制度論的角度分析我國行政院組織再造（以行政院組織法為例）的途徑依賴。基本上，行政院組織架構以八部二會為基本架構。組織改革四法雖然通過，但新的單位仍不斷成立，而且，精省的附帶現象造成行政院轄下的部會或組織更加膨脹，並未達到降低組織數量

與人員規模的效果。同時，強勢政治領導人（李登輝及馬英九）在行政院組識改造的關鍵時刻扮演著重要角色。簡言之，關鍵時刻為制度轉型（或變遷）的主要因素，也因此，在制度分析上，一方面制度有其延續性，另一方面在轉型過程中雖沒有中斷式均衡的出現，但關鍵時刻的來臨則產生了重大的影響結果。

第八章，針對台灣大專院校的擴張（164 所）、錄取率已達 97%（2009年）的情況下，試圖了解 94 學年度大一新生入學的分配情形。性別、族群、父母教育程度以及高中職就讀學校為研究的四個變項。根據研究結果，除了女性有很大的進步、普遍佔優勢外，其餘三項仍受到家庭背景與社會地位的影響（不均等現象）。本文雖討論何以台灣高等教育學校增加的背景，但主要重點放在學生就學的結果探討。在面臨少子化、高中職學生人數減少的趨勢下，高度教育制度是否繼續維持、轉型或變遷，將為制度研究之一大課題。

第九章針對受過高等教育者與未受過高等教育者，兩大分類，比較其家庭背景因素對個人教育程度、職業地位與所得收入是否造成影響。就後者而言，家庭背景直接影響其教育程度；個人之教育程度直接影響其職業地位及個人收入。但家庭背景因素間接影響職業地位與個人收入。至於前者，個人職業地位主要受到自身教育程度直接影響，家庭背景因素對其取得高等教育並無影響；個人收入所得主要受自身之教育程度與職業地位影響，職業地位之影響勝於教育程度之影響，而家庭背景因素對個人收入所得之影響非常微弱。綜合比較，本章的推論是高等教育的獲取減弱了家庭背景因素對個人職業地位與所得的影響。如果依目前高等教育普及的趨勢，將來受過大專教育的人數愈多，則分析的方向將會轉向就業市場、職業分類與薪資所得之間的關係。同樣地，高度教育制度是否繼續維持、轉型或變遷，將為未來研究之一大課題。

本書是結合東海大學社會科學院及法律學院同仁們個別研究的部分成果。在制度及制度變遷的主題下，還有許多我們沒有討論或涉獵的議題。希望藉著本書的出版，拋磚引玉，吸引更多的研究論文及成果出現，為制度性研究提供相關的文獻、扎下更好的基礎。

陸　參考文獻

Busetti, Simone. 2015. *Governing Metropolitan Transport: Institutional Solutions for Policy Problems*. New York: Springer.

Cammack, Paul. 1992. "The New Institutionalism: Predatory Rule, Institutional Persistence, and Macro-Social Change,"*Economy and Society*, 21(4):398-429.

Clark, W. Roberts. 1998. "Agents and Structures: Two Views of Preferences, Two Views of Institutions," *International Studies Quarterly*, 1: 27-54.

Gomes, Luciana de Oliveira Miranda and Paulo Carlos Du Pin Calmon. 2015. "Institutional Change through Institutionalization: An Analytical Model." http://irspm2015.com/index.php/irspm/IRSPM2015/paper/viewFile/869/36

Hall, Peter A. and Rosemary C. R. Taylor. 1996. "Political Science and Three New Institutionalism,"*Political Studies*, 44(5): 936-957.

Heijden, Jeroen van der. 2010. "A Short History of Studying Incremental Institutional Change: Does Explaining Institutional Change Provide Any New Explanation?"*Regulation and Governance* 4(2): 230-243.

Kingston, Christopher and Gonzalo Caballero. 2008. "Comparing Theories of Institutional Change," https://www3.amherst.edu/~cgkingston/Comparing.pdf

Koeble, Thomas A. 1995. "The New Institutionalism in Political Science and Sociology,"*Comparative Politics*, 27(2): 231-243.

Lawrence, Thomas B. and Roy Suddaby. 2006. "Institutional Work," in S. R. Clegg, C. Hardy, T. B. Lawrence, and W. R. Nord (eds.) *Handbook of Organizational Studies*, London: Sage. 2nd Edition, pp. 215-254.

Mahoney, James and Kathleen Thelen. 2010. "A Theory of Gradual Institutional Change," in James Mahoney and Kathleen Thelen (eds.) *Explaining Institutional Change: Ambiguity, Agency and Power*. New York: Cambridge University Press, pp. 1-37.

March, James G. and Johan P. Olsen. 1984. "The New Institutionalism: Organizational Factors in Political Life,"*American Political Science Review*, 78: 734-749

North, Douglass. 1990. *Institutions, Institutional Change and Economic Performance*, Cambridge: Cambridge University Press.

Peters, B. Guy. 1999. *Institutional Theory in Political Science: The New Institutionalism*. New York: Pinter.

Streek, Wolfgang and Kathleen Thelen. 2005. "Introduction: Institutional Change in Advanced Political Economics," in Wolfgang Streek and Kathleen Thelen (eds.) *Beyond Continuity: Institutional Change in Advanced Political Economics.* Oxford: Oxford University Press, pp. 1-39.

True, James L., Bryan D. Jones, and Frank R. Baumgartner. 2007. "Punctuated-Equilibrium Theory: Explaining Stability and Change in Public Policymaking," in Paul A. Sabatier (ed.) *Theories of the Policy Process.* Boulder, CO: Westview Press. 2nd Edition. Chapter 6.

CHAPTER 1

金融風暴下銀行業之
成本效率與要素配置行為分析
——以臺灣為例[1]

賀惠玲、林庭麒、陳文典

【摘要】

本文主要是在探討臺灣金融機構的經營效率及要素配置是否受到2007 年的金融海嘯所影響。研究對象是以臺灣金融機構中非金控之本國銀行與金融控股公司旗下的銀行，共 24 家銀行為主，研究期間為民國95 年第一季到 97 年第四季，共採用 12 季的季資料。實證模型是以 Battese and Coelli（1992）的隨機邊界成本模型估計其效率值；並使用 Zellner（1962）的相似無關迴歸模型聯合估計三條要素份額方程式，探討要素配置與投入要素間之關係，其中，為反應決策者心目中真實價格，要素份額方程式之實際價格改以影子價格來替代。

實證結論為規模較大之非金控之本國銀行與部分金控公司旗下之銀行較有能力應付次級房貸的衝擊。另外，金融海嘯後，資金份額對勞動影子價格的波動，資本份額分別對投資、中長期放款及勞動影子價格的波動，有結構性的改變；勞動份額則不受任何影響而有所改變。其中，

---

[1] 感謝國科會整合型計劃（計劃編號：NSC95-2745-H-029-011-HPU）的經費補助，讓本文得以完成。

資金份額與資本份額對資金影子價格的波動較為敏感，勞動份額對勞動影子價格的波動較為敏感。

關鍵字：金融海嘯、隨機邊界成本模型、相似無關迴歸模型、影子價格

壹　前言

　　2007 年美國的次貸風暴（Subprime Mortgage）引起的全球性金融海嘯，不僅影響世界主要金融機構，如花旗、美林、AIG 等鉅額虧損，亦將影響著我國的金融機構，尤其在此危機產生後一年，許多國際知名的貸款機構、投資銀行及商業銀行，都受到巨大的衝擊，進而破壞了全球的金融體系。此一事件的發展是否造成我國金融機構在經營上產生重大的危機，為本文主要關注的重點。本研究著重於兩部分，第一部分是利用隨機邊界分析法，推估出本國銀行與金融公司旗下之銀行在 2006 年第一季至 2008 年第四季之經營效率值，並將效率值依相對排序大小，比較研究對象在面對次貸風暴之衝擊，是否有明顯的改變。第二部分利用相似無關迴歸模型，對樣本銀行之三項投入要素份額方程式聯合估計，其中，為了符合現實情況，本研究將要素份額方程式內的實際價格改以影子價格來替代，並以 2007 年第三季之次貸風暴所引起的金融海嘯做為分界點，比較樣本銀行在資源配置上是否會受到衝擊，而有所變化。

貳　文獻回顧

　　Aigner, Lovell and Schmidt（1977）對確定性邊界模型的設定提出不同的見解，認為廠商在從事生產行為時以既定的投入要素卻無法達到最大邊界產量，應是受到隨機性的干擾而導致，故提出隨機邊界模型。隨機性的干擾即非人為因素所導致的誤差，因此作者將誤差項由常態分配的隨機干擾項，以及單邊分配的隨機干擾項，形成「組合誤差」，前者為衡量誤差，後者為衡量技術無效率的因素，兩者間相互獨立。

Atkinson and Cornwell（1994）採用參數估計法且利用時間序列混和資料與超越對數成本函數估計廠商的技術無效率與配置無效率，並細分技術無效率為產出面與投入面兩種。

Cavallo and Rossi（2001）採用隨機邊界法語超越對數成本函數進行要率分析，研究 1992 年至 1997 年歐洲 6 國 442 家銀行整合之經營效率，結果發現：較小規模之銀行仍存在規模經濟，規模較小的銀行必須重視產品的規模擴張才能提高經營效率；此外，銀行能利用技術進步與調整管理模式來達到最適規模。

Elyasiana and Mchdian（1990）利用 Hoothetic 隨機邊界生產函數估計 1985 年美國 144 家銀行之效率，實證結果發現其平均技術效率及規模效率分別為 88%及 72%，但卻只達到 64%的總效率水準。

Farrel(1957)最早提出邊界模型（Frontier Model）的基本概念。並將總效率（Total Efficiency）區分為技術效率（Technical Efficiency）與配置效率（Allocative Efficiency）。定義技術效率與配置效率相乘的乘積及總效率，並且以線性規劃（Linear Programming）的技巧求得生產邊界（Production Frontier）。

Ferrier and Lovell（1990）使用隨機邊界成本法與資料包絡分析法分析美國 575 家金融機構在 1984 年的效率。實證結論為無論採用何種分析法估計出的技術無效率排名並不具有相關性，且並不會因為銀行規模大小而使銀行成本效率有所差別，兩者大約都是 74%。

Forsund（1980）將各學者所提出的生產邊界模型整理歸納區分為四種：確定性無參數邊界模型（Deterministic Nonparametric Frontier Model）、確定性參數邊界模型（Deterministic Parametric Frontier Model）、確定性統計邊界模型（Deterministic Statistical Frontier Model）與隨機邊界模型（Stochastic Frontier Model）。

Lau and Yotapoulos（1971）利用參數估計法估計效率值，估計出的結論為當兩廠商在相通的技術效率、產出與投入要素的價格下，擁有較高利潤的廠商稱為相對較有價格效率廠商或經濟效率廠商。

Leibenstein（1966）明確定義若投入要素未能被有效的充分利用，將會造成潛在的生產量與實際的生產量之間產生差距，此差距即為技術無效率的部分。往後的經濟學家以生產理論中產量的極大化邊界或者成本的極小化邊界來衡量廠商生產行為是否偏離此邊界，而將偏離此邊界的程度作為衡量無效率（Inefficiency）的指標。

Lovell and Sickles（1983）利用參數邊界法研究美國某產業的廠商在 1929 年至 1967 年的經濟效率，結果發現無論是以哪種模型推估，無效率接會造成廠商的成本增加。

Schmidt and Sickles（1984）針對利用橫斷面資料來進行隨機邊界模型的分析提出見解。認為若採用時間序列混合資料（Panel Data），將能有效且精確的估計出效率值。

莊武仁與桂勝嘉（1989）以超越對數成本函數進行隨機變界分析 1982 年至 1986 年之間，本國與外商銀行間的經濟效率。

羅蕙琪（1993）以隨機邊界生產函數模型與隨機邊界成本模型及 Cobb-Douglas 與 Translog 函數分析銀行之經營效率。後者分析發現國內民營銀行之經營效率相對於國內公營銀行之經營效率來的佳，並提出 Translog 函數較適合分析國內本國銀行的經營效率。

羅容恒與吳桂華（1995）探討國內銀行產生無效率之因素，結果發現 1990 至 1991 年間所有國內銀行之生產力成長主要是因技術效率的提升，但生產技術卻呈現衰退的現象，1991 年至 1992 年呈現的則是相反的現象。

呂進瑞（1995）採用超越對數成本函數及追蹤序列資料與最大概似估計法，分析國內本國銀行在 1981 年至 1992 年的技術效率與配置效率。

黃台心（1997）採用 Translog 成本函數型態建構隨機邊界模型進行分析。結果顯示（1）樣本銀行存在經濟無效率的情形，尤其是技術效率。（2）民營銀行具有較佳的計數效率，公營銀行則具有較佳的配置效率。（3）銀行之生產成本大小與其經營效率間具有相當程度的關聯。

黃介良與梁連文（1999）採用近似無相關分析法估計超越對數成本函數，研究 1995 年國內 283 家農會信用部之規模經濟效率及合併之成本效益。

黃志典與黃智遠（2004）利用兩階段分析分析國內 75 家銀行之成本效率、規模經濟與範疇經濟。

林卓民、陳明麗與楊於龍（2006）利用隨機邊界法分析本國各金控公司旗下之銀行成本效率估計值，並試圖找出銀行具有無效率的原因。

參　研究方法

目前在實證分析效率時，大多是採用資料包絡法與邊界分析法進行分析，本文則是以邊界分析法為主要之研究方法。本章共分三部分。

一、隨機邊界成本函數

以 Battese 與 Coelli（1992）提出的隨機邊界成本模型，成本函數型態選用超越對數成本函數（Translog Cost Fundtion），並以 Aigner，Lovell 與 Schmit（1977）的觀念為基礎，利用最大概似估計法（Maximum Likelihood Method）估計各家銀行所面對之邊界成本函數，比較效率值之排序是否收到金融風暴之衝擊，而有所變化。本文設定之隨機邊界成本模型如下：

$$lnTC = \alpha_0 + \sum_{i=1}^{3} \alpha_i \, lnY_{it} + \sum_{j=M,K,L} \beta_j \, lnP_{jt} + \frac{1}{2}\sum_{i=1}^{3}\sum_{i=1}^{3} \alpha_{ii} \, lnY_{it} \, lnY_{it}$$

$$+ \frac{1}{2}\sum_{j=M,K,L}\sum_{j=M,K,L} \beta_{jj} \, lnP_{jt} \, lnP_{jt} + \sum_{i=1}^{3}\sum_{j=M,K,L} \rho_{ij} \, lnY_{it} \, lnP_{jt} + u_{kt} + v_{kt} \quad（1）$$

式（1）中的解釋變數與被解釋變數，分別定義為：

　　TC　為總成本

Y_{it}　為銀行第 t 期第 i 種產出；$i=1,2,3$，$t=1,2…n$

P_{it}　為銀行第 t 期第 i 種要素投入價格；$j=M,K,L$，$t=1,2…n$

u_{kt}　為第 k 家銀行第 t 期之無效率項；$k=1,2…24$，$t=1,2…n$

v_{kt}　為第 k 家銀行第 t 期之隨機誤差項；$k=1,2…24$，$t=1,2…n$

最後以最大概似估計法（MLE）估計各家銀行所面對之邊界成本函數效率值。

二、隨機成本邊界參數之經濟涵義

根據式（1）可以推估參數值，並以經濟理論解釋之。

（一）產量（Y_i）對總成本（TC）之影響，預期為正向關係。在成本理論中說明，欲得到成本極小化的前提假設為產量固定，所以當產量增加時，總成本理應同時增加，否則，廠商在原有的產量下將不符合成本極小之情況。

（二）投入要素價格（P_i）對總成本（TC）之影響，預期為正向關係。在成本理論中說明，當產量固定時，投入要素價格的變動，將會影響廠商對其投入要素之使用量，即使用相對變便宜的投入要素替代相對變貴的投入要素，此現象稱之替代原理（Principle of Substitution），但總成本則會增加。所以根據理論，當投入要素價格上升時，總成本亦同時增加。

（三）產量的自乘項（$ln^2 Y_i$）對總成本（$lnTC$）之影響，預期為正向關係。成本理論中說明，邊際成本與平均成本皆是呈現先遞減後遞增，透過數學的推導，可知邊際成本將經過平均成本的最低點，故可得到邊際成本與平均成本的相對比例將隨著產量增加而增加。由式（2）中可以知道在產量假設為正值的情況下，廠商的邊際成本與平均成本的相對比例，會隨著產量的增加而增加，故可預期兩者為正向關係，亦可說總成本受產量影響的成長率，將隨著產量的增加而遞增。

$$\alpha_{ii} = \frac{\partial}{\partial lnY_i}\left(\frac{\partial lnTC}{\partial lnY_i}\right) = \frac{\partial}{\partial lnY_i}\left(\frac{\partial TC}{\partial Y_i} \times \frac{Y_i}{TC}\right) = \frac{\partial}{\partial Y_i}\left(\frac{MC_i}{AC_i}\right) \times Y_i \rangle \ 0 \ ; \ i=1,2,3 \quad （2）$$

（四）價格的自乘項（$ln^2 P_j$）對總成本之影響（$lnTC$），預期為負向關係。根據 Varian（1992）之證明，成本函數必須符合正規條件，其中一項條件為，成本函數為要素價格的凹函數，即成本函數為對投入要素價格二階偏微分形成之矩陣為對稱的負半限定矩陣（Symmetric Negative Semidefinite Matrix），因而可以推得要素自身價格效果為正，另隱含總成本對投入要素價格的敏感度，將與投入要素價格呈反向變動，故可以式（3）表示之。從式（4）亦可了解其經濟直覺，當投入要素 j 自身價格變動時，要素份額 S_j 將隨之成反向變動，亦即廠商於資源有限的情況下，面對投入要素價格上升時，將會減少對其投入要素的使用量，反之，則會增加。

$$\frac{\partial X_j(Y,P)}{\partial P_j} = \frac{\partial^2 TC(Y,P)}{\partial P_j^2} \leq 0 \;\; ; \;\; j = M,K,L \tag{3}$$

$$\beta_{jj} = \frac{\partial}{\partial ln P_j}\left(\frac{\partial lnTC}{\partial ln P_j}\right) = \frac{\partial}{\partial ln P_j}\left(\frac{\partial TC}{\partial P_j} \times \frac{P_j}{TC}\right) = \frac{\partial}{\partial P_j}\left(X_j \times \frac{P_j}{TC}\right) \times P_j^2$$

$$= \frac{\partial}{\partial P_j}(S_j) \times P_j \;\langle\; 0 \;\; ; \;\; j = M,K,L \tag{4}$$

（五）產量的交乘項（$ln Y_i\, ln Y_{i^*}$）對總成本之影響（$lnTC$），預期為不確定，經濟理論中並未針對此部分做詳述說明，故本文藉由數學的推導，以了解兩者之間存在何種關係，此關係可以式（5）表示。

$$\frac{1}{2}\alpha_{ii^*} = \frac{\partial lnTC}{\partial ln Y_i\, ln Y_{i^*}} = \frac{\partial^2 lnTC}{\partial ln Y_i \partial ln Y_{i^*}} = \frac{\partial}{\partial ln Y_i}\left(\frac{\partial lnTC}{\partial ln Y_{i^*}}\right) = \frac{\partial}{\partial ln Y_i}\left(\frac{\partial TC}{\partial Y_{i^*}} \times \frac{Y_{i^*}}{TC}\right) = \frac{\partial\left(\frac{MC_{i^*}}{AC_{i^*}}\right)}{\partial Y_i} \times Y_i$$

$$= \frac{\partial Y_{i^*}}{\partial Y_i} \times \frac{\partial\left(\frac{MC_{i^*}}{AC_{i^*}}\right)}{\partial Y_{i^*}} \times Y_i \;\; ; \;\; i,i^* = 1,2,3 \;\text{，且}\; i \neq i^* \tag{5}$$

由式（5）中可歸納出以下的結論，第六個等號右邊之第三項，產量皆為正值；第六個等號右邊之第二項，無論廠商規模為

2　第二個等號右邊是藉由 Shepherd's Lemma 推得之。

何，兩者的關係皆為正向，故可知其值應為正值；因此參數估計值正負號，決定於第六個等號右邊之第一項，故能推得以下二個結果：

(1)　若參數估計值為正值，則第六個等號右邊的第一項為正值。表示兩種產量之間具有互補關係。

(2)　若參數估計值為負值，則第六個等號右邊的第一項為負值。表示兩種產量之間具有替代關係。

（六）價格的交乘項（$\ln P_j \ln P_{j^*}$）對總成本（$\ln TC$）之影響，預期為不確定。經濟理論中並未針對此部分做詳述說明，故本文藉由數學的推導，以了解兩者之間存在何種關係，此關係可以式（6）表示。

$$\frac{1}{2}\beta_{jj^*} = \frac{\partial \ln TC}{\partial \ln P_j \ln P_{j^*}} = \frac{\partial^2 \ln TC}{\partial \ln P_j \ln P_{j^*}} = \frac{\partial}{\partial \ln P_j}\left(\frac{\partial \ln TC}{\partial \ln P_{j^*}}\right) = \frac{\partial}{\partial \ln P_j}\left(\frac{\partial TC}{\partial P_{j^*}} \times \frac{P_{j^*}}{TC}\right) = \frac{\partial S_{j^*}}{\partial P_j} \times P_j$$

$$= \frac{\partial P_{j^*}}{\partial P_j} \times \frac{\partial S_{j^*}}{\partial P_{j^*}} \times P_j \ ; \ j,j^* = K,M.L \ , \quad j \neq j^* \qquad (6)$$

　　由式（6）中可歸納出以下的結論，第六個等號右邊之第三項，投入要素價格皆為正值；第六個等號右邊之第二項，已於前面討論過，知其為負值；因此參數估計值之正負號，決定於第六個等號右邊之第一項，故能推得以下二個結果：

(1)　若兩種投入要素為替代要素，表示兩種投入要素價格之間存在負向關係，故第六個等號右邊之第一項應為負值，而參數估計值將為正值。

(2)　若兩種投入要素為互補要素，表示兩種投入要素價格之間存在正向關係，故第六個等號右邊之第一項應為正值，而參數估計值將為負值。

（七）產量與投入要素價格的交乘項（$\ln Y_i \ln P_j$）對總成本（$\ln TC$）之影響，預期為不確定。經濟理論中並未針對此部分做詳述說明，故本文藉由數學的推導，以了解兩者之間的關係，而此關係可以式（7）表示。

$$\rho_{ij} = \frac{\partial lnTC}{\partial lnY_i\, lnP_j} = \frac{\partial^2 lnTC}{\partial lnY_i \partial lnP_j} = \frac{\partial}{\partial lnY_i}\left(\frac{\partial lnTC}{\partial lnP_j}\right) = \frac{\partial}{\partial lnY_i}\left(\frac{\partial TC}{\partial P_j} \times \frac{P_j}{TC}\right)$$

$$= \frac{\partial S_j}{\partial Y_i} \times Y_i = \frac{\partial P_j}{\partial Y_i} \times \frac{\partial S_i}{\partial P_j} \times Y_i \quad ; \quad i = 1,2,3 \quad , \quad j = M,K,L \qquad (7)$$

由式（7）中可歸納出以下的結論，第六個等號右邊之第三項，產量皆為正值；第六個等號右邊之第二項，已於前面討論過，知其為負值；因此參數估計值之正負號，決定於第六個等號右邊的之第一項，而有以下二個結果：

(1) 若參數估計值為正值，則第六個等號右邊之第一項應為正值。表示當產量增加時，投入要素價格亦為上升。根據要素需求原理，當投入要素價格上升時，投入要素使用量將減少；另又根據要素替代原理，當某一投入要素使用量減少時，將會增加其他的投入要素使用量。故可推知廠商生產產量 i 時，將會減少投入要素 j 之使用量。[3]

(2) 若參數估計值為負值，則第六個等號右邊的第一項應為負值。表示當產量增加時，投入要素價格亦為下降。根據要素需求原理，當投入要素價格下降時，投入要素使用量將增加；另又根據要素替代原理，當某一投入要素使用量增加時，將會減少其他的投入要素使用量。故可推知廠商生產產量 i 時，將會增加投入要素 j 之使用量。

三、相似無關迴歸模型

採用 Zellner（1962）提出的相似無關迴歸模型，並使用一般最小平方法（GLS）估計其各參數值，目的是放寬最小平方法（OLS）對於誤差項獨立及變異數齊值的假定，以解決投入要素中殘差具有相關性之問題。

利用式（1）計算出三條要素份額方程式，接著推估出各投入要素之影子價格（Shadow Price）並取代原有之要素價格，最後分別估計出各要

---

[3] $Y = Y(M,K,L) = Y[M(P_M),K(P_M),L(P_M)]$

素份額與其要素之影子價格的參數值，探討要素份額是否會受到金融風暴之衝擊而有所調整與改變。本文設定之相似無關迴歸模型如下：

首先對式（1）做偏微分求得三條要素份額方程式：

$$S_M = \frac{\partial lnTC}{\partial lnP_M} = \beta_M + \rho_{1M} lnY_1 + \rho_{2M} lnY_2 + \rho_{3M} lnY_3 + \beta_{MM} lnP_M + \frac{1}{2}\beta_{MK} lnP_K + \frac{1}{2}\beta_{ML} lnP_L \quad (8)$$

$$S_K = \frac{\partial lnTC}{\partial lnP_K} = \beta_K + \rho_{1K} lnY_1 + \rho_{2K} lnY_2 + \rho_{3K} lnY_3 + \beta_{KK} lnP_K + \frac{1}{2}\beta_{KM} lnP_M + \frac{1}{2}\beta_{KL} lnP_L \quad (9)$$

$$S_L = \frac{\partial lnTC}{\partial lnP_L} = \beta_L + \rho_{1L} lnY_1 + \rho_{2L} lnY_2 + \rho_{3L} lnY_3 + \beta_{LL} lnP_L + \frac{1}{2}\beta_{LM} lnP_M + \frac{1}{2}\beta_{LK} lnP_K \quad (10)$$

其中：S_M 為資金份額，S_K 為資本份額，S_L 為勞動份額

接著分別將上述三條要素份額中的投入要素價格改用投入要素的影子價格（Shadow Price）來替代。所謂投入要素之影子價格，即為投入要素之邊際價值，亦是決策者心目中的價格。目的是欲探討決策者心目中的價格對要素份額之影響。根據 Lau and Yotopolous（1971）建議，第 i 家銀行，第 j 種投入要素的影子價格，可以以下式來表示：

$$P_{ij}^* = k_{ij} P_{ij} \quad (11)$$

其中：

P_{ij} 為第 i 家銀行第 j 種投入要素之影子價格；i=1,2,...24；j=M,K,L

P_{ij} 為第 i 家銀行第 j 種投入要素之原來價格；i=1,2,...24，j=M,K,L

k_{ij} 為第 i 家銀行第 j 種投入要素之參數估計值；i=1,2,...24，j=M,K,L

由於 k_{ij} 的絕對數值無法單獨估計出，因此須將某一個 k_j 正規化為 1，以其作為分母，同時利用配置效率之定義，即兩投入要素之邊際產出比等於兩投入要素之要素價格比，如此才可估計出其他的 k_l，$j \neq l$。

本文是以 k_L 為 1 做正規化之假設，即假設勞動之參數估計值為 1，如上所述，分別計算出資金要素之參數估計值（k_M）及資本要素之參數估計值（k_K）、資金影子價格（P_M）及資本影子價格（P_k），推導過程可分別表示為如下：

$$\frac{\frac{\partial f(X_M)}{\partial X_{iM}}}{\frac{\partial f(X_L)}{\partial X_{iL}}} = \frac{k_{iM} P_{iM}}{k_{iL} P_{iL}} \quad ; \quad i = 1,2...,24 \tag{12}$$

$$\frac{\frac{\partial f(X_K)}{\partial X_{iK}}}{\frac{\partial f(X_L)}{\partial X_{iL}}} = \frac{k_{iK} P_{iM}}{k_{iL} P_{iL}} \quad ; \quad i = 1,2,...24 \tag{13}$$

經過移項後，

$$k_{iM} = \frac{\frac{\partial f(X_M)}{\partial X_{iM}}}{\frac{\partial f(X_L)}{\partial X_{iL}}} \times \frac{P_{iL}}{P_{iM}} \quad ; \quad i = 1,2,...24 \tag{14}$$

$$k_{iK} = \frac{\frac{\partial f(X_K)}{\partial X_{iK}}}{\frac{\partial f(X_L)}{\partial X_{iL}}} \times \frac{P_{iL}}{P_{iK}} \quad ; \quad i = 1,2,...24 \tag{15}$$

故可推得，

$$P_{iM}^* = k_{iM} \times P_{iM} = \frac{\frac{\partial f(X_M)}{\partial X_{iM}}}{\frac{\partial f(X_L)}{\partial X_{iL}}} \times \frac{P_{iL}}{P_{iM}} \times P_{iM} = \frac{\frac{\partial f(X_M)}{\partial X_{iM}}}{\frac{\partial f(X_L)}{\partial X_{iL}}} \times P_{il} \quad ; \quad i = 1,2,...24 \tag{16}$$

$$P_{iK}^* = k_{iK} \times P_{iK} = \frac{\frac{\partial f(X_K)}{\partial X_{iK}}}{\frac{\partial f(X_L)}{\partial X_{iL}}} \times \frac{P_{iL}}{P_{iK}} \times P_{iK} = \frac{\frac{\partial f(X_K)}{\partial X_{iK}}}{\frac{\partial f(X_L)}{\partial X_{iL}}} \times P_{il} \quad ; \quad i = 1,2,...24 \tag{17}$$

在求出各投入要素之影子價格後，將其代入式（8）、（9）、（10），因此三條要素份額方程式將改寫成為下列三式：

$$S_M = \beta_M + \rho_{1M} lnY_1 + \rho_{2M} lnY_2 + \rho_{3M} lnY_3 + \beta_{MM} lnP_M^* + \frac{1}{2}\beta_{MK} lnP_K^* + \frac{1}{2}\beta_{ML} lnP_L^* \tag{18}$$

$$S_K = \beta_K + \rho_{1K} lnY_1 + \rho_{2K} lnY_2 + \rho_{3K} lnY_3 + \beta_{KK} lnP_K^* + \frac{1}{2}\beta_{KM} lnP_M^* + \frac{1}{2}\beta_{KL} lnP_L^* \tag{19}$$

$$S_L = \beta_L + \rho_{1L} lnY_1 + \rho_{2L} lnY_2 + \rho_{3L} lnY_3 + \beta_{LL} lnP_L^* + \frac{1}{2}\beta_{LM} lnP_M^* + \frac{1}{2}\beta_{LK} lnP_K^* \tag{20}$$

其中：S_M為資金份額，S_K為資本份額，S_L為勞動份額

本文欲探討金融海嘯是否將影響樣本銀行之要素配置，故加入虛擬變數做檢定。本文設定虛擬變數 $D=0$，為金融海嘯發生前，研究期間為2006 年第一季至 2007 年第二季；虛擬變數 $D=1$，為金融海嘯發生後，研究期間為 2007 年第三季至 2008 年第四季。分別將虛擬變數加入至式（18）、（19）、（20），因此三條要素份額方程式將又改寫成為下列三式：

$$S_M = \beta_M + \beta^*_M D + \rho_{1M} lnY_1 + \rho^*_{1M} DlnY_1 + \rho_{2M} lnY_2 + \rho^*_{2M} DlnY_2 + \rho_{3M} lnY_3 + \rho^*_{3M} DlnY_3$$
$$+ \beta_{MM} lnP^*_M + \beta^*_{MM} DlnP^*_M + \beta_{MK}\frac{1}{2}lnP^*_K + \beta^*_{2K} D\frac{1}{2}lnP^*_K + \beta_{Ml} lnP^*_L + \beta^*_{Ml} D\frac{1}{2}lnP^*_L \quad (21)$$

$$S_K = \beta_K + \beta^*_K D + \rho_{1K} lnY_1 + \rho^*_{1K} DlnY_1 + \rho_{2K} lnY_2 + \rho^*_{2K} DlnY_2 + \rho_{3K} lnY_3 + \rho^*_{3K} DlnY_3$$
$$+ \beta_{KK} lnP^*_K + \beta^*_{KK} DlnP^*_K + \beta_{KM}\frac{1}{2}lnP^*_M + \beta^*_{KM} D\frac{1}{2}lnP^*_M + \beta_{KL}\frac{1}{2}lnP^*_L + \beta^*_{KL} D\frac{1}{2}lnP^*_L \quad (22)$$

$$S_L = \beta_L + \beta^*_L D + \rho_{1L} lnY_1 + \rho^*_{1L} DlnY_1 + \rho_{2L} lnY_2 + \rho^*_{2L} DlnY_2 + \rho_{3L} lnY_3 + \rho^*_{3L} DlnY_3$$
$$+ \beta_{LL} lnP^*_L + \beta^*_{LL} DlnP^*_L + \beta_{LM}\frac{1}{2}lnP^*_M + \beta^*_{LM} D\frac{1}{2}lnP^*_M + \beta_{LK}\frac{1}{2}lnP^*_K + \beta^*_{LK} D\frac{1}{2}lnP^*_K \quad (23)$$

其中：S_M為資金份額，S_K為資本份額，S_L為勞動份額

最後利用一般最小平方法（GLS）聯合估計出上述三條要素份額方程式之參數值。

肆　資料來源與說明

本節共分為兩部分。第一部分說明資料來源、研究對象及研究期間。第二部分說明各變數之定義。

一、資料說明

（一）資料來源

研究樣本所使用到的資產負債表、損益表等，資料出自於本國銀行營運績效季報、臺灣經濟新報資料庫（TEJ）、公開資訊觀測站。

（二）研究對象

本研究樣本銀行是以目前臺灣地區本國銀行，非金融控股與金融控股公司旗下的商業銀行為研究對象。現分別說明選取的樣本銀行並歸納如下：

（1）臺灣地區非金控之本國銀行

目前臺灣地區本國銀行總共有 38 家，選定條件是以研究對象是否有公開上市為依據，且具收集資料的完整性，從中選取共 13 家，分別為：臺灣銀行、土地銀行、合作金庫銀行、彰化商業銀行、臺灣中小企業銀行、京城商業銀行、臺中商業銀行、高雄銀行、萬泰商業銀行、聯邦商業銀行、遠東國際商業銀行、大眾商業銀行、安泰商業銀行。

（2）臺灣地區金融控股公司旗下之銀行

目前臺灣地區之金融控股公司總共有 15 家，選定條件是以研究對象是否有公開上市，於本研究的觀察期間，是否有設置銀行以及具資料收集的完整性，從中選取共 11 家，分別為：國泰金控旗下的國泰世華銀行（國泰銀行與世華銀行於 92 年 10 月合併）、華南金控旗下的華南銀行、富邦金控旗下的臺北富邦銀行（臺北銀行與富邦銀行於 94 年 1 月合併）、玉山金控旗下的玉山銀行、兆豐金控旗下的兆豐銀行（中國商銀與交通銀行於 95 年 8 月合併）、新光金控旗下的新光銀行、永豐金控旗下的永豐銀行、中國信託金控旗下的中信銀行、第一金控旗下的第一銀行與日盛金控旗下的日盛銀行、台新金控旗下的台新銀行。

（三）研究期間

由於本研究主要是分析 2007 年第三季的金融海嘯的衝擊作為分界點，因此資料擷取是從 2006 年第一季至 2008 年第四季。本研究採用季資料，各項金額以百萬元為單位，共 24 家研究對象且各有 288 筆季觀測值所組成的序列追蹤資料（Panel Data），共計 288 筆資料來探討金融海嘯的衝擊是否會影響臺灣地區非金融控股與金融控股公司旗下的銀行之效率分析及其因應之方式。

二、變數定義與說明

本研究使用的變數包括總成本、三種產出、三種投入要素與三種投入要素價格。三種產出分別為：投資總額、短期放款總額、中長期放款總額，三種投入要素分別為：資金使用量、資本使用量、員工人數，而三種投入要素價格分別為：資金價格、資本價格、勞動價格。現將各變數的定義說明並整理成表 1：

（一）產出項

（1）投資總額（Y_1）

短期投資與長期投資的加總總額。投資總額包括：銀行持有政府發行的國庫券、公司行號發行的公司債、商業本票及上市公司股票等。

（2）短期放款總額（Y_2）

以短期擔保放款、信用放款及買匯貼現等總額扣除貼現及放款之備抵呆帳，且到期日為一年以內。

（3）中長期放款總額（Y_3）

中期擔保放款、長期擔保放款、中期信用放款及長期信用放款之總額，且到期日為一年以上。

（二）投入項

（1）資金使用量（M）與資金價格（P_M）

　　資金使用量是以存款為主，包括：支票存款、活期存款、定期存款、儲蓄存款、外匯存款及公庫存款等。金融銀行業使用此投入要素所需支付的費用為利息支出，為本文的資金成本。將資金成本除以資金使用量即可得到資金價格，即金融銀行吸收每單位資金所需支付的資金價格。

（2）資本使用量（K）和資本價格（P_K）

　　資本使用量是以固定資產淨額為主，即固定資產需扣除累計折舊；資本成本則以營業費用且扣除用人費用總額，包括：推銷費用、管理費用與及其他費用等。將資本成本除以資本使用量即可得到資本價格。

（3）勞動使用量（L）和勞動價格（P_L）

　　勞動使用量以勞工人數為主；勞動成本則以用人費用為主，包括：銀行雇用員工所支付的薪資、退休金等。將勞動成本除以員工人數即可得到勞動價格。

（三）總成本項（TC）

　　將資金成本、資本成本與勞動成本加總即可得到總成本，亦即：

$$TC = P_M * M + P_K * K + P_L * L \tag{24}$$

表 1　變數說明與資料來源

變數	定義	說明	資料來源
TC	總成本	$TC = P_M * M + P_K * K + P_L * L$	本研究計算得出
Y_1	產出項	投資總額	本國銀行營運績效季報
Y_2	產出項	短期放款總額	本國銀行營運績效季報
Y_3	產出項	中長期放款總額	本國銀行營運績效季報
M	投入項	資金使用量之總額	公開資訊觀測站
K	投入項	資本使用量之總額	公開資訊觀測站

L	投入項	勞動使用量之總額	臺灣經濟新報資料庫
P_M	投入要素價格	資金成本／資金使用量之總額	本研究計算得出
P_K	投入要素價格	資本成本／資本使用量之總額	本研究計算得出
P_L	投入要素價格	勞動成本／勞動使用量之總額	本研究計算得出

伍　實證結果分析

本章之實證結果分析皆是採用 STATA 軟體版本 8.0。

本章第一節是先利用本文設定之隨機邊界成本模型，分別估計金融海嘯前、後之參數值，並對參數估計值進行分析與比較，同時解釋參數估計值在經濟上具有何種意義。第二節，針對樣本銀行進行金融海嘯前、後的經營效率值之排序比較，探討排序值是否受到金融海嘯的影響而有明顯改變。第三節，採用相似無關迴歸模型分別估計樣本銀行於金融海嘯前、後之三條要素份額方程式之參數值，並利用虛擬變數，檢定樣本銀行是否會受到金融海嘯的影響而調整其要素配置。

第一節　隨機邊界成本模型參數之估計值與其分析結果

本節是以 Battese and Coelli（1992）所構建之隨機邊界成本函數，且採用的成本函數型態為超越對數成本函數，模型為式（3-3）。研究對象為臺灣地區之本國銀行 13 家與金控公司旗下之金融銀行 11 家，共 24 家樣本銀行；研究期間分別為民國 95 年第一季至 96 年第二季及民國 96 年第三季至 97 年第四季，共 228 筆季資料。估計出模型之參數估計值且進行分析與探討，參數估計值整理為表 2：

表2　隨機邊界成本模型估計結果

解釋變數	金融海嘯前			金融海嘯後		
	參數估計	標準差	p值	參數估計	標準差	p值
Constant	-9.389199	6.081439	0.123	11.911430	4.518432	0.008
lnY_1	-0.222138	0.364986	0.543	0.692518	0.298632	0.020
lnY_2	-0.017867	0.611668	0.977	0.439651	0.427198	0.303
lnY_3	0.828463	0.886534	0.362	-1.876231	0.803266	0.020
lnP_M	-4.971814	0.886988	0.000	-0.542618	0.747691	0.468
lnP_K	1.948216	0.498868	0.000	1.013071	0.333707	0.002
lnP_L	-0.374068	0.907024	0.680	1.507031	0.415723	0.000
ln^2Y_1	0.062784	0.028725	0.029	0.045608	0.020796	0.028
ln^2Y_2	-0.043404	0.035263	0.218	0.092946	0.059755	0.120
ln^2Y_3	0.094619	0.076399	0.216	0.328336	0.113271	0.004
ln^2P_M	-0.556171	0.076206	0.000	-0.034336	0.127212	0.787
ln^2P_K	0.077074	0.041194	0.061	-0.009077	0.040030	0.821
ln^2P_L	0.056801	0.120539	0.637	0.278886	0.070235	0.000
$lnP_M lnP_K$	0.402863	0.132265	0.002	-0.117858	0.092718	0.204
$lnP_M lnP_L$	-0.437926	0.243431	0.072	0.037605	0.121383	0.757
$lnP_K lnP_L$	0.043976	0.085954	0.609	0.013086	0.057586	0.820
$lnY_1 lnY_2$	0.047330	0.056991	0.406	0.004086	0.056749	0.943
$lnY_1 lnY_3$	-0.132643	0.060616	0.029	-0.130583	0.082930	0.115
$lnY_2 lnY_3$	0.069621	0.089546	0.437	-0.231528	0.106559	0.030
$lnY_1 lnP_M$	-0.017586	0.046176	0.703	0.060705	0.032021	0.058
$lnY_1 lnP_K$	-0.008803	0.022181	0.691	0.013537	0.014539	0.352
$lnY_1 lnP_L$	-0.001392	0.037204	0.970	0.002869	0.026664	0.914
$lnY_2 lnP_M$	-0.033241	0.073699	0.652	-0.009462	0.043182	0.827
$lnY_2 lnP_K$	0.034340	0.032619	0.292	0.028147	0.027958	0.341
$lnY_2 lnP_L$	0.121835	0.036805	0.001	-0.013384	0.040546	0.741
$lnY_3 lnP_M$	0.266288	0.100016	0.008	0.016167	0.060476	0.789
$lnY_3 lnP_K$	-0.055282	0.037094	0.136	-0.127452	0.030426	0.000
$lnY_3 lnP_L$	-0.139027	0.077438	0.073	-0.057830	0.054495	0.289

資料來源：本研究計算整理

　　從表2可歸納出以下結論：

一、金融海嘯前的參數估計值及其經濟涵義[4]

（一）投資總額的平方項與總成本間有顯著的正向關係

從式（2）可以得知在投資總額為正值的情況下，投資總額的邊際成本與平均成本之相對比例，隨著投資總額的增加而增加，故符合經濟理論。可解釋為銀行雖藉由投資總額的增加，提高資產規模，但將使得各部門及組織溝通不易，進而增加人事成本的支出，使總成本增加。

（二）資金價格的平方項與總成本間有顯著的負向關係

從式（4）可以得知在利率為正值的情況下，資金份額與利率間具有負向關係，此結果符合經濟理論。也可直接解釋為當利率上升時，銀行為減少支出負擔，將會減少存款總額，當利率上升的幅度小於存款總額減少的幅度，將造成資金份額隨著利率的上升而減少。

（三）資金價格與資本價格的交乘項與總成本間有顯著的正向關係

從式（6）可以得知在資金價格為正值的情況下，資本份額與資金價格間有正向關係。亦可推論，在資本份額與資本價格的關係為負值的情況下，資金價格與資本價格間具有負向關係，故可知資金與資本為替代要素。當銀行的利率提高時，會減少存款總額，同時增加固定資產總額，使營業費用占固定資產總額的比例降低，即資本價格下降，故將導致兩者價格間呈現負向關係。

（四）投資總額與中長期放款的交乘相與總成本間有顯著的負向關係

從式（5）可以得知在投資總額為正值的情況下，中長期放款的邊際成本與平均成本的相對比例，隨著中長期放款的增加而增加，故其亦為

---

[4] 於經濟理論中皆以說明於成本極小化的情況下，投入要素價格與產量皆與總成本為正向的關係，故此處將著重於投入 要素價格、產量的平方項及交叉項與總成本的分析。

正值，又依前章說明，可以推論中長期放款與投資間為負向關係，表示兩者存在替代關係。

（五）短期放款與勞動價格的交乘項與總成本間有顯著的正向關係

從式（7）可以得知在短期放款總額為正的情況下，短期放款與勞動份額間具有正向關係。亦可推論，在短期放款總額及勞動份額與勞動價格間的關係，分別為正值與負值的情況下，勞動價格與短期放款間為負向關係，根據前章說明，表示銀行多增加短期放款總額，同時勞動價格會下降，即銀行為了增加短期放款而多增加僱用人數。銀行為了提高營運規模，採取增加短期放款總額，而短期放款指的是銀行融通資金給予短期投資者之產品，故需多僱用員工以配合業務需求的提升，因此員工人數勢必得增加。在勞動價格不變的假設下，勞動份額也因此增加。

（六）中長期放款與資金價格的交乘項與總成本間有顯著的正向關係

從式（7）可以得知在中長期放款總額為正值的情況下，中長期放款總額與資金份額間有正向關係。亦可推論，在中長期放款總額及資金份額與資金價格的關係，分別為正值與負值的情況下，知資金價格與中長期放款總額間為負向關係，根據前章說明，表示銀行為增加中長期放款總額，則必須多增加存款總額。

二、金融海嘯後的參數估計值及其經濟涵義

（一）投資總額的平方項與總成本間有顯著的正向關係

前一段已詳述之，故不再贅述。

（二）中長期放款總額的平方向與總成本間有顯著的正向關係

從式（2）可以得知在中長期放款總額為正值的情況下，中長期放款總額的邊際成本與平均成本之相對比例，隨著中長期放款總額的增加而增加，故符合經濟理論。

（三）勞動價格的平方項與總成本間有顯著的正向關係

從式（4）可以得知在勞動價格為正值的情況下，勞動價格與勞動份額間為正向關係，此結果與經濟理論不符合。原因可能在銀行於受到次級房貸的影響，而以併購、裁員…等方式來因應，但事實上員工人數並未有明顯的減少，用人費用並未降低，故當勞動價格增加，勞動份額將會增加。

（四）短期放款與中長期放款的交乘項與總成本間有顯著的負向關係

從式（5）可以得知在短期放款總額為正值的情況下，中長期放款的邊際成本與平均成本的相對比例，隨著中長期放款的增加而增加，故其亦為正值，又依前章說明，可以推論短期放款與中長期放款間為負向關係，表示兩者存在替代關係。

（五）中長期放款與資本價格的交乘項與總成本間有顯著的負向關係

從式（7）可以得知在中長期放款總額為正值的情況下，中長期放款總額與勞動份額間有負向關係。亦可推論，中長期放款總額與資本價格間有負向關係，表示銀行在增加中長期放款總額時，必須多使用固定資產。

三、金融海嘯前後之比較

本研究結果顯示，共有五個變數受到金融海嘯的影響，使其與總成本的關係，從顯著變得不顯著。分別為資金價格的平方項、資金價格與資本價格的交乘項、投資與中長期放款的交乘項、短期放款與勞動價格

的交乘項及中長期放款與資金價格的交乘項；共有四個變數受到金融海嘯的影響，使其與總成本的關係，從不顯著變得顯著。分別為中長期放款的平方項、勞動價格的平方項、短期放款與中長期放款的交乘項及中長期放款與資本價格的交乘項；僅有一個變數不受到金融海嘯的影響，而改變與總成本的關係，為投資總額的平方項。

第二節　金融風暴前、後期效率值之排序比較

本節是採用隨機邊界成本模型，經過轉換後，估計出樣本銀行於金融海嘯前、後之效率值，並進行排序之比較。本研究估計出之經營效率值，其值越大，表示樣本銀行於研究期間內在經營上越有效率。效率值之比較整理如表 3 所示：

表 3　樣本銀行於金融海嘯前、後之經營效率值排序

排序	金融海嘯前		金融海嘯後	
	銀行名稱	效率值	銀行名稱	效率值
1	台銀	2.766845	台銀	2.876533
2	中信金	2.261164	中信金	2.841717
3	萬泰銀	2.231605	華南金	2.528076
4	華南金	2.068193	國泰金	2.370411
5	台新金	2.022210	台新金	2.371542
6	彰銀	1.954858	第一金	2.348080
7	第一金	1.918903	彰銀	2.282102
8	國泰金	1.897753	富邦金	2.155771
9	土銀	1.821058	永豐金	2.156383
10	富邦金	1.795395	合庫	2.092523
11	聯邦銀	1.786731	台企銀	1.944268
12	合庫	1.756029	萬泰銀	1.904827
13	永豐金	1.726815	兆豐金	1.830190
14	台企銀	1.644693	玉山金	1.814752
15	玉山金	1.554197	聯邦銀	1.763683
16	兆豐金	1.398083	土銀	1.758789

17	臺中銀	1.395199	日盛金	1.459390
18	日盛金	1.356910	臺中銀	1.436856
19	京城銀	1.185545	大眾銀	1.288829
20	元大金	1.185619	遠東銀	1.287595
21	安泰銀	1.161373	安泰銀	1.241988
22	大眾銀	1.156345	元大金	1.239939
23	遠東銀	1.021748	京城銀	1.237374
24	高雄銀	1.017130	高雄銀	1.016277

資料來源：本研究整理

從表 3 可歸納出以下結論：

一、金融海嘯前之效率值排序

效率值大於 2.0 的銀行總共有五家，其中只有兩家非金控之商業銀行，分別為臺灣銀行及萬泰商業銀行；效率值介於 1.5 至 2.0 的銀行總共有十家，其中有五家非金控之商業銀行，分別為彰化銀行、土地銀行、合作金庫、聯邦商業銀行及臺灣中小企業銀行；效率值介於 1.0 至 1.5 之間的銀行總共有九家，其中有六家非金控之商業銀行，分別為臺中商業銀行、京城商業銀行、安泰商業銀行、大眾商業銀行、遠東商業銀行、高雄銀行。

二、金融海嘯後之效率值排序

效率值大於 2.0 的銀行總共有十家，其中只有三家非金控之商業銀行，分別為臺灣銀行、土地銀行及合作金庫；效率值介於 1.5 至 2.0 的銀行總共有五家，其中有三家非金控之商業銀行，分別為臺灣中小企業銀行、萬泰商業銀行及聯邦商業銀行；效率值介於 1.0 至 1.5 之間的銀行總共有九家，其中有七家非金控之商業銀行，分別為臺中商業銀行、京城商業銀行、安泰商業銀行、大眾商業銀行、遠東商業銀行、高雄銀行、土地銀行。

三、金融海嘯前後之比較

本文研究為了做有效的區分，定義效率值大於 2.0 為高效率；效率值介於 1.5 至 2.0 之間為中效率；效率值介於 1.0 至 1.5 之間為低效率。

（一）位於高效率的銀行數，從金融海嘯前的五家增加為金融海嘯後的十家，表示面對金融海嘯的衝擊，銀行間之經營效率值的相對大小，明顯增加，可以推論銀行間的相對經營效率的確會受到金融海嘯的影響。尤其，可以發現在金融海嘯後位於高效率者，金控公司旗下的銀行佔大多數，表示其較能承受金融海嘯的衝擊。

（二）位於低效率的銀行數，並未有任何的改變，減少兆豐商業銀行，增加土地銀行。表示無論是否受到金融海嘯之衝擊，非金控之商業銀行在低效率間，仍是佔大多數，故可以推論，非金控之商業銀行在面對金融海嘯之衝擊，經營上是相對較無效率。

（三）萬泰商業銀行及土地銀行之相對經營效率值，有明顯的改變，從金融海嘯前位於高效率到金融海嘯後位於中效率，表示兩家銀行在經營上的確受到金融海嘯之影響，使其相對效率值變較差。

第三節　相似無關迴歸模型參數之估計值與其分析結果

　　本節是採用 Zellner（1962）提出的相似無關迴歸模型，以及利用一般最小平方法（GLS）分別對三條要素份額方程式同時對參數值進行估計並加以分析之。本研究的實證樣本資料因為同時採用了橫斷面資料與時間序列資料，因此，若是採用傳統最小平方法（OLS）進行估計時，將會面臨橫斷面資料產生之異質變異（Heteroscedasticity）或時間序列資料產生之序列相關（Serial Correlation）的問題，而一般最小平方法之估計主要是解決傳統最小平方法對於誤差項獨立與變異數齊值等條件所產生的問題，因而能解決實證樣本資料中的問題。

　　本節第一部分估計出金融風暴發生之前後期的參數值及其變動之方向，並進行比較與分析，分別整理如表4、5及6：

一、相似無關迴歸模型之分析

表 4 相似無關迴歸模型估計結果－資金份額（S_M）

解釋變數	金融海嘯前			金融海嘯後		
	參數估計	標準差	p 值	參數估計	標準差	p 值
Constant	-0.868467	0.150688	0.000	-0.919469	0.152682	0.000
$ln\,Y_1$	-0.015486	0.008590	0.071	-0.005031	0.009419	0.593
$ln\,Y_2$	0.001397	0.011105	0.900	0.016509	0.014510	0.255
$ln\,Y_3$	0.062545	0.014845	0.000	0.024099	0.019376	0.214
lnP_M^*	-0.145270	0.021921	0.000	-0.168825	0.021364	0.000
lnP_K^*	0.034502	0.025526	0.176	0.018359	0.026392	0.487
lnP_L^*	0.046365	0.051925	0.372	-0.110595	0.052520	0.035

資料來源：本研究整理

表 5 相似無關迴歸模型估計結果－資本份額（S_K）

解釋變數	金融海嘯前			金融海嘯後		
	參數估計	標準差	p 值	參數估計	標準差	p 值
Constant	0.962112	0.117222	0.000	1.027144	0.104402	0.000
$ln\,Y_1$	0.035357	0.006683	0.000	0.013692	0.006441	0.034
$ln\,Y_2$	-0.018916	0.008639	0.029	-0.041959	0.009922	0.000
$ln\,Y_3$	-0.029730	0.011549	0.010	0.018536	0.013249	0.162
lnP_M^*	0.254383	0.032821	0.000	0.274112	0.029216	0.000
lnP_K^*	-0.021745	0.009929	0.029	-0.013058	0.009023	0.149
lnP_L^*	-0.237896	0.040393	0.000	-0.097208	0.035912	0.007

資料來源：本研究整理

表 6 相似無關迴歸模型估計結果－勞動份額（S_L）

解釋變數	金融海嘯前			金融海嘯後		
	參數估計	標準差	p 值	參數估計	標準差	p 值
Constant	0.906355	0.078045	0.000	0.892325	0.080430	0.000
$ln\,Y_1$	-0.019871	0.004449	0.000	-0.008662	0.004962	0.081
$ln\,Y_2$	0.017519	0.005751	0.002	0.025456	0.007644	0.001
$ln\,Y_3$	-0.032815	0.007689	0.000	-0.042636	0.010207	0.000
lnP_M^*	0.036156	0.021851	0.098	0.063539	0.022508	0.005
lnP_K^*	0.008987	0.013221	0.497	0.103901	0.013833	0.581
lnP_L^*	0.095766	0.013446	0.000	0.033532	0.008493	0.000

資料來源：本研究整理

從表 4、5 及 6 可歸納出以下結論：

（一）投資與資金份額、資本份額、勞動份額間的關係

(1) 金融海嘯前，投資總額與資本份額有顯著的正向關係，而與勞動份額有顯著的負向關係。即當投資總額變動百分之一時，資本份額將與其成同方向變動，勞動份額則與其成反方向變動。由式（7）得知，前者在投資總額為正值及資本份額與資本價格為反向關係的條件下，投資總額與資本價格成反向關係，隱含投資總額與固定資產間存在著正向關係；[5]後者在投資總額為正值及勞動份額與勞動價格為反向關係的條件下，投資總額與勞動價格成正向關係，隱含投資總額與員工間存在反向關係。

(2) 金融海嘯後，投資總額與三者之關係，皆為不顯著。

（二）短期放款與資金份額、資本份額、勞動份額間的關係

(1) 金融海嘯前，短期放款總額與資本份額有顯著的負向關係，而與勞動份額有顯著的正向關係。即當短期放款總額變動時，資本份額將與其成反方向變動，勞動份額則與其成同方向變動。由式（7）得知，前者在短期放款總額為正值及資本份額與資本價格為反向關係的條件下，短期放款總額與資本價格成正向關係，隱含短期放款總額與存款間存在著反向關係；後者在短期放款總額為正值及勞動份額與勞動價格為反向關係的條件下，短期放款總額與勞動價格成反向關係，隱含短期放款總額與員工間存在著正向關係。

(2) 金融海嘯後，短期放款總額仍與資本份額有顯著的負向關係，而與勞動份額有也仍有顯著的正向關係。故不再重複贅述。

5　需求法則說明，在其他條件不變下，要素需求量與要素價格成反向關係。

（三）中長期放款與資金份額、資本份額、勞動份額間的關係

(1) 金融海嘯前，中長期放款總額與資金份額有顯著的正向關係，而與資本份額及勞動份額有顯著的負向關係。即當中長期放款變動百分之一時，資金份額將與其成正向變動，資本份額與勞動份額則與其成反向變動。由式（7）得知，前者在中長期放款總額為正值及資金份額與資本價格為反向關係的條件下，中長期放款總額與資金價格成反向關係，隱含中長期放款與存款間存在著正向關係；後者利用相同的推論，可推得中長期放款總額與固定資產間存在著反向關係，但中長期放款總額與員工間，受到勞動份額與勞動價格為正向關係的限制下，兩者為正向關係。

(2) 金融海嘯後，僅只呈現中長期放款總額與勞動份額有顯著的負向關係。故不再重複贅述。

（四）資金影子價格與資金份額、資本份額、勞動份額間的關係

(1) 金融海嘯前，資金影子價格與資金份額有顯著的負向關係；而與資本份額有顯著的正向關係。即當資金影子價格變動百分之一時，資金份額與其成反向變動，資本份額則與其成正向變動。前者符合經濟直覺，後者可由式（6）得知，在資金影子價格為正值及資本份額與資本價格為反向關係的條件下，資本影子價格與資金影子價格間存在著負向關係，表示存款與固定資產為替代要素。

(2) 金融海嘯後，資金影子價格與資本份額及資金份額的關係，仍是為顯著，且其變動方向並無任何改變，故不再重複贅述。但資金影子價格與勞動份額則有顯著的正向關係。因此可由式（6）得知，在資金影子價格為正值及勞動份額與勞動影子價格為正向關係的條件下，資本影子價格與勞動影子價格間存在著正向關係，表示存款與員工為互補要素。

（五）資本影子價格與資金份額、資本份額、勞動份額間的關係

 (1) 金融海嘯前，僅呈現資本影子價格與資本份額有顯著的負向關係，符合經濟理論。

 (2) 金融海嘯後，資本影子價格與三者的關係皆呈現不顯著。

（六）勞動影子價格與資金份額、資本份額、勞動份額間的關係

 (1) 金融海嘯前，勞動影子價格與資本份額有顯著的負向關係；而與勞動份額有顯著的正向關係。即當勞動影子價格變動百分之一時，資本份額與其成反方向變動，勞動份額與其成同方向變動。由式（6）得知，在勞動影子價格為正值及資本份額與資金價格為反向關係的條件下，資金影子價格與勞動影子價格間存在著正向關係，表示員工與固定資產為互補要素；後者則與經濟理論不符，原因可能是銀行業屬於勞動密集產業，員工人數具有固定僵化之特性，故勞動價格上升時，將使得用人費用占總成本之比例提高。

 (2) 金融海嘯後，勞動影子價格與資本份額及勞動份額之間的關係，仍是為顯著，且變動方向並無任何改變，故不再重複贅述。但勞動影子價格與資金份額有顯著的負向關係。由式（6）得知，在勞動影子價格為正值及資金份額與資金影子價格為反向關係的條件下，勞動影子價格與資金影子價格間存在著正向關係，表示員工與存款為互補要素。

二、敏感度分析

　　本節第二部分是將虛擬變數納入相似無關迴歸模型，檢定銀行在要素配置上是否受到金融海嘯的影響，而做調整。本節是以式（21）、（22）、（23）進行估計，另納入虛擬變數以表示金融海嘯，當 D=0 時，表示期間為 2006 年第一季至 2007 年第二季；當 D=1 時，表示期間為 2007 年第三季至 2008 年第四季。估計結果分別整理成如表 7、8 及 9：

表 7　相似無關迴歸模型估計結果－資金份額（S_M）

解釋變數	參數估計	p 值	解釋變數	參數估計	p 值
Constant	-0.868467	0.000	*DConstant*	-0.051003	0.812
ln Y₁	-0.015486	0.078	*D ln Y₁*	0.010455	0.412
ln Y₂	0.001397	0.902	*D ln Y₂*	0.015108	0.406
ln Y₃	0.062545	0.000	*D ln Y₃*	-0.038446	0.114
ln P$_M^*$	-0.145270	0.000	*Dln P$_M^*$*	-0.023556	0.443
ln P$_K^*$	0.034502	0.186	*Dln P$_K^*$*	-0.016143	0.660
ln P$_L^*$	0.046365	0.382	*Dln P$_L^*$*	-0.156959	0.034

資料來源：本研究整理

從表 7 可歸納出以下結論：

（一）存款總額、短期放款總額、中長期放款總額、資金影子價格及資本影子價格與資金份額之關係，皆呈現不顯著關係。表示其並不受到金融海嘯之衝擊而有所變化。

（二）勞動影子價格與資金份額之關係，呈顯著之關係。表示其受到金融海嘯之衝擊而有所變化，參數估計值從 0.046365 改變為 -0.110594，不僅說明資金份額對勞動影子價格的敏感度變大，同時兩者之關係也因此改變。若從式（6）的，可推估出勞動價格與資金價格之關係，由負向關係改變為正向關係，表示員工與存款間由替代要素轉變為互補要素。

（三）金融海嘯後，仍是資金份額對資金影子價格的敏感度較大。

表 8　相似無關迴歸模型估計結果－資本份額（S_K）

解釋變數	參數估計	p 值	解釋變數	參數估計	p 值
Constant	0.962112	0.000	*DConstant*	0.065036	0.678
ln Y₁	0.035357	0.000	*D ln Y₁*	-0.021665	0.020
ln Y₂	-0.018916	0.022	*D ln Y₂*	-0.023043	0.083
ln Y₃	-0.029730	0.007	*D ln Y₃*	0.048267	0.007
ln P$_M^*$	0.254383	0.000	*Dln P$_M^*$*	0.019729	0.653
ln P$_K^*$	-0.021745	0.022	*Dln P$_K^*$*	0.008729	0.515
ln P$_L^*$	-0.237896	0.000	*Dln P$_L^*$*	0.140688	0.009

資料來源：本研究整理

從表 8 可歸納出以下結論：

（一）短期放款總額、資金影子價格及資本影子價格與資本份額之關係，檢定後，皆呈現不顯著關係。表示其並不受到金融海嘯之衝擊而有所變化。

（二）投資總額、中長期放款總額及勞動影子價格與資本份額之關係，檢定後，皆呈現顯著關係。表示其受到金融海嘯之衝擊而有所變化。分析如下：

    （1）投資總額與資本份額之關係，呈顯著的負向關係。受到金融海嘯之影響，參數估計值從 0.035357 改變為 0.013692。表示資本份額對投資總額之敏感度變小，即當投資總額變動百分之一時，資本份額仍會同方向變動，但從 0.035357 單位減少為 0.013692 單位。

    （2）中長期放款總額與資本份額之關係，呈顯著的正向關係。受到金融海嘯之影響，參數估計值從-0.029730 改變為 0.018537。雖表示資本份額對中長期放款總額之敏感度變小，同時兩者的關係也受到金融海嘯之影響，而有所改變。即當中長期放款總額增加百分之一時，資本份額從同方向變動改為反方向變動，從減少 0.029730 單位，變動為增加 0.018537 單位。若藉由式（7），可推估出中長期放款總額與資本價格之關係，由正向關係改變為負向關係，表示銀行受到金融海嘯影響後，需增加固定資產使用量，而不是減少其使用量，才能對中長期放款總額增加。反之，則會減少。

    （3）勞動影子價格與資本份額之關係，呈顯著的正向關係。受到金融海嘯之影響，參數估計值從-0.237896 改變為-0.097208。表示資本份額對勞動影子價格之敏感度變小，即當勞動影子價格變動百分之一時，資本份額仍會反方向變動，但從 0.237896 單位變為 0.097208 單位。

（三）無論是否受到金融風暴的影響，資金影子價格皆較能影響資本份額。

表 9 相似無關迴歸模型估計結果－勞動份額（S_L）

解釋變數	參數估計	p 值	解釋變數	參數估計	p 值
Constant	0.906355	0.000	DConstant	-0.014030	0.900
lnY_1	-0.019871	0.000	$DlnY_1$	0.011209	0.092
lnY_2	0.017519	0.003	$DlnY_2$	0.007935	0.404
lnY_3	-0.032815	0.000	$DlnY_3$	-0.009821	0.439
lnP_M^*	0.036156	0.108	$DlnP_M^*$	0.027383	0.383
lnP_K^*	0.008987	0.509	$DlnP_K^*$	-0.001315	0.945
lnP_L^*	0.095766	0.000	$DlnP_L^*$	0.008136	0.673

資料來源：本研究整理

從表 9 可歸納出以下結論：

存款總額、短期放款總額、中長期放款總額、資金影子價格、資本影子價格及勞動影子價格與勞動份額之關係，皆呈現不顯著關係。表示其並不受到金融海嘯之衝擊而有所變化。其中，勞動影子價格對勞動份額的影響較大。

陸　結論

在 2007 年七月底發生的次級房貸問題，引起全球性的金融海嘯。主要之原因為銀行機構將房貸包裝成債券，這些債券又被包裝成各式各樣的衍生性金融商品，提供給投資者進行投資。一旦利率持續增加時，將導致房貸者無力再支付日益龐大之房貸，而造成衍生性金融商品的評價大跌，進而影響銀行業的營運能力。故本研究以我國上市之本國銀行中的非金控與金控公司旗下之銀行，共 24 家銀行作為研究對象，並以 2006 年第一季至 2008 年第四季，共計 288 季季資料為研究期間，以超越對數成本函數分析樣本銀行之效率值及其變數間之關係是否受到金融風暴之衝擊而有所改變；另以相似無關迴歸模型及虛擬變數分析其金融風暴之衝擊對其要素份額是否會改變。綜合實證結果得到以下之結論：

一、存款與固定資產為替代要素，固定資產與員工為互補要素，員工與
　　存款為互補要素。

二、資本額較大的本國銀行及部分金控公司旗下之商業銀行，在面對金
　　融海嘯的衝擊下，相對效率值之差距有明顯的增加，故能推知，其
　　比資本額較小的本國銀行及少部分金控公司旗下之商業銀行，在經
　　營上是相對優異，亦較有能力應付金融海嘯。

三、相似無關迴歸模型估計之結論如下：

（一）資金份額

　　僅有勞動影子價格與資金份額之間的敏感度，受到金融海嘯之影
響，有顯著的變化。表示在金融海嘯前，若欲調整資金份額，可藉由調
整中長期放款總額及資金影子價格來達成，但在金融海嘯後，不僅可藉
由前面兩項，還可藉由調整勞動影子價格，使資金份額做適當的調整。
其中，無論是在金融海嘯的前後，資金影子價格對資金份額的敏感度皆
是最大，表示銀行若欲大幅調整資金份額，可藉由調整存款總額或利息
支出，使資金影子價格產生變動，達到銀行之目的。

（二）資本份額

　　投資總額、中長期放款總額及勞動影子價格與資本份額之間的敏感
度，受到金融海嘯之影響，有顯著的變化。另外，中長期放款總額與資
本份額間的關係，也有顯著的改變。其中，檢定後，資本份額對資金影
子價格的敏感度較大，表示銀行若在金融海嘯後，欲調整資金份額，可
藉由調整資金影子價格的部分著手，利用調整營業費用或存款總額，使
資金影子價格作適當的調整。

（三）勞動份額

　　投資總額、短期放款總額、中長期放款總額、及勞動影子價格與勞
動份額之間的敏感度，並沒有受到金融海嘯的影響，而有顯著的變化。

其中，勞動份額對勞動影子價格的敏感度較大。故銀行若欲大幅調整勞動份額，可藉由調整員工僱用量與薪資支出，使勞動影子價格作適當的調整。

柒 參考文獻

中文文獻

呂進瑞（1995），「臺灣地區本國銀行技術效率與配置效率之研究」，淡江大學金融研究所碩士論文。

林卓民、陳明麗、楊於龍（2006），「金融控股公司旗下之銀行成本效率之探討」，*臺灣銀行季刊*，第五十七卷，第一期。

莊武仁、桂勝嘉（1989），「臺灣地區銀行體系規模經濟之研究」，*基層金融*，第十八期，頁 61-78。

羅蕙琪（1993），「臺灣地區本國銀行的效率分析」，*東吳大學經濟研究所碩士論文*。

羅容桓、吳桂華（1995），「銀行經營效率之比較與改進之研究」，*臺灣銀行季刊*，第四十六卷，第一期，頁 93-121。

黃台心（1997），「以隨機邊界成本函數分析本國銀行的規模與多元經濟」，*經濟論文叢刊*，第二十六卷，第三期，頁 209-241。

黃介良、梁連文（1999），「農會信用部合作效益之探討-模擬實證分析」，*財稅研究*，七月，頁 46-62。

黃志典、黃智遠（2004），「臺灣地區銀行產業成本效率之實證研究-隨機邊界法之應用」，*企銀季刊*，第二十七卷，第三期，頁 1-28。

英文文獻

Aigner, D.J., C.A.K. Lovell, and P. Schmidt, (1977), "Formulation and Estimation of Stochastic Frontier Function Models." *Journal of Econometrics*, Vol. 6, pp. 21-37.

Battese, G.E., T.J. Coelli, (1995), "A Model for Technical Inefficiency Efficiency in a Stochastic Frontier Production Function for Panel Data." *Empirical Economies*, Vol. 20, No.2, pp.325-332.

Farrell, M.J, (1957), "The Measurement of Productive Efficiency." *Journal of the Royal Statistical Society*, Vol. 120, pp.253-281.

Favero, C.A. and L.Papi, (1995), "Technical Efficiency and Scale Efficiency in the Italian Banking Sector." *Applied Economics*, Vol.27, pp.385-395.

Ferrier, G.D., C.Lovell, (1990), "measuring Cost Efficiency in Banking:Econometric and Linear Programming Evidence," *Journal of Economics*, Vol.46, No.1, pp. 229-245.

Forsund, F.R., C.A.K. Lovell, P. Schmidt, (1980), "A Survey of Frontier Production Functions and of Their Relationship to Efficiency Measurement." *Journal of Economics*, Vol.13, No.1, pp. 5-25.

Lau, L.J., P.A. Yotopoulos, (1971), "A Test for Relative Efficiency and an Application to India Agriculture." *American Economic Review*, Vol.61, No.1, pp. 94-104.

Leibenstein, Harvey, (1966), "Allocative Efficiency vs. X-Efficiency." *The American Economic Review*, Volume 56, Issue 3 (Jun., 1966), 392-415.

Schmidt, p. and C.A.K.Lovell, (1979), "Estimating Technical and Allocative Inefficiency Relative to Stochastic Production and Cost Frontiers." *Journal of Econometrics*, Vol.9, pp. 343-366.

Zellner, Arnold, (1962), "An Efficient Method of Estimating Seemingly Unrelated Regressions and Tests for Aggregation Bias." *Journal of American Statistical Association*, Vol. 57, No. 298 (Jun., 1962), pp. 348- 368.

CHAPTER 2

金控公司旗下銀行業之效率分析[1]

賀惠玲、黃依筠

【摘要】

民國 90 年 7 月 9 日，政府通過金融控股公司法，同年 11 月 1 日實施，至今已成立了 14 家金控公司，該法規的宗旨是大幅放寬金融機構跨業經營的限制，運用金融控股公司的架構，使我國金融機構走向「股權集中化、組織大型化、經營多角化、監理透明化」，以提升國際競爭力。

本文主要是檢視隸屬於金融控股公司旗下的銀行是否具有效率？使用 13 家金融控股公司旗下的銀行，資料頻率為年資料，資料期間為民國 85 年 12 月至民國 94 年 12 月，總共 130 筆年觀測值的追蹤資料分析，採用 Battese and Coelli（1992）隨機邊界成本模型估計各金控公司旗下銀行業的效率值；以變異數影響因子（variance inflation factor, VIF）衡量共線性問題修正模型，並使用 Huasman test 檢定長期效率值是否可透過人為因素影響。另外，探討銀行規模大小是否會影響金融控股體系下銀行的效率值。

[1] 本文得以完成，必須感謝東海大學財金系王凱立教授在「臺灣政經轉型下之制度變遷學術研討會」上所提出的寶貴意見，另外也感謝國科會整合型計畫（計劃編號：NSC95-2745-H-029-011-HPU）的經費補助，讓本文得以完成。

本文研究結果顯示：使用 Hausman Test 顯示，金融控股體系之下銀行的長期效率值可藉由人為因素或規模效率等因素改善。由隨時間變動隨機邊界模型可觀察到各銀行的效率值，隨著時間增加效率值亦逐年增加，在銀行面對無效率時，銀行將會不斷提升技術或調整要素配置方式，讓銀行效率獲得改善。各家銀行加入金融控股體系之後，其長期效率值增加，亦即，加入金融控股體系的銀行，加入後的效率較加入前的效率為佳。銀行的效率值與銀行規模大小（亦即銀行分行家數）呈現顯著的正向關係，表示當銀行擴張規模大小（增加分行家數）時，銀行的效率值亦會跟著改善。

關鍵字：金融控股、銀行規模、效率分析

壹　前言

　　民國 90 年 7 月 9 日，政府通過金融控股公司法，同年 11 月 1 日開始實施，至今已成立了 14 家金控公司，該法規的宗旨是大幅放寬金融機構跨業經營的限制，運用金融控股公司的架構，使我國金融機構走向「股權集中化、組織大型化、經營多角化、監理透明化」，以提升國際競爭力。

　　何謂金融控股公司？依據原本的法令規定，金融業只能以轉投資方式跨業經營，不得兼營其他事業。金融控股公司法實施後，金融業可以以控股公司型態跨業經營，控股公司控股的子公司得經營銀行、保險、證券及相關金融事業。金融控股公司因擁有多種金融事業，透過共同行銷、資訊交叉運用、產品組合，可提供消費者一次購足（one stop shopping）的金融服務。對消費者來說，可以享受到金融商品百貨化的方便。也就是說，消費者可以在一個地方同時從事銀行存放款、票券金融、信用卡、信託、保險、證券、期貨、共同基金、創投基金及選擇權等交易活動。金融控股公司可透過交叉行銷（cross selling）提供消費者理財套餐，保險、股票、信用卡、基金及債券，各式各樣的金融商品包在一起套裝販售。利用交叉行銷管道，可提供客戶更多元化的金融服務，並可透過交叉銷售擴大市佔率及降低經營成本。金融控股公司最低資本額新台幣 200 億元。金融業者轉型為金融控股公司，必須橫跨 2 種以上業務，新一波跨業整合風因而掀起。金融控股公司成立後，只有金融控股公司股票上市上櫃，子公司股票必須下市上櫃。

　　金融控股公司可以藉由節約成本、降低風險、規模經濟（Economics of Scale）達到綜效（synergy）。綜效可以讓金融控股公司下的各子公司於資訊、設備及行銷等方面資源共享，同時管理合併及彈性財務運用，可大幅降低營運成本。成本的節約乃藉由金融控股公司縮短型式上無意義的行政作業流程，業務只要子公司內部決定即可，金融控股公司則致力於整體集團經營的策略、投資管理、調度資金、業務規劃等業務。因金融控股公司的組織型態，提供銀行擴張業務經營範圍絕佳的方式，而

旗下的子公司藉由相互給予信用或建立債權債務關係、營運資金的重複使用或運用交叉銷售展現通路互補優勢，共同開發多角化的經營策略，得以降低營運成本，發揮金融綜效。而本文的研究重點是對金融控股公司下的銀行子公司，作成本效率的衡量與評估。

本文研究目的主要是檢視隸屬於金融控股公司旗下的銀行加入金控公司之後是否較具有效率？另外檢視隸屬於金融控股公司旗下的銀行效率是否與銀行規模大小存在著關聯性。

本文共分為六部分討論，分別為前言、文獻回顧、隨機邊界模型理論基礎、模型設定、實證結果及結論與建議。

貳　文獻回顧

研究經濟效率的主要方法可分成兩大類：第一類為確定性邊界法，「確定性邊界法」假設廠商面對相同技術投入，面對一個共同的生產邊界，個別產出與生產邊界上若有任何差異皆來自於個別產商的技術投入對生產邊界是否有效率，認為誤差的產生皆來自於人為錯誤，例如：技術水準、訊息不足、或管理不當等因素，對於非人為的隨機干擾，例如：天災等因素則並未考慮在內。首先由 Farrell（1957）提出，他利用等產量曲線的觀念，探討技術效率。技術效率是在既有的技術投入下可以生產出最大產量。由投入要素價格之間的關係求得配置或稱價格效率，配置效率是指在固定的要素價格比例之下，投入最適的要素比例使成本是最低的；總效率是技術效率與配置效率的乘積；並且以線性規劃的方法估得生產邊界。Lau and Yotopoulos（1971）提出利用參數估計法來測定廠商的技術效率、價格或配置效率。

第二類為隨機性邊界法，Farrell 僅先確定邊界的存在，但未事先設定生產函數形式，所以 Aigner、Lovell and Schmidt（1977）對確定性邊

界提出了疑問，他們認為具有完全效率之生產邊界是在固定的要素投入之下，潛在的最大生產量所組成的生產邊界，若廠商的產出無法落在此生產邊界上，則隨機干擾因素必定有一些是屬於非技術性隨機因素。他們因此發展出隨機性邊界法。認為生產邊界具有隨機項，隨機項一部分為對稱性常態隨機干擾項 v_i（symmetric random disturbance），代表廠商無法控制的外在干擾因素；另一部分是單邊的半常態干擾項 u_i（one-sided distribution or truncated normal distribution），代表廠商人為可以控制的技術無效率因素；兩項合稱「組合誤差」（composed error）。此兩項誤差彼此之間獨立，相關係數為 0，誤差項即為 $e_i = v_i + u_i$，利用隨機邊界法，每一個廠商面對不同的生產邊界。

Schmidt and Lovell（1979）利用生產邊界函數與成本函數的對偶性（Duality）關係導出成本邊界函數，但由生產函數轉換成本函數時仍受到生產函數型式的限制。因此往後學者就由成本邊界函數直接估計廠商的技術效率值，藉由不同成本函數的型式及變數個數的設定來符合金融體係之多重產出及投入的型態。

自從 Aigner、Lovell and Schmidt（1977）的隨機邊界法廣泛地被採用，Forsund，Schmidt and Lovell（1980）、Schmidt（1985）and Greene（1993）都提出了延伸與應用隨機邊界模型的研究。這些研究成果包含：條件分配之期望值，分別估計每家廠商的效率水準；發現隨機邊界模型利用橫斷面資料（cross-section data）分析會產生問題。Ferrier and Lovell（1990）使用隨機邊界成本法和資料包絡分析法兩種邊界方法，衡量美國 575 家金融機構在 1984 年的效率，發現以兩種方法衡量的技術無效率排名不具相互關係，且不論規模大小，兩種方法衡量出來的銀行成本校率並無差別。Battese and Coelli(1992、1995)使用時追蹤資料(panel data)處理方法處理不同年度的生產無效率，並用兩階段法（two-stage approach）來估計。Atkinson and Cornwell（1994）採用參數估計法利用追蹤資料及超越對數（translog）成本函數，假設廠商是以最小化影子成本衡量配置效率，估計廠商的技術無效率與配置無效率，並將廠商的技術無效率分為產出面及投入面兩種無效率。Cavallo and Rossi（2001）採

用隨機邊界法及超越對數成本，估計出以 1992 年至 1997 年，歐洲國 442 家銀行整合之經營效率，發現較小的銀行仍存有規模經濟。以橫斷面資料預測單一銀行的報酬，認為風險因素的增加，會透過投資者反映的變化，對銀行的投資報酬率產生影響，使銀行績效產生差異。Hausman（1978）提出了 Hausman test，先前的迴歸模型總是一味的假設解釋變數與誤差項沒有相關性，故所推估的係數值不會有偏誤，這可藉由 Hausman test 判斷模型是否具有內生性，評斷估計值是否會產生偏誤。Gilbert（1996）提出在隨機效果假定之下，迴歸因子若具有內生性，利用工具變數法推估係數可能會造成偏誤，故所推估的結果不具有一致性。為了避免這樣的結果，可利用 Hausman test 判斷模型是某具有內生性，並決定使用隨機效果模型或固定效果模型。

國內將隨機邊界模型應用於金融業的文獻有：羅蕙琪（1993）探討本國 23 家公、民營銀行的經營效率。該文分別利用橫斷面和時間序列混合資料下的隨機邊界模型做分析，每一個實證模型又分別用生產函數來衡量生產技術效率及成本函數來衡量計數和配置效率；在這些分析中 Cobb-Douglas 和超越對數函數皆被使用。黃台心（1997，民 86）超越對數成本函數和隨機邊界模型來分析本國 22 家銀行的技術與配置效率問題。研究結果顯示，樣本銀行普遍存在經濟無效率，其中技術無效率情況較配置無效率嚴重；銀行經營效率高低與其生產成本有相當程度關係；民營銀行技術效率較公營銀行佳，公營銀行較具備配置效率。黃志典、黃志遠（2004，民 93）利用隨機邊界法，探討臺灣地區商業銀行之成本效率，研究結果顯示：臺灣地區銀行廠商普遍存在成本無效率；外商銀行與本國銀行在成本效率上表現並無差異，但外商銀行在臺灣營業所受限制高出本國銀行，顯示其實本國銀行的經營績效是落後於外商銀行；新科技應用與否與銀行無效率呈負相關，而規模大小、市場集中程度則與銀行無效率有正向的關係。林卓民、陳明麗、楊於龍（2006，民95）利用隨機邊界法估計各金控公司旗下子銀行的成本效率並藉由銀行特性變數，試著找出銀行無效率的因子，研究結果顯示，銀行加入金控前後或金控與非金控的成本效率值，均無顯著差異。胡凱晶（2006）研

究 13 家金控銀行雖時間變動和不隨時間變動的兩種效率。該研究採用超越對數成本函數，並以隨機邊界模型和追蹤資料模型，輔以最大概似法和最小平方法推估兩種效率。金控銀行都存在不隨時間變動的無效率情況，Hausman test 顯示其效率值不具內生性，不能透過人為因素改擅長期效率，但可隨時間慢慢改善。

參　理論基礎

一、隨機邊界模型理論基礎

　　分析經濟效率時，大部分的研究都採用邊界模型（Frontier Model），邊界模型可分為「確定性邊界模型」及「隨機性邊界模型」。確定性邊界模型假設廠商面對相同的技術水準，因此面對一個共同的生產邊界，個別產出與生產邊界上任何差異，皆來自於人為錯誤，例如廠商的技術水準、機器效能不佳、管理錯誤及訊息不足等因素。因此，此模型將殘差全歸屬於技術無效率或假設殘差呈單邊分配，未考慮到有遺漏變數（Omitted variables）及衡量誤差（measurement error）。如前所述，Aigner、Lovell 及 Schmidt（1977）提出隨機性邊界模型。在我們推估效率的時候，隨機性邊界模型可以解決真實情形和實證分析差異過大的問題，和過去使用模型不同的地方在於增加了隨機干擾項的設定，本文因此採用此模型進行分析。

　　隨機邊界模型首先假設一個不存在無效率項的最適生產函數：

$$q_{it} = f(z_{it}, \beta) \; ; \; \begin{matrix} i = 1, ..., N \\ t = 1, ..., T \end{matrix} \tag{1}$$

　　本論文是使用追蹤資料，所以（1）式中每一個變數都有兩個下標，下標 i 代表廠商，t 代表時間，q_{it} 是第 i 家廠商在第 t 期的產出水準，在

一定的要素 z_{it} 投入下可以得到的最大產出，β 為待估計的未知參數，f 為設定的生產函數。

現實生活中，廠商的生產行為確實存在許多不確定性，如：員工努力程度、員工素質、資源分配等，這些都會影響產量的不確定性。我們在觀察廠商生產效率時，必須考慮到生產無效率的情形，因此廠商的產出水準小於或等於潛在最大產出。

在（2）式中我們加入新的變數 k_{it}，這個變數代表無效率對產量的影響程度，介於 0 到 1 之間：當 $k_{it}=1$ 時，表示實際產出水準達到最大的產出水準，此時在生產過程中，不存在無效率；當 $0<k_{it}<1$ 時，表示在某要素 z_{it} 投入之下，產能沒有完全利用，因此產量未能達到最大，此時生產過程存在無效率。

$$q_{it} = f(z_{it},\beta)k_{it} \; ; \; \begin{matrix} i=1,...,N \\ t=1,...,T \end{matrix} \qquad (2)$$

廠商在生產過程中，除了無效率因素影響之外，亦會受到外生因素的影響，這是廠商無法預料的因素，因此在模型中加入隨機干擾項 v_{it}：

$$q_{it} = f(z_{it},\beta)k_{it}\exp(v_{it}) \qquad (3)$$

新的生產函數中，我們假設隨機干擾項 $v_{it} \overset{iid}{\sim} N(0,\sigma_v^2)$，此生產函數具有隨機性。

將（3）式取自然對數，成為

$$\ln(q_{it}) = \ln\{f(z_{it},\beta)\} + \ln(k_{it}) + v_{it} \qquad (4)$$

在生產過程中，假定有 k 個投入要素，另設定一個無效率項，令其為 $u_{it}=-\ln(k_{it})$。

$$\ln(q_{it}) = \alpha + \sum_{j=1}^{k}\beta_j\ln(z_{it}) + v_{it} - u_{it} \qquad (5)$$

（5）式中的 u_{it} 服從單邊的常態分配。由於 k_{it} 的值介於 0 到 1 之間，故 u_{it} 的值大於或等於 0；當 u_{it} 的值愈大，$\ln(q_{it})$ 的值愈小，這表示當無效率的狀況更嚴重，產出就會逐漸減少。

生產函數在實證的運用上有不少缺點，故 Schindt and Lovell（1979）依照對偶理論將生產函數推估出成本函數。

$$\ln(c_{it}) = \alpha + \beta_q \ln(q_{it}) + \sum_{j=1}^{k} \beta_j \ln(p_{jit}) + v_{it} + u_{it} \tag{6}$$

（6）式中 c_{it} 代表成本，q_{it} 代表產出，p_{jit} 代表要素價格，β_q 代表產出的係數，β_j 代表投入要素價格的係數。此處隨著無效率項 u_{it} 的增加，$\ln(c_{it})$ 亦隨著增加，無效率愈嚴重，會造成總成本支出的增加。隨機邊界模型一般化形式如下：

$$y_{it} = \alpha + \sum_{j=1}^{k} \beta_j x_{jit} + v_{it} - su_{it} \tag{7}$$

（7）式中，如果令 $s = 1$，$y_{it} = \ln(q_{it})$，$x_{jit} = \ln(z_{jit})$，表示的就是生產函數；假如令 $s = -1$，$y_{it} = \ln(c_{it})$，$x_{jit} = \ln(p_{jit})$ 或 $\ln(q_{it})$，表示的則是成本函數，即（6）。β_q 為是待估參數，代表 $\ln(q_{it})$ 對 $\ln(C_{it})$ 的淨解釋能力。

效率可由生產函數或成本函數來討論，但由於生產函數在轉換的過程之中會產生許多的限制與缺失，也會遺漏要素的投入，而且推估效率的時候只限定一種產出模型，較不符合實際情況，例如：銀行的產出多樣化等。成本函數不但考慮投入要素的數量，且更能處理多樣化產出的情況，因此，我們利用成本函數來推估效率。

隨機邊界模型區分為不隨時間變動與隨時間變動兩種模型，分別討論如下：

（一）不隨時間變動隨機邊界模型

不隨時間變動的隨機變動模型表示無效率項是不隨時間變動，對每個廠商而言，我們可以將無效率項視為常數，去掉時間因素之後，u_{it} 就沒有下標 t，u_{it} 改寫為 u_i，表示每家廠商在所有時間之內只有一個固定長期的無效率因子，不會隨著時間變動（time-invariant）。但每一家廠商彼此的無效率因此並不相同，且假定技術不會改變。本模型存在有時間因素，而橫斷面資料模型並未存在時間因素，在此模型的假設條件下成本函數為：

$$\ln(c_{it}) = \alpha + \sum_{j=1}^{m} \beta_j x_{jit} + v_{it} + u_i = \alpha_i + \sum_{j=1}^{k} \beta_j x_{jit} + v_{it} \qquad (8)$$

模型基本假設有：$v_{it} \overset{iid}{\sim} N(0, \sigma_v^2)$，$u_i$ 是恆大於或等於 0 的常數項，故我們不對此常數項做任何分配的假設。另外我們先前假設 v_{it} 與 u_i 互相獨立且共變數為 0 仍然存在。

在（8）式中，$\alpha_i = \alpha + u_i$，經由這樣轉換之後，模型成為只有單一誤差項的迴歸式，因此可以使用普通最小平方法，將每一家廠商的新截距項 $\hat{\alpha}_1$，$\hat{\alpha}_2$，…，$\hat{\alpha}_N$ 估計出來，其新截距項 $\hat{\alpha}_i$ 愈大，代表該廠商愈偏離最小成本收入，無效率情形愈嚴重。

我們使用以下式子來計算無效率值 $\hat{u}_i$。首先找出最小的 $\hat{\alpha}_i$ 當作標準，令其為 α^*，將 α^* 與每一家廠商的新截距項 $\hat{\alpha}_i$ 相減，即可得到個別無效率值：

$$\alpha^* = \min(\hat{\alpha}_i) \qquad \hat{u}_i = \alpha^* - \hat{\alpha} \qquad (9)$$

$\hat{u}_i$ 介於 0 到負無窮大之間，其值愈小愈無效率；當 $\hat{u}_i = 0$ 時，表示該廠商生產已達最小成本。

（二）隨時間變動隨機邊界模型

假如每一家廠商的無效率值 u_{it} 會隨時間變動（time-variant），其值並非固定不變，則成本函數如下：

$$\ln(c^{it}) = \alpha^* + \sum_{j=1}^{m} \beta_j x_{jit} + u_i^* \beta_{k+1} v_{it} + u_{it} \qquad (10)$$

其中 β_{k+1} 代表不隨時間變動的效率值 u_i^* 對 $\ln(c_{it})$ 的淨解釋能力。

在推估效率之前，我們必須對 v_{it} 與 u_{it} 做假設：令 v_{it} 與 u_{it} 互相獨立，共變數為 0，並且要求解釋變數 x_{jit} 與 u_{it} 彼此無關，如此假設可使估計滿足不偏性。

在隨時間變動隨機邊界模型之中，u_i 與 u_{it} 之間的關係如下：

$$u_{it} = \exp\{-s\eta(t - T_i)\} u_i \qquad (11)$$

其中 T_i 為第 i 家廠商最後一期的時間，因此當 $t = T_i$ 時可知，基礎無效率水準 $u_{iT_i} = u_i$，而 $u_i \overset{iid}{\sim} N(\mu, \sigma_u^2)$ 為非負的半常態分配，η 是待估參數，表示的是 u_{it} 收斂速度。

接下來分別就 $\eta > 0$、$\eta < 0$ 與 $\eta = 0$ 三種情況下，η 在生產函數與成本函數下所帶來的影響：以表 1 表示影響的結果。

表 1

	生產函數	成本函數
$\eta > 0$	無效率項 u_{it} 隨時間衰退至基礎無效率水準	無效率項 u_{it} 隨時間增加至基礎無效率水準
$\eta < 0$	無效率項 u_{it} 隨時間增加至基礎無效率水準	無效率項 u_{it} 隨時間衰退至基礎無效率水準
$\eta = 0$	$u_{iT_i} = u_i$ 無效率項將不受時間變動所影響	$u_{iT_i} = u_i$ 無效率項將不受時間變動所影響

為求得未知的參數，可利用最大概似估計法。概似函數如下：

$$
\begin{aligned}
\ln(L) = &-\frac{1}{2}\left(\sum_{i=1}^{N} T_i\right)\left\{\ln(2\pi) + \ln(\sigma^2)\right\} - \frac{1}{2}\sum_{i=1}^{N}(T_i - 1)\ln(1-\gamma) \\
&-\frac{1}{2}\sum_{i=1}^{N}\ln\left\{1 + (\sum_{i=1}^{T_i}\eta_i^2 - 1)\gamma\right\} - N\ln\left\{1 - \Phi(-\tilde{z})\right\} - \frac{1}{2}N\tilde{z}^2 \\
&+\sum_{i=1}^{N}\ln\left\{1 - \Phi(-z_i^*)\right\} + \frac{1}{2}\sum_{i=1}^{N}z_i^{*2} - \frac{1}{2}\sum_{i=1}^{N}\sum_{t=1}^{T_i}\frac{\varepsilon_{it}^2}{(1-\gamma)\sigma^2}
\end{aligned}
\tag{12}
$$

上式中 $z_{it}^* = \dfrac{\mu(1-\gamma) - s\gamma\sum\limits_{t=1}^{T_i}\eta_{it}\varepsilon_{it}}{\left\{\gamma(1-\gamma)\sigma^2\left[1 + (\sum\limits_{t=1}^{T_i}\eta_{it}^2 - 1)\right]\right\}^{1/2}}$

其中 $\sigma = (\sigma_u^{*2} + \sigma_v^2)^{\frac{1}{2}}$，$\gamma = \dfrac{\sigma_u^2}{\sigma_v^2}$，$\varepsilon_{it} = y_{it} - x_{it}\beta$，$\tilde{z} = \dfrac{\mu}{(\gamma\sigma_s^2)^{1/2}}$，$\Phi(.)$ 為標準常態累積機率分配函數。

利用最大概似法除求得參數 η、u、σ_u^2 與 σ_v^2 的估計式之外，並可求出 u_{it} 的條件值與截斷特性。

由隨機邊界模型估計出的效率值 CE_i 可由下面式子求出：

$$
\exp(-su_{it}|\varepsilon_{it}) = \left\{1 - \Phi\left[s\eta_{it}\tilde{\sigma}_i - (\frac{\tilde{\mu}_i}{\tilde{\sigma}_i})\right] \Big/ 1 - \Phi\left(\frac{-\tilde{\mu}_i}{\tilde{\sigma}_i}\right)\right\}\exp\left(-s\eta_{it}\tilde{u}_i + \frac{1}{2}\eta_{it}^2\tilde{\sigma}_i^2\right)
$$

本文使用成本函數，則令上式中的 s=-1，當值愈大表示成本的使用愈有效率。

二、追蹤資料模型理論基礎

自 Schmidt and Sickles（1984）提出追蹤資料模型後，近來學者大都使用此模型彌補橫斷資料的缺失，使得在探討不同時期廠商的效率時更合理化，運用追蹤資料模型裡個別效果不隨時間變動的特性，我們將可捕捉到長期不隨時間變動效率值。

模型假設如下：

$$y_{it} = \alpha + X'_{it}\beta + \varepsilon_{it} \; ; \quad \begin{matrix} i = 1,...N \\ t = 1,...T \end{matrix} \quad\quad\quad (13)$$

式（13）中，α 為截距項，為一個純量（scalar），β 為解釋變數的係數，且為一個$(K \times 1)$維度的行向量，y_{it} 為第 i 家廠商在第 t 期的產出，X_{it} 為第 i 家廠商在第 t 期的要素投入，ε_{it} 為複合誤差項，其維度是$(NT \times 1)$。複合誤差項 ε_{it} 即為 y_{it} 扣除原有的解釋變數 X_{it} 後無法解釋的部分，因此我們將 ε_{it} 分解成兩個部分：

$$\varepsilon_{it} = u_i + v_{it} \quad\quad\quad (14)$$

式（14）中，u_i 為個別效果（individual effect）部分，其值不會隨時間變動，故僅有下標 i；v_{it} 表示純粹隨機干擾項，並且為獨立可認定的分配，$v_{it} \overset{iid}{\sim} N(0, \sigma_v^2)$。

個別效果 u_i 雖不會隨著時間變動，但同一家廠商在不同時點會產生自我相關問題，因此使用最小平方法會產生偏差且不具有效性，故需將估計方法做出若干調整步驟。我們必須對 u_i 不同的性質區分為固定效果與隨機效果，且分別對各種性質做不同的調整步驟。

（一）固定效果模型

在固定效果模型下，個別效果 u_i 假定為固定值，其值並不會隨著不同廠商改變，因此 u_i 不存在任何變異，v_{it} 為純噪音（white noise），而在

此需加入 X_{it} 與 v_{it} 彼此無關的假設條件，如此所得到的估計式將具有不偏的性質。

為了解決自我相關的問題，我們會利用最小平方法虛擬變數法（Least Square Dummy Variable，LSDV）縮小變數間的共變異程度。並利用變數 P 和 Q 將個別效果消除。藉由這樣的步驟，使得複合誤差變異數符合一般回歸條件，可以使用最小平方法估計；這種處理過程稱為最小平方虛擬變數法（Least Squares Dummy Variable，LSDV）。

$$Qy = QX\beta + Qv$$
$$\bar{\beta} = (X'QX)^{-1}X'Qy$$
$$Var(\tilde{\beta}) = \sigma_v^2(X'QX)^{-1}$$

經由最小平方虛擬變數法的處理後，我們可以使用普通最小平方法估計，所得到的估計式亦能滿足最佳線性不偏估計式（BLUE），但缺點是需要假設個別效果為固定常數，經由處理步驟後會消除個別效果部分，無法對個別效果進行估計。此外，由於 $Q = I_{NT} - P$，因此將迴歸式乘上 Q，會遺漏 P 的自由度，N，一旦樣本資料的廠商個數增加，需要加入的虛擬變數亦愈多，不但損失自由度，虛擬變數間也容易產生共線性的問題。

為解決上述的問題可使用 Chow test 來檢定所有廠商的個別效果是否存在，其虛無假設為 $H_0 : u_1 = u_2 = \cdots = u_{N-1} = 0$，檢定統計量如下：

$$F_0 = \frac{(RRSS - URSS)/(N-1)}{URSS/(NT - N - K)} \sim F_{N-1, N(T-1)-K} \tag{15}$$

上式中 $RRSS$ 為受限制下的殘差平方和，$URSS$ 為未受限制下的殘差平方和。若檢定結果不拒絕虛無假設，表示樣本資料不存在個別效果，可直接使用普通最小平方估計法；若檢定結果拒絕虛無假設，則必須使用最小平方虛擬變數法估計。

（二）隨機效果模型

在隨機效果模型中，個別效果u_i不為固定值，且具有隨機性。先假設$u_i \overset{iid}{\sim} N(0,\sigma_u^2)$，$v_{it} \overset{iid}{\sim} N(0,\sigma_v^2)$，$\sigma_u$與$\sigma_v$互相獨立，$X_{it}$與兩個誤差項彼此無關，$\sigma_u$與$\sigma_v$都符合變異數齊一性（homoskedastic variance）。

確定上述的假設之後，我們可以得到復合誤差的變異數與共變異數矩陣（variance-covariance matrix）。

$$Var(e_{it}) = \sigma_u^2 + \sigma_v^2$$

$$Cov(e_{it}, e_{js}) = \sigma_u^2 + \sigma_v^2 \quad , \forall i = j, t = s$$

$$= \sigma_u^2 \qquad , \forall i = j, t \neq s$$

$$= 0 \qquad , \forall i \neq j, t \neq s$$

由於複合誤差中，個別效果有自我相關的問題，故我們必須使用一般化最小平方法（Generalized Least Square，GLS）估計，首先須推導複合誤差的共變異數Ω：

$$\Omega = E\{(e - E(e))(e - E(e))'\}$$

$$= \sigma_1^2 P + \sigma_v^2 Q \tag{16}$$

其一般化型式如下：

$$\Omega^r = (\sigma_1^2)^r + (\sigma_v^2)^r$$

將其轉換為$\Omega^{-1/2}$的形式，使其成為：$\Omega^{-1/2} = \sigma_1^{-1} P + \sigma_v^{-1} Q$。

再將原迴歸式乘上$\sigma_v \Omega^{-1/2}$，新的複合誤差項就不再有自我相關的問題：

$$\sigma_v \Omega^{-1/2} y = \sigma_v \Omega^{-1/2} Z_X \delta + \sigma_v \Omega^{-1/2} e \tag{17}$$

$$y^* = Z_X^* \delta + e^*$$

在（17）中$\sigma_v \Omega^{-1/2} e = e$，則$E(e^* e^{*'}) = \sigma_v^2 I$。若已知$\sigma_1^2$與$\sigma_v^2$，可直接使用一般化最小平方法估計。然而，在實際操作上，σ_1^2與σ_v^2均為未知數，因此，Swamy and Arora（1972）建議以「執行兩迴歸的方式」分別求得$\hat{\sigma}_1^2$與$\hat{\sigma}_v^2$的不偏估計式。所謂「執行兩迴歸的方式」如下：

第一條為組內（within）迴歸式，使用 Q 乘上原式，進一步估計新迴歸的殘差值，可得 $\hat{\sigma}_v^2$：

$$\hat{\sigma}_v^2 = [y'Qy - y'X(X'QX)^{-1}X'Qy]/[N(T-1)-K] \tag{18}$$

第二條為組間（between）迴歸式，使用 P 乘上原式，進一步估計新迴歸的殘差值，可得 $\hat{\sigma}_1^2$：

$$\hat{\sigma}_1^2 = [y'Py - y'PZ(Z'PZ)^{-1}Z'Py]/[N-K-1] \tag{19}$$

將 P 與 Q 分別乘上原式，以矩陣表示成（20）式：

$$\begin{pmatrix} Qy \\ Py \end{pmatrix} = \begin{pmatrix} QZ_X \\ PZ_X \end{pmatrix} \delta + \begin{pmatrix} Qe \\ Pe \end{pmatrix} \tag{20}$$

其中 $Pe \sim N(0, \sigma_1^2 P)$，$Qe \sim N(0, \sigma_v^2 Q)$，因此可知其共變數矩陣：

$$Cov(Qe, Pe) = \begin{pmatrix} \sigma_v^2 Q & 0 \\ 0 & \sigma_1^2 P \end{pmatrix} \tag{21}$$

由於原迴歸式中存在截距項，使得最後的估計結果會產生一些微小的差距，因此我們將 P 改為（$P - \bar{J}_{NT}$），目的是利用減去平均數的方法，來消除截距項的效果，消除截距項後的共變數矩陣在（22）式：

$$Cov(Qe, (P - \bar{J}_{NT})e) = \begin{pmatrix} \sigma_v^2 Q & 0 \\ 0 & \sigma_1^2 (P - \bar{J}_{NT}) \end{pmatrix} \tag{22}$$

利用共變數矩陣以及 $\hat{\sigma}_1^2$ 與 $\hat{\sigma}_v^2$ 的估計值，可求得一般化最小平方法的係數與變異數估計式：

$$\begin{aligned}
\hat{\beta}_{GLS} &= [\sigma_v^{-2} X'QX + \sigma_1^{-2} X'(P - \bar{J}_{NT})X]^{-1}[\sigma_v^{-2} X'Qy + \sigma_1^{-2} X'(P - \bar{J}_{NT})y] \\
&= [(W_{XX} + \phi^2 B_{XX})^{-1} W_{XX}](W_{XY}/W_{XX}) + [(W_{XX} + \phi^2 B_{XX})^{-1}\phi^2 B_{XX}](B_{XY}/B_{XX} \\
&= \omega_1 \hat{\beta}_{within} + \omega_2 \hat{\beta}_{between} \tag{23}
\end{aligned}$$

$$Var(\hat{\beta}_{GLS}) = (\sigma_v^{-2} W_{XX} + \phi^2 B_{XX})$$

符號定義如下：

$$W_{XX} = X'QX \ 、 \ W_{XY} = X'Qy \ 、 \ \phi^2 = \sigma_v^2/\sigma_1^2 \ 、$$

$$B_{XX} = X'(P - \bar{J}_{NT})X \;\text{、}\; B_{XY} = X'(P - \bar{J}_{NT})y \;\text{、}$$

$$\omega_1 = (W_{XX} + \phi^2 B_{XX})^{-1} W_{XX} \;\text{、}\; \omega_2 = (W_{XX} + \phi^2 B_{XX})^{-1} \phi^2 B_{XX} \;\text{、}$$

$$\hat{\beta}_{within} = W_{XY}/W_{XX} \;\text{、}\; \hat{\beta}_{between} = B_{XY}/B_{XX}$$

$\hat{\beta}_{within}$ 表示組內的參數估計值，$\hat{\beta}_{between}$ 表示組間參數估計值。ω_1 與 ω_2 的值都介於 0 與 1 之間，分別代表兩者對 $\hat{\beta}_{GLS}$ 的權重；換言之，$\hat{\beta}_{GLS}$ 也就是 $\hat{\beta}_{within}$ 與 $\hat{\beta}_{between}$ 兩者的加權平均。若 $\omega_1 > \omega_2$，則 $\hat{\beta}_{GLS}$ 會趨近 $\hat{\beta}_{within}$；若 $\omega_1 < \omega_2$，則 $\hat{\beta}_{GLS}$ 會趨近 $\hat{\beta}_{between}$；若 $\omega_1 = \omega_2$，兩者權數相同，此時 $\hat{\beta}_{GLS}$ 即為 $\hat{\beta}_{OLS}$。

在 $\hat{\beta}_{GLS}$ 估計式中，有兩點必須要特別說明：

(1) 若 $\sigma_u^2 = 0$ 時，可知 $\phi^2 = 1$，因為存在自我相關的 u 值沒有變異，故複合誤差的變異數符合一般迴歸條件，可直接使用普通最小平方法來估計，$\hat{\beta}_{GLS}$ 會退化成 $\hat{\beta}_{OLS}$。

(2) 若 $T \to \infty$ 時，$\phi^2 \to 0$，表示隨著時間長度增加，$\hat{\beta}_{GLS}$ 會愈趨近 $\hat{\beta}_{within}$，而 $\hat{\beta}_{within}$ 等於固定效果模型下的估計值。

介紹完固定效果與隨機效果模型之後，我們面臨一項重要的選擇：該使用哪一種模型比較適當？根據兩模型的優缺點可得知，若資料的型態廠商家數 N 很大，研究期間 T 較短，適用隨機效果模型來進行，其估計式會比固定效果下的估計式更具備有效性。

肆　模型設定

一、函數選定

分析效率的方法可分為兩類：無參數分析法和參數分析法。參數分析法對於邊界的設定可分為：確定性參數邊界與隨機參數邊界法；在我們推估效率的時候，隨機性邊界模型可以解決真實情形和實證分析差異

過大的問題，和過去使用模型不同的地方在於增加了隨機干擾項的設定，本文因此採用此模型進行分析。

使用隨機邊界法可以從成本面或生產面著手，早期的文獻中通常採用生產函數來分析，但在理論與實證應用存在缺失與限制。首先，不能克服多種產出的限制，只能就單一產出來分析；其次，在無效率值方面只能分析技術效率，而不能探討配置效率；第三，針對經濟理論而言，生產函數假設生產要素為外生，不符合實際狀況，相對的，成本函數投入要素價格外生的假設是比較合理的。因此，我們選擇以成本函數來分析。

本文使用成本函數進行分析，成本函數形式如下：

$$TC = C(Y,P) = C(Y_1,...,Y_n;P_1,...,P_m) \tag{24}$$

其中 Yi 為產出；Pi 為投入要素價格

Cobb-Douglas 函數與 CES 函數為早期此領域之學者最常用的函數形式。然而，若以 Cobb-Douglas 函數估計時，廠商規模便限定生產為固定規模才可以使用此函數，而 CES 函數意涵要素彈性須為常數值，但並非每家廠商皆能符合此限定，，本文使用超越對數函數，此種函數優點在於不必對模型本身做太多限制，樣本可藉由此函數反映出規模報酬與要素替代彈性的特性，且含有要素間的交互替代影響項，相較之下，超越對數較為彈性。因此，本文採用超越對數成本函數型態進行研究分析。

超越對數成本函數如下式：

$$\ln(TC) = \beta_0 + \sum_q \beta_q \ln Y_q + \sum_j \beta_j \ln P_j + \frac{1}{2}\sum_q \sum_{q'} \beta_{qq'} \ln Y_q \ln Y_{q'}$$

$$+ \frac{1}{2}\sum_j \sum_{j'} \beta_{jj'} \ln P_j \ln P_{j'} + \sum_q \sum_j \beta_{qj} \ln Y \ln P_j \tag{25}$$

其中 TC 為成本函數，Y 為產出水準，P_j 或 $P_{j'}$ 為投入要素價格，β 為待估參數。

根據 Varian（1992）提出有意義的成本函數必須滿足以下 5 個正規條件（regularity condition）：

1. 成本函數為要素價格非遞減函數

$$\frac{\partial TC}{\partial P_j} \geq 0 \quad ; \quad j = K, L$$

2. 成本函數為要素價格的一階齊次函數
3. 成本函數為要素價格的凹函數

$$\frac{\partial^2 TC}{\partial P_j^2} \geq 0 \quad ; \quad j = K, L$$

4. 要素價格和產出為正

$$P_j > 0 \quad , \quad Q > 0$$

5. 成本函數是要素價格的二次可微分函數

$\dfrac{\partial^2 TC}{\partial P_j^2}$ 需存在，且有意義

利用 Shepherd's Lemma 可進一步推導投入要素的條件需求函數（factor condition on Q）：

$$\frac{\partial TC}{\partial P_j} = S_j \geq 0$$

$$\frac{\partial^2 TC}{\partial P_j^2} = \frac{\partial S_j}{\partial P_j} \geq 0$$

其中 Si 為要素份額。

二、投入與產出的劃分

由於金融機構在性質上屬於服務業，與一般製造業的投入與產出有所不同。Mackara（1975）曾提出金融機構與一般產業之產出有三點差異：（1）金融機構之產出具有服務的性質，不易直接量化。（2）金融機構提供多樣化服務，屬多重產出（multiproduct）。（3）金融機構之投入與產出難以明確界定。

根據以往的研究，投入與產出之界定方法有以下五種：一、生產法（production approach）：產出項是以交易數量與交易帳戶作為單位，總成本是以提供服務性產出所投入的成本作為投入項。二、仲介法（intermediation approach）：銀行是一個金融仲介機構，幫助資金的流通，而不是生產存放款的廠商，故仲介法將銀行的投資與放款做為產出項，將資金、資本、設備視為投入項，以價格為單位衡量投入項。三、資產法（asset approach）：資產法是以資產負債表上科目的特性來區分銀行投入與產出。四、使用者成本法（user cost approach）：以任一種金融商品對銀行的收益是否有淨貢獻，來判定該金融商品屬於投入或產出項。五、附加價值法（valued-added approach）：以某一資產和負債所具有的附加價值多寡來決定投入與產出項。

　　考量銀行在金融體系辦演資金借貸移轉的重要性、模型變數資料取得容易即能顯市銀行之資產類型、多重產出等特性之優點。本研究採用仲介法來認定樣本銀行的各項投入及產出項目。

伍　實證模型

　　本文所探討的對象為在金融控股體系之下銀行的效率，將效率分為不隨時間變動與隨時間變動兩部分，依據銀行的特性，使用隨機邊界模型求出的長期不隨時間變動效率值，再使用長期不隨時間變動值視為新變數放入原迴歸式中；以隨機邊界模型求出短期隨時間變動的效率值，並輔以 Hausman test 探討長期效率是否會受人為因素影響。

一、隨機邊界模型的設定

　　首先，假設成本函數內有 2 種產出：$Q\{(Y_1,Y_2)\}$，投資總額（Y_1）、放款（Y_2），以及 3 種要素投入分別為：資金（X_M）、資本使用量（X_K）、員工人數（X_L）。

成本函數如下：

$$TC = C\left(Y_1, Y_2, P_K, P_M, P_L\right)$$

將其轉換成超越對數的型式，加入隨機干擾項與無效率項：

$$\ln TC = \beta_0 + \beta_1 \ln Y_{1it} + \beta_2 \ln Y_{2it} + \beta_3 \ln P_{Kit} + \beta_4 \ln P_{Mit} + \beta_5 \ln P_{Lit}$$

$$+ \frac{1}{2}\beta_6 (\ln Y_{1it})^2 + \frac{1}{2}\beta_7 (\ln Y_{2it})^2$$

$$+ \frac{1}{2}\beta_8 (\ln P_{Kit})^2 + \frac{1}{2}\beta_9 (\ln P_{Mit})^2 + \frac{1}{2}\beta_{10} (\ln P_{Lit})^2$$

$$+ \beta_{11} (\ln P_{Kit})(\ln Y_{1it}) + \beta_{12}(\ln P_{Mit})(\ln Y_{1it}) + \beta_{13}(\ln P_{Lit})(\ln Y_{1it})$$

$$+ \beta_{14} (\ln P_{Kit})(\ln Y_{2it}) + \beta_{15}(\ln P_{Mit})(\ln Y_{2it}) + \beta_{16}(\ln P_{Lit})(\ln Y_{2it})$$

$$+ \frac{1}{2}\beta_{17} (\ln Y_{1it})(\ln Y_{2it})$$

$$+ \frac{1}{2}\beta_{18} (\ln P_{Kit})(\ln P_{Mit}) + \frac{1}{2}\beta_{19}(\ln P_{Mit})(\ln P_{Lit}) + \frac{1}{2}\beta_{20}(\ln P_{Kit})(\ln P_{Lit})$$

$$+ v_{it} + u_{it}$$

$$u_{it} = \exp\left\{-s\eta\left(t - T_i\right)\right\} u_i$$

變數定義如下：

i：個別廠商，$i=1,\ldots,N$

t：不同時間，$t=1,\ldots,N$

TC_{it}：第 i 家廠商在第 t 期的總成本

T_{1it}、T_{2it}：第 i 家廠商在第 t 期的投資總額與放款

P_{Kit}：資本價格

P_{Mit}：資金價格

P_{Lit}：勞動價格

u_{it}：複合誤差項，$u_{it} \overset{iid}{\sim} N(0, \sigma_u^2)$

u_i：每家廠商的個別效果，$u_i \overset{iid}{\sim} N(u, \sigma_u^2)$

u_{it}：隨機干擾的誤差項，$v_{it} \overset{iid}{\sim} N(0, \sigma_v^2)$

η：待估的參數，為無效率值隨時間收斂到基礎無效率水準的速度。

若 $\eta=0$，無效率值不會隨時間變動；$\eta>0$，無效率值會隨時間增加；

$\eta<0$，無效率值會隨時間減少。

二、Hausman Test

在一般的迴歸模型裡面已包含了個別效果也就是效率值，模型中先假設誤差項 $E(u_{it}|x_{it}) = 0$，這樣表示解釋變數與誤差項之間沒有相關，即模型不具內生性。在評估效率的時候，已經排除人為因素的影響，事實上這並不符合常理，故我們可以利用 Hausman Test 判定人為因素是否可以影響長期效率值，探討出影響長期效率值的原因。

Hausman（1978）提出，如果 $E(u_{it}|x_{it}) \neq 0$，則 $\hat{\beta}_{\text{GLS}}$ 將不為 β 的一致性估計式，$\hat{\beta}_{within}$ 去除了 u_i 的效果，此為 β 的不偏估計式，因此可利用 $\hat{\beta}_{\text{GLS}}$ 與 $\hat{\beta}_{within}$ 是否具有一致性來檢定內生性。

首先探討，虛無假設如下：

$$H_0 : E(u_{it}|x_{it}) = 0$$

假設檢定方法如下：

$$\hat{q}_1 = \hat{\beta}_{\text{GLS}} - \hat{\beta}_{within}$$

$$\text{cov}(\hat{\beta}_{GLS}, \hat{q}_1) = E[(\hat{\beta}_{GLS} - E(\hat{\beta}_{GLS}))(\hat{q}_1 - E(\hat{q}_1))']$$

$$= (X'\Omega^{-1}X)^{-1} - (X'QX)^{-1}X'QX(X'\Omega^{-1}X)^{-1}$$

$$= 0$$

$$\text{var}(\hat{q}_1) = \text{var}(\hat{\beta}_{\text{GLS}}) + \text{var}(\hat{\beta}_{within}) - 2\text{cov}(\hat{\beta}_{\text{GLS}}, \hat{\beta}_{within})$$

$$= \hat{\sigma}_v^2(X'QX)^{-1} - (X'\Omega^{-1}X)^{-1}$$

檢定統計量如下：

$$m_1 = \hat{q}_1'[\text{var}(\hat{q}_1)]^{-1}\hat{q}_1$$

檢定統計量在 5% 信賴區間下進行 Hausman Test。若檢定統計量落在棄卻區，模型具有內生性，長期效率值會受到人為因素改變；反之，則無法透過人為因素來影響長期效率。

使用 Hausman Test 檢定金融控股體系之下的銀行產業效率結果若具有內生性，表示可以透過人為因素去影響長期效率值。在此情況下，若

使用隨機效果模型估計效率會產生偏誤，故我們使用固定效果模型估計長期效率，固定效果模型假設個別效果是固定參數。模型如下：

$$\ln TC = (\beta_0 + u_i) + \beta_1 \ln Y_{1it} + \beta_2 \ln Y_{2it} + \beta_3 \ln P_{Kit} + \beta_4 \ln P_{Mit} + \beta_5 \ln P_{Lit}$$

$$+ \frac{1}{2}\beta_6 (\ln Y_{1it})^2 + \frac{1}{2}\beta_7 (\ln Y_{2it})^2$$

$$+ \frac{1}{2}\beta_8 (\ln P_{Kit})^2 + \frac{1}{2}\beta_9 (\ln P_{Mit})^2 + \frac{1}{2}\beta_{10} (\ln P_{Lit})^2$$

$$+ \beta_{11}(\ln P_{Kit})(\ln Y_{1it}) + \beta_{12}(\ln P_{Mit})(\ln Y_{1it}) + \beta_{13}(\ln P_{Lit})(\ln Y_{1it})$$

$$+ \beta_{14}(\ln P_{Kit})(\ln Y_{2it}) + \beta_{15}(\ln P_{Mit})(\ln Y_{2it}) + \beta_{16}(\ln P_{Lit})(\ln Y_{2it})$$

$$+ \frac{1}{2}\beta_{17}(\ln Y_{1it})(\ln Y_{2it})$$

$$+ \frac{1}{2}\beta_{18}(\ln P_{Kit})(\ln P_{Mit}) + \frac{1}{2}\beta_{19}(\ln P_{Mit})(\ln P_{Lit}) + \frac{1}{2}\beta_{20}(\ln P_{Kit})(\ln P_{Lit})$$

$$+ \beta_{21}CE_{it} + v_{it}$$

固定效果模型是以兩個步驟推導出效率值：首先以最小平方虛擬變數法（LSDV）先估計出符合一致性與不偏性的估計式，由此方法估計出的個別效果恆為正值。再調整截距項，平移截距項是第二步調整步驟如下：

$$\hat{\beta}_0^* = \hat{\beta}_0 + \max\{u_i\}$$

固定效果的無效率項可由上式中估計出效率值。

上式的誤差項 u_i 是利用最小虛擬變數法（LSDV）估計，已調整過誤差項，估計式具有不偏性。

$$-u_i^* = u_i - \max\{u_i\}$$

經過轉換之後可以得到長期不隨時間變動的效率值。

陸　資料來源與說明

　　本文主要針對在金融控股體系之下銀行進行效率分析，將效率值分為隨時間變動與不隨時間變動兩種。

一、資料來源

　　研究樣本所使用到的資產負債表及損益表等，資料出自於臺灣經濟新報（TEJ）、公開資訊觀測站（http://newmops.tse.com.tw/）。資料頻率為年資料。

二、研究對象

　　本研究樣本銀行為目前臺灣地區 14 家金融控股公司底下的銀行業。分別為：華南金控下的華南銀行、富邦金控下的臺北富邦、國泰金控下的國泰世華商業銀行、中華開發金控下的中華開發工業銀行、玉山金控下的玉山銀行、復華金控下的復華商業銀行、兆豐金控下的中國國際商業銀行和交通銀行、台新金控下的台新銀行、建華金控下的建華商業銀行，中國信託金控下的中國這託商業銀行、第一金控下的第一銀行、日盛金控下的日盛銀行，共 13 家銀行。其中新光金控下的新光銀行是在金控公司成立之後才有，和其他家銀行的觀察期間差距太大，所以不列入樣本銀行。而國票金控沒有設置銀行，故沒有國票金控銀行業的樣本資料；其中中國商銀與交通銀行於民國九十五年八月二十一日合併並更名為兆豐國際商業銀行，不在本研究樣本資料使用期間。

三、研究期間

　　資料擷取自民國 85 年 12 月至民國 94 年 12 月，13 家樣本銀行各有 10 筆年觀測值，共 130 筆追蹤資料來進行金融控股體系之下銀行的效率分析。

金融控股公司設立情形

基準日：94/12/31

金控公司名稱	核准設立日期	開業日期	子公司
國泰金控	90/11/28	90/12/31	國泰人壽、國泰世紀產險公司、國泰世華銀行、國泰創投公司、國泰證券、怡泰管理顧問公司、怡泰二創投、第七銀行
兆豐金控	90/12/31	91/2/4	交通銀行、倍利證券、中興票券、中國國際商銀、兆豐國際證投信、兆豐資產管理公司、中國產險、兆豐交銀創業投資
華南金控	90/11/28	90/12/19	華南銀行、華南永昌證券、華南產險、華南票券、華南永昌證投信、華南金創投、華南金管理顧問公司、華南金資產管理公司
第一金控	90/12/31	92/1/2	第一銀行、一銀證券、建弘證投信、第一金融資產管理公司、第一創投、第一金融管理顧問公司、第一財產保險代理人公司
富邦金控	90/11/28	90/12/19	臺北富邦銀行、富邦證券、富邦票券、富邦產險、富邦人壽、富邦證投信、富邦直效行銷公司、富邦金控創業投資公司、富邦資產管理公司、富邦銀行（香港）有限公司、富邦創業投資管理顧問公司
中國信託金控	90/11/28	91/5/17	中國信託商銀、中信銀證券、中信保險經紀人、中信創投、中國信託資產管理公司、中國信託票券、中信保全
新光金控	90/12/31	91/2/19	新光人壽、新壽證券、新壽保險經紀人、新昕證投信、臺灣新光銀行
台新金控	90/12/31	91/2/18	台新銀行、台新票券、台證證券、台新資產管理公司、台新行銷顧問公司、台欣創投
建華金融	90/11/28	91/5/9	建華銀行、建華證券、建華客服科技公司、建華管理顧問公司、建華創投、建華人壽保險代理人公司、建華財產保險代理人公司、建華行銷顧問公司、安信信用卡公司、建華證信、臺北國際商業銀行
玉山金控	90/12/31	91/1/28	玉山銀行、玉山證券、玉山票券、玉山創投公司、玉山保險經紀人、玉山證投信
復華金控	90/12/31	91/2/4	復華證金、復華證券、復華銀行、復華期貨、金復華證投顧、金復華證投信、復華創投公司、復華資產管理公司、復華財務顧問公司
日盛金控（上櫃）	90/12/31	91/2/5	日盛證券、日盛銀行、日盛國際產物保險代理人公司
中華開發金控	90/11/28	90/12/28	中華開發工業銀行、大華證券
國票金控	91/2/8	91/3/26	國際票券、國票證券、國票創投

資料來源：財政部

四、變數定義與說明

本文使用的變數包括總成本，兩種產出：投資總額、放款總額，三種投入要素：資金、資本使用量、員工人數，以及三種投入要素價格：資金價格、資本價格、勞動價格。將各變數定義說明如下：

（一）產出項

（1）貼現與放款（Y_1）

包括短期放款及中長期放款，另外包括貼現、進口押匯、透支及其他放款扣除備抵呆帳得到貼現、放款淨額。

（2）投資總額（Y_2）

短期投資與長期投資總額。包括銀行持有政府發行甲或乙種國庫券、公司行號發行的公司債、商業本票、上市公司股票…等。

（二）投入要素

（1）資金使用量（M）與資金價格（Y_M）

資金使用量主要是存款，包括支票存款、活期存款、定期存款、儲蓄存款、外匯存款、公庫存…等。銀行使用此要素所支付的費用為利息支出，即本文的資金成本。資金成本除以資金使用量就是銀行吸收每單位資金所支付的資金價格

（2）資本使用量（K）和資本價格（P_K）

資本使用量主要是固定資產，扣除累計折舊得到固定資產淨額即為本文的資本使用量。資本成本是以業務、總務及管理費用扣除用人費用而來。資本成本除以資本使用量即可得到資本價格。

（3）勞動使用量（L）和勞動價格（P_L）

勞動使用量主要是員工人數。勞動成本為銀行雇用員工所支付的薪資、退休金等用人費用。勞動成本除以員工人數即可得勞動價格。

（三）總成本（TC）

總成本計算即為資金成本加上資本成本，再加上勞動成本；亦即

$$TC=P_M\times M+P_K\times K+P_L\times L \qquad (26)$$

柒　實證結果

本文使用 STATA 軟體版本 8.0 進行分析。

一、隨機邊界模型結果

本文針對 13 家臺灣地區金融控股公司體系之下銀行，於民國 85 年到 94 年的成本函數進行估計。實證結果如表 3：

表 3　隨機邊界模型估計結果

解釋變數	參數估計值	P 值
constant	-9.6352	0.440
$\ln Y_1$	2.9709	0.000*
$\ln Y_2$	-3.0411	0.001*
$(\ln Y_1)^2$	0.0778	0.049*
$(\ln Y_2)^2$	0.1488	0.000*
$(\ln Y_1)(\ln Y_2)$	-0.1744	0.021*
$\ln P_K$	0.3235	0.556
$\ln P_M$	-27.3756	0.000*
$\ln P_L$	4.9914	0.024*
$(\ln P_K)^2$	0.3962	0.094
$(\ln P_M)^2$	-8.7175	0.000*

$(\ln P_L)^2$	-0.2376	0.164
$(\ln P_K)(\ln P_M)$	-0.2157	0.145
$(\ln P_K)(\ln P_L)$	0.0286	0.000*
$(\ln P_M)(\ln P_L)$	0.4094	0.316
$(\ln Y_1)(\ln P_K)$	0.0716	0.046*
$(\ln Y_1)(\ln P_M)$	0.0187	0.871
$(\ln Y_1)(\ln P_L)$	-0.2779	0.007*
$(\ln Y_2)(\ln P_K)$	-0.0579	0.184
$(\ln Y_2)(\ln P_M)$	1.3519	0.000*
$(\ln Y_2)(\ln P_L)$	0.1771	0.179
平均無效率值（u）	0.7177	0.001
效率收斂速度（η）	-0.0043	0.045

註：*代表 5%顯著水準

估計結果之解釋如下：

A.貼現與放款（$\ln Y_1$）與總成本（TC）有顯著的正向關係。產量增加時，總成本應增加，否則，廠商原有的產量就不是成本最小的產量。貼現與放款的平方項（$(\ln Y_1)^2$）與成本有顯著的正向關係。

$$\frac{\partial \ln TC}{\partial \ln Y_1} = \beta_1 + \beta_6 \ln Y_1 + \beta_{11} \ln P_K + \beta_{12} \ln P_M + \beta_{13} \ln P_L + \beta_{17} \ln Y_2 \qquad (27)$$

$$\frac{\partial^2 \ln TC}{\partial \ln Y_1^2} = \beta_6 = \frac{\partial}{\partial Y_1}\left(\frac{MC_1}{AC_1}\right) \times Y_1 = 0.0778 \qquad (28)$$

由（27）及（28）式，當貼現與放款增加 1%時，總成本會增加 2.9709%。此外，銀行的邊際成本與平均成本的相對比例，會隨著貼現與放款的增加而增加。貼現與放款增加一單位時，邊際成本與平均成本的相對比例將提高 0.0778。

B.投資總額（$\ln Y_2$）與總成本（TC）有顯著的負向關係。投資總額的平方項（$(\ln Y_2)^2$）與成本有顯著的正向關係。

$$\frac{\partial \ln TC}{\partial \ln Y_2} = \beta_{21} + \beta_7 \ln Y_2 + \beta_{14} \ln P_K + \beta_{15} \ln P_M + \beta_{16} \ln P_L + \beta_{17} \ln Y_1 \qquad (29)$$

$$\frac{\partial^2 \ln TC}{\partial \ln Y_2^2} = \beta_7 = \frac{\partial}{\partial Y_2}\left(\frac{MC_2}{AC_2}\right) \times Y_2 = 0.1488 \qquad (30)$$

由（29）及（30）式，當投資總額增加 1%時，總成本會降低 3.0411%，此項結果不符合經濟理論。同時，銀行的邊際成本與平均成本的相對比例，會隨著投資總額的增加而增加。投資總額增加一單位時，邊際成本與平均成本的相對比例將提高 0.1488。

C.貼現與放款和投資總額的交乘項（（$\ln Y_1$）（$\ln Y_2$））與成本有顯著的負向關係。這代表這兩項產出項互為替代關係。

　　由（26），$TC = P_M \times M + P_K \times K + P_L \times L$

$$\frac{\partial TC}{\partial P_M} = M$$

$$\frac{\partial \ln TC}{\partial \ln P_M} = \frac{\partial TC / TC}{\partial P_M / P_M} = M \times \frac{P_M}{TC} = \frac{M \times P_M}{TC} = S_M \qquad (31)$$

　　此即資金成本占總成本的比例，稱為資金份額。

　　同理可得，$S_K = \frac{\partial \ln TC}{\partial \ln P_K}$、$S_L = \frac{\partial \ln TC}{\partial \ln P_L}$ 分別為資本份額與勞動份額。

D.資金價格（$\ln P_M$）與總成本（TC）成本有顯著的負向關係。資金價格的平方項（（$\ln P_M$）^{2}）與總成本（TC）有顯著的負向關係。

$$\frac{\partial \ln TC}{\partial \ln P_M} = \beta_4 + \beta_9 \ln P_M + \beta_{12} \ln Y_1 + \beta_{15} \ln Y_2 + \beta_{18} \ln P_K + \beta_{19} \ln P_L \qquad (32)$$

$$\frac{\partial^2 \ln TC}{\partial \ln P_M{}^2} = \beta_9 = \frac{\partial}{\partial P_M}(S_M)P_M = -8.7175 \qquad (33)$$

　　資金價格提高 1%會造成總成本減少 27.3756%。此項結果不符合經濟理論，我們將於下一節使用變異數影響因子 VIF（variance inflation factor）來衡量共線性問題。資本價格的平方項與總成本有負向關係，表示當資本價格提高時，其份額會降低。

E.資本價格（$\ln P_K$）與總成本（TC）成本有正向關係。資本價格的平方項（（$\ln P_K$）^{2}）與總成本（TC）有顯著的正向關係。

$$\frac{\partial \ln TC}{\partial \ln P_K} = \beta_4 + \beta_8 \ln P_K + \beta_{11} \ln Y_1 + \beta_{14} \ln Y_2 + \beta_{18} \ln P_M + \beta_{20} \ln P_L \qquad (34)$$

$$\frac{\partial^2 \ln TC}{\partial \ln P_K{}^2} = \beta_8 = \frac{\partial}{\partial P_K}(S_K)P_K = 0.3962 \qquad (35)$$

資本價格提高 1%會造成總成本增加 0.3235%。資本價格的平方項與總成本有正向關係，表示當資本價格提高時，其份額反而會增加，此項結果不符合經濟理論。但這兩項實證結果並不顯著。

F. 勞動價格（$\ln P_L$）與總成本（TC）成本有顯著的正向關係。勞動價格的平方項（$(\ln P_L)^2$）與總成本（TC）則呈現負向關係（不顯著）。

$$\frac{\partial \ln TC}{\partial \ln P_L} = \beta_5 + \beta_{10} \ln P_L + \beta_{13} \ln Y_1 + \beta_{16} \ln Y_2 + \beta_{19} \ln P_M + \beta_{20} \ln P_K \qquad (36)$$

$$\frac{\partial^2 \ln TC}{\partial \ln P_L{}^2} = \beta_{10} = \frac{\partial}{\partial P_L}(S_L)P_L = -0.2376 \qquad (37)$$

勞動價格提高 1%會造成總成本增加 4.9914%。勞動價格的平方項與總成本有負向關係，表示當勞動價格提高時，其份額會降低。

G. 根據（15），

$$S_K = \frac{\partial \ln TC}{\partial \ln P_K} = \beta_4 + \beta_8 \ln P_K + \beta_{11} \ln Y_1 + \beta_{14} \ln Y_2 + \beta_{18} \ln P_M + \beta_{20} \ln P_L \qquad (38)$$

$$\frac{\partial S_K}{\partial \ln P_L} = \beta_{20} = 0.0286 \qquad (39)$$

資本價格與勞動價格的交乘項（$(\ln P_K)(\ln P_L)$）與成本有顯著的正向關係。這代表要素投入中的資本與勞動有替代關係，亦即，當勞動價格上漲時，資本使用量會提高。根據（39）式，當勞動價格上漲 1%時，資本成本占總成本的份額會增加 0.0286 個百分點。

H. 根據（38），

$$\frac{\partial S_K}{\partial \ln Y_1} = \beta_{11} = \frac{\partial P_K}{\partial Y_1} \times \frac{\partial S_K}{\partial P_K} \times Y_1 = 0.0716 \qquad (40)$$

貼現與放款和資本價格的交乘項（$(\ln Y_1)(\ln P_K)$）與成本有顯著的正向關係。這代表當銀行增加貼現與放款時，將會增加資本的使用量。由（40）式，當貼現與放款增加 1%時，資本成本佔總成本的份額會增加 0.0716 個百分點。

I. $S_L = \dfrac{\partial \ln TC}{\partial \ln P_L} = \beta_5 + \beta_{10} \ln P_L + \beta_{13} \ln Y_1 + \beta_{16} \ln Y_2 + \beta_{19} \ln P_M + \beta_{20} \ln P_K$ （41）

$$\frac{\partial S_L}{\partial \ln Y_1} = \beta_{13} = \frac{\partial P_L}{\partial Y_1} \times \frac{\partial S_L}{\partial P_L} \times Y_1 = \text{-}0.2779 \qquad （42）$$

　　貼現與放款和勞動價格的交乘項（（$\ln Y_1$）（$\ln P_L$））與成本有顯著的負向關係。這代表當銀行增加貼現與放款時，將會減少勞動的使用量。由（42）式，當貼現與放款增加 1%時，勞動成本佔總成本的份額會降低 0.2779 個百分點。

J. $S_M = \dfrac{\partial \ln TC}{\partial \ln P_M} = \beta_4 + \beta_9 \ln P_M + \beta_{12} \ln Y_1 + \beta_{15} \ln Y_2 + \beta_{18} \ln P_K + \beta_{19} \ln P_L$ （43）

$$\frac{\partial \ln S_M}{\partial \ln Y_2} = \beta_{15} = 1.3519 \qquad （44）$$

　　投資總額和資金價格的交乘項（（$\ln Y_2$）（$\ln P_M$））與成本有顯著的正向關係。這代表當銀行增加投資時，將會增加資金的使用量。由（44）式，當投資增加 1%時，資金成本佔總成本的份額會增加 1.3519 個百分點。

二、模型修正

　　本文由超越函數型態的成本函數所推導出的模型，含有 20 項變數，皆為產出項、要素價格項及其交乘項與平方項所構成。因此，該模型可能存在線性相關而導致解釋變數出現不合理的現象。本文嘗試以變異數影響因子（variance inflation factor，VIF）來衡量共線性問題。

（一）共線性問題

（1）變異數影響因子

　　每個解釋變數均可計算出一個 VIF 值，VIF_k 代表第 k 個解釋變數的 VIF 值，其計算公式如下：

$VIF_k = \dfrac{1}{1-R^2_{X_k}}$ ，$R^2_{X_k}$ 為解數變數 X_k 對其他解釋變數的複相關係數。當第 k 個解釋變數（X_k）與其他解釋變數間的相關性愈大，$R^2_{X_k}$ 愈大，導致 VIF_k 也愈大；且 β_k 的變異數也會愈大，因而導致 β_k 不顯著。衡量方式為：

i.　$VIF_k = 1$ 時，表示第 k 個解釋變數與其他解釋變數間不存在線性相關。

ii.　$VIF_k > 1$ 時，表示第 k 個解釋變數與其他解釋變數間存在線性相關。

iii.　$VIF_k \to \infty$ 時，表示第 k 個解釋變數與其他解釋變數間存在完全線性相關。

（二）實證結果

本文先將所有解釋變數投入模型中，對應變數作簡單迴歸估計，再求出各個解釋變數的 VIF_k 值，結果如表 4：

表 4　變異數影響因子檢定結果

解釋變數	VIF_K	P 值
lnY1	9923	0.119
（lnY1）^{2}	11573	0.124
lnY2	34647	0.949
（lnY2）^{2}	15143	0.869
（lnY1）（lnY2）	96021	0.190
lnP_K	1888	0.123
lnP_M	30580	0.383
lnP_L	5610	0.944
（lnP_K）^{2}	411	0.201
（lnP_M）^{2}	20909	0.402
（lnP_L）^{2}	8401	0.415
（lnP_K）（lnP_M）	923	0.653
（lnP_K）（lnP_L）	19978	0.744
（lnP_M）（lnP_L）	15932	0.329
（lnY1）（lnP_K）	3881	0.839
（lnY1）（lnP_M）	9943	0.488
（lnY1）（lnP_L）	30285	0.040
（lnY2）（lnP_K）	3771	0.287
（lnY2）（lnP_M）	25934	0.307
（lnY2）（lnP_L）	43233	0.273

由上表得知，20 個解釋變數之中，只有 1 個解釋變數呈現顯著（$(lnY1)(lnP_L)$），而 VIF 值更是趨近於無窮大，因此，本文實證模型的確存在相當嚴重的共線性問題。

（三）解釋變數的選取

由前面討論的結果得知，本文實證模型中，解釋變數間呈現高度共線性，故有可能導致估計結果呈現與經濟理論不相符的狀況出現，我們將嘗試選擇較佳的實證模型。對於最佳實證模型的選取，在計量上有很多方法可以使用，如：所有可能迴歸選取法（all possible regression）、逐步迴歸選取法（stepwise regression）、前推式選取法（forward selection）、後推式選取法（backward elimination）…等，本文採用在討論共線性問題的 VIF 法來選取變數。

Neter, J. , M. H.Kutner , C.J. Nachtsheim & W. Wasserman（1999）指出，當所有變數之 VIF 值很大時，表示共線性問題嚴重，若有解釋變數的 VIF 值大於 20 時，共線性問題將可能使 LSE 不準確，因此，本文將由 VIF 值大於 20 的解釋變數開始刪除，直至剩餘所有解釋變數的 VIF 值均小於 10。

首先，分別計算出 20 個解釋變數的 VIF_K 值，結果如上表，先刪除（lnY1）（lnY2）也就是 VIF 值最大的解釋變數，而後，將剩餘的 19 個解釋變數重新計算 VIF_K 值，再刪除其中 VIF_K 最大的變數。重複此步驟（計算 VIF_K 值，並刪除 VIF_K 值最大的變數），直到剩餘解釋變數的 VIF_K 值均小於 10 為止。本研究依序刪除了（lnY1）（lnY2）、lnP_M、（lnY1）（lnP_L）、（lnY2）（lnP_L）、（lnP_M）（lnP_L）、（lnY1）（lnP_M）、lnP_L、lnY2、$(lnY1)^2$、（lnP_K）（lnP_L）、（lnY1）（lnP_K）、lnP_K、（lnY2）（lnP_K）、（lnY2）（lnP_M）14 個解釋變數，選取變數之後的結果整理於下表 5：

表 5　變異數影響因子選取變數後檢定結果

解釋變數	VIF_K	P 值
（$\ln P_K$）（$\ln P_M$）	8.28	0.000
（$\ln P_M$）^{2}	5.97	0.000
$\ln Y1$	4.80	0.000
（$\ln Y2$）^{2}	3.02	0.000
（$\ln P_L$）^{2}	2.84	0.574
（$\ln P_K$）^{2}	2.09	0.439
平均 VIF	4.50	

三、內生性檢定

在第二節，我們對模型做了修正，排除了共線性的問題，我們將剩下的變數放入修正後的模型，並用 Hausman Test 來推估長期的效率值是否可以藉由人為的因素改善效率。

Hausman Test 比較固定效果模型與隨機效果模型的係數差異。在個別銀行生產如果具有內生性，則使用隨機效果模型，解釋變數不存在個別效果，估計的係數具有一致性；而在固定效果模型的個別效果不具有隨機的性質，估計的係數也具有一致性，故使用隨機效果模型與固定效果模型所估計的係數相等時，表示估計的效率值沒有內生性，不能透過人為的因素來改擅長期效率；反之，假使兩模型估計的係數不相等，表示估計的效率具有內生性，可以藉由人為的因素來改擅長期效率。

內生性檢定結果顯示於表 6：

表 6　內生性檢定結果

解釋變數	固定效果係數	隨機效果係數	兩係數差
$\ln Y1$	0.0433	0.0672	-0.0239
（$\ln Y2$）^{2}	0.1661	0.0178	0.1483
（$\ln P_K$）^{2}	-0.0018	-0.0026	0.0008
（$\ln P_M$）^{2}	0.3815	0.3942	-0.0127
（$\ln P_L$）^{2}	-0.0146	-0.0067	-0.0079
（$\ln P_K$）（$\ln P_M$）	-0.3070	-0.3301	0.0231

$$(\hat{q}_1)^{'}[\text{var}(\hat{q}_1)]^{-1}(\hat{q}_1) = 31033 \sim \chi^2(6)$$

$$\text{Prob} > \chi^2(6) = 0.0000$$

實證結果顯示，Hausman Test 結果顯著落在拒絕域內，拒絕先前的虛無假設，亦即固定效果模型與隨機效果模型的係數不相等，故金融控股體系之下銀行的長期效率值可藉由人為因素改善。

　　由 Hausman Test 結果顯示，金融控股體系之下銀行的長期效率值可藉由人為因素或規模效率等因素改善。由表七顯示隨時間變動隨機邊界模型可觀察到各銀行的效率值，隨著時間增加效率值亦逐年增加，在銀行面對無效率時，銀行將會不斷提升技術或調整要素配置方式，讓銀行效率獲得改善。

　　表七呈現各家銀行隨時間變動效率值，由表中結果顯示，各銀行的效率值，隨著時間增加效率值亦逐年增加，由於本文採用的年限跨越各家銀行加入金融控股體系前後的時間，故由表七呈現的結果可以看出，各家銀行加入金融控股體系之後，其長期效率值增加，亦即，加入金融控股體系的銀行，加入後的效率較加入前的效率為佳。

　　台新金控於 2002 年 2 月 18 日創立，加入金控前銀行的平均效率為 2.3139，加入金控後銀行的平均效率為 2.3563；第一金控於 2003 年 1 月 2 日創立，加入金控前銀行的平均效率為 2.1168，加入金控後銀行的平均效率為 2.1513；華南金控於 2001 年 12 月 19 日創立，加入金控前銀行的平均效率為 2.3860，加入金控後銀行平均效率為 2.4314；中華開發金控於 2001.年 12 月 28 日創立，加入金控前銀行的平均效率為 1.0431，加入金控後銀行的平均效率為 1.0441；兆豐金控於 2002 年 2 月 4 日創立，旗下的中國商銀加入金控前平均效率為 2.9014，加入金控後銀行平均效率為 2.9691，交通銀行加入金控前平均效率 1.2149，加入金控後平均效率 1.2200；國泰金控於 2001 年 12 月 31 日創立，加入金控前銀行平均效率為 2.9020，加入金控後銀行平均效律為 2.9697；富邦金控於 2001 年 12 月 19 日創立，加入金控前銀行平均效率為 1.9446，加入金控後銀行平均效率為 1.9728；建華金控於 2002 年 5 月 9 日創立，加入金控前銀行平均效率為 2.1910，加入金控後銀行平均效率為 2.2285；復華金控於 2002 年 2 月 4 日創立，加入金控前銀行平均效率為 1.5480，加入金控後銀行平均效率為 1.5626；玉山金控於 2002 年 1 月 28 日創立，加入金控前銀

行平均效率為 1.9497，加入金控後銀行平均效率為 1.9781；日盛金控於 2002 年 2 月 5 日創立，加入金控前銀行平均效率為 2.1804，加入金控後銀行平均效率為 2.2174。

表 7　各家銀行隨時間變動效率值

時間＼廠商	台新	第一	華南	開發	中國商銀	中國信託	交通
1996	2.2932	2.0965	2.3639	1.0427	2.8685	2.9247	1.2123
1997	2.3014	2.1032	2.3726	1.0429	2.8815	2.9382	1.2133
1998	2.3096	2.1099	2.3815	1.0430	2.8946	2.9519	1.2143
1999	2.3179	2.1167	2.3904	1.0432	2.9079	2.9656	1.2154
2000	2.3263	2.1235	2.3993	1.0434	2.9213	2.9795	1.2164
2001	2.3348	2.1304	2.4084	1.0436	2.9347	2.9935	1.2174
2002	2.3433	2.1373	2.4175	1.0438	2.9483	3.0077	1.2184
2003	2.3519	2.1443	2.4267	1.0440	2.9621	3.0219	1.2195
2004	2.3605	2.1513	2.4359	1.0442	2.9759	3.0363	1.2205
2005	2.3693	2.1584	2.4453	1.0444	2.9899	3.0508	1.2216
平均效率	2.3309	2.1272	2.4042	1.0436	2.9285	2.9871	1.2170
加入金控前平均效率	2.3139	2.1168	2.3860	1.0431	2.9014	2.9520	1.2149
加入金控後平均效率	2.3563	2.1513	2.4314	1.0441	2.9691	3.0292	1.2200

時間＼廠商	國泰世華	臺北富邦	建華	復華	玉山	日盛
1996	2.8691	1.9308	2.1727	1.5407	1.9358	2.1622
1997	2.8821	1.9362	2.1799	1.5436	1.9413	2.1694
1998	2.8952	1.9418	2.1872	1.5464	1.9468	2.1766
1999	2.9085	1.9473	2.1946	1.5493	1.9524	2.1839
2000	2.9218	1.9529	2.2020	1.5523	1.9580	2.1913
2001	2.9353	1.9585	2.2095	1.5552	1.9637	2.1987
2002	2.9489	1.9642	2.2170	1.5582	1.9694	2.2061
2003	2.9627	1.9699	2.2246	1.5611	1.9751	2.2136
2004	2.9765	1.9756	2.2323	1.5641	1.9809	2.2212
2005	2.9905	1.9814	2.2400	1.5671	1.9868	2.2288
平均效率	2.9291	1.9559	2.2060	1.5539	1.9611	2.1952
加入金控前平均效率	2.9020	1.9446	2.1910	1.5480	1.9497	2.1804
加入金控後平均效率	2.9697	1.9728	2.2285	1.5626	1.9781	2.2174

四、銀行規模大小與效率的關係

我們使用各家銀行的分行家數來代表銀行的規模大小，與效率值做一簡單迴歸分析，來觀察兩者之間的關係。

簡單迴歸分析模型如下：

$$Y_i = \beta_0 + \beta_1 X_i + \varepsilon_i$$

Y_i：第 i 家銀行的效率項

X_i：第 i 家銀行的分行家數

表 8　銀行規模大小對效率值迴歸結果

解釋變數	參數估計值	t 值	P 值
截距	2.1222	4.1140	0.0012
分行家數	2.9901	4.4481	0.0010

由表八顯示，銀行的效率值與銀行規模大小（銀行分行家數）呈現顯著的正向關係，表示當銀行擴張規模大小（增加分行家數）時，銀行的效率值亦會跟著改善。由表十一我們觀察到，最明顯的例子是效率值與規模大小排名較後面的銀行，如：中華開發銀行、交通銀行，這兩間銀行的效率值較低且規模也較小，由此可以觀察到，若想增加效率值，可以考慮採用擴張規模大小也就是增家分行家數來改善效率值。

表 9 我們利用各家銀行的分行家數來代表銀行的規模大小，來源出處為中央銀行之「全國金融機構一覽表」。

表 9　各家銀行資本額大小

樣本銀行	分行家數
台新	100
第一	187
華南	181
中華開發	3
中國商銀	92
中國信託	110
交通	13

國泰世華	139
臺北富邦	123
建華	128
復華	68
玉山	104
日盛	36

表 10 為各家銀行的效率值，由隨機邊界模型所估計出來。

表 10　各家銀行效率值

樣本銀行	效率值
台新	2.3137
第一	2.0599
華南	2.3179
中華開發	1.0479
中國商銀	2.8549
中國信託	2.9286
交通	1.2029
國泰世華	2.8814
臺北富邦	1.9247
建華	2.1961
復華	1.5575
玉山	1.9529
日盛	2.1970

表 11 由表 9、表 10 的資本額數值與效率值，將 13 家樣本銀行進行排序。

表 11　樣本銀行資本額與效率值排名

樣本銀行	規模大小排名	效率值排名
台新	8	5
第一	1	8
華南	2	4
中華開發	13	13
中國商銀	9	3
中國信託	6	1
交通	12	12
國泰世華	3	2

臺北富邦	5	10
建華	4	7
復華	10	11
玉山	7	9
日盛	11	6

捌 結論與建議

　　本文主要是檢視隸屬於金融控股公司旗下的銀行是否具有效率？使用 13 家金融控股公司旗下的銀行，資料頻率為年資料，總共 130 筆年觀測值的 panel data 分析，採用隨機邊界模型估計效率值，以變異數影響因子（variance inflation factor,VIF）衡量共線性問題修正模型，並使用 Huasman test 檢定長期效率值是否可透過人為因素影響。

　　所得到的結論如下：

1. 以隨機邊界模型估計我國金融控股公司體系之下銀行的長期效率值，研究結果顯示：貼現與放款和投資總額兩項產出互為互補關係；資金與勞動這兩項投入互為互補關係。

2. 平均無效率值（u）顯著異於 0，代表平均無效率值恆大於或等於 0，因此平均無效率項服從非負截斷性的常態分配。無效率收斂速度（η）顯著異於 0，代表無效率情形會隨時間而改變，且 η 估計值為負，因此無效率收斂速度是逐漸收斂到無效率值。

3. 使用變異數影響因子（variance inflation factor, VIF）衡量共線性問題修正模型，修正後模型變數剩下貼現與放款（lnY1）、投資總額平方項（$(\ln Y2)^2$）、資金價格平方項（$(\ln PM)^2$）、資本價格平方項（$(\ln PK)^2$）、勞動價格平方項（$(\ln P_L)^2$）以及資本價格與資金價格交乘項（$(\ln P_K)(\ln P_M)$），由於保留了所有基本變數，故我們採用此修正後模型。

4. 採用修正後模型，使用 Huasman Test 來檢定金融控股體系之下銀行的長期效率是否可藉由人為因素改善效率。實證結果顯示，Hausman Test 結果顯著落在拒絕域內，拒絕先前的虛無假設，亦即固定效果模型與隨機效果模型的係數不相等，故金融控股體系之下銀行的長期效率值可藉由人為因素改善。

5. 我們想要了解銀行的規模大小是否會影響銀行的效率值，故我們使用各家銀行的分行家數來代表銀行的規模大小，與效率值做一簡單迴歸分析，來觀察兩者之間的關係。結果顯示，銀行的效率值與銀行規模大小（亦即銀行分行家數）呈現顯著的正向關係，表示當銀行擴張規模大小（增加分行家數）時，銀行的效率值亦會跟著改善。

對於後續研究的建議如下：

1. 由於本文只對於模型方面做了簡單的共線性問題修正，針對共線性問題可再作深入探討。

2. 本文所採用的資料頻率為年資料，銀行加入金融控股後所產生的綜效不會立即反應，可能需要經過數年，可改變資料頻率並且擴充研究年限估計銀行之成本效率。

玖　參考文獻

中文文獻

羅蕙琪（1993），「臺灣地區本國銀行的效率分析」，東吳大學經濟研究所碩士論文。

黃台心（1997），「以隨機邊界成本函數分析本國銀行的規模與多元經濟」，經濟論文叢刊，第二十六卷第三期，頁 209-241。

黃志典、黃智遠（2004），「臺灣地區銀行產業成本效率之實證研究－隨機邊界法之應用」，企銀季刊，第二十七卷第三期，頁 1-28。

林卓民、陳明麗、楊於龍（2006），「金融控股公司旗下子銀行成本效率之探討」，臺灣銀行季刊，第五十七卷第一期。

胡凱晶（2006），「利用追蹤資料分析金融控股下銀行業的效率」東海大學經濟系碩士論文。

英文文獻

Aigner, D. J. , C. A. K. Lovell , and P. Schimidt (1977), "Formulation and Estimation of Stochastic Frontier Production Function Model," *Journal of Econometrics*,6, 21-37.

Atkinson, S. and C. Cornwell (1994), "Estimation of Output and Input Technical Efficiency Using a Flexible Functional Form and Panel Data," *International Economic Review*, 35, 245-256.

Battese, G. E. and T. J. Coelli (1992), "Frontier Production, Technical Efficiency and Panel Data: With Application to Paddy Farmers in India," T*he Journal of Productivity Analysis*, 3, 153-169.

Battese, G. E. and T. J. Cocelli (1995), "A Model for Technical Inefficiency Effects in a Stochastic Frontier Production Function for Panel Data," *Empirical Economics*, 20(2), 325-332.

Cavallo, L. and S.P.S. Rossi (2001), "Scale and Scope Economies in the European Banking Systems," *Journal of Multinational Financial Management*, 11, 515-531.

Coelli T. , Rao, D. S. P., and G. E. Battese(1998), "A Introduction to Efficiency and Productivity Analysis," *London: Kluwer Academic.*

Farell, M. J. (1957), "The Measurement of Productive Efficiency," *Journal of the Royal Statistical Society*, Series A, General, Vol. 120, No. 3, 253-281

Ferrier, G. D. and C. Lovell(1990), "Measuring Cost Efficiency in Banking Econometric and Linear Programming Evidence," *Oxford Economic Papers*, 43, 667-683.

Forsund, F. R, C. A. K. Lovell, and P. Schmidt (1980), "A Survey of Frontier Production Function and of their Relationships to Efficiency Measurement," *Journal of Econometric*,13, 5-25.

Gilbert, E. Metcalf (1996), "Specification Testing in Panel Data with Instrumental Variables," *Journal of Econometrics*, 71, 291-307.

Greene W. G. (1993), "A Gammer-Distributed to Stochastic Frontier Model," *Journal of Econometrics*, 46, 141-163.

Hausman, J. A. (1978), "Specification Test in Econometrics," *Econometric*. 46, 1251-1271.

Lau J. and P. A. Yotopoulos (1971), "A Test ofr Relative Efficiency and an Application to India Agriculture", American Economic Review 61, 94-104.

Neter, J., M. Kutner, C. Nachtsheim, W. Wasserman, Applied Linear Statistical Models, 4th ed, 1999. Chicago: Irwin.

Schmidt, P.(1985) "Frontier Production Functions," *Econometric Reviews,* 4(2), 289-328.

Schmidt, P. and C. A. K. Lovell (1979), "Estimating Technical and Allocative Inefficiency Relative to Stochastic Production and Cost Frontiers," *Journal of Econometrics*, 9, 343-366.

Schmidt, P. and C.A.K. Lovell (1980), "Estimating Stochastic Production and Cost Frontiers when Technical and Allocative Inefficiency are Correlated." *Journal of Econometrics,* 13 83-100.

Schmidt, P. and R. C. Sickles (1984), "Production Frontier and Panel Data," *Journal of Business and Economic Statistic*, 2(4), 367-394.

STATA XT Manual (2003),STATA cross-sectional time-series reference manual release 8.

Varian H.R.(1992), Microeconomic Analysis, 3rd ed. WW. Norton & Company, Inc.

Zellner, Arnold (1962), "An Efficient Method of Estimating Seemingly Unrelated Regressions and Tests for Aggregation Bias." *Journal of the American Statistical Association*, Vol. 57, No. 298 (Jun., 1962), pp. 348- 368.

CHAPTER 3

名目所得目標區的蜜月效果分析
——政策不確定情況下的探討

廖培賢、黃莉娟

【摘要】

本文將 Fang and Lai（2002）討論經濟體系面臨總合供給面隨機干擾的封閉經濟體系名目所得目標區模型，予以延伸至「名目所得上限邊界」與「名目所得中心平價重整」兩種不確定性情況，來分別討論：一旦經濟體系面臨商品市場需求面的隨機干擾時，名目所得目標區的採行是否仍具有安定相關總體經濟變數的作用；同時我們也使用了 Lai and Chang（2001）具有開創性又簡而易懂的「新圖解法」來進一步詮釋我們所得到的結果。結果發現：（1）社會大眾在面對名目所得目標區的上限邊界不確定政策時，名目所得目標區政策的實施不論中央銀行所亮出的底牌為何，名目所得、實質產出、物價與名目利率水準的波動幅度都會相對較小，亦即對前述這些相關總體經濟變數都具有安定效果；（2）當民眾面臨名目所得目標區持續維持抑或重整的不確定政策時，「民眾預期貨幣當局將會進行重整的比例」這個因素在決定名目所得、實質產出、物

價與名目利率水準等相關總體經濟變數是否具有安定效果上佔了舉足輕重的角色。

關鍵詞：名目所得目標區、蜜月效果、標準布朗運動、$Itô's$引理、中心平價重整

壹 前言

第一節　研究動機與目的

　　一般而言，世界上任何一國的貨幣當局若想要企圖增強其所實施的貨幣政策效果有效性（policy effectiveness），都必須先選擇與低失業率、高經濟成長率、低物價上漲率、金融與外匯市場穩定等最終標的（final target）有密切相關的貨幣政策工具（policy tools）；然而，由於貨幣政策工具一旦實施要對前述的最終標的產生影響，時常曠日廢時與存在相當長的時間落後性（time lag）；故而，Mishkin（2004，頁 411〜419）、Hubbard（2008，頁 478〜488）主張為了加強貨幣政策效果的有效性，貨幣當局可以在貨幣政策工具影響最終標的的時間歷程中，選擇（1）某些與貨幣政策工具有密切關聯的金融變數，諸如：總準備金、非借入準備、基礎貨幣等準備金總計數（reserve aggregate）與聯邦基金利率、國庫券利率等操作標的（operation target）；（2）某些與操作標的、最終標的都具有緊迫關聯的金融變數，諸如：貨幣總計數（monetary aggregate）M1、M2 或 M3、短期或長期利率等中間標的（intermediate target）；透過貨幣政策工具先影響操作標的，再透過中間標的再來影響最終標的。Mishkin（2004，頁 415~419）也指出：有關適當中間標的之選擇則應強調中間標的之可被測量性（measurability）、可被控制性（controllability）與對貨幣政策最終標的的效果的可被預測性（predictability）；然而，隨著金融的創新（financial innovation）與金融改革（financial reform）的發展，Mishkin（2004，第 21 章）強調晚近先進國家的中央銀行近年來逐漸地改變貨幣政策的中間標的，由原先的利率、貨幣供給，改為釘住通貨膨脹率（inflation targeting）或名目所得（nominal income targeting）。[1]

---

[1]　Mishkin, S. F., *The Economics of Money, Banking, and the Financial Markets*, 7th edition, NY, Addison Wesley, 2004 , p. 495 主張釘住通貨膨脹率將會有下列優點：

我國中央銀行所執行的貨幣政策為了達到上述所提到的貨幣政策的最終標的，曾經在 1990 年 7 月宣布放棄釘住 M1B 而改採釘住 M2 做為中間標的，這等於就是告訴民眾，在 1990 年 7 月以前，我國中央銀行的貨幣政策都是以 M1B 做為其中間標的，1990 年 7 月以後才改為釘住 M2。我國中央銀行貨幣政策所釘住的中間標的之所以會有這樣的轉變，那是因為我國民眾的定期存款常會隨著股市的熱絡或退燒而轉進或轉出 M1B，致使 M1B 容易產生極大的波動；反之，M2 則相對波動較小，因而比較適合做為中間標的。1992 年之後，肇因於我國金融制度逐步走向自由化、國際化，致使 M2 和 GDP 兩者間失去了密切的關聯性，進而讓 M2 不再適合做為貨幣政策的中間標的；因此，其他貨幣政策中間標的選擇之探討也逐步浮上檯面。匯率、利率、銀行信用、通貨膨脹率與名目所得（或名目所得成長率）等都是曾經被學者們所充分討論過，並認為可以被中央銀行所使用的貨幣政策中間標的。

　　前述所謂的貨幣政策的中間標的的選擇釘住名目所得，事實上即代表中央銀行選擇實施名目所得目標區政策（nominal income targeting policy）。按照 Fang and Lai（2002，頁 234）的定義，所謂的名目所得目標區政策是指：一旦名目所得落在名目所得目標區的上下限門檻水準內時，中央銀行選擇聽任名目所得自由浮動，不變動貨幣供給數量；反之，一旦名目所得漲（跌）破名目所得目標區的上（下）限門檻水準內時，中央銀行勢必選擇變動貨幣供給量藉以捍衛名目所得目標區的上下限門檻水準。但是在實際經濟社會的運作中，中央銀行若未對民眾宣告所有的名目所得目標區訊息，或因貨幣當局以往的信譽不佳，缺乏政策的可

　　（1）目標清楚與簡單，（2）可將貨幣政策的焦點單獨用在國內問題的考量上頭，（3）並不依賴穩定的貨幣與通貨膨脹關係，（4）可增強央行的可計算性（accountability），（5）可減少通貨膨脹的成本；但也有下列的缺點：（1）會有通貨膨脹訊息收集的延誤性，（2）屬於一種過度僵化的法則，（3）會導致產出做較大的波動。釘住名目所得成長率會有下列優點：（1）可將貨幣政策的焦點單獨用在國內問題的考量上頭，（2）並不依賴穩定的貨幣與通貨膨脹關係，（3）美國實施的相當成功；但也有下列的缺點：（1）缺乏政策透明度，（2）只有少數國家實施成功，（3）無法增強央行的可計算性。

信度（credibility），致使民眾主觀猜測貨幣當局的政策，進而導致預期
產生不一致的情況時，名目所得目標區政策的採行是否仍具有安定相關
總體經濟變數的效果？為了將前述這種的「政策不確定」特性予以納入
名目所得目標區的研究題材，本文擬將 Fang and Lai（2002）的凱因斯學
派封閉經濟體系名目所得目標區模型，予以延伸至「名目所得上限邊界
不確定性」與「名目所得中心平價重整不確定性」兩種情況，[2]來分別討
論：一旦經濟體系面臨商品市場需求面的隨機干擾來源時，名目所得目
標區的採行是否仍具有安定相關總體經濟變數的作用？[3]同時我們也會
使用 Lai and Chang（2001）具開創性又簡而易懂的「新圖解法」來進一
步詮釋我們所得到的分析結果；期望透過本文的研究成果能夠提供政策
制定者與相關題材研究者更快速又正確的分析幫助。

第二節　文獻回顧

在眾多有關於貨幣政策適當中間標的選擇的論文中，Poole（1970）
可說是這個研究題材的先驅者，他將「不確定性」引進物價僵固的
$IS-LM$ 模型中，探討貨幣當局應該選擇釘住貨幣供給還是釘住利率，
方能達成穩定所得的目標，結果得到：在經濟體系面臨商品市場的隨機
干擾時，中央銀行應選擇釘住名目貨幣供給指標；另一方面，在經濟體
系面臨貨幣市場的隨機干擾時，中央銀行反而應選擇釘住名目利率指

---

[2]　謝智源，〈匯率目標區政策之不確定分析〉，碩士論文，逢甲大學經濟學系，民 84.6
　　與陳志祿，〈匯率目標區體制下的安定效果：圖形解析〉，碩士論文，臺灣大學經
　　濟學系，民 90.6，也曾探討在「不確定干預政策」下，匯率目標區政策的採行對
　　相關總體經濟變數是否仍具有安定效果的作用。

[3]　事實上，Fang, C. R. and C. C. Lai, "Targeting Nominal Income versus Targeting Price
　　Level: A Target Zone Perspective," *International Review of Economics and Finance*,
　　Vol. 11, No. 3, 2002, pp. 229~249 的凱因斯派封閉經濟體系名目所得目標區模型
　　之隨機干擾，是來自總合供給面而非本文所討論的商品市場需求面。

標，方能達成穩定所得水準的目的。全球經濟在 1970 年代遭逢二次石油危機的衝擊之後，總體經濟領域的相關文獻也開始著重總合供給面衝擊對相關總體經濟變數的動態影響。Meade（1978）與 Tobin（1980）這兩位諾貝爾經濟學獎得主，都曾先後撰文提出應以釘住名目所得做為貨幣政策適當中間指標的建議，如此方能使經濟體系在面臨總合供給面衝擊時避免發生停滯膨脹（stagflation）的現象，但他們並未建立模型做進一步的理論分析，只侷限在提出"建議"的層面而已。

Bean（1983）將實際產出與充分訊息（full-information）產出兩者之差的變異數定義成社會福利損失，並假設中央銀行的政策目標在追求社會福利損失極小化的前提下，藉助 Sargent and Wallace（1975）理性預期（rational expectations）模型，得到底下的命題：（1）經濟體系的隨機干擾不管是來自總合需求面抑或總合供給面，一旦勞動供給對實質工資呈現完全無彈性時，中央銀行若企圖穩定實質產出水準，則應優先選擇釘住名目所得而非選擇釘住貨幣供給；（2）一旦勞動供給對實質工資的彈性不為零時，若經濟體系的隨機干擾仍是來自總合需求面，且中央銀行若仍企圖穩定實質產出水準，則仍應優先選擇釘住名目所得而非選擇釘住貨幣供給；但若經濟體系的隨機干擾是來自總合供給面，只有在總合需求對實質貨幣餘額的彈性小（大）於一的前提下，就穩定實質產出水準的功效來說，中央銀行選擇釘住名目所得將會優（劣）於釘住貨幣供給。

West（1986）試圖引進符合適應性預期假說（adaptive expectations hypothesis）的 Phillips 曲線來修改 Bean（1983）的模型，並在中央銀行政策目標追求實質產出變異數極小化假設的前提下，得到與 Bean（1983）完全不同的結論：在勞動供給對實質工資的彈性不為零時，不管經濟體系的隨機干擾是來自總合需求面抑或總合供給面，就穩定實質產出水準的功效來說，只有在總合需求對實質貨幣餘額的彈性大於一的情況下，中央銀行選擇釘住名目所得才會優於釘住貨幣供給。Bradley and Jansen（1989）則將名目工資會隨物價水準進行調整的指數化契約（indexed contract）引進 Bean（1983）的模型中，從而得到：不論勞動供給對實質工資是否具有完全彈性，也不管經濟體系是面臨總合供給面抑或總合需

求面的隨機干擾，就穩定實質產出水準的功效來說，中央銀行選擇釘住名目所得必將優於釘住貨幣供給。Jansen and Kim（1993）則在 Bradley and Jansen（1989）的模型中引進勞動供給的跨時替代效果（intertemporal substitution effect）與財富效果，[4,5]結果發現：一旦勞動供給對實質工資並非完全無彈性時，經濟體系不論是面臨總合供給面或總合需求面的干擾，就穩定實質產出水準的效果而言，釘住名目所得不見得優於釘住貨幣供給。McCallum and Nelson（1999）以數值模擬法（numerical simulation approach）來檢視在穩定實質產出水準的功效上，選擇釘住名目所得是否優於其他指標，他們指出相對於其他的中間標的，名目所得指標仍是一個較好的選擇。

毫無疑問地目標區這個研究題材研究的先驅與拓荒者，當然應該歸功於 1991 年克拉克獎（John Bates Clark Medal）與 2008 年諾貝爾經濟獎得主 Paul Krugman。Krugman（1991）利用統計學上的隨機微分方程技巧（stochastic differential equation technique），證明出匯率在目標區內的動態軌跡將會展現 S 字型走勢；這也代表目標區內的匯率波動幅度勢必將會小於浮動匯率制度下匯率的波動幅度。追究其中的緣由，實乃當中央銀行宣佈實施「匯率目標區」政策時，民眾便會預期目標區內的匯率可以自由升降，但當匯率波動至目標區的上下限門檻水準時，民眾預期中央銀行勢必將會進場干預，進而提早進入外匯市場賣出（對應上限）或買進（對應下限）外匯；故而，只要中央銀行進行政策的「宣示」，根本都尚未進場進行實際的干預行動，匯率就已自動具有安定的效果，他將這種匯率目標區的安定功能稱為「蜜月效果」（honeymoon effect）。

---

[4] 所謂的勞動供給之跨時替代效果是指：本期與下期跨時相對實質工資的提高（即本期休閒相對於下期休閒的價格提高），則民眾將會減少本期的休閒，增加下期的休閒（即以下期的休閒替代本期的休閒），從而促使勞動者增加本期的勞動供給；詳見賴景昌，《總體經濟學》，臺北：雙葉書廊，第二版，民 93，頁 293。

[5] 所謂的勞動供給之財富效果是指：當實質貨幣餘額增加，進而導致實質財富增加時，則民眾會減少勞動供給。詳見 Jansen, D. W. and S. G. Kim, "Targeting Nominal Income: Further Results," *Southern Economic Journal*, Vol. 59, No. 3, 1993, p. 386. 或 Abel, A. B. and B. S. Bernake, *Macroeconomics*, 4th edition, NY, Addison Wesley, 2001, p. 83。

事實上，近年來有關目標區的研究成果正以驚人的速度不斷地累積，例如：Krugman（1991）就曾經使用傳統的隨機微分方程解法，而賴景昌（2007）則是使用 Lai and Chang（2001）具經濟直覺的「新圖解法」，分別來討論：一旦整體社會只有部分比例的民眾相信央行匯率目標區政策的宣示，這部分比例的民眾認為匯率超越上限及跌破下限的門檻水準時，中央銀行勢必將會憑藉買、賣外匯的手段，讓匯率回復區間內的水準；然而，整體社會也另有剩餘比例的民眾不相信央行匯率目標區政策的宣示，認為即使匯率超越上限抑或跌破下限的門檻水準，中央銀行也不會在外匯市場從事任何干預時，匯率目標區政策的實施是否依然具有穩定匯率的作用？他們的結論顯示：匯率目標區政策的採行反而會加重匯率波動的幅度，而且不信任的程度愈高，匯率波動幅度也會愈大。

Bertola and Caballero（1992）沿用 1979 年 4 月至 1987 年 12 月止，而 Svensson （1992）則是採用 1979 年 3 月迄 1992 年 3 月止法郎/馬克匯價的實際資料發現，匯率目標區的中心平價（central parity）總共進行了六次的重整（realignment）。他們將這種匯率這種重整的現象納入 Krugman（1991）的模型，並且假定民眾預期匯率一旦觸及目標區上下限的門檻水準時，中央銀行將會進行兩種可能的干預行動：一是透過干預讓匯率回復原先的中心平價，二是不更改目標區寬度的前提下來重整匯率的中心平價，並且透過干預讓匯率等於新的中心平價。他們的結論也顯示：一旦民眾預期匯率中心平價重整的機率大於 0.5 時，則匯率在目標區域內將呈現反 S 型曲線的動態走勢；也就是說，此時匯率目標區的運作將會導致匯率更加不安定。只有民眾預期匯率中心平價重整的機率小於 0.5 時，匯率在目標區域內才會呈現 S 型曲線的動態走勢；也就是說，此時匯率目標區的運作才會導致匯率展現安定的作用。

近年來，也有眾多的學者將匯率目標區題材的研究，予以延伸至各種型態的目標區是否能夠安定其他相關的總體經濟變數？例如：Fang and Lai（2002）就曾建構一個封閉經濟完整凱因斯（complete Keynesian）學派 $AD-AS$ 模型，使用傳統隨機微分方程的分析技巧來討論：一旦經濟體系面臨總合供給面的隨機干擾時，中央銀行名目所得目標區政策的

實施是否具有安定相關總體經濟變數的作用？結果得到：一旦總合需求對實質貨幣餘額的彈性值小（大）於一時，則中央銀行選擇釘住名目所得在穩定名目所得、物價與名目利率水準（名目所得與實質產出水準）的功效上會優於釘住貨幣供給，但釘住貨幣供給在穩定實質產出水準（物價與名目利率水準）的功效上卻反會優於釘住名目所得，從而確認了West（1986）的主張，但也間接否定了Bean（1983）的結論。

廖培賢（2010）也曾以Blanchard（1981）與Lai et al.（2003）的模型為基礎，進而建構一個封閉總體經濟架構。在民眾對產出與股價的未來變動同時存在預期之前提下，以Lai et al.（2003）具經濟直覺的雙預期變數圖形解析法，來進行一旦貨幣當局宣佈實施「名目所得目標區」政策對相關的總體經濟變數是否具有蜜月效果的分析？該文的結論顯示：不管外生隨機干擾來源到底係來自貨幣、商品抑或股票市場的需求面，貨幣當局若想企圖穩定名目（實質）所得水準，則「名目所得目標區」政策的實施未必優於「釘住貨幣供給」政策；換句話說，貨幣當局宣佈實施「名目所得目標區」政策對名目（實質）所得未必具有蜜月效果，從而確認了West（1986）與Jansen and Kim（1993）的主張，但也間接否定了Bean（1983）與Bradley and Jansen（1989）的結論。另外，該文在決定相關總體經濟變數是否具有蜜月效果的關鍵因素上，也與Bean（1983）、West（1986）、Bradley and Jansen（1989）、Jansen and Kim（1993）與Fang and Lai（2002）等在討論類似主題時所強調的重要判定因素有很大的不同。

第三節　本文架構

本文共分五章，除了本章的前言之外，第二章則為理論架構的建立，並分析當經濟體系面臨商品市場需求面的隨機干擾時，名目所得目標區政策的採行是否具有安定相關總體經濟變數作用的分析；同時，我們也

會使用 Lai and Chang（2001）的「新圖解法」來進一步詮釋我們所得到的結果，以做為底下兩章分析的基礎。第三章則為名目所得目標區上限邊界不確定性情況下，名目所得目標區政策的採行是否仍具有安定相關總體經濟變數作用的分析；第四章則為名目所得目標區之中心平價重整不確定性情況下，名目所得目標區政策的採行是否仍具有安定相關總體經濟變數作用的分析；第五章則為本文的結論。

貳　理論架構的建立與政策確定情況下蜜月效果的分析

本章我們將 Fang and Lai（2002）用來分析當經濟體系面臨總合供給面的隨機干擾時，中央銀行名目所得目標區政策的實施是否具有穩定相關總體經濟變數功能的封閉經濟體系模型，予以延伸轉向探討當經濟體系面臨商品市場需求面的隨機干擾時，中央銀行名目所得目標區政策的實施是否仍具有穩定相關總體經濟變數的作用；同時，我們也會使用 Lai and Chang（2001）的「新圖解法」來進一步詮釋我們所得到的結果，以做為底下兩章分析「政策不確定」主題的基礎。此一封閉經濟體系理論模型包含底下的基本假定：

(1) 商品市場需求面存在一個隨機干擾項，且此隨機干擾項服從一不包含趨勢值（drift）的標準布朗運動（standard Brownian motion）。

(2) 中央銀行以維持名目所得的目標區做為惟一的任務。

(3) 民眾對物價的預期屬於理性預期。

據此，我們可以建構底下的名目所得目標區線性對數模型：

$$y = \alpha p \; ; \; \alpha > 0 \tag{1}$$

$$y = -a\left[i - \frac{E(dp)}{dt}\right] + g + v \; ; \; a > 0 \tag{2}$$

$$m - p = \delta y - \eta i \; ; \; \delta \, , \, \eta > 0 \tag{3}$$

$$dv = \sigma_v dZ \tag{4}$$

以上變數，除了本國利率（i）與時間（t）外，其餘變數都以自然對數的型式表示。其中，y代表實質產出，p代表物價水準，g代表政府支出，m代表名目貨幣供給，v代表商品市場需求面的隨機干擾項，α代表總合供給的物價彈性，a代表商品需求對對實質利率的反應係數；δ與η分別代表貨幣需求的所得彈性與利率半彈性（semi-elasticity），$E(dp)/dt$代表物價的預期變動率。

式（1）代表總合供給函數，此函數設定商品總合供給為商品價格的正相關函數，[6]式（2）代表商品需求函數，在實質利率$[i - (E(dp/dt)]$上升將會導致投資支出減少的前提下，此式設定商品需求與預期通貨膨脹率呈現正相關的反應。式（3）代表貨幣市場的均衡條件，且貨幣需求被設定為所得的增函數與名目利率的減函數。式（4）代表商品市場需求面隨機干擾項的變動設定，其中Z服從標準的布朗運動，其每單位時間變動的期望值為$0[E(dZ)/dt]$，每單位時間變動的變異數為$1[Var(dZ)/dt = 1]$；因此，具有隨機漫步（random walk）性質的v之每單位時間變動的期望值為$0[E(dv)/dt = 0]$，每單位時間變動的變異數為$\sigma_v^2[Var(dv)/dt = \sigma_v^2]$。

由式（1）～（3），我們可以求得底下的矩陣方程式：

$$\begin{bmatrix} 1 & -\alpha & 0 \\ 1 & 0 & a \\ \delta & 1 & -\eta \end{bmatrix} \begin{bmatrix} y \\ p \\ i \end{bmatrix} = \begin{bmatrix} 0 \\ a(E(dp)/dt) + g + v \\ m \end{bmatrix} \tag{5}$$

---

[6] 此乃立基於工人對物價變動的幅度未能握有完全的資訊，故而工資的設定也未能全部反映物價變動幅度的前提下推導出來的，詳見賴景昌，《總體經濟學》，臺北：雙葉書廊，第2版，民93，頁147~156與Miller, R. L. and D. VanHoose, *Macroeconomics: Theory, Policy, and International Applications*, 2nd edition, Cincinnati, Ohio, South-Western, 2001, pp. 271 ~ 277 的說明。

使用 Cramer's 法則，我們可以求得底下的虛假縮減式（pseudo reduced form）：

$$y = C\left[\alpha m + \left(\frac{\alpha \eta}{a}\right)g\right] + C\left(\frac{\alpha \eta}{a}\right)v + \alpha \eta C \frac{E(dp)}{dt} \qquad (6)$$

$$p = C\left[m + \left(\frac{\eta}{a}\right)g\right] + C\left(\frac{\eta}{a}\right)v + \eta C \frac{E(dp)}{dt} \qquad (7)$$

$$i = C\left[-\left(\frac{\alpha}{a}\right)m + \left(\frac{\alpha\delta+1}{a}\right)g\right] + C\left(\frac{\alpha\delta+1}{a}\right)v + (\alpha\delta+1)C \frac{E(dp)}{dt} \qquad (8)$$

式（6）～（8）中的 $C = [a/(a+\alpha\eta+a\alpha\delta)] > 0$。由式（7）這條隨機微分方程式，使用 $It\hat{o}'s$ Lemma 可以求出底下物價的一般解為：

$$p = C\left[m + \left(\frac{\eta}{a}\right)g\right] + C\left(\frac{\eta}{a}\right)v + Ae^{sv} + Be^{-sv} \qquad (9)$$

其中，A 及 B 為待解參數，s 為特性根且 $s = \sqrt{(2/\eta C \sigma_v^2)} > 0$。

我們若將式（7）與式（9）相互比較，則可以將預期物價變動率予以表示為：

$$\frac{E(dp)}{dt} = \frac{1}{\eta C}\left(Ae^{sv} + Be^{-sv}\right) \qquad (10)$$

將式（10）代入式（6）與式（8），即可求得實質產出及名目利率水準的一般解為：

$$y = C\left[\alpha m + \left(\frac{\alpha \eta}{a}\right)g\right] + C\left(\frac{\alpha \eta}{a}\right)v + \alpha\left(Ae^{sv} + Be^{-sv}\right) \qquad (11)$$

$$i = C\left[-\left(\frac{\alpha}{a}\right)m + \left(\frac{\alpha\delta+1}{a}\right)g\right] + C\left(\frac{\alpha\delta+1}{a}\right)v + \left(\frac{\alpha\delta+1}{\eta}\right)\left(Ae^{sv} + Be^{-sv}\right) \qquad (12)$$

底下，我們先使用「傳統的隨機微分方程式解法」，來分析名目所得目標區政策的採行對相關的總體經濟變數是否具有安定效果的作用；其次，再使用 Lai and Chang（2001）的「新圖解法」來進一步詮釋「傳統的隨機微分方程式解法」所得到的結果。

第一節 「傳統的隨機微分方程式解法」

首先，由於將名目所得取對數之後可以表示成物價及實質產出水準兩者的加總；故而，由式（6）與式（7），我們可以推得：

$$n = p + y = C(1+\alpha)\left[m + \left(\frac{\eta}{a}\right)g\right] + C(1+\alpha)\left(\frac{\eta}{a}\right)v + (1+\alpha)\left(Ae^{sv} + Be^{-sv}\right) \tag{13}$$

式（13）中的 n 代表名目所得，而按照 Fang and Lai（2002，頁 234）的定義，所謂的名目所得目標區政策是指只要名目所得水準觸及上下限水準，中央銀行便會進入貨幣市場進行干預，迫使名目所得水準固守在上下限水準；另一方面，若名目所得水準落在目標區區間內時，中央銀行便會聽任其自由浮動；故而，透過上述中央銀行的干預法則，我們可將名目所得水準的動態軌跡表示如下：

$$n = \begin{cases} \bar{n} & ; v \geq \bar{v}^+ \\ C(1+\alpha)\left[m + \left(\frac{\eta}{a}\right)g\right] + C(1+\alpha)\left(\frac{\eta}{a}\right)v + (1+\alpha)\left(Ae^{sv} + Be^{-sv}\right) & ; \underline{v}^+ \leq v \leq \bar{v}^- \\ \underline{n} & ; v \leq \underline{v}^- \end{cases} \tag{14}$$

式（14）中的 $\bar{n}$ 與 $\underline{n}$ 分別代表貨幣當局所宣告的名目所得上下限水準，而 $\bar{v}$ 與 $\underline{v}$ 則為貨幣當局進場干預時所對應的隨機性市場基要。$\bar{v}^+$ 及 $\bar{v}^-$ 分別代表 $\bar{v}$ 之右極限與左極限，而 $\underline{v}^+$ 與 $\underline{v}^-$ 則分別為 $\underline{v}$ 之右極限與左極限。

透過底下的理性預期的連續條件（continuity condition）與目標區理論特有的平滑相接條件（smooth pasting condition），我們可以求解出 A、B、$\bar{v}$ 與 $\underline{v}$ 四個待解參數的數值：

$$n_{\bar{v}^+} = n_{\bar{v}^-} \tag{15}$$

$$n_{\underline{v}^+} = n_{\underline{v}^-} \tag{16}$$

$$\frac{\partial n_{\bar{v}^-}}{\partial v} = 0 \tag{17}$$

$$\frac{\partial n_{\underline{v}^+}}{\partial v} = 0 \tag{18}$$

將式（14）分別代入式（15）～（18）中，可得：

$$\bar{n} = C(1+\alpha)\left[m + \left(\frac{\eta}{a}\right)g\right] + C(1+\alpha)\left(\frac{\eta}{a}\right)\bar{v} + (1+\alpha)\left(Ae^{s\bar{v}} + Be^{-s\bar{v}}\right) \tag{19}$$

$$C(1+\alpha)\left[m + \left(\frac{\eta}{a}\right)g\right] + C(1+\alpha)\left(\frac{\eta}{a}\right)\underline{v} + (1+\alpha)\left(Ae^{s\underline{v}} + Be^{-s\underline{v}}\right) = \underline{n} \tag{20}$$

$$C(1+\alpha)\left(\frac{\eta}{a}\right) + s(1+\alpha)\left(Ae^{s\bar{v}} - Be^{-s\bar{v}}\right) = 0 \tag{21}$$

$$C(1+\alpha)\left(\frac{\eta}{a}\right) + s(1+\alpha)\left(Ae^{s\underline{v}} - Be^{-s\underline{v}}\right) = 0 \tag{22}$$

利用平滑相接條件的式（21）及（22），則可解出 A 與 B 的縮減式為 $\bar{v}$ 與 $\underline{v}$ 的函數：

$$A = A(\bar{v}, \underline{v}) = \frac{C\eta\left(e^{-s\bar{v}} - e^{-s\underline{v}}\right)}{as\left[e^{s(\bar{v}-\underline{v})} - e^{s(\underline{v}-\bar{v})}\right]} < 0 \tag{23}$$

$$B = B(\bar{v}, \underline{v}) = \frac{C\eta\left(e^{s\bar{v}} - e^{s\underline{v}}\right)}{as\left[e^{s(\bar{v}-\underline{v})} - e^{s(\underline{v}-\bar{v})}\right]} > 0 \tag{24}$$

假定名目所得目標區的上下限水準對稱於零，即 $\bar{n} = -\underline{n}$，且期初以對數表示的名目貨幣供給與政府支出為零的情況下（$m = g = 0$），連續條件的式（19）及（20）可改寫成：

$$\bar{n} = C(1+\alpha)\left(\frac{\eta}{a}\right)\bar{v} + (1+\alpha)\left(A(\bar{v},\underline{v})e^{s\bar{v}} + B(\bar{v},\underline{v})e^{-s\bar{v}}\right) \tag{25}$$

$$\underline{n} = C(1+\alpha)\left(\frac{\eta}{a}\right)\underline{v} + (1+\alpha)\left(A(\bar{v},\underline{v})e^{s\underline{v}} + B(\bar{v},\underline{v})e^{-s\underline{v}}\right) \tag{26}$$

將式（23）、（24）代入以上兩式，則可解得：

$$\bar{v} = -\underline{v} \tag{27}$$

式（27）背後隱含一個重要涵義，即為在期初以對數表示的名目貨幣供給與政府支出等於零的前提下，則名目所得目標區對稱的名目所得上下限水準可以轉換成對稱的上下限商品市場需求面的隨機性市場基要。

將式（27）的 $\bar{v} = -\underline{v}$ 代入（23）、（24）兩式中，則可將待解參數 A、B 進一步簡化成：

$$A = -B = -\frac{C\eta}{2as\left[\,\cosh(\,s\bar{v}\,)\,\right]} < 0 \tag{28}$$

其次，再將式（28）代入式（9）、（11）和式（12），並假設期初以對數表示的名目貨幣供給與政府支出為零時（$m = g = 0$），則可以求得名目所得目標區政策下之名目所得、實質產出、物價與名目利率水準之明確的動態軌跡如下：

$$n = C(1+\alpha)\left(\frac{\eta}{a}\right)v - \frac{C\eta(1+\alpha)\left[\,\sinh(\,sv\,)\,\right]}{as\left[\,\cosh(\,s\bar{v}\,)\,\right]} \tag{29}$$

$$y = C\left(\frac{\alpha\eta}{a}\right)v - \frac{\alpha C\eta\left[\,\sinh(\,sv\,)\,\right]}{as\left[\,\cosh(\,s\bar{v}\,)\,\right]} \tag{30}$$

$$p = C\left(\frac{\eta}{a}\right)v - \frac{C\eta\left[\,\sinh(\,sv\,)\,\right]}{as\left[\,\cosh(\,s\bar{v}\,)\,\right]} \tag{31}$$

$$i = C\left(\frac{\alpha\delta+1}{a}\right)v - \frac{C(\alpha\delta+1)\left[\,\sinh(\,sv\,)\,\right]}{as\left[\,\cosh(\,s\bar{v}\,)\,\right]} \tag{32}$$

一旦中央銀行選擇讓名目所得水準自由浮動時，名目所得的上下限水準勢必將會分別會趨近於正負無窮大，而由式（27）可知名目所得的上下限水準分別趨近於正負無窮大又可轉換成 $\bar{v} \to \infty$ 與 $\underline{v} \to -\infty$，則由式（23）與（24）可知 A、B 也必將趨近於零；此代表民眾在名目所得自由浮動機制下，對名目所得並無任何上升或下跌的預期；所以，在名目所得自由調整機制下，物價、實質產出與名目利率水準的動態走勢為：

$$n = C(1+\alpha)\left(\frac{\eta}{a}\right)v \tag{33}$$

$$y = C\left(\frac{\alpha\eta}{a}\right)v \tag{34}$$

$$p = C\left(\frac{\eta}{a}\right)v \tag{35}$$

$$i = C\left(\frac{\alpha\delta + 1}{a}\right)v \tag{36}$$

圖1中，有關 n、y、p 與 i 的上標 *NTZ* 與 *NFF* 分別代表名目所得目標區體制與名目所得自由浮動體制。由於 n^{NTZ}、y^{NTZ}、p^{NTZ} 與 i^{NTZ} 的動態走勢皆分別較 n^{NFF}、y^{NFF}、p^{NFF} 與 i^{NFF} 的動態走勢較為平緩，故當商品市場需求面的隨機市場基要發生波動時，若中央銀行宣告實行名目所得目標區，不論是名目所得、實質產出、物價與名目利率水準的波動幅度皆小於名目所得自由浮動體制下之波動幅度。準此，中央銀行名目所得目標區政策的實施對名目所得、實質產出、物價與名目利率水準都具有安定效果，此即 Krugman（1991）所稱的"蜜月效果"。事實上，中央銀行名目所得目標區政策的實施對名目所得、實質產出、物價與名目利率水準都具有安定效果；箇中的經濟邏輯，我們可以說明如下：一旦經濟體系遭逢商品市場需求面的隨機干擾進而導致 v 值提升時，將會直接帶動對產出總需求的上揚，而產出總需求的上揚將會導致對產出有超額需求，在總合供給為物價的正相關函數前提下，此勢必推升實質產出水準之外，也會帶動物價水準的翻揚，而實質產出的提高與物價水準兩者的翻揚，一方面勢必換來名目利率的提高，方能維持貨幣市場的均衡；另一方面，名目所得也會因實質產出與物價水準兩者的提升而上揚，當名目所得增加到觸及名目所得的上限門檻水準時，大眾預期貨幣當局將會減少名目貨幣供給來維持名目所得目標區體制；央行此種干預政策將會帶動民眾預期物價上漲率的下跌（$[E(dp)/dt] < 0$），而預期物價上漲率的下跌將會帶動實質利率的上揚，進而壓低對產出的總需求，而產出總需求的壓低將進一步帶動實質產出水準的下跌之外，也將會帶動物價水準的降低，而實質產出與物價水準兩者的下滑，一方面勢必換來名目利率的壓低，方能維持貨幣市場的均衡；另一方面，名目所得也會因實質產出與物價水準兩者的下滑而降低。基於以上的說明，我們可以清楚的瞭解：中央銀行名目所得目標區政策的實施將因帶動民眾預期物價上漲率的下跌，進而導致名目所得、實質產出、物價與名目利率水準的間接

壓低；故而，中央銀行名目所得目標區政策的實施對名目所得、實質產出、物價與名目利率水準都具有安定效果。

第二節 「Lai and Chang（2001）的新圖解法」

本節我們將以 Lai and Chang（2001）具經濟直覺的「新圖解法」，來重新詮釋前一小節所得到的結果，以期更清楚了解目標區的運作是否具備安定效果，而且亦可看到其他相關總體經濟變數的波動情形。

首先，為了書寫方便與簡化符號起見將 $E(dp)/dt$ 改寫為 π^e，並將式（2）予以改寫成：$i = \pi^e + [(g + v - y)/a]$，再將其代入式（3）中，即可求得總合需求函數如下：

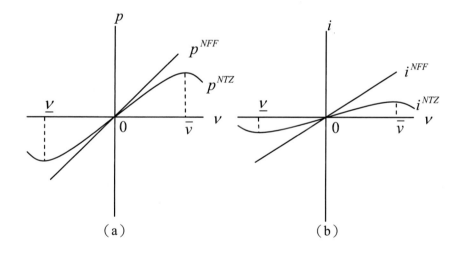

（a）　　　　　　　　　　（b）

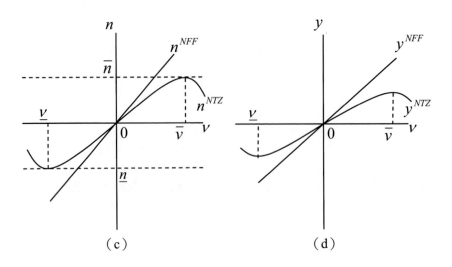

圖 1

$$y = \frac{a}{a\delta + \eta}(m - p) + \frac{\eta}{a\delta + \eta}(g + v) + \frac{a\eta}{a\delta + \eta}\pi^e \qquad (37)$$

由式（37），我們可求得同時可讓商品市場與貨幣市場處於均衡時之所有 p 與 y 的組合所形成的軌跡，我們令其為總合需求線（AD 線），其斜率可表示成：

$$\left.\frac{\partial p}{\partial y}\right|_{AD} = -\left(\frac{a\delta + \eta}{a}\right) < 0 \qquad (38)$$

另一方面，我們也可由式（1）求得可滿足該式之所有 p 與 y 的組合所形成的軌跡，我們也令其為總合供給線（AS 線），其斜率也可表示成：

$$\left.\frac{\partial p}{\partial y}\right|_{AS} = \frac{1}{\alpha} > 0 \qquad (39)$$

同時，由式（13）我們也可求得滿足該式之所有 p 與 y 的組合所形成的軌跡，我們也令其為名目所得線（NI 線），其斜率也可表示成：

$$\left.\frac{\partial p}{\partial y}\right|_{NI} = -1 < 0 \qquad (40)$$

除此之外，由式（3）我們也可求得滿足貨幣市場均衡時之所有 i 與 y 的組合所形成的軌跡，我們也令其為貨幣市場均衡線（LM 線），其斜率也可表示成：

$$\left.\frac{\partial i}{\partial y}\right|_{LM} = \frac{\delta}{\eta} > 0 \tag{41}$$

　　由於我們假定商品市場需求面隨機干擾項 ν 服從一間斷的隨機漫步過程，為了簡化分析，我們進一步假定每期 ν 向上或向下移動的機率與幅度均相同，此隨機過程我們可以利用圖 2 來表示。假定第一期 ν 以 ν_0 為出發點，下一期有 1/2 的機率向上移動至 ν_1，有 1/2 的機率往下移動至 ν_{-1}，並且 ν_0 不論是移動到 ν_1 或是 ν_{-1}，距離都相同，即 $\nu_1 - \nu_0 = -(\nu_{-1} - \nu_0)$。同理，在第二期，假如 ν 值為 ν_1 時，下一期則各有 1/2 的機率往上移至 ν_2 或是往下移至 ν_0，且 $\nu_2 - \nu_1 = -(\nu_0 - \nu_1)$。此外，每一期 ν 值的變動不受前一期的影響，即 ν 值的變化具有隨機且獨立的特質。準此，任何一期商品市場需求面干擾項 ν 的期望值為每一期的起始值。例如，第一期 ν_0 的

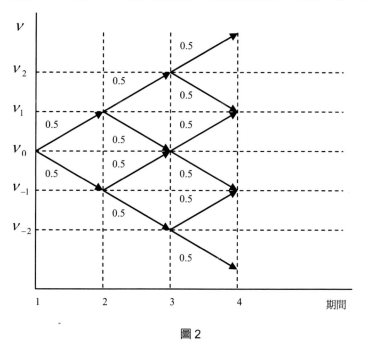

圖 2

期望值為 v_0 $[(v_1/2)+(v_{-1}/2)=v_0]$，第二期 v_1 的期望值為 v_1 $[(v_2/2)+(v_0/2)=v_1]$。基於以上的說明，我們可以推知：每一期 v 預期變動之期望值為零。例如第一期 v_0 的預期變動為 0（$[(v_1-v_0)/2+((v_{-1}-v_0)/2)]=0$），而第二期 v_1 的預期變動亦為 0（$[(v_2-v_1)/2+((v_0-v_1)/2)]=0$）。

假定期初名目貨幣供給量與隨機干擾水準分別為 m_0 與 v_0，且民眾預期物價變動率也為 0（$\pi^e=0$），表現於圖 4 的是 $AD(v_0, m_0, \pi^e=0)$ 線與 AS 線決定期初的均衡點 Q_0 點，而期初的實質產出與物價水準分別為 y_0 與 p_0。當經濟體系面臨一個有利的商品市場需求面干擾（beneficial shock of commodity demand side），帶動 v 由 v_0 增加至 v_1，則 $AD(v_0, m_0, \pi^e=0)$ 線將會右移至 $AD(v_1, m_0, \pi^e=0)$ 線，[7] 使 $AD(v_1, m_0, \pi^e=0)$ 線與 AS 線交於 Q_1 點，該點所對應的實質產出與物價水準分別為 y_1 與 p_1。然而，一但 v 等於 v_1 時，在中央銀行採行名目所得目標區政策下，民眾對於物價變動的預期是否仍然維持不變？由於民眾已得知中央銀行的干預政策，當經濟體系遭受到 v_1 的衝擊時，會促使物價上揚至 p_1，相當接近名目所得上限 $NI(\bar{n})$ 所對應的物價水準 p_2'。另外，民眾亦瞭解 v 具有隨機波動的性質，在下一期它各有 $1/2$ 的機率，可能增加到 v_2 或是減少到 v_0。當 v_1 增加到 v_2 時，$AD(v_1, m_0, \pi^e=0)$ 線將右移至 $AD(v_2, m_0, \pi^e=0)$ 線，與 AS 線相交於 Q_2 點，所對應的物價水準為 p_2。當 v 減少至 v_0，$AD(v_1, m_0, \pi^e=0)$ 線會左移至 $AD(v_0, m_0, \pi^e=0)$ 線，[8] 與 AS 線相交於原來的 Q_0 點，Q_0 點所對應的實質產出與物價水準分別為 y_0 與 p_0。若中央銀行事先已宣告名目所得目標區，當 v_1 增加至 v_2 時，所對應的物價水準 p_2 大於名目所得上限 $NI(\bar{n})$ 所對應的物價水準 p_2'，此時，民眾知道中央銀行必定會將名目貨幣供給，

---

[7] 由式（38）與（40）可知 AD 線與 NI 線都為負斜率，但為了節省篇幅起見，在本文中我們只探討 AD 線相對 NI 線較為平坦的情況；事實上，即使 AD 線相對 NI 線較為陡峭，也不會影響本文的任何結論。另一方面，由式（37）我們也可推得：$\dfrac{\partial y}{\partial v}\Big|_{AD}=\dfrac{\eta}{a\delta+\eta}>0$，故而商品市場需求面干擾 v 的增加，將會帶動 $AD(v_0, m_0, \pi^e=0)$ 線的右移。

[8] 見註 7 的類似說明。

由 m_0 減少至 m_1，使得 $AD(v_2, m_0, \pi^e = 0)$ 線左移至 $AD(v_2, m_1, \pi^e = 0)$ 線，[9]與 AS 線相交於 Q_2' 點，將名目所得維持在上限水準 $\bar{n}$。圖 3 清楚地顯示物價水準的變化，當經濟體系遭受到 v_1 的衝擊時，物價水準由 p_0 上揚到 p_1，此時民眾預期下一期 v 的動向有二種：它有 $1/2$ 機率上移至 v_2，但也有 $1/2$ 機率下移至 v_0；民眾深信中央銀行必定竭盡所能維持名目所得目標區；因此，在 v_2 時所對應的物價水準必為 p_2' 而非 p_2。準此，民眾對物價變動的預期勢必會產生變化。對應於 v_1，基於 $p_2 - p_1 = -(p_0 - p_1)$ 且 $p_2' < p_2$，民眾的預期物價變動率為 $\pi^e_{NTZ} = (p_0 - p_1)/2 + (p_2' - p_1)/2 = (p_2' - p_2)/2 < 0$，這表示在名目所得目標區體制下，當 v 增加到 v_1 時，民眾預期物價變動率將會下跌，帶動 $AD(v_1, m_0, \pi^e = 0)$ 線左移至 $AD(v_1, m_0, \pi^e_{NTZ} < 0)$ 線，[10] 該線與 AS 線相交於 Q_1' 點，該點所對應的實質產出與物價水準分別為 y_1' 與 p_1'。另一方面，若中央銀行未宣告實施名目所得目標區，則當 v_1 增加至 v_2 時，中央銀行不會因為物價水準超過 p_2' 而進行干預，民眾對於物價變動的預期不會改變（$\pi^e_{NFF} = (p_0 - p_1)/2 + (p_2 - p_1)/2 = 0$），故 Q_1 點為名目所得自由調整體制下的均衡點。事實上，我們可以藉助圖 4 下半圖來討論名目利率的波動情況。在名目所得自由調整體制下，當 v_0 增加至 v_1 時，會促使物價水準上揚至 p_1，進一步導致 $LM(m_0, p_0)$ 線左移至 $LM(m_0, p_1)$ 線，[11]為使貨幣市場達成均衡，名目利率水準必須上揚到 i_1，實質產出水準也必須由 y_0 增加到 y_1。另一方面，在名目所得目標區體制下，物價水準只會上揚到 p_1'，實質產出也只會增加到 y_1'，而 $LM(m_0, p_0)$ 線也只會左移至 $LM(m_0, p_1')$ 線，名目利率也只須增加到 i_1' 便能維持貨幣市場的均衡。準

---

[9]　由式（37）可以推知：$\left.\dfrac{\partial y}{\partial m}\right|_{AD} = \dfrac{a}{a\delta + \eta} > 0$，故而 m_0 的減少，將會帶動 $AD(v_2, m_0, \pi^e = 0)$ 線的左移。

[10]　由式（37）可以推知：$\left.\dfrac{\partial y}{\partial \pi^e}\right|_{AD} = \dfrac{a\eta}{a\delta + \eta} > 0$，故而 π^e 的下跌，將會帶動 $AD(v_2, m_0, \pi^e = 0)$ 線的左移。

[11]　由式（3）可以推知：$\left.\dfrac{\partial y}{\partial p}\right|_{LM} = -\dfrac{1}{\delta} > 0$，故而 p 的提高，將會帶動 $LM(m_0, p_0)$ 線的左移。

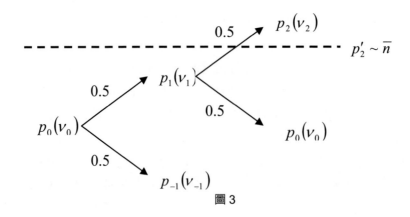

圖 3

此，由圖 4 可清楚地觀察到，當經濟體系面臨商品市場需求面的隨機干擾使 v 由 v_0 增加至 v_1 時，名目所得目標區體制下的 y、p 與 i 的波動幅度分別為（$y_1' - y_0$）、（$p_1' - p_0$）及（$i_1' - i_0$），均小於名目所得自由調整體制下 y、p 與 i 的波動幅度（$y_1 - y_0$）、（$p_1 - p_0$）及（$i_1 - i_0$）。以上結果顯示，實施名目所得目標區對於名目所得、實質產出、物價與名目利率水準皆具有安定效果。

　　事實上，一旦中央銀行並未宣佈實施「名目所得目標區」政策，此隱含中央銀行聽任名目所得上下限門檻水準分別可走向無限大與負無限大，此代表中央銀行並未進入貨幣市場變動名目貨幣供給來進行干預；故而，「名目所得自由浮動」政策事實上等同於「釘住貨幣供給」政策。[12] 基於以上的說明，我們當可推得底下的命題一：

命題一：一旦經濟體系的隨機干擾來自商品市場的需求面，且民眾全然相信中央銀行的政策宣示時，中央銀行若想企圖穩定名目所得、實質產出、物價與名目利率水準，則「名目所得目標區」政策的實施必定優於「釘住貨幣供給」政策；換句話說，中央

---

[12] 見 Fang, C.R. and C. C. Lai, "Targeting Nominal Income versus Targeting Price Level: A Target Zone Perspective," *International Review of Economics and Finance*, Vol. 11, No. 3, 2002, p. 236 的詳細說明。

銀行「名目所得目標區」政策的實施對名目所得、實質產出、
物價與名目利率水準必定具有蜜月效果。

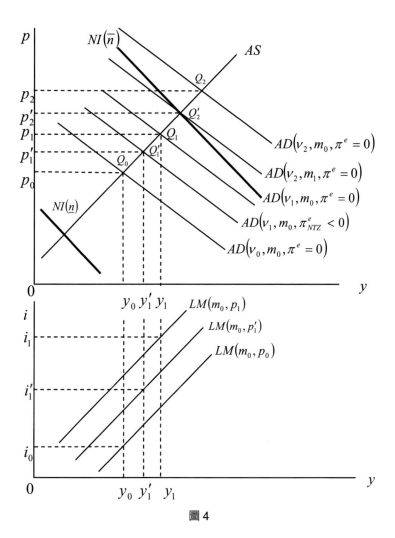

圖 4

本文上述中央銀行名目所得目標區政策的實施對實質產出水準具有安定效果這個結論將會與（i）Bean（1983）利用 Sargent and Wallace（1975）的理性預期模型，並假設中央銀行的政策目標是在追求社會福利損失的極小化，所得到的命題：一旦勞動供給對實質工資並非完全無彈性時，如果經濟體系面臨總合需求面的干擾，則釘住名目所得在穩定實質產出水準的功效必定優於釘住貨幣供給；（ii）Bradley and Jansen（1989）將名目工資隨物價水準進行調整的指數化契約引進 Bean（1983）的模型，從而得到：將工資指數化契約與名目所得指標這兩個相互獨立的政策工具予以結合；若勞動供給對實質工資並非完全無彈性時，工資指數化契約將可協助名目所得指標，在經濟體系面臨總合需求面的干擾時，降低實質產出水準的波動幅度；亦即中央銀行選擇釘住名目所得指標仍較選擇釘住貨幣供給指標對實質產出水準較具有穩定功效的結論完全相同。但卻與（i）West（1986）引進 Phillips 曲線及適應性預期來修改 Bean（1983）的模型，從而得到：就穩定實質產出水準而言，在勞動供給對實質工資並非完全無彈性時，一旦經濟體系面臨總合需求面的干擾，總合需求對於實質貨幣餘額的彈性小於一，將會使釘住貨幣供給指標優於釘住名目所得指標的命題；（ii）Jansen and Kim（1993）將勞動供給的跨時替代效果與財富效果引進 Bradley and Jansen（1989）的模型，結果發現：在勞動供給對實質工資並非完全無彈性時，經濟體系一旦面臨總合需求面的干擾，釘住名目所得不見得比釘住貨幣供給更能達到穩定實質產出水準效果的結論；（iii）廖培賢（2010）以 Blanchard（1981）與 Lai，Chang and Fang（2003）的模型為基礎，進而建構一個封閉總體經濟架構，在民眾對產出與股價的未來變動同時存在預期之前提下，使用 Lai，Chang and Fang（2003）具經濟直覺的雙預期變數圖形解析法，從而推得：經濟體系一旦面臨商品市場需求面的干擾，釘住名目所得未必比釘住貨幣供給更能達到穩定實質產出水準效果的結論並不完全相同。

參　上限邊界不確定情況下的蜜月效果分析

　　底下我們所分析的主題是：假定中央銀行事先宣告在名目所得水準觸及上限水準時，其會採行名目所得目標區政策，將名目所得水準維持在上限的邊界水準，但並未事先宣告此上限的名目所得邊界水準；從而導致民眾對名目所得的上限邊界水準產生猜測（當然，我們也可採本節類似的方法去討論名目所得水準下限邊界不確定的情況。）。在這種情況下，則民眾對於物價變動的預期是否會有變化？名目所得目標區的實施是否仍會有安定效果？我們先使用「傳統的隨機微分方程式解法」，來分析面對此名目所得上限邊界不確定時，名目所得目標區政策的採行對相關的總體經濟變數是否仍具有安定效果的功效；其次，再使用 Lai and Chang（2001）的「新圖解法」來進一步詮釋「傳統的隨機微分方程式解法」所得到的結果。

第一節　「傳統的隨機微分方程式解法」

　　假定民眾猜測中央銀行預定進場干預的名目所得上限邊界水準不是 $\bar{n}_1$ 就是 $\bar{n}_2$，且社會上有 β_1（$0 \leq \beta_1 \leq 1$）比例的民眾相信，$\bar{n}_1$ 為中央銀行心中所選定的上限邊界水準；另外，有 $1 - \beta_1$ 比例的民眾相信 $\bar{n}_2$ 為中央銀行心目中另一個選定的上限邊界水準。為了簡化分析起見，假設 $\bar{n}_1 \geq \bar{n}_2$。在上述的前提下，會有 β_1 比例的民眾認為名目所得的動態走勢為：

$$n = \begin{cases} \bar{n}_1 & ;v \geq \bar{v}_1^+ \\ C(1+\alpha)\left[m+\left(\dfrac{\eta}{a}\right)g\right] + C(1+\alpha)\left(\dfrac{\eta}{a}\right)v + (1+\alpha)A_1 e^{sv} & ;v \leq \bar{v}_1^- \end{cases} \tag{42}$$

另外，也有 $1-\beta_1$ 比例的民眾認為名目所得的動態走勢為：

$$n=\begin{cases}\bar{n}_2 & ;\nu\geq\bar{\nu}_2^+ \\ C(1+\alpha)\left[m+\left(\dfrac{\eta}{a}\right)g\right]+C(1+\alpha)\left(\dfrac{\eta}{a}\right)\nu+(1+\alpha)A_2e^{s\nu} & ;\nu\leq\bar{\nu}_2^-\end{cases}\quad(43)$$

式（42）與（43）式中的 A_1 與 A_2 為待解參數，$\bar{\nu}_1$ 和 $\bar{\nu}_2$ 為中央銀行干預時所對應的商品市場需求面隨機干擾項。$\bar{\nu}_1^+$ 及 $\bar{\nu}_1^-$ 分別代表 $\bar{\nu}_1$ 之右極限和左極限；而 $\bar{\nu}_2^+$ 與 $\bar{\nu}_2^-$ 分別代表 $\bar{\nu}_2$ 的右極限和左極限。

利用理性預期的連續條件和平滑相接條件可以解出 A_1、A_2、$\bar{\nu}_1$ 與 $\bar{\nu}_2$ 這四個待解參數為：

$$A_1=-\frac{C\eta}{sa}e^{-s\bar{\nu}_1}<0 \tag{44}$$

$$A_2=-\frac{C\eta}{sa}e^{-s\bar{\nu}_2}<0 \tag{45}$$

$$\bar{\nu}_1=\frac{a}{\eta C(1+\alpha)}\bar{n}_1-\left(\frac{a}{\eta}\right)m-g+\frac{1}{s}>0^{13} \tag{46}$$

$$\bar{\nu}_2=\frac{a}{\eta C(1+\alpha)}\bar{n}_2-\left(\frac{a}{\eta}\right)m-g+\frac{1}{s}>0^{14} \tag{47}$$

由於 $\bar{n}_1\geq\bar{n}_2$，因此可以推知 $\bar{\nu}_1\geq\bar{\nu}_2$、$A_1\geq A_2$。由式（42）及（43），可以看出 β_1 比例的民眾與（$1-\beta_1$）比例的民眾對於市場基要的看法都相同，皆為：

$$C(1+\alpha)\left[m+\left(\frac{\eta}{a}\right)g\right]+C(1+\alpha)\left(\frac{\eta}{a}\right)\nu \tag{48}$$

但是這兩種比例的民眾對於物價的預期變動率卻會產生不同的猜測，因此整體民眾對物價的預期變動率為前述兩種比例民眾預期物價變動率的加權平均：

13　由於 $\bar{\nu}_1$ 為貨幣當局在名目所得上揚觸及到 $\bar{n}_1$ 這個上限水準時，所對應的商品市場需求隨機性干擾市場基要值；所以，必須界定 $\bar{\nu}_1>0$。

14　見註 13 的類似說明。

$$\frac{E(dp)}{dt} = \frac{1}{\eta C}\left[\beta_1 A_1 + (1-\beta_1)A_2\right]e^{sv} \tag{49}$$

所以,名目所得的實際動態走勢為:

$$n = C(1+\alpha)\left[m + \left(\frac{\eta}{a}\right)g\right] + C(1+\alpha)\left(\frac{\eta}{a}\right)v + (1+\alpha)\left[\beta_1 A_1 + (1-\beta_1)A_2\right]e^{sv} \tag{50}$$

底下,我們接著來討論中央銀行亮出底牌之後民眾的因應措施。圖
5 中的 TZ_1、TZ_2 與 TZ_3 線分別表示式(42)、(43)與(50)的名目所得的
動態走勢。[15]假如中央銀行最後所亮出的底牌是選定 $\bar{n}_1$ 做為名目所得目
標區的上限邊界水準,則在名目所得尚未到達 $\bar{n}_2$ 前,實際名目所得的走
勢為 TZ_3 線;但是,一旦 β_1 值變動,TZ_3 線將隨之改變。底下,我們按
民眾是否猜中中央銀行所亮出的底牌,予以區分成三種情況討論來加以
討論:

---

[15] 圖 5 中之 AA 線為不同寬度的名目所得目標區政策下所有符合平滑相接條件的點
予以連線所形成的軌跡,利用 Delgado and Dumas(1993)的處理方式,我們可以
得到名目所得的上限 $\bar{n}$ 與隨機性干擾項的上限 $\bar{v}$ 之關係為:
$\bar{n} = C(1+\alpha)\left[m + \left(\frac{\eta}{a}\right)g\right] + C(1+\alpha)\left(\frac{\eta}{a}\right)\bar{v} - \frac{(1+\alpha)C\eta}{sa}$;所以,$AA$ 線的斜率為 $\frac{(1+\alpha)C\eta}{a} > 0$,
而 AA 線縱軸的截距為 $C(1+\alpha)\left[m + \left(\frac{\eta}{a}\right)\left(g - \frac{1}{s}\right)\right] \gtrless 0$。

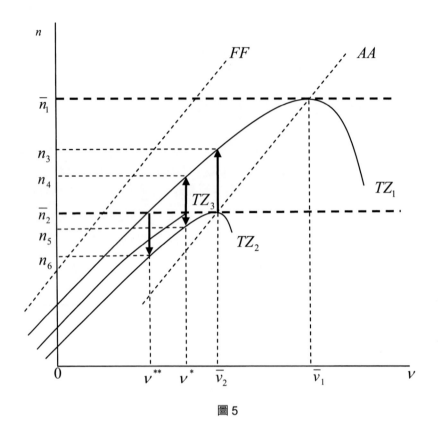

圖 5

(1) 若 $\beta_1 = 1$，則民眾一致預期正確，實際的名目所得的走勢為 TZ_1 線。

(2) 若 $\beta_1 = 0$，則民眾一致預測錯誤，實際的名目所得在 $\bar{n}_2$ 以下的走勢為 TZ_2 線，一直到實際的名目所得觸及 $\bar{n}_2$ 時，中央銀行都未採取任何的干預行動，民眾才警覺到中央銀行所選定的名目所得的上限邊界水準為 $\bar{n}_1$，進而發現低估了中央銀行會進場干預的名目所得數值，連忙著往上修正對物價的預期，以使錯誤認定的 $\bar{n}_2$ 上限邊界水準往中央銀行所亮出的真正底牌 $\bar{n}_1$ 這個上限邊界水準校正；[16] 也就是說，當隨機性干擾項等於 $\bar{v}_2$ 時，

---

[16] 若將令 $\beta_1 = 0$ 之後的式（49）代入令 $\beta_1 = 0$ 之後的式（50），則可求得：

實際的名目所得瞬間由 $\bar{n}_2$ 向上跳至 n_3，之後實際的名目所得沿著 TZ_1 線而走。

(3) 若 $0 < \beta_1 < 1$，則只有一部分民眾（β_1 比例）猜對中央銀行最後所選定的名目所得上限邊界水準 $\bar{n}_1$；此時，實際的名目所得在 $\bar{n}_2$ 以下的走勢為 TZ_3 線，而且 TZ_3 線介於 TZ_1 和 TZ_2 線之間。一旦實際的名目所得觸及 $\bar{n}_2$ 時，由於中央銀行所選定的名目所得上限水準為 $\bar{n}_1$，則中央銀行不會採取任何干預行動。$1-\beta_1$ 比例的民眾立即發現低估了中央銀行會進場干預的名目所得數值，而此 $1-\beta_1$ 比例的民眾也會連忙著修正對物價的預期，以使錯誤認定的 $\bar{n}_2$ 上限邊界水準往中央銀行所亮出的真正底牌 $\bar{n}_1$ 這個上限邊界水準校正；[17]因此，當 v 為 v^* 時，實際的名目所得也會由 $\bar{n}_2$ 往上跳至 n_4，之後實際的名目所得會沿著 TZ_1 線而走。

另一方面，若中央銀行最後所亮出的底牌是選定 $\bar{n}_2$ 做為名目所得的上限邊界水準時，我們仍然可以按民眾是否猜中貨幣當局所亮出的底牌，予以區分成底下三種情況來加以討論：

(1) 若 $\beta_1 = 1$，則民眾一致預測錯誤，實際的名目所得在 $\bar{n}_2$ 以下的走勢為 TZ_1 線，當名目所得觸及 $\bar{n}_2$ 時，中央銀行會採取干預行動，民眾才警覺到中央銀行選定的名目所得上限邊界水準為 $\bar{n}_2$，進而發現高估了中央銀行會進場干預的名目所得數值，連忙著往下修正對物價的預期，以使錯誤認定的 $\bar{n}_1$ 上限邊界水準往中央銀行所亮出的底牌 $\bar{n}_2$ 這個上限邊界水準校正；[18]也就是

$$n = C(1+\alpha)\left[m+\left(\frac{\eta}{a}\right)g\right] + C(1+\alpha)\left(\frac{\eta}{a}\right)v + C\eta(1+\alpha)\frac{E(dp)}{dt}$$

故而，若預期物價變動率往上修正時，則會促使 n 也往上提升。

[17] 若將式（49）代入式（50），則可求得：

$$n = C(1+\alpha)\left[m+\left(\frac{\eta}{a}\right)g\right] + C(1+\alpha)\left(\frac{\eta}{a}\right)v + C\eta(1+\alpha)\frac{E(dp)}{dt}$$

故而，若預期物價變動率往上修正時，則會促使 n 也往上提升。

[18] 若將令 $\beta_1 = 1$ 之後的式（49）代入令 $\beta_1 = 1$ 之後的式（50），則可求得：

說，當隨機性干擾項等於 ν^{**} 時，實際的名目所得瞬間由 $\bar{n}_2$ 向下跳至 n_6，之後實際的名目所得沿著 TZ_2 線而走。

(2) 若 $\beta_1 = 0$，則民眾一致預期正確，實際的名目所得的走勢為 TZ_2 線。

(3) 若 $0 < \beta_1 < 1$，則只有一部分民眾（$1 - \beta_1$ 比例）猜對中央銀行最後所選定的名目所得上限邊界水準為 $\bar{n}_2$；此時，實際的名目所得在 $\bar{n}_2$ 以下的走勢為 TZ_3 線，一旦實際的名目所得觸及 $\bar{n}_2$ 時，則中央銀行會進入貨幣市場干預。β_1 比例的民眾立即發現高估了中央銀行會進場干預的名目所得數值，而此 β_1 比例的民眾也會連忙著修正對物價的預期，以使錯誤認定的 $\bar{n}_1$ 上限邊界水準往中央銀行所亮出的真正底牌 $\bar{n}_2$ 這個邊界水準校正；[19]因此，當 ν 為 ν^* 時，實際的名目所得會往下跳至 n_5，之後實際的名目所得沿著 TZ_2 線而走。

第二節　「Lai and Chang（2001）的新圖解法」

本節我們仍以 Lai and Chang（2001）具經濟直覺的「新圖解法」，來重新詮釋前一小節所得到的結果，以期更清楚了解目標區的運作是否具備安定效果，而且亦可看到其他相關總體經濟變數的波動情形。

圖 7 中，期初經濟體系處於 $AD(\nu_0, m_0, \pi^e = 0)$ 線與 AS 線的交點 Q_0 點，該點所對應的期初實質產出與物價水準分別為 y_0 與 p_0。當經濟體系面臨一個商品市場需求面干擾，使 ν 由 ν_0 增加至 ν_1 時，會促使

$$n = C(1+\alpha)\left[m + \left(\frac{\eta}{a}\right)g\right] + C(1+\alpha)\left(\frac{\eta}{a}\right)\nu + C\eta(1+\alpha)\frac{E(dp)}{dt}$$

故而，若預期物價變動率往下修正時，則會促使 n 也往下降低。

[19] 由註 17 可知，若預期物價變動率往下修正時，會導致 n 也往下調降。

$AD(v_0, m_0, \pi^e = 0)$ 線往右移至 $AD(v_1, m_0, \pi^e = 0)$ 線，[20] $AD(v_1, m_0, \pi^e = 0)$ 線與 AS 線相交於 Q_1 點，該點所對應的實質產出和物價水準分別為 y_1 與 p_1。當民眾對於名目所得的上限邊界有不同的猜測時，民眾對於物價變動的預期是否仍然維持不變？當 v 由 v_1 增加到 v_2 時，民眾對於物價預期的變動會有兩種看法：β_1 比例的民眾深信中央銀行一定會在名目所得上限邊界 $\bar{n}_1$ 所對應的物價水準 p_1' 處來進行干預，使 $AD(v_2, m_0, \pi^e = 0)$ 線因中央銀行降低名目貨幣供給（由 m_0 減少到 m_4）而左移至 $AD(v_2, m_4, \pi^e = 0)$ 線，[21]該線與 AS 線交於 Q_4 點。另外的 $1 - \beta_1$ 比例的民眾則確信中央銀行只要在名目所得上漲到 $\bar{n}_2$ 所對應的物價水準 p_2' 時，就會進入貨幣市場進行干預（m_0 減少到 m_3），使 $AD(v_2, m_0, \pi^e = 0)$ 線左移至 $AD(v_2, m_3, \pi^e = 0)$ 線，[22]該線與 AS 線交於 Q_3 點。我們可將上述物價走勢表現於圖 6，面臨 v_1 的隨機干擾，下一期增加到 v_2 時，則社會上有 β_1 比例的民眾相信物價水準為 p_1'；$1 - \beta_1$ 比例的民眾相信物價水準為 p_2'。對應於 v_1，基於 $p_2 - p_1 = -(p_0 - p_1)$ 且 $p_1' < p_2$ 與 $p_2' < p_2$，民眾的預期物價變動率為 $\pi^e_{IC} = (p_0 - p_1)/2 + \beta_1(p_1' - p_1)/2 + (1 - \beta_1)(p_2' - p_1)/2 = [(p_2' - p_2) + \beta_1(p_1' - p_2')]/2 < 0$。據此，在中央銀行亮出底牌後，假若貨幣當局心中所選定的名目所得上限水準為 $\bar{n}_1$ 時，我們可按民眾是否猜中中央銀行所亮出的底牌，予以區分成三種情況來加以討論：

(1) 若 $\beta_1 = 1$，則民眾一致預期正確，此時社會大眾的預期物價變動率為 $\pi^e_{IC_1} = (p_1' - p_2)/2 < 0$，$\pi^e$ 的下降會促使 $AD(v_1, m_0, \pi^e = 0)$ 線左移至 $AD(v_1, m_0, \pi^e_{IC_1} < 0)$ 線，[23]該線與 AS 線相交於 Q_5 點，該點所對應的實質產出與物價水準分別為 y_5 與 p_5。因為物價水準從 p_0 上漲到 p_5，會使 $LM(m_0, p_0)$ 線左移至 $LM(m_0, p_5)$ 線，[24]名目利率必須上升至 i_5 以維持貨幣市場的均衡。

---

[20] 見註 7 的說明。

[21] 見註 9 的說明。

[22] 見註 9 的說明。

[23] 見註 10 的說明。

[24] 見註 11 的說明。

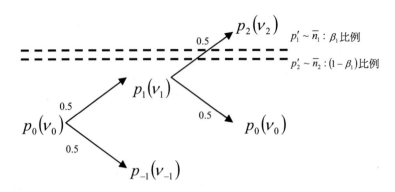

圖6

(2) 若 $\beta_1 = 0$，則民眾一致預測錯誤，社會大眾的預期物價變動率為 $\pi^e_{IC_0} = (p'_2 - p_2)/2 < 0$ 。 π^e 的 下 降 會 進 一 步 促 使 $AD(v_1, m_0, \pi^e = 0)$ 線左移至 $AD(v_1, m_0, \pi^e_{IC_0} < 0)$ 線，[25]該線與 AS 線相交於 Q_6 點，該點所對應的實質產出與物價水準分別為 y_6 與 p_6。因為物價水準從 p_0 上漲到 p_6，會使 $LM(m_0, p_0)$ 線左移至 $LM(m_0, p_6)$ 線，[26]名目利率增加至 i_6 以維持貨幣市場的均衡。

(3)若 $0 < \beta_1 < 1$，則只有一部分民眾（β_1 比例）猜對，民眾的預期物價變動率為 $\pi^e_{IC} = \left[(p'_2 - p_2) + \beta_1(p'_1 - p'_2)\right]/2 < 0$ 。 π^e 的下降會促使 $AD(v_1, m_0, \pi^e = 0)$ 線左移至 $AD(v_1, m_0, \pi^e_{IC} < 0)$ 線，[27]而該線與 AS 線相交於 Q_7 點，該點所對應的實質產出與物價水準分別為 y_7 與 p_7。因為 p 從 p_0 上漲到 p_7，會使 $LM(m_0, p_0)$ 線左移至 $LM(m_0, p_7)$ 線，[28]名目利率增加到 i_7 以維持貨幣市場的均衡。

若中央銀行所選定的名目所得上限邊界水準為 $\bar{n}_2$ 時，我們也可按民眾是否猜中中央銀行所亮出的底牌，予以區分成三種情形來加以討論：

(1) 若 $\beta_1 = 1$，則民眾一致預測錯誤，此時社會大眾的預期物價變動率為 $\pi^e_{IC_1} = (p'_1 - p_2)/2 < 0$ ， π^e 的下降會促使 $AD(v_1, m_0, \pi^e = 0)$

---

[25] 見註 10 的說明。
[26] 見註 11 的說明。
[27] 見註 10 的說明。
[28] 見註 11 的說明。

線左移至 $AD\big(v_1, m_0, \pi_{IC_1}^e < 0\big)$ 線，[29]該線與 AS 線相交於 Q_5 點，該點所對應的實質產出與物價水準分別為 y_5 與 p_5。因為物價水準從 p_0 上漲到 p_5，會使 $LM(m_0, p_0)$ 線左移至 $LM(m_0, p_5)$ 線，[30]名目利率必須上升至 i_5 以維持貨幣市場的均衡。

(2) 若 $\beta_1 = 0$，則民眾一致預期正確，社會大眾的預期物價變動率為 $\pi_{IC_0}^e = \big(p_2' - p_2\big)/2 < 0$。$\pi^e$ 的下降會促使 $AD\big(v_1, m_0, \pi^e = 0\big)$ 線左移至 $AD\big(v_1, m_0, \pi_{IC_0}^e < 0\big)$ 線，[31]該線與 AS 線相交於 Q_6 點，該點所對應的實質產出與物價水準分別為 y_6 與 p_6。因為物價水準從 p_0 上漲到 p_6，會使 $LM(m_0, p_0)$ 線左移至 $LM(m_0, p_6)$ 線，[32]名目利率增加至 i_6 以維持貨幣市場的均衡。

(3) 若 $0 < \beta_1 < 1$，則勢必只有部分民眾（$1-\beta_1$ 比例）猜對，民眾的預期物價變動率為 $\pi_{IC}^e = \big[\big(p_2' - p_2\big) + \beta_1\big(p_1' - p_2'\big)\big]/2 < 0$。$\pi^e$ 的下降會促使 $AD\big(v_1, m_0, \pi^e = 0\big)$ 線左移至 $AD\big(v_1, m_0, \pi_{IC}^e < 0\big)$ 線，[33]該線與 AS 線相交於 Q_7 點，該點所對應的實質產出與物價水準分別為 y_7 與 p_7。因為物價水準從 p_0 上漲到 p_7，會使 $LM(m_0, p_0)$ 線左移至 $LM(m_0, p_7)$ 線，[34]名目利率增加到 i_7 以維持貨幣市場的均衡。

由於 $0 < \beta_1 < 1$，$\pi_{IC_0}^e < \pi_{IC}^e < \pi_{IC_1}^e < \big(\pi^e = 0\big)$；因此，$\beta_1 = 0$ 時所對應的 $AD\big(v_1, m_0, \pi^e = 0\big)$ 線左移幅度最大，$0 < \beta_1 < 1$ 時所對應的 $AD\big(v_1, m_0, \pi^e = 0\big)$ 線左移幅度次之，$\beta_1 = 1$ 時所對應的 $AD\big(v_1, m_0, \pi^e = 0\big)$ 線左移幅度最小。若與名目所得自由調整體制相互比較，名目所得目標區不論中央銀行所亮出的底牌為何，名目所得、實質產出、物價與名目利率水準的波動幅度皆會較小，都具有安定效果。就實質產出而言，不論中央銀行心中所選定的名目所得上限水準為 $\bar{n}_1$ 或是 $\bar{n}_2$。若 $\beta_1 = 1$，實質產出的波動幅度

---

[29] 見註 10 的說明。
[30] 見註 11 的說明。
[31] 見註 10 的說明。
[32] 見註 11 的說明。
[33] 見註 10 的說明。
[34] 見註 11 的說明。

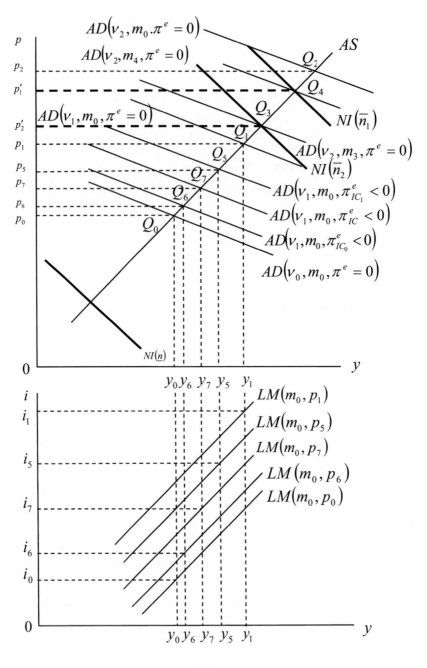

圖 7

為 $y_5 - y_0$；若 $\beta_1 = 0$，實質產出的波動幅度為 $y_6 - y_0$；若 $0 < \beta_1 < 1$，實質產出的波動幅度為 $y_7 - y_0$。前面這三種名目所得上限邊界不確定情況下，實質產出的波動幅度皆小於名目所得自由調整體制下實質產出的波動幅度 $y_1 - y_0$。就物價水準而言，若 $\beta_1 = 1$，物價水準的波動幅度為 $p_5 - p_0$；若 $\beta_1 = 0$，物價水準的波動幅度為 $p_6 - p_0$；若 $0 < \beta_1 < 1$，物價水準的波動幅度為 $p_7 - p_0$。前面這三種名目所得上限邊界不確定情況下，物價水準的波動幅度皆小於名目所得自由調整體制下物價水準的波動幅度 $p_1 - p_0$。就名目利率水準而言，若 $\beta_1 = 1$，名目利率水準的波動幅度為 $i_5 - i_0$；若 $\beta_1 = 0$，名目利率水準的波動幅度為 $i_6 - i_0$；若 $0 < \beta_1 < 1$，名目利率水準的波動幅度為 $i_7 - i_0$。前面這三種名目所得上限邊界不確定情況下，名目利率水準的波動幅度皆小於名目所得自由調整體制下名目利率水準的波動幅度 $i_1 - i_0$。

前面第二章業已敘述，一旦中央銀行並未宣佈實施「名目所得目標區」政策，此隱含中央銀行聽任名目所得上下限門檻水準分別可走向無限大與負無限大，此代表中央銀行並未進入貨幣市場變動名目貨幣供給來進行干預；故而，「名目所得自由浮動」政策事實上等同於「釘住貨幣供給」政策。[35] 基於以上的說明，我們當可推得底下的命題二：

命題二：一旦經濟體系的隨機干擾來自商品市場的需求面，且中央銀行並未事先宣告名目所得上限的邊界水準，從而導致民眾對名目所得的上限邊界水準產生猜測時，則面對此種名目所得水準上限邊界水準存在不確定的情況下，中央銀行若想企圖穩定名目所得、實質產出、物價與名目利率水準，則「名目所得目標區」政策的實施必定優於「釘住貨幣供給」政策；換句話說，中央銀行「名目所得目標區」政策的實施對名目所得、實質產出、物價與名目利率水準必定具有蜜月效果。

---

[35] 見註 12 的說明。

本文上述名目所得水準上限邊界水準存在不確定的情況下，中央銀行名目所得目標區政策的實施對實質產出水準具有安定效果這個結論，仍會與（i）Bean（1983）利用 Sargent and Wallace（1975）的理性預期模型，並假設中央銀行的政策目標是在追求社會福利損失的極小化，所得到的命題：一旦勞動供給對實質工資並非完全無彈性時，如果經濟體系面臨總合需求面的干擾，則釘住名目所得在穩定實質產出水準的功效必定優於釘住貨幣供給；（ii）Bradley and Jansen（1989）將名目工資隨物價水準進行調整的指數化契約引進 Bean（1983）的模型，從而得到：將工資指數化契約與名目所得指標這兩個相互獨立的政策工具予以結合；若勞動供給對實質工資並非完全無彈性時，工資指數化契約將可協助名目所得指標，在經濟體系面臨總合需求面的干擾時，降低實質產出水準的波動幅度；亦即中央銀行選擇釘住名目所得指標仍較選擇釘住貨幣供給指標對實質產出水準較具有穩定功效的結論完全相同。但仍卻與（i）West（1986）引進 Phillips 曲線及適應性預期來修改 Bean（1983）的模型，從而得到：就穩定實質產出水準而言，在勞動供給對實質工資並非完全無彈性時，一旦經濟體系面臨總合需求面的干擾，總合需求對於實質貨幣餘額的彈性小於一，將會使釘住貨幣供給指標優於釘住名目所得指標的命題；（ii）Jansen and Kim（1993）將勞動供給的跨時替代效果與財富效果引進 Bradley and Jansen（1989）的模型，結果發現：在勞動供給對實質工資並非完全無彈性時，經濟體系一旦面臨總合需求面的干擾，釘住名目所得不見得比釘住貨幣供給更能達到穩定實質產出水準效果的結論；（iii）廖培賢（2010）以 Blanchard（1981）與 Lai，Chang and Fang（2003）的模型為基礎，進而建構一個封閉總體經濟架構，在民眾對產出與股價的未來變動同時存在預期之前提下，使用 Lai，Chang and Fang（2003）具經濟直覺的雙預期變數圖形解析法，從而推得：經濟體系一旦面臨商品市場需求面的干擾，釘住名目所得未必比釘住貨幣供給更能達到穩定實質產出水準效果的結論並不完全相同。

肆　重整不確定情況下的蜜月效果分析

底下我們所分析的主題是：假定中央銀行在名目所得水準觸及上限邊界水準時，部分民眾相信中央銀行會確實執行名目所得目標區政策，將名目所得水準回復至原來的中心平價；另外一部分的民眾相信中央銀行無力維持名目所得目標區政策，反而會透過重整將名目所得水準維持在新的中心平價（當然，我們也可採本節類似的方法去討論名目所得水準下限邊界重整不確定的情況）。在這種情況下，則民眾對於物價變動的預期是否會有變化？名目所得目標區持續維持抑或重整的不確定政策的實施是否仍會有安定效果？我們先使用「傳統的隨機微分方程式解法」，來分析面對此名目所得上限重整不確定時，名目所得目標區持續維持抑或重整的不確定政策之採行對相關的總體經濟變數是否仍具有安定效果的功效；其次，再使用 Lai and Chang（2001）的「新圖解法」來進一步詮釋「傳統的隨機微分方程式解法」所得到的結果。

第一節　「傳統的隨機微分方程式解法」

假定中央銀行宣告實施名目所得目標區政策後，社會上對於中央銀行在名目所得邊界上的干預政策，存有兩種預期：$1-\tau_1$ 比例的民眾相信中央銀行會確實執行名目所得目標區政策，讓名目所得回復至原來的中心平價；τ_1 比例的民眾相信中央銀行無力維持名目所得目標區政策，反而會透過重整讓名目所得等於新的中心平價。此種不確定干預的情況，我們以圖 8 表示，並定義新的變數 f 代表名目所得的中心平價，f 為固定常數。

首先，假設原先的名目所得之中心平價為 f_0，當名目所得的市場基要到達 $f_0 + \bar{k}$ 時，民眾預期中央銀行有兩種干預政策：一種是預期中央銀

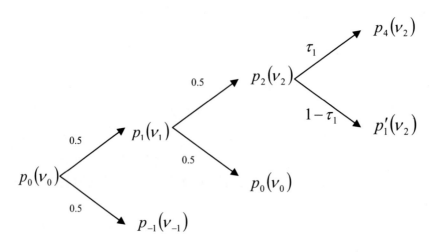

圖 8

行會確實執行原先的名目所得目標區政策，此時貨幣當局會在貨幣市場減少名目貨幣供給，藉以讓名目所得的市場基要值回復至原先的中心平價水準 f_0；另一種則是預期中央銀行無力維持原先的名目所得目標區政策，此時中央銀行會宣布一個新的名目所得目標區，透過貨幣市場來增加名目貨幣供給，讓名目所得等於新的中心平價。假定新區間在原區間之上，且新的寬幅與原來的寬幅相同，則新的中心平價所對應的名目所得之市場基要為 $f_0 + 2\bar{k}$（見圖 9）。其次，一旦我們定義名目所得的市場基要為 $k = C[m + (\eta/a)g] + C(\eta/a)v$，則可將式（7）與（13）重新表示成：

$$p = k + \eta C \frac{E(dp)}{dt} \tag{51}$$

$$n = (1+\alpha)k + \eta C(1+\alpha)\frac{E(dp)}{dt} \tag{52}$$

將式（52）左右減去 f，可進一步求得：

$$n - f = (1+\alpha)(k-f) + \eta C(1+\alpha)\frac{E(dp-df)}{dt} + \alpha f + \eta C(1+\alpha)\frac{E(df)}{dt} \tag{53}$$

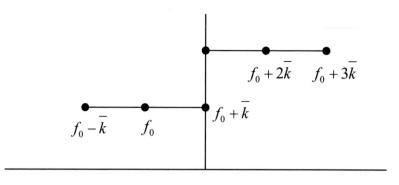

圖 9

因為 f 為常數；所以，$E(df)/dt = 0$。同時定義 $\hat{n} \equiv n - f$、$\hat{p} \equiv p - f$ 與 $\hat{k} \equiv k - f$，則可將式（53）重新表示成：

$$\hat{n} = (1+\alpha)\hat{k} + \eta C(1+\alpha)\frac{E(d\hat{p})}{dt} + \alpha f \tag{54}$$

事實上，我們由式（10）可知新的變數 $\hat{p}$ 與 $\hat{k}$ 也必須符合底下的關係式：

$$\eta C\frac{E(d\hat{p})}{dt} = \hat{A}e^{s\hat{k}} + \hat{B}e^{-s\hat{k}} \tag{55}$$

式（55）中的 $\hat{A}$ 與 $\hat{B}$ 為待解參數。將式（55）代入式（54），則可求得：

$$\hat{n} = (1+\alpha)\hat{k} + (1+\alpha)\left(\hat{A}e^{s\hat{k}} + \hat{B}e^{-s\hat{k}}\right) + \alpha f \tag{56}$$

再將 $\hat{n} \equiv n - f$，$\hat{k} \equiv k - f$ 代入式（56），則可將上式還原成：

$$n = (1+\alpha)k + (1+\alpha)\left(\hat{A}e^{s(k-f)} + \hat{B}e^{-s(k-f)}\right) \tag{57}$$

同理，若假定名目所得目標區的上下限水準對稱於零，即 $\overline{n} = \underline{n}$，仍可求得類似式（28）的結果：$\hat{A} = -\hat{B}$，將 $\hat{A} = -\hat{B}$ 代入式（57），則可將式（57）進一步簡化成：

$$n = (1+\alpha)k + (1+\alpha)\hat{A}\left(e^{s(k-f)} - e^{-s(k-f)}\right) \tag{58}$$

儘管民眾對於中央銀行的干預政策有不同看法，中央銀行在干預前的名目所得水準必須等於民眾對於名目所得的預期，否則不連續的名目所得跳動，反而會違反了理性預期的連續條件。準此，連續條件要求：

$$n\left(f = f_0, k = f_0 + \bar{k}\right) = \tau_1 n\left(f = f_0 + 2\bar{k}, k = f_0 + 2\bar{k}\right) + \left(1 - \tau_1\right)n(f = f_0, k = f_0) \quad (59)$$

將式（58）代入式（59），可以解出待解參數 $\hat{A}$ 為：

$$\hat{A} = \frac{(2\tau_1 - 1)\bar{k}}{e^{s\bar{k}} - e^{-s\bar{k}}} \begin{smallmatrix} > \\ - \\ < \end{smallmatrix} 0 ， 假如 \tau_1 \begin{smallmatrix} > \\ - \\ < \end{smallmatrix} \frac{1}{2} \quad (60)$$

　　圖 10 中的 TZ_R 線即是在 $1/2 < \tau_1 < 1$（$\hat{A} > 0$）時的名目所得的動態走勢，該曲線隱含若名目所得市場基要的隨機波動，將會使名目所得產生比名目所得自由浮動體制下更大的波動，導致蜜月效果不存在；惟有在 $0 < \tau_1 < 1/2$ 的情況下，名目所得才具有安定效果的存在（TZ 線）。最後，當 $\tau_1 = 1/2$ 時，$\hat{A} = 0$，結果與名目所得自由浮動的體制下完全相同（FF線）。因此，當民眾預期中央銀行將會進行重整的比例愈大時（$\tau_1 > 1/2$），則名目所得的波動幅度將更為劇烈。

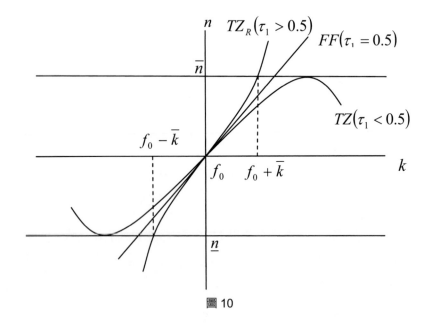

圖 10

第二節 「Lai and Chang（2001）的新圖解法」

　　圖 11 中，期初經濟體系處於 $AD(v_0, m_0, \pi^e = 0)$ 線與 AS 線共同的交點 Q_0 點，該點所對應的期初實質產出與物價水準分別為 y_0 與 p_0。當經濟體系面臨一個商品市場需求面干擾，使 v 由 v_0 增加至 v_1 時，均衡點由期初的 Q_0 點移動至 $AD(v_1, m_0, \pi^e_R = 0)$ 線與 AS 線的交點 Q_1 點，[36] 該點所對應的實質產出和物價水準分別為 y_1 與 p_1。p_1 這個物價水準值相當接近名目所得目標區原區間上限水準 $\bar{n}_1$ 所對應的原物價水準上限 p'_1；因此，對應隨機性市場基要值 v_1 時的物價預期變動率是否仍會維持不變？我們知道當 v_1 增加到 v_2 時，民眾對於物價的走勢會有兩種猜測：當 v_1 增加到 v_2 時，會使 $AD(v_1, m_0, \pi^e_R = 0)$ 線右移到 $AD(v_2, m_0, \pi^e = 0)$ 線，[37] 而 $1 - \tau_1$ 比例的民眾相信中央銀行會確實執行名目所得目標區政策，因中央銀行在貨幣市場進行干預，藉由減少名目貨幣供給（m 由 m_0 減少到 m_3），使得 $AD(v_2, m_0, \pi^e = 0)$ 線左移到 $AD(v_2, m_3, \pi^e = 0)$ 線，[38] 物價會固守在 p'_1 的水準，均衡點為 Q_3 點；另外的 τ_1 比例的民眾相信當 v_1 增加到 v_2 時，中央銀行無力維持名目所得目標區政策，反而會透過重整亦即會增加名目貨幣供給（m 由 m_0 增加到 m_4），使得 $AD(v_2, m_0, \pi^e = 0)$ 線右移到 $AD(v_2, m_4, \pi^e = 0)$ 線，[39] 使 p 等於名目所得新的中心平價所對應的物價水準 p_4，均衡點為 Q_4 點。為簡化分析起見，令新的名目所得目標區區間在原來的區間之上，即 $\bar{n}_1 = \underline{n}_2$，且新舊名目所得目標區區間兩者的寬幅一致，亦即 $p'_2 - p_4 = -(p'_1 - p_4) = p'_1 - p_0 = -(p''_1 - p_0)$。

　　由圖 11 我們可以清楚地得知，當商品需求面的隨機干擾 $v = v_1$ 時，若下一期 v 增加到 v_2，則社會上有 $1 - \tau_1$ 比例的民眾相信 p 為 p'_1；τ_1 比例的民眾相信 p 為 p_4。對應於 v_1 這個商品市場需求面的隨機干擾值，基於 $p_2 - p_1 = -(p_0 - p_1)$ 且 $p'_1 < p_2$，面對此種情況則民眾的預期物價變動率勢必

---

[36] 見註 7 的說明。
[37] 見註 7 的說明。
[38] 見註 9 的說明。
[39] 見註 9 的類似說明。

將會進一步改變成：$\pi_R^e = (p_0 - p_1)/2 + \tau_1(p_4 - p_1)/2 + (1 - \tau_1)(p_1' - p_1)/2 = [(p_1' - p_2) + \tau_1(p_4 - p_1')]/2$。據此，面臨名目所得目標區是否會重整的不確定性政策下，當 $\tau_1 < (p_2 - p_1')/(p_4 - p_1')$ 時，[40] $\pi_R^e < 0$，使 $AD(v_1, m_0, \pi_R^e = 0)$ 線左移到 $AD(v_1, m_0, \pi_R^e < 0)$ 線，[41]該線與 AS 線相交於 Q_5 點。若與名目所得自由浮動體制下的均衡點 Q_1 點相互比較，實質產出的波動幅度為（$y_5 - y_0$），物價水準的波動幅度為（$p_5 - p_0$），名目利率的波動幅度為（$i_5 - i_0$），都小於名目所得自由調整的體制下 y、p、i 的波動幅度（$y_1 - y_0$）、（$p_1 - p_0$）及（$i_1 - i_0$）。準此，一旦當民眾相信名目所得目標區會重整的比例較小（$\tau_1 < (p_2 - p_1')/(p_4 - p_1')$）時，名目所得目標區的採行仍然會使名目所得、實質產出、物價水準與名目利率都具有蜜月效果。當 $\tau_1 = (p_2 - p_1')/(p_4 - p_1')$ 時，$\pi_R^e = 0$，均衡點為 $AD(v_1, m_0, \pi_R^e = 0)$ 線與 AS 線的交點 Q_1 點，實質產出、物價水準與名目利率水準的波動幅度均與名目所得自由調整下的 y、p、i 的波動幅度（$y_1 - y_0$）、（$p_1 - p_0$）及（$i_1 - i_0$）完全相同。但當 $\tau_1 > (p_2 - p_1')/(p_4 - p_1')$ 時，$\pi_R^e > 0$，會使 $AD(v_1, m_0, \pi_R^e = 0)$ 線右移到 $AD(v_1, m_0, \pi_R^e > 0)$ 線，[42]該線與 AS 線相交於 Q_6 點。若與名目所得自由浮動體制下的均衡點 Q_1 點相互比較，實質產出的波動幅度為（$y_6 - y_0$），物價水準的波動幅度為（$p_6 - p_0$），名目利率的波動幅度為（$i_6 - i_0$），都大於名目所得自由調整的體制下 y、p、i 的波動幅度（$y_1 - y_0$）、（$p_1 - p_0$）及（$i_1 - i_0$）。因此，當經濟體系面臨商品市場需求面干擾時，若民眾預期中央銀行將會進行名目所得目標區重整的比例愈大時（$\tau_1 > (p_2 - p_1')/(p_4 - p_1')$），則名目所得、實質產出、物價水準和名目利率的波動幅度將更為劇烈，都不具有蜜月效果。

---

[40] 此處的 $(p_2 - p_1')/(p_4 - p_1')$ 必須為 $1/2$，即 $p_4 = 2p_2 - p_1'$ 時，本小節所採用的 Lai and Chang（2001）新圖解法才能與傳統的隨機微分方程解法所求得的結果前後一致。

[41] 見註 10 的說明。

[42] 見註 10 的類似說明。

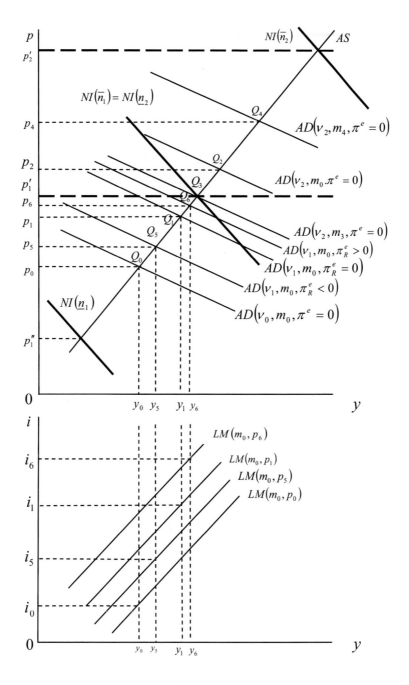

圖 11

前面第 2 章業已敘述，一旦中央銀行並未宣佈實施「名目所得目標區」政策，此隱含中央銀行聽任名目所得上下限門檻水準分別可走向無限大與負無限大，此代表中央銀行並未釘住貨幣供給」政策。[43]基於以上的說明，我們當可推得底下的命題三：

命題三：一旦經濟體系的隨機干擾來自商品市場的需求面，肇因於中央
　　　　銀行以往捍衛名目所得目標區的政策可信度不佳，進而民眾對
　　　　名目所得目標區是否會進行重整產生猜測時，則面對此種名目
　　　　所得目標區是否會進行重整存在不確定的情況下，中央銀行若
　　　　想企圖穩定名目所得、實質產出、物價與名目利率水準，惟有
　　　　當民眾相信名目所得目標區會重整的比例較小時，則「名目所
　　　　得目標區」政策的實施必定優於「釘住貨幣供給」政策；換句
　　　　話說，貨幣當局「名目所得目標區」政策的實施對名目所得、
　　　　實質產出、物價與名目利率水準必定具有蜜月效果。另一方面，
　　　　一旦當民眾相信名目所得目標區會重整的比例較大時，中央銀
　　　　行若想企圖穩定名目所得、實質產出、物價與名目利率水準，
　　　　則「釘住貨幣供給」政策的實施反而優於「名目所得目標區」
　　　　政策；換句話說，中央銀行「名目所得目標區」政策的實施對
　　　　名目所得、實質產出、物價與名目利率水準未必具有蜜月效果。

　　本文上述民眾對名目所得目標區是否會進行重整存在不確定的情況下，中央銀行名目所得目標區政策的實施對實質產出水準未必具有安定效果這個結論，會與（i）Bean（1983）利用 Sargent and Wallace（1975）的理性預期模型，並假設中央銀行的政策目標是在追求社會福利損失的極小化，所得到的命題：一旦勞動供給對實質工資並非完全無彈性時，如果經濟體系面臨總合需求面的干擾，則釘住名目所得在穩定實質產出水準的功效必定優於釘住貨幣供給；（ii）West（1986）引進 Phillips 曲

---

[43]　見註 12 的說明。

線及適應性預期來修改 Bean（1983）的模型，從而得到：就穩定實質產出水準而言，在勞動供給對實質工資並非完全無彈性時，一旦經濟體系面臨總合需求面的干擾，總合需求對於實質貨幣餘額的彈性小於一，將會使釘住貨幣供給指標優於釘住名目所得指標的命題；（iii）Bradley and Jansen（1989）將名目工資隨物價水準進行調整的指數化契約引進 Bean（1983）的模型，從而得到：將工資指數化契約與名目所得指標這兩個相互獨立的政策工具予以結合；若勞動供給對實質工資並非完全無彈性時，工資指數化契約將可協助名目所得指標，在經濟體系面臨總合需求面的干擾時，降低實質產出水準的波動幅度；亦即中央銀行選擇釘住名目所得指標仍較選擇釘住貨幣供給指標對實質產出水準較具有穩定功效；（iv）Jansen and Kim （1993）將勞動供給的跨時替代效果與財富效果引進 Bradley and Jansen（1989）的模型，結果發現：在勞動供給對實質工資並非完全無彈性時，經濟體系一旦面臨總合需求面的干擾，釘住名目所得不見得比釘住貨幣供給更能達到穩定實質產出水準效果的結論完全不同。但卻與廖培賢（2010）以 Blanchard（1981）與 Lai，Chang and Fang（2003）的模型為基礎，進而建構一個封閉總體經濟架構，在民眾對產出與股價的未來變動同時存在預期之前提下，使用 Lai，Chang and Fang（2003）具經濟直覺的雙預期變數圖形解析法，從而推得：經濟體系一旦面臨商品市場需求面的干擾，釘住名目所得未必比釘住貨幣供給更能達到穩定實質產出水準效果的結論完全相同。

		安定效果			
		n	y	p	i
名目所得目標區政策		+	+	+	+
名目所得目標區上限邊界水準不確定的干預政策		+	+	+	+
名目所得目標區重整不確定的干預政策	（I）$\tau_1 < \frac{1}{2}$ 或 $\tau_1 < \frac{p_2 - p_1'}{p_4 - p_1'}$	+	+	+	｜
	（II）$\tau_1 = \frac{1}{2}$ 或 $\tau_1 = \frac{p_2 - p_1'}{p_4 - p_1'}$	○	○	○	○
	（III）$\tau_1 > \frac{1}{2}$ 或 $\tau_1 > \frac{p_2 - p_1'}{p_4 - p_1'}$	−	−	−	−

最後，為了讓讀者能更清楚看出本文所得到的結論，我們以上表彙總呈列本文所得到的相關結果，其中"＋"代表具有安定效果的功效，"－"代表不具有安定效果的作用，"○"代表與名目所得自由浮動體制下的效果相同。

伍　結論

　　本文將 Fang and Lai（2002）用來分析當經濟體系面臨總合供給面的隨機干擾時，中央銀行名目所得目標區政策的實施是否具有穩定相關總體經濟變數功能的封閉經濟體系模型，予以延伸至「名目所得上限邊界不確定性」與「名目所得中心平價重整不確定性」兩種情況，來分別討論：當經濟體系面臨商品市場需求面的隨機干擾時，名目所得目標區的採行是否仍具有安定相關總體經濟變數的作用；同時我們也使用了 Lai and Chang（2001）具有開創性又簡而易懂的「新圖解法」來進一步詮釋我們所得到的結果。依據前面幾章的分析，我們發現：

1. 一旦經濟體系的隨機干擾來自商品市場的需求面，且民眾全然相信中央銀行的政策宣示時，中央銀行若想企圖穩定名目所得、實質產出、物價與名目利率水準，則「名目所得目標區」政策的實施必定優於「釘住貨幣供給」政策；換句話說，中央銀行「名目所得目標區」政策的實施對名目所得、實質產出、物價與名目利率水準必定具有蜜月效果。

2. 一旦經濟體系的隨機干擾來自商品市場的需求面，且中央銀行並未事先宣告名目所得上限的邊界水準，從而導致民眾對名目所得的上限邊界水準產生猜測時，則面對此種名目所得水準上限邊界水準存在不確定的情況下，中央銀行若想企圖穩定名目所得、實質產出、物價與名目利率水準，則「名目所得目標區」政策的實施必定優於

「釘住貨幣供給」政策；換句話說，中央銀行「名目所得目標區」政策的實施對名目所得、實質產出、物價與名目利率水準必定具有蜜月效果。

3. 一旦經濟體系的隨機干擾來自商品市場的需求面，肇因於中央銀行以往捍衛名目所得目標區的政策可信度不佳，進而民眾對名目所得目標區是否會進行重整產生猜測時，則面對此種名目所得目標區是否會進行重整存在不確定的情況下，中央銀行若想企圖穩定名目所得、實質產出、物價與名目利率水準，惟有當民眾相信名目所得目標區會重整的比例較小時，則「名目所得目標區」政策的實施必定優於「釘住貨幣供給」政策；換句話說，貨幣當局「名目所得目標區」政策的實施對名目所得、實質產出、物價與名目利率水準必定具有蜜月效果。另一方面，一旦當民眾相信名目所得目標區會重整的比例較大時，中央銀行若想企圖穩定名目所得、實質產出、物價與名目利率水準，則「釘住貨幣供給」政策的實施反而優於「名目所得目標區」政策；換句話說，中央銀行「名目所得目標區」政策的實施對名目所得、實質產出、物價與名目利率水準未必具有蜜月效果。

陸　參考文獻

中文文獻

陳志祿，〈匯率目標區體制下的安定效果：圖形解析〉，碩士論文，臺灣大學經濟學系，民 90.6。

廖培賢，〈名目所得目標區下的蜜月效果直覺圖形分析─產出與股價雙預期的考量〉，《經濟論文叢刊》，第十五卷第二期，民 99.3，頁 45-59。

賴景昌，《總體經濟學》。臺北：雙葉書廊，第二版，民 93。

賴景昌，《國際金融理論－基礎篇》。臺北：華泰，第二版，民 96。

謝智源，〈匯率目標區政策之不確定分析〉，碩士論文，逢甲大學經濟學系，民 84.6。

英文文獻

Abel, A. B., and B. S. Bernanke, *Macroeconomics*, 4th edition, NY, Addison Wesley, 2001.

Bean, C., "Targeting Nominal Income: An Appraisal," *Economic Journal*, Vol. 93, No. 372, 1983, pp. 803-819.

Bertola, G., and R. Caballero, "Target Zones and Realignments," *American Economic Review*, Vol. 82, No. 3, 1992, pp. 520-536.

Blanchard, O. J., "Output, the Stock Market, and Interest Rates," *American Economic Review*, Vol. 71, No. 1, 1981, pp. 132-143.

Bradley, M. D., and D. W. Jansen, "The Optimality of Nominal Income Targeting When Wages Are Indexed to Price," *Southern Economic Journal*, Vol. 56, No. 1, 1989, pp. 13-23.

Delgado, F., and B. Dumas, "Monetary Contracting between Central Banks and the Design of Sustainable Exchange-Rate Zones," *Journal of International Economics*, Vol. 34, No. 3/4, 1993, pp. 201-224.

Fang, C. R., and C. C. Lai, "Targeting Nominal Income versus Targeting Price Level: A Target Zone Perspective," *International Review of Economics and Finance*, Vol. 11, No. 3, 2002, pp. 229-249.

Hubbard, R. G., *Money, the Financial System, and the Economy*, 6th edition, NY, Addison Wesley, 2008.

Jansen, D. W., and S. G. Kim, "Targeting Nominal Income: Further Results," *Southern Economic Journal*, Vol. 59, No. 3, 1993, pp. 385-393.

Krugman, P., "Target Zones and Exchange Rate Dynamics," *Quarterly Journal of Economics*, Vol. 106, No. 3, 1991, pp. 669-682.

Lai, C. C., and J. J. Chang, "A Note on Inflation Targeting," *Journal of Economic Education*, Vol. 32, No. 4, 2001, pp. 369-380.

Lai, C. C., J. J. Chang, and C. R. Fang, "Is the Honeymoon Effects Valid in the Presence of Both Exchange Rate and Output Expectations? A Graphical Analysis," manuscript, 2003.

McCallum, B. T., and E. Nelson, "An Optimizing IS-LM Specification for Monetary Policy and Business Cycle Analysis," *Journal of Money, Credit and Banking*, Vol. 31, No. 3, 1999, pp. 296-316.

Meade, J. E.,"The Meaning of Internal Balance,"*Economic Journal*, Vol. 88, No. 351, 1978, pp. 423-435.

Miller, R. L., and D. VanHoose, *Macroeconomics: Theory, Policy, and International Applications*, 2nd edition, Cincinnati, Ohio, South-Western, 2001.

Mishkin, S. F., *The Economics of Money, Banking, and the Financial Markets*, 7th edition, NY, Addison Wesley, 2004.

Poole, W.,"Optimal Choice of Monetary Policy Instrument in a Simple Stochastic Macro Model," *Quarterly Journal of Economics*, Vol. 84, No. 2, 1970, pp. 197-216.

Sargent, T. J., and N. Wallace, "Rational Expectations, the Optimal Monetary Instrument, and the Optimal Money Supply Rule," *Journal of Political Economy*, Vol. 83, No. 2, 1975, pp. 241-254.

Svensson, L. E. O., "An Interpretation of Recent Research on Exchange Rate Target Zones," *Journal of Economic Perspectives*, Vol. 6, No. 4 , 1992, pp. 119-144.

Tobin, J., "Stabilization Policy Ten Years After," *Brookings Papers on Economic Activity,* Vol. 11, No. 1, 1980, pp. 19-72.

West, K. D.,"Targeting Nominal Income: A Note,"*Economic Journal*, Vol. 96, No. 384, 1986, pp. 1077-1083.

CHAPTER **4**

從歷史制度論觀點
檢視臺灣社會福利民營化的
推進歷程與發展[1]

吳秀照、高迪理、王篤強

【摘要】

　　本文的目的在探索以下問題：歐美國家社會福利民營化的發展，起因於對福利國家發展衍生的危機與應對措施。臺灣社會福利民營化的大致發端卻是源於社會福利制度的建立正在起步之時。也就是說，尚未擁有福利國家條件的臺灣，在社會福利正走上建制化的過程中，卻也跟著搭上西方國家福利民營化的潮流列車。本文從歷史制度論的角度探討臺灣社會福利民營化的啟動與發展背景是什麼？這樣的發展趨勢到底是怎麼造成的？臺灣在社會福利民營化的推進過程中，有那些民營化的制度逐步被建立？影響福利民營化發展的關鍵性力量又是什麼？這些關鍵性力量所造成社會福利民營化的影響又是什麼？

[1]　本文係國科會私校能量研發三年期（2006.8-2009.7）整合性研究計畫「臺灣政經轉型下之制度變遷」（NSC95-2745-H-029-013-HPU）子計畫二「社會福利民營化下福利服務輸送體系之變遷」第一年研究成果改寫而成。本研究成員包括：吳秀照、高迪理、王篤強；目前均為東海大學社會工作系副教授。第一年研究助理：張志長、劉怡伶、王之玉。第一年研究初步成果曾於 2008 年 4 月 1 日東海大學社工系主辦之「臺灣社會福利民營化的發展歷程回顧與展望－政府與民間分工的探討」研討會中發表。

本文透過歷史制度論的架構進行分析，從時間向度的遷移，將臺灣社會福利民營化的進程分三階段分析其制度發展的時空背景；並從政策議題設定、法令制度發展及具體民營化措施等，試圖展現臺灣社會福利民營化政策演進過程的路徑依賴與轉折。從福利民營化的發展進程，本文也指出政府社會福利部門的民營化作為，從初期殘補式福利思維下的民間資源引進到中期民間團體在福利倡議下積極參與介入乃至於到後期政府以整體再造思維與引進企業經營的治理觀念，的確大幅帶動民間團體投入社會福利的分擔與經營。但是，社會福利民間團體在民營化的框架下，福利推動的彈性、應變性、多元性與團體之間的合作能量，反而受到僵化的招標與監督制度所牽制。政府推動社會福利民營化所依賴的民間組織網絡，彼此之間資源競逐與區域資源分佈不均，政府組織本身又規劃與調節能力不足，在在使得社會福利民營化在因應臺灣社會福利未來的變遷需求上備受挑戰。臺灣社會福利民營化的制度已面臨必須積極檢討修正的時刻。

關鍵詞：社會福利民營化、歷史制度論

壹 前言

「社會福利民營化」（welfare privatization）的思潮約起源於 1970 年代西方福利國家的發展危機；這股驅動力量對各國福利制度運作與福利輸送生態的影響相當深遠。就主流觀點來說，「民營化」（privatization）[2]指的是公共服務的生產或供給由公部門轉向私部門的過程。彼得杜拉克（Peter Drucker）在其 "The Age of Discontinuity" 一書中則使用「再民營化」（reprivatization）一詞來指涉近年來政府為執行其任務所建構公部門與私部門間的各種合作關係（Drucker, 1969）。他認為運用私部門來執行政府的責任並非近年才有，以美國而言，早在 1930 年代，透過政府資金挹注民間私部門的福利提供即是常有的現象（Kettner & Martin, 1994）。Karger（1994）則認為現今民營化是一個國際現象，不僅發生在大多數的工業先進國家，也擴散到發展中國家。而隨著全球化經濟發展的帶動，「社會福利民營化」的理念與策略也迅速滲透到國際社會，進而影響不同國家在福利制度與福利作為上的變革（轉引自 Beneria, 2003）。

二次戰後，西方先進國家開始有系統而全面的建構福利制度。雖然不同福利國家之間民眾「社會權」的擁有與政府福利提供「去商品化」的程度與內涵有所差異（Esping-Anderson, 1990），但共同的現象是政府組織與職能不斷膨脹、財政支出快速增加。然而，1970 年代全球經濟不景氣及福利國家大量公共支出所造成的財政困境，引發新右派積極推動改革「大政府」的行動。新右派主張自由、開放與競爭的經濟，並倡導「民營化」和「去規制」（deregulation）的策略，以對治經濟蕭條並提振經濟景氣（Gamble, 1988; Ashford, 1993）。而在社會福利供給上，政府也

---

[2] 在研究計畫與本文中，我們援用一般慣用的翻譯，將 privatization 譯為「民營化」。但是，在社會福利領域上，「民營化」應包括兩個層次：一個是政府公部門與民間非營利組織在福利政策發展與服務輸送上的合作關係，這種合作的重要目的之一即在促成公民社會的發展；另一個則是政府引進市場化的相關策略，將公共責任委由民間提供福利服務或生產福利產品的過程，這部分亦有學者主張翻譯為「私有化」。

應運用多元部門與生產機制，充分結合市場與民間資源，強化政府運作效率、降低福利成本與提昇服務品質。同時，政府掌控福利資源與配置的權力，也應適度移轉民間，以增加服務使用者的自主與選擇權。福利民營化繼而風起雲湧的發展，不僅促使政府管理型態的變革，更帶來政府和民間組織角色與關係的轉變，因而被認為是「政府再造」（reinvention of government）的過程（Walsh, 1995）。顯然，西方國家福利民營化的推動，是對於「大政府」的反制；理想上，期望透過民營化化解財政與組織危機，改變政府福利供給的困境、活化福利體系的運作，進而提昇福利供給與配置的效率及效能。但是，對於在不同福利發展階段與不同經濟、政治、文化環境的國家而言，福利民營化的發展、實際運作與產生的影響是如何，則需要進一步探究。

雖然先進國家推動社會福利民營化已有四十餘年，但有關福利民營化的爭論議題卻一直存在。首先，「民營化」多被各國運用來進行財政危機下的福利改革，但是偏向「市場化」位移的民營化操作策略，與關懷社會弱勢、實踐社會公義、促進市民社會發展的社會福利價值理念與傳統方法有本質上的衝突（Starr, 1988；張英陣，2014）。其次，「民營化」引進「新管理主義」（new managerialism）強調成本、效率、效能的觀念，並以招標、契約、評鑑等方式進行服務機制的篩選與管理；但是，對於在不同環境與問題脈絡下的弱勢族群，其福利服務供給有可能被標準化且精確計算嗎？這種監督機制的設計，很可能導致福利服務的形式主義，而忽視了在不同困境與環境條件的服務對象必須要有的服務調整彈性。再者，就政府而言，福利民營化的推動，擴展了政府的福利輸送網絡，似乎對弱勢民眾的福利需求關照更為普及而可近，但實際上，民間組織為了競逐政府公共資源，篩選案主以符合政府評量績效的標準時有所聞，違反福利服務的倫理與公義的狀況也備受批評。又如，市場與民間的組織目標與政府可能不一致，在福利民營化的制度發展下，原先政府、民間福利組織與市場等不同部門之間的互補角色與制衡關係又有什麼樣的轉變？是更有效率的組織運作與資源配置，還是造成部門體系角色與功能的混淆及重疊？服務使用者又受到什麼樣的影響？晚近，更有

學者擔心社會福利民營化的結果對於促進性別平等是開倒車，因為政府將福利責任推到民間的結果，不但會減少對開創婦女就業機會的投資，而且將迫使婦女回到家庭中的僵固性別角色（Sassen, 2000; Benería, 2003）。

　　臺灣約自 1980 年代初期以來，包括前臺灣省政府、高雄市政府、臺北市政府等開始有以公設民營、方案委託的方式，透過民間社會福利團體推動第一線的社會福利服務。其後，各級政府陸續訂定行政命令，獎助或委託民間推動各項福利業務。1990 年代中後期，社會福利民營化不但形成政策，更透過立法規範，全面影響臺灣福利服務的輸送體系及政府與民間的合作關係，甚至左右多數民間機構的組織發展與互動生態。迄今，福利民營化在法制與操作技術的逐步建構下，政府運用公設民營、招標策略、甚至以人力派遣方式委託民間組織提供服務，已成為福利資源配置與服務輸送的常態。

　　如前所述，歐美國家社會福利民營化的發展，起因於對福利國家發展衍生的危機與應對措施。而我國社會福利民營化的走向固然是向國際趨勢靠攏，但其大致發端卻是源於臺灣社會福利制度的建立正在起步之時。也就是說，尚未擁有福利國家條件的臺灣，在社會福利正走上建制化的起步過程中，卻也跟著搭上西方國家福利民營化的潮流列車。這樣的發展現象，引發了我們想要在三年的研究計畫中探究臺灣社會福利民營化的發展與變遷，到底對於政府及民間社會福利組織在組織運作與福利服務輸送上產生甚麼樣的影響，也就是福利民營化對臺灣福利生態的結構、關係與資源配置的探究。在這樣的問題意識下，第一年的研究我們先梳理臺灣社會福利民營化的推進歷程與發展，以理解在福利民營化的制度建構下所形成的福利資源配置規則與環境，繼而幫助我們在第二年從縣市政府的福利服務招標運作及第三年從承接招標案提供服務的民間組織來探討民營化對於政府及民間非營利組織發展之影響。而本文即是根據第一年的研究結果改寫而成。

　　第一年研究，我們想要探究的問題是：臺灣社會福利民營化的啟動與發展背景是什麼？在社會福利民營化的啟動與推進過程中，有那些民

營化的制度逐步被建立？影響福利民營化發展的關鍵性力量又是什麼？這些關鍵性力量對於臺灣社會福利服務輸送提供了甚麼樣的生態環境？這些問題的重要性在於探索臺灣社會福利民營化的獨特社會環境，幫助我們觀察、思考在這樣的時空脈絡下所建構社會福利民營化的制度是立基在什麼樣的社會條件與基礎上，進而造就了往後的發展途徑與結果。為了探究臺灣社會福利民營化的發展歷程，本文將透過歷史制度論的架構進行分析，從時間向度的遷移，探索臺灣社會福利民營化制度建立過程中，政策演進間的路徑依賴關係，以及在特定轉折點對制度所造成的影響，進而探討在這些制度框架下，現今臺灣社會福利民營化的執行處境與需要關注的非預期結果。

貳　文獻探討

　　本節首先就歷史制度論的主要觀點加以整理探討，以鋪陳研究分析的框架與脈絡。其次，儘管「民營化」的概念論述繁多，但「社會福利民營化」的條件與基礎畢竟有別於公共建設或國營事業民營化的發展，因此本節第二部分將進一步探討「社會福利民營化」的相關理念。

一、歷史制度論

　　制度（institution），是指在特定的時空環境中，規範人們行為及社會秩序的結構與體系。制度的建立，往往隱含價值理念、規則乃至於文化的形塑，進而透過權力關係與資源配置來規範制度下的行動者。制度的形成乃至於定型，並非一蹴即成，而是隨著時間的推移，制度有層疊與累積的建構過程。因此，從歷史脈絡回觀制度的發展，是理解制度形成的動力與發掘制度問題的方法之一。

歷史制度論（historical institutionalism）[3]是近代制度理論中，被廣泛用來解釋制度在政策形成與發展過程的角色與功能。傳統的制度理論，主要聚焦於分析制度在定義（define）、強化（reinforce）及傳遞（transmit）社會與政治規範的作用（Peters & Pierre, 2007）。但歷史制度論則特別關注制度在發展過程中，不同形式的「路徑依賴」（path dependency）關係。歷史制度論採借 Theda Skocpol 等學者的觀點，認為：「制度形成過程中所做的政策抉擇，或當特定政策方向被啟動後，往往對於往後政策的發展產生持續的以及重要的影響」（Skocpal, 1992; King, 1995; Peters, 1999）。亦即，觀察時間脈絡下的制度發展，有「路徑依賴」的傾向。一旦制度的模式（patterns）建立後，制度的結構即不容易改變，且制度也會回饋影響政策的走向。除非有足夠的、關鍵性的力量得以扭轉政策運作的固著性，否則，以政府傾向日常活動的規律化與建立標準作業流程，在公共體系中，制度不輕易變異的現象是實質存在的。因此，要了解政策抉擇與制定的原因，應回觀政策制定的歷史。

　　歷史制度論學者也認為，政策的抉擇與形塑，「理念」（ideas）扮演關鍵且重要的角色（Hall, 1992; Peters, 1999）。也就是在政策制定與實踐的過程中，決策者或關鍵影響者的理念與信念（beliefs）是政策制定與推動的重要驅力。這些理念不僅僅是想法而已，還可能提供了一套解決

---

[3]　歷史制度論為近代政治學理論—「新制度論」的支派之一。新制度論的發展緣起於對當代政治學理論關注焦點的反省。新制論的主要學者 James March 及 Johan P. Olsen 認為十九世紀的政治學者相當重視國家及政府組織、立法等制度。再者從歷史的觀點來看，制度的規範對個人的行為往往具有導向集體目的的重要影響力。然而二十世紀以來，對國家及政府等制度的影響分析卻被放置一旁；就某個程度來說，近代政治學研究（其它社會科學亦有類似傾向）在理論以及概念架構的形成上，往往太過偏向個人的、功利性的分析觀點，反而忽略了政治價值與集體抉擇的重要性。1980 年代，美國學者 Theda Skocpol 等人才又將制度的影響用來分析集體的政治生活。「新制度論」一詞的出現，一則係相對於政治學中「舊制度論」的觀點，但另一方面也彰顯「新制度論」與「舊制度論」有重要的差異。March and Olsen 認為，太過強調個人行為的政治分析觀點，它的內在缺陷即在於無法解釋大多數政治活動的集體性特質。「新制度論」關注制度脈絡在政治過程中的媒介角色，認為制度是一個關鍵的變數，在政策制定過程中架構了社會、經濟與政治力的投入運作，以及影響政策結果。歷史制度論則從時間向度下，關注制度演變間的路徑依賴關係，以及制度形成的關鍵影響力。

問題的策略。當「理念」被接受而且植入正式的組織結構時，制度即據以創造出來。這說明了歷史制度論認為「理念」是建立制度的核心元素。但「理念」並非清晰的概念，歷史制度論在論證政策的抉擇與發展時，仍需聚焦於正式制度，如立法與行政組織等的發展來探索政策理念的意涵，以及政策理念與制度發展間的關連。而有關「制度」的概念，歷史制度論學者認為在正式組織中，包括法律、正式與非正式的程序、規範、日常作業規則、慣例等，都是制度的一部分（Hall & Taylor, 2007）。

其次，就歷史制度論而言，由於認為政策的發展有其持續性與路徑依賴的關係，Peters（1999, p.p.67-68）認為，也許更重要的問題是必須瞭解因政策制定而逐步發展的制度究竟源起於何時？其政策初始的樣貌為何以及對往後政策發展的持續影響與轉變又是什麼？有哪些重要事件（events）促成政策的發展或改變？哪些改變是漸進的？而哪些改變是根本的？透過這些議題的探索，才能看清政策的發展脈絡。不過，儘管歷史制度論學者認為政策發展有路徑依賴關係，但他們也強調，政策的抉擇與往後的發展並非單線的因果關係，而往往是受到制度內外在的多重因素所影響（例如，外在環境的改變也可能左右政策的調整變動）。

第三、歷史制度論學者雖然認為政策的發展有路徑依賴關係，但要解釋政策的發展路徑是如何產生的則不容易。也就是說，雖然制度具有牽引政策後續發展的力量，但是制度本身仍然是有能力改變的。不過，要找出制度的改變現象甚至預測改變的發生並非易事。為了掌握政策轉變的關鍵，歷史制度論學者透過觀察政策議題設定的改變（agenda change）來分析政策的轉折以及如何找到平衡點（punctuated equilibria）以維繫政策的持續運行（Peters & Pierre, 2007）。而這個平衡點可能是面對現行政策運作的問題或制度的失功能而促使政策必須加以調整的內外在壓力。另外，歷史制度論學者將歷史事件的流動視為時間的持續，並在時間脈絡下，發現政策變革的關鍵性力量（critical conjuncture），來觀察階段性的政策改變過程。這個關鍵性力量，可能是組織自身對於新資

訊的學習，也可能是參採其他國家及其制度運作的經驗後所進行的政策調整。

當然，政策的決定往往必須透過制度設計來加以落實。制度規範框架了行為者的行動方向。然而，制度的規範必須要透過個別的決策者傳達理念、並將政策落實與付諸行動。因此，不同時間階段的政策決定者所傳遞的理念，也有助於我們瞭解政策發展過程之間的連結與轉折。另外，有些政策的抉擇也正式透過立法呈現，並作為制度建立的基礎。因此，觀察法制的變遷也能幫助我們瞭解政策的發展與轉變。

從 1970 年代歷史制度論的發展過程中，歐美學者越來越關注「國家」（the state）在制度形成與政策制訂上的角色。他們認為「國家」在政治團體追逐稀有資源的利益競爭與衝突中，並非僅是一個中立的仲裁角色，國家是一個複雜的制度體系之組成，透過這些制度體系的運作，國家有能力去組織、架構政治團體間的互動與衝突處理，進而產生獨特的國家發展軌跡（Hall & Taylor, 2007）。

Pierson and Skocpol 則歸納了歷史制度論者的共同特徵是：關注真實世界的大問題與難題、在時間的推演下，仔細分析脈絡中制度的發展與變遷（轉引自黃宗昊，2010）。歷史制度論者將理論建構的重心放在「制度」身上，從中理解制度的「動」、「變」與「定」的演進過程，同時關心制度中的規範形成與行動者間的權力關係。Hall and Taylor（1996）則指出，制度安排可能是權力衝突下的產物，體現了權力強者所關心的目標與利益，所以從制度起源開始，支持者與反對者之間就可能存在著不同立場的辯證與緊張關係。但是制度也可以是不同團體妥協下的產物，未必會清楚反映特定群體的目標，因此在制度的實際運作上經常出現價值混淆的現象。換句話說，如果以現代民主國家政策抉擇與制定的過程來說，其往往是不同的利益團體在政治場域中進行論述與資源配置的競爭，最終在政策的辯論過程中選擇了政策的發展方向。而在政治場域中擁有決策權力者其政策理念的論述，也往往影響行政機關的政策走向與實踐。

二、民營化的意義闡釋與社會福利民營化下政府與非營利組織關係的探究

(一) 民營化的意義闡釋

「民營化」一詞實際到 1970 年代後才被廣泛流傳使用。普林斯頓大學教授 Paul Starr 曾於 1988 年撰述 ”The Meaning of Privatization” 一文，從不同面向論述「民營化」的意義。他認為在西方國家，「民營化」的推動係 1970 到 1980 年代期間，英、美、法等國執政的保守黨政府對於先前政府組織與職能不斷擴張的反制，進而發展出新的樣貌。「民營化」政策的制定，不僅僅在於將原先私部門領域的服務回歸到私部門運作，並且期待將傳統由公部門執行的活動也能移轉由市場或民間運作，開創新的公-私部門關係。整體而言，「民營化」指出政府與民間角色關係的改變方向，但是各國公部門與私部門的分工體系與社會脈絡不盡相同，因此民營化政策的推動，應該放在特定場域中檢視公部門與私部門的現有關係，以思考在民營化政策下希望促成的改變。

我們閱讀文獻及不同網站對於民營化的論述，試著從價值理念、目標、策略方法及期待結果等四個部分整理支持「民營化」的論點如表 1。多數支持論者認為民營化的正向影響包括政府藉由民營化與民間建立公私夥伴關係，吸引民間參與公共建設與服務，除了可化解政府財務危機及減輕財務負擔之外，更可擴大政府的網絡資源、增加服務的多元性來滿足不同地區民眾的不同需求、強化民眾的自主與選擇權、降低城鄉落差等。從社會福利的角度來說，參與公共服務的民間組織，在良性競爭下，也會有更好的服務效率及服務品質，對於福利生態產生正向的影響與循環（Starr, 1988；黃財源，1996；Reed, 1997；行政院人事行政局，2001；Warner et al., 2006 ；Birdsall & Nellis, 2006）。而表一所列，對於我們進一步探索社會福利民營化的發展下政府與第三部門的關係，特別是政府與非營利組織的部分，提供了檢視的架構。

表 1　民營化的理念、目標、方法與期待結果

類別	
價值理念	經濟：自由、競爭、自主、選擇 政治：公開、分權、創新、組織活化 社會：合作、培力、彈性、多元參與
目標	效率（efficiency）、效能（effectiveness）、效益（cost-benefit）、可及（accessibility）、責信（accountability）、創新（invention）、多元（diversity）
策略方法	公私夥伴關係；企業與民間組織發展與網絡建構 特殊財貨民間生產 公共資源城鄉再分配 公開招標、公設民營、契約外包、購買服務、人力派遣 行政監督與績效控管
期待結果	1. 激勵民間參與，活化公務人力 2. 引進民間資源，改善政府財政 3. 擴大服務層面，降低城鄉落差 4. 良性競爭效應，提升服務效率及品質

資料來源：研究者自行整理

　　有關民營化的觀點與運作，Starr 進一步從經濟、社會與政治角度切入分析。從經濟的觀點來看，政府、市場與民間非營利組織各有其活動場域、功能與分工角色。然而這三個部門均可能產生運作缺陷，因此，為了促進經濟生產效率，應針對個別部門的特性，將運作較無效率的生產與服務移轉到較有效率的部門。例如，市場有生產外部性、不完全資訊與財富分配不公平等問題，市場的失靈往往導致政府必須將部分服務納入公共責任，扮演資源重分配的角色，以穩定民心，促進社會正常運轉。又如，政府的服務往往囿於法規繁複、流程冗長而影響服務的及時性與變通性，此時非營利組織的彈性恰可彌補政府的不足。然而現今民營化的政策卻視市場為對治政府缺乏效率與效能的主要機制。其理由是市場的場域中有各式各樣的生產者與服務提供者，在完全競爭之下，可以以較少的成本獲得更好的服務與效率。不過，以社會福利的生產及服務提供而言，如何避免前述市場的問題，保障弱勢者的服務需求，民間非營利組織因而被委以重任。但是，從民營化的經濟性目的考量，將非營利組織視為準市場場域，並期待透過競爭達到較低成本、服務效率與

效能，又與非營利組織的社會性目的衝突，這正是社會福利民營化遭遇最大的挑戰。

其次，從社會學的觀點分析，民營化的主要目標並不在效率的創造與突破，而在於透過政府的資源與權力下放，增強民間組織與社區的權能。也就是說，現今政府不斷擴張的職能，弱化了民間組織原有的功能。民營化的理念在於透過民間非營利組織、社區及政府的合作夥伴關係，增進社區的自主能力。就社會學的角度，民營化的目的不在「競爭」，反而在「合作」關係的創造。因此，政府應該將民營化措施視為培力社區與民間組織的策略，將資源投入民間力量的創造。不過，就西方民營化推動策略所潛藏的經濟性本質，引進到社會福利領域中，並不易促成民間組織的合作關係，反而呈現了競爭的衝突或壟斷現象。

再就政治的觀點來看，民營化政策實際上是為了解決政府財政、組織、職責過度負荷的問題。為了降低政府的責任負荷，民營化的走向可能促使政府將案主服務交給民間執行、將僱用關係私有化、甚至將公有財產私有化。實務上，不管是以契約外包、購買服務或人力派遣作為民營化手段，均不太可能減少政府的財務支出壓力，反而有可能因為向民間組織或市場購買，政府必須支出更多的預算。

（二）社會福利民營化下政府與非營利組織關係的探究

儘管民營化的理想是希望引進市場的效率、效能及運用第三部門的多元、彈性與網絡，以因應政府所面對的多元需求、人力不足與財政壓力，但社會福利作為政府的部門之一，要處理的問題主要就是在對治經濟生產所造成的外部性與風險對民眾的不利影響以及對於弱勢民眾所造成資源分配不公義的現實，所以社會福利民營化的推動，多將民營化的重心放在政府與第三部門，尤其是與民間非營利組織之間角色與功能的調整以及福利服務輸送系統的重構，以避免社會福利民營化過度注重成本與利潤導向的經濟利益而喪失對於弱勢民眾照顧的社會性目的。

Girdon, Salamon & Kramer（1992）從經費來源與服務提供兩個面向分析政府與非營利組織的互動關係時，提出四種關係模式，包括政府主

導模式、非營利組織主導模式、雙元模式以及合作模式等四種類型。前兩者在經費與服務提供上均分別由政府或非營利組織主導，兩者互動關係薄弱；這兩種類型多非社會福利民營化理念與實務運作下呈現的關係模式。雙元模式則是針對特定服務輸送，政府與非營利組織雖有互動關係，但提供服務與經費使用互不干涉。實務上，社會福利型的非營利組織與政府在服務輸送上的關係，多為「合作模式」（林淑馨，2008），也就是政府提供大部分或全部經費購買或委託非營利組織提供服務，在福利服務的輸送網絡上，形成服務購買者、服務提供者與服務使用者的三角關係。

不過，國外學者研究社會福利民營化的發展，針對民營化在實務上的操作及影響，也提出深入的觀察與批判。當政府將社會福利責任透過龐大的資金與計畫的包裝而轉嫁給民間時，當然會吸引必須透過募款取得財源的非營利社會福利組織投入。理念上，雖然民營化希望透過兩者的「合作」各取其優，但是政府挾著龐大的資源優勢及基於政治責任與績效而掌握主導政策與計畫的權力，對於非營利組織的資源取得、服務方向、服務策略乃至於組織使命與目標，均產生極大的影響。原本市場、政府與第三部門各有其角色與互補功能，但社會福利民營化卻在政府的操作下，使得第三部門的非營利組織轉而向政府的資源靠攏，造成民間福利生態系統的獨立性與服務彈性產生質變，因而引發不少批評的聲浪。有學者即認為對於弱勢民眾的服務，應儘量避免運用市場思維與操作的介入，以避開市場的冷酷無情及發生篩選案主、計較收益、切割服務的情形。又如，民營化所宣揚的效率與效能，並未有明確的證據顯示它能節省成本和增加利益；民營化並不能創造公平競爭、多元發展的民間團體，政府如果怠惰而未善加引導，反而會產生特殊利益團體不斷取得更多契約和資源。另外，政府是否能具備足夠能力作為人民的代理人來對民間進行有效的監督管理，也備受質疑（Starr, 1988；Netting & McMurtry, 1994；Kettner & Martin, 1994；Motenko, et al., 1995；Reed, 1997；Blomqvist, 2004；Warner et al., 2006 ；Birdsall & Nellis, 2006；Bel, 2006）。

社會福利民營化對於社會福利體系與服務對象的衝擊所引發的的批判論述，也可從國內學者所發表的文章中看見（王于綾、林萬億，1997；古允文，1997；鄭讚源，1997；劉淑瓊，1997, 1998, 2001, 2005；劉淑瓊、彭淑華，2008；張英陣，2011, 2014）。我們可以發現對於政府而言，民營化有其經濟性與政治性目的，基本上在解決政府的財政、人事與服務困境，希望利用市場理性及民間力量的優點來補充或替代政府的不足，促進資源配置效率；或者期待透過民營化措施降低政府對民間的干預，促進民眾生活的選擇機會等。然而，發生在社會福利領域的民營化，則引發相當多的論辯與擔憂，包括福利民營化可能侵蝕民眾社會權的保障、危害社會公平的實踐、造成市場、福利機構團體間的不當競爭、剝奪弱勢民眾的福利需求以及政府缺乏對於民間進行監督管理的能力等。這些意見，正是國內外多年來推動社會福利民營化疑慮的部分。另外，Paul Starr 所提透過民營化亦可督促政府或民間培植社區能量的社會性的目的，也就是促進民間參與能進一步帶動民間組織的興起與提昇公民社會的發展。這部分在民營化的推動過程中，卻鮮少被關注與討論，不過，在探討社會福利民營化的議題時，有關民營化對民間組織（尤其是社會福利的非營利機構團體）發展的影響也值得深入觀察。

參　研究重點與研究方法

我們從上述的探討中理解到，雖然各國推動民營化的走向均是將政府的責任及資源移轉給民間運作，但推動民營化的理由卻可能不一樣；而倡議民營化的時空環境與社會條件不同，民營化的目的也可能有所不同。這也指出了當我們從歷史進程探究臺灣社會福利民營化的樣貌時，應該要掌握時代的脈動，以分析福利民營化的推進力量與路徑。

為了瞭解臺灣社會福利民營化的啟動背景與發展，我們檢視1987-2007 年間，國內 70 餘篇有關社會福利民營化議題的論述。我們從民營化的理念、民營化的背景、民營化的形式、民營化的影響、民營化的經驗、民營化的困境、公私部門及其他等主題進行分類，初步發現學術論著仍較集中在探討民營化的理念、背景等，1990 年代中後期已有較多文章開始較關注社會福利民營化的形式與社會福利民營化的影響（例如民營化對公私部門的衝擊與市民社會的發展等）。至於縣市政府執行社會福利民營化的經驗與困境，轉成文字論述的狀況較為缺乏。我們也發現，有系統的從國內社會福利民營化發展的橫貫面與縱貫面進行探索性與實證研究者也較少見。透過國科會三年（2006-2009）計畫的補助下，我們著手進行「社會福利民營化下福利服務輸送體系之變遷」研究。首先，我們關心臺灣在福利民營化發展的時間或歷史脈絡下，有哪些重要的關鍵因素影響了政策的抉擇與發展？再者，在制度運作上，我們關心福利民營化的牽引力量如何化為具體的操作。在這個部分我們將從身心障礙、老人福利以及社會救助等三個主要的福利服務領域著手，探究中央與地方政府的福利服務部門在民營化過程中的具體作為。其三，在結果或影響部分，我們關心社會福利民營化政策對福利輸送體系所造成的影響，希望從第一線福利供給者的服務輸送評估中，反思福利民營化到底有著什麼樣的本土侷限以及日後再造的可能性。

　　本文根據第一年的研究重心，著重於文獻資料蒐集與重要關鍵人物訪談，將社會福利民營化的歷史及社會脈絡與政策發展進行梳理。在文獻資料蒐集方面，我們主要透過社政年報、立法院公報、社區發展季刊及相關學術論文著作等進行探索；在重要關鍵人物部分，我們則邀請民國 70 年代到 90 年代初期，社會福利民營化發展重要階段的四位內政部社會司司長接受訪談，以瞭解社會福利民營化政策推動過程中決策思維、政治、行政乃至於民間力量運作及社會福利民營化發展的路徑等。

肆 臺灣在 1980 年代前的社會福利環境及 1980 年代公私合作的萌芽

　　從歷史制度論的觀點來看，制度的建構除了有時空背景因素外，制度的發展也有路徑依賴關係。要探討制度或政策的起源，找到最適當的切點並不容易。不過，能從歷史與時間的向度去探索制度發展或改變的重要動力，解釋制度的持續或變遷，則是研究上關注的議題。為了瞭解臺灣在 1980 年代以來社會福利民營化的推進動力，我們先簡要回顧 1980 年代以前的社會福利背景如何鋪陳往後社會福利民營化的發展條件。

一、1949-1980 年以前

　　從歷史的發展軌跡來看，臺灣社會從 1949 年到 1970 年代末，經濟發展一直是政府最關心的核心議題。1949 年，國民政府播遷來台，為求社會安定及鞏固其執政地位，政府旋於 1950-1958 年間開辦軍、公、教保險；又為了加速資本累積及人力資源培植，1958 年繼而開辦勞工保險。不過，這些社會保險的開辦，基本的考量均是以穩定民心，全力推動經濟與國家建設為前提。政府在社會保險的積極介入，主要是藉社會福利發揮社會規範功能，至於其他弱勢者的福利，政府只是扮演殘補式的角色（詹火生，1995；林萬億，2005；蔡明砡，2005）。

　　1965 年「民生主義現階段社會政策」及 1969 年「現階段社會建設綱領」的制定雖然揭櫫經濟與社會均衡發展之原則，但仍多屬政策宣示性質，實質的政策實踐有限。1970 年代到 1980 年代初，政府開始關注到弱勢人口的福利，在此時期，兒童福利法、老人福利法、殘障福利法、社會救助法等重要立法相繼公布。不過，細觀此公布的社會立法，基本上是屬於上對下、恩庇式的福利供給（林萬億，2005）。政府的福利角色與服務責任雖然逐漸擴張，然而，主政者對於福利服務的擴充，均抱持極為審慎的態度，深怕快速的福利發展會造成民眾過度依賴、增加政府財政負擔、侵蝕經濟發展的成果。因此，大約在此時，社會福利主政者

開始倡議社會福利應結合民間力量共同推動，並應以企業化的方式進行福利服務的經營與管理。此時，雖然福利「民營化」的概念尚未正式出現於官方文書，但政府在實際的福利服務推動上，已有縣市政府嘗試以公設民營、方案委託的方式，將政府應辦事項交由民間執行。例如 1981 年，臺灣省政府社會處委託家扶基金會試辦家庭寄養服務，並由臺北、新竹、臺中、臺南及高雄五個家扶中心試辦兩年。經評估後，於 1983 年開始全面實施，此係政府首次以契約方式委託非營利組織提供服務的創例（臺灣兒童暨家庭扶助基金會，2003）。1982 年高雄市政府首將兒童寄養服務、長青學苑等服務提供委由民間福利團體經營；1985 年臺北市政府將身心障礙業務委由第一兒童發展中心辦理等。從政府委託民間辦理福利服務的時間脈絡來看，儘管早期政府已委託民間機構進行個案安置工作[4]，但開始在政策宣示上出現民營化的理念，約緣起於 1980 年代初。而在公私部門開始有民營化雛型的初始階段，可看見政府與民間的合作關係乃是民間機構倡議新的方案與服務需求，但政府並未具備服務提供條件，進而運用民間已存在的機構服務網絡、人力與專業條件、社區關係等，委託在兒童、身心障礙及老人福利服務方面較有經驗與規模的福利機構，透過試辦、實驗的性質開創新的服務與探索服務模式的建構。因此，臺灣社會福利民營化的萌芽，可以說是政府在法制上已初具社會福利的樣貌，但實體的服務輸送體系仍在建置之初或尚未建立，而民間福利需求已多方浮現的情況之下，借重民間福利機構力量因應變局的權宜舉措。這樣的開端也可從四位曾任社會司司長的受訪者之訪談內容中得到印證。

---

[4] 例如受訪者 D 即指出，1965 年政府公佈「都市平均地權條例」，土地增值稅及地價稅固定比率撥入社會福利基金，成為政府推動社會福利的重要來源。1972 年政府推動小康計畫，即以此筆基金加強貧窮救助、精神病患收容及殘障職業訓練，也開啟了民間與政府合作的模式（07/06/2007, p3-1）。

二、1980年代社會福利民營化啟動的經濟、社會與政治的時空背景

從前段社會福利的發展歷史觀之，社會福利被視為經濟發展的兩面刃，好的方面是可以降低經濟發展所造成環境惡化與市場資源分配不公對弱勢民眾之負面衝擊；但不好的方面，根據西方福利國家的經驗，快速的福利發展可能會侵蝕經濟成果、甚至拖垮財政。因此，社會福利往民營化的方向思考，與我國長年以來經濟掛帥的政治氛圍有關，並受到當時政府事業委託民間經營的帶動影響。受訪者 A 即提出這樣的觀點。

受訪者 A 於 1981 年任職臺北市政府社會局局長，1985 年升任內政部社會司司長。他回溯 1980 年代初內政部開始鼓勵民間參與社會福利的背景，有如下的看法：

> 「我覺得可能經濟開在前端，因為多年以前，好像中華印刷廠就是這樣，就是國內沒幾家印刷廠能印彩色的，國家就出了這個錢以後，把這個廠蓋好以後委託給他（受訪者 A，06/29/2007, p. 9-1）。…最早到底有什麼呢？我看到一份，是叫民間企業參與政府經濟社會要點，是行政院七十年的事。（ p. 5-4）。…內政部大概隨後在七十年代，有一個兩年計畫[5]，鼓勵民間參與…。」(p.5-5.)

其次，1980 年「社會福利三法」的通過，也被認為是政府不得不運用民間力量協助第一線社會福利服務輸送的推進器。根據詹火生教授（1995）的看法，1980 年代政府通過老人、殘障及社會救助等「社會福利三法」後，臺灣的社會福利發展開始關注到弱勢人口的需求，社會福利也邁向另一個里程碑。而在大環境上，影響政府關注弱勢人口的原因，包括：1.回應工業化與都市化過程中內移勞動力的就業保障與福利需

---

[5] 作者註：受訪者 A 係指 1983 年內政部訂頒「加強結合民間力量推動社會福利實施計畫」

求；2.家庭結構變遷所導致家庭對身心障礙者、老人照顧功能弱化的問題；3.政治反對運動的壓力迫使政府通過福利法案，以宣示對人民的關照，降低民眾對威權統治不滿的衝擊。

但是受訪者B（曾在1980年代分別擔任高雄市、臺北市社會局首長十餘年後升任內政部社會司司長）以當時在北、高兩市推動社會福利的經驗認為，1980年通過的「社會福利三法」空有表象，政府並無經費與組織實質運作，然而民眾需求殷切，地方政府為了回應民眾需要，只好尋求民間力量合作推動社會福利工作。

> 「其實我們都覺得說，當然根據「法」是最好，「法」是一個最基本的，「法」有了，你非做不可；法沒有不表示說你就不必去做。所以當時是，像身心障礙也是一樣喔！69年通過，當時通過老人福利也是一樣，都當成是一個象徵性的立法，基本上條文都是很簡單，好像是一個在那邊給人家看看而已，但是我們覺得這應該是一個基本的精神。」（受訪者B, 07/09/2007, p.4-4.）

> 「70年社會福利那時候剛開始，我記得民國70年的時候，…那我們就在推，事實上就在跟民間合作了，比如說在高雄那時候我們…長青學苑，那時候，（我們發現）長輩有很多的需求，我們有做些民意測驗，他們都很想，連南部那個地方他們都很想去學習，那中、北的更不用說，但是我們又沒有人、又沒有經費，那怎麼辦？那就只好就是…一定要利用民間力量不可，所以在當時，那麼大的一個計畫，完全是用女青年會，社會局根本就沒有人參與、沒有經費，那麼女青年會跟它溝通它就站出來，然後提供相關經費、相關人力，然後再配合一些老人的中心，然後還有一些社教場所，像文化中心等等的，就這麼開始。然後，另外兒童要寄養，寄養這根本也沒有那種條件，但非做不可，所以我記得當時委託當地的CCF。」（受訪者B, 07/09/2007, p.1-1.）

1980 年代初，政府的施政重心仍在國防、經濟與重大建設，面對民間對於兒童、老人與身心障礙福利照顧議題的提出，沒錢、沒人、是政府福利部門當時的窘境。在殘補式福利仍為主流思想，但民間爭取政府福利提供的情況下，透過有限的補助與獎助形式結合民間力量推動福利服務、創造政府關注民眾需求的形象，自然成為最務實的選擇。受訪者 D 說明因應這樣的福利需求變化，政府在 1983 年訂頒結合民間力量推動社會福利的行政命令，可說是政府試行福利民營化最早的執行依據：

> 「在民國 72 年政府訂頒加強結合民間力量推動社會福利實施計畫，就明白地規定地方政府為推動社會福利工作得以補助或獎助所委託的民間合法的社會福利機構來共同辦理。這個是最早的民營化的一個，補助民間的一個行政命令。」（受訪者 D,07/06/2007, p.4-1.）

　　1980 年代初特定族群議題與需求的呈現已讓政府感受到宣示性的福利政策抵擋不住民意對福利需求的聲浪，但 1987 年解嚴所帶來的政治與社會變化，更讓中央與地方政府直接面對民間機構與團體結盟進而對政府消極福利作為的批判，也讓政府經驗到必須落實福利施政的龐大壓力。加上解嚴後民間團體大量興起，對於政府政策制定與服務輸送積極表達意見，更強化政府必須結合民間推動福利服務的思維與行動。受訪者 B 從高雄市轉任至臺北市社會局後，深刻體會到政治環境變遷解放了民間壓抑已久的福利需求，並直接衝擊政府的福利角色與責任。由於民間的福利需求超乎預期，而政府也未能有足夠資源準備因應，因此只能一邊請學術單位進行需求調查，一邊以權宜變通方式拜託民間組織協助。

> 「那在臺北市，後來因為解嚴整個變遷更大，就發現需求怎麼那麼大，那在這以前一方面是因為沒有經費，所以做的都是些象徵性的，那麼一解嚴，需求出來了，哇！到處被罵，那時候我記得，那時候我記得，75 年到臺北來，媒體就登說我們是太空科、什麼米粉科，把每一科都這樣形容，都是空的啦，政府就是空的，所

以當時就開始跟台大合作，做些需求的調查、評估，然後開始訂定中長程計畫，然後就開始硬體，…先去爭取再去修繕，修繕等於說你去找經費的話，…先提計畫、編預算、送市政府、送議會，都要經過 2 年，像這個你馬上要用，就由民間去組委員會，我記得我們那時候由婦女團體他們組一個委員會，然後從募款到以後的怎麼樣去規劃，都是由他們自己去做，就很快，一裝修完就可以啟用。設施出來之後也沒有人，經費還不是很大的問題，最大問題是沒有這個人才，真的不是一下就可以培養出來的，所以當時必須借重民間的人力資源。但是我們感覺跟國外其實不大一樣，過去有很多學者研究發現說，在國外的民營化，它是在政府也發展了一段階段，民間也到一個階段，所以你要委外很好做，因為，來要參與的都是相當條件的，而且很好選擇，那在臺灣地區，在那個時候，70 年代，你是要去拜託人家、去叩頭的。」（受訪者 B, 07/09/2007, p.4-4.）

受訪者 C（於 1995 年擔任社會司司長）、受訪者 D（1995 年於內政部社會司擔任副司長，921 地震之後升任司長）以他們長年在中央主管機關觀察社會福利民營化的發展，與受訪者 B 有類似的觀點，認為 1987 年政府宣布解嚴，民眾要求越來越多；福利需求多元化，促成民間團體及社會運動的蓬勃發展，更是福利民營化進展的主要原因。受訪者 C 更指出其後行政院開始推動的組織調整與人力精簡政策，是另一道促使社會福利必須結合民間推動的關鍵力量。

「…最主要的就是民國 76 年政府解嚴，民間團體同一個地方可以多家設立，等於是社會運動的解放，民間就開始蓬勃發展，也更有能力來參與民間福利的經營，這是一個重要因素。」（受訪者 D,07/06/2007, p.5-2.）

「解嚴是一個非常大的衝擊，…政治民主化、經濟自由化、社會多元化，那麼一開放，民眾要求越來越高…但是政府人力精簡政

策，後來政府一直講組織精簡，….精簡政策人力不可能追加，可
是社會福利業務一直成長，…所以這種情況下政府幾乎沒辦法應
付，只好希望透過民間力量。」（受訪者 C, 06/29/2007, p.2-3, p.3-3.）

　　從以上四位受訪者的觀點，大致可以說 1980 年代初期是政府在法令
的職責壓力下，而興起與民間合作的發端。在社會面上，社會福利三法
通過，政府雖有照顧政策的象徵，卻無實際運作機制。但迫於民間（尤
其是兒童、老人、身心障礙者）福利照顧的龐大需求，只好尋求較具規
模而有地方基礎的民間機構與人力來推動福利工作。與有規模的社會福
利機構發展合作關係，便成為當時地方政府福利服務輸送的變通策略。
繼而內政部在 1983 年以行政命令的方式訂頒「加強結合民間力量推動社
會福利實施計畫」，作為地方政府獎勵、補助、委託、鼓勵民間投入社會
福利工作的依據。在政治面上，1987 年解嚴之後，在民間組織壯大與民
間團體希望多參與政府政策制定與服務輸送的期待下，政府正好順勢結
合民間力量進行福利輸送之工作，抒解本身組織與人力的困境，並回應
民間團體希望參與政府福利服務之需求。

　　如果以 1980 年代的時空背景及社會福利的政策、體制等條件分析，
此階段或可視為我國社會福利民營化的萌芽及發端期。由於社會福利三
法公佈實施以及隨後的政治解嚴，以當時政府對社會福利的殘補式福利
思維、體制設計與財政資源配置，面對解嚴而來的民眾福利需求聲浪與
民間福利團體的壓力，政府實難因應。因此福利民營化的啟動可以說是
政府在殘補式的福利設計下，為了解決政治及民意壓力而發展出來回應
民間福利需求的策略。

　　以下，我們將進一步從歷史制度論的觀點，將 1980 年代以來至 2007
年將近三十年間年臺灣社會福利民營化的推動歷程，根據時間脈絡的推
進，從社政年報、立法院公報、法規發展及學術論著等來探索各階段
社會福利民營化的政策理念及議題設定、主要法令制度及具體的民營化
措施，並加上四位受訪司長的訪談分析，以探討臺灣福利民營化的推進
歷程。

伍 從歷史制度論觀點探討臺灣社會福利民營化的推進歷程

　　歷史制度論的假設是政治制度與先前的公共政策框架了行政官僚、利益團體及民意代表在政策制定過程中的行為。政府的制度結構與政黨體系提供了機會與限制，並左右政治人物或社會團體在政策制定過程中的行動（Skocpol, 1992）。同時，先前政策的運作成敗，也會回饋到現今政策的制定上，對於已建立的制度邏輯進行再生產。意即政策發展有其歷史進程，也就是所謂的路徑依賴（path dependence）（Mahoney, 2000; Pierson, 2000）。雖然歷史制度論學者不否認二次戰後福利國家的發展及晚進走向福利民營化的修正路線，與經濟及人口的變遷有密切關係，但他們認為現行福利制度與政策傳承也是影響福利國家發展的重要因素（B'eland, 2005）。

　　但是 B'eland（2005）也指出在論述福利國家議題的歷史制度論文獻中，相當欠缺有關政策理念（policy ideas）的探討。所謂「政策理念」，係指特定的政策抉擇（policy alternatives）以及所立基的政策原則與信念。B'eland 認為要瞭解福利改革的論述以及社會立法的內容，政策理念的研究非常重要；因為政策理念與政策的制定過程及制度的建立是相互作用的。至於在政策制定上探討有關政策理念的角色之相關理論，B'eland 指出一個是 Hugh Heclo 所提出的「社會學習理論」（social learning theory），另一個是 John Kingdon 的「政策議題設定理論」（agenda-setting theory）。B'eland 認為「議題設定理論」從問題的設定、政策的思考與政治運作等三個層面，廣泛探討在政策制定上政策理念與制度形成間的關係，是瞭解政策發展可以參採的理論工具。

　　根據 B'eland 提出的分析框架，我們透過整理 1979 年到 2005 年（民國六十八年至九十四年）的社政年報[6]，加上 2007 年四位前內政部社會

---

[6] 社會年報原係前臺灣省政府社會處的年度施政報告，精省後由內政部社會司接手。

司司長訪談稿分析，分三個階段整理社政首長（從民國七十年代初的內政部社會司司長、前臺灣省政府社會處首長到民國八十年代中期以後的內政部社會司司長）對於社會福利民營化的想法與政策理念及該階段的相關法規等。這三個階段的劃分，主要是根據政策推演的大致進程與轉折，為了討論方便，所給予人為的劃分。仔細觀察臺灣社會福利民營化的發展歷程，的確可以看到福利民營化制度發展的層疊與積累，也可以觀察到不同階段福利民營化推動的關鍵力量與轉折力道。

一、社會福利民營化萌芽與啟動期(約從 1980 年代初期到 1990 年代初期)

在福利民營化的萌芽、啟動期，我們看見尚未精省前，在政治上擁有龐大資源與組織體系的臺灣省政府以及北、高兩院轄市社政首長在結合民間力量推動社會福利上均扮演重要推手。尤其臺灣省政府社會處透過社政年報，清楚展現 1980 年代政府的殘補式社會福利思維，強調為避免落入歐美國家福利擴張所帶來的財政惡果，社會福利工作應該是積極的助貧，並讓社會有錢有能力的團體與民眾大量參與。

社會福利的理念與政策議題設定

- ◆ 前省府社會處處長趙守博在 1981 年中到 1987 年初主政期間，積極倡導推動社會福利並不是政府的專利，應鼓勵民眾積極參與，並培養「社會福利人人有責」之觀念。例如，在 1983 年的社政年報序論中，趙守博主張「政府以英美兩國為鑑，反省國家過度施行社會福利所造成的沉重財政負荷，開始提倡「社會福利工作並非政府的專利，應有民眾積極和大量的參與」的社會福利工作新觀念」。趙守博在社政專論中，引述美國作家「如何使你的國家破產」一文，提及英美社會福利支出的嚴重性；而在「對社會福利工作應有的觀念與看法」一文中更提及 1.任何從事社會福利工作的同仁，絕不可有做「聖誕老人」的想法，在推行社政工作時，我們應效法神農氏、伏羲氏、財神爺和土地公的精神；2.政府的財力、物力和人力都有限，社會福利工作應有民眾積極和大量的參與；3.多勸導、多鼓勵社會

上有能力出錢捐資的團體或人士，使他們體認「取之於社會，用之於社會」以及「有安定的社會才有繁榮興盛的事業」的道理。

♦ 續任的社會處處長許榮宗於 1987 年初到 1991 年中主政時代，更引進企業管理的觀念，結合民間力量及志願服務人力推動社會福利。他認為「應以企業競爭的觀念推動社政革新，以成本的觀念辦理社會福利，以市場的觀念滿足民眾需求，以銷售的觀念增進民眾共識，以服務的觀念建立祥和社會，以品管的觀念提高服務品質。」此階段的後期，結合民間力量並引進市場化的理念，已在當時省府社政首長的思維中清楚呈現。

在<u>法令規範與計畫的制定上</u>，1983 年內政部發佈「加強民間力量推展社會福利實施計畫」，督促各縣市政府得以補助、獎勵或委託民間社會福利機構共同辦理福利服務。同年，臺灣省政府社會處也訂頒『結合民間力量興辦社會福利事業方案』，有計畫性的推動民間力量參與。臺北市政府則在 1984 年訂定「臺北市政府社會福利設施委託民間專業機構辦理實施要點」。1989 年，內政部又訂頒「內政部加強社會福利獎助作業要點」，擴充政府補助民間辦理社會福利業務之項目與範圍。

至於<u>在政策的具體作為上</u>，自 1980 年代初期，有關公設民營、方案委託或方案外包等，已開始零星發展。例如，高雄市自 1982 年即有委託民間辦理兒童寄養與長青學苑的業務（洪富峰、蔡昭民，2005）；臺北市在 1985 年正式委託財團法人第一兒童發展文教基金會，以公設民營方式，成立博愛兒童發展中心等（陳菊，1997；劉淑瓊，1998）。

另外，我們根據研究計畫第二年的進度，於 2007 年 10-12 月間向縣市政府進行郵寄問卷調查以及於 2008 年 1-2 月期分五區邀請縣市政府社會局處與勞工局處同仁舉辦的焦點團體座談初步資料整理（如表 2）[7]，在 1990 年以前，北、高兩直轄市與縣市政府委託民間福利機構執行的業務大致如下[8]：

---

[7] 此部分資料係由問卷及焦點團體參與者口述說明。

[8] 有關高雄縣、臺中市、臺東縣、花蓮縣所提寄養服務委託方案開始時間，與家扶基金會「兒童少年家庭寄養服務 20 周年特輯所列時間有所出入」。例如根據該

表 2　民國 80 年以前直轄市及縣市政府委託民間福利機構執行業務

縣市	開始年代	委託業務
高雄市政府社會局	民國 71 年	長青學苑、兒童寄養
臺北市政府社會局	民國 74 年	公設民營：臺北市博愛兒童發展中心
南投縣政府社會處	約民國 76 年	公設民營：殯儀館
臺北縣政府社會局	民國 77 年	低收入戶老人公費安置（養護類）
高雄市政府社會局	民國 77 年	方案委託：老人育樂場所
高雄縣政府社會處	民國 77 年	方案委託：兒少寄養服務（委託家庭扶助中心）
臺東縣政府社會局	民國 78 年	方案委託：兒少寄養服務（委託家庭扶助中心）
臺中市政府社會處	約民國 80 年	方案委託：兒少寄養服務（委託家庭扶助中心）
花蓮縣政府社會局	民國 80 年	方案委託：兒少寄養服務（委託家庭扶助中心）

　　政府在 1980 年代開始推動公私合作的試行方案，雖然是在政府福利資源條件尚未具備，而因應民意需求的權宜作法，但是從政府的政策議題設定可清楚看到政府在殘補式福利思維下主導規劃運用民間力量推動社會福利的措施，並採取補助、獎助或以委託實驗性的試行方案來推動，方案委託主要集中兒少寄養服務、老人長青學苑及身心障礙照顧等少數特定業務。但是，隨著解嚴後一連串的重大事件、民間團體的快速崛起以及民間福利團體的結盟，促使政府不得不正視民間所關注的社會問題，並必須大幅提昇經費編列來回應社會福利需求。也因此，進入 1990 年代後的公私合作，不像前期主要以政府主導帶動，更包括了民間團體積極要求參與政策規劃與服務輸送，企圖將政府資源導入民間團體、以帶動非營利組織發展的期待，於是政府從政策綱領的宣示到實際的政策作為均將社會福利民營化的推展納入社會福利服務輸送的主要規劃中。

特輯記載，臺東家扶開辦家庭寄養服務在民國 76 年、花蓮家扶開始時間在民國 75 年。

二、社會福利民營化發展與建制期（約從 1990 年代初期到 1990 年代後期）

1990 年代初期的一些重大事件，可以說是政府與民間機構的合作從萌芽期推到社會福利民營化建置的重要階段。包括愛國獎券停售對障礙者經濟生活的衝擊、臺灣於 1993 年正式邁入高齡化社會，對政府老年福利政策的發展形成壓力、民間團體包括兒童福利聯盟、殘障者福利聯盟及老人福利聯盟陸續成立等，益使政府不敢忽視民意。1994 年內政部訂頒「政府委託民間辦理殘障福利服務實施要點」；後續國家建設六年計畫補助民間興建了許多硬體的大型機構，但在軟體的配置上卻相當有限，因而更進一步促成政府以公設民營、方案委託或購買服務的方式與民間合作。

受訪者 B 及 D 提到了身心障礙者家長團體對於停售愛國獎券的不滿，以及身心障礙者、老年人口的結構改變及福利需求的增長，是 1990 年代初期推進社會福利民營化的主要因素：

> 「83 年[9]，因為需求高張的過程當中，最嚴重的挑戰就是身心障礙，老人是後來慢慢被高齡化階段，早期那時候，尤其是那個愛國獎券停止那時候的業者都跑到行政院去包圍抗爭，他們打電話就近找我，因為我們就在旁邊，他們就叫我：「你趕快來。」就趕過來幫忙協調，感受非常強烈這種身心障礙者的這種壓力，家長團結，他們要什麼…，所以我們才去跟他們說利用小型的、利用現有的找一個倉庫，找一個活動中心，怎麼去改變用途的，像那個弘愛也是做的蠻久的，當初也是一個民間團體活動中心，…所以後來就向他們收回，然後就改變功能，然後就做一些整修之

---

[9] 根據國史館網站資料記載，臺灣省政府為增加稅收，充實國庫，頒訂「臺灣省愛國獎券發行辦法」，委託臺灣銀行發行獎券。愛國獎券發行始於民國 39 年，在發行 1171 期後，於民國 76 年 12 月 27 日停辦。當時臺灣省政府主席邱創煥有鑑於大家樂風行，違反社會善良勤奮之風氣，認為愛國獎券亦帶有賭博性質，故下令停辦（資料來源：http://www.drnh.gov.tw/www/page/A/page-A07_19.htm）。

後，就交給智障、自閉症，我們就是說，多元的去努力，然後最主要目的希望能夠很快的給他們有一個地方，總是要有一個重度收容的場所，大大小小各種性質的都需要，剩下的是對最迫切的，特別訂這樣的辦法。」(受訪者 B, 07/09/2007, p.2-1.)

「那在這個演進過程的時候，為什麼會蓬勃發展，它有它的背景因素。第一個就是福利人口群的大幅增加，所以政府跟民間需要照顧的面、需求性也就增加。這個關鍵就在民國 86 年修正老人福利法，第一個就是從七十歲降到六十五歲，這是一個關鍵。另外就是民國八十二年的老年人口佔全國人口的比例是 7.09，首度超過所謂聯合國高齡化社會。另外就是很多老人癱瘓或是行動不便，很多老了就殘了。所以老年人口增加以後，身心障礙人口也跟著增加。…所以人家說西方國家經過一百年、五十年的時間才高齡化，我們經過二、三十年的時間，就要面臨高齡化，所以我們有很多措手不及的…那第二個就是民國 86 年領有身心障礙手冊的人只有 20 萬人，在民國 86 年修身心障礙者保護法的時候，就將這個顏面傷殘，還有植物人跟老人癡呆，現在的失智症，跟自閉症和慢性精神病患，就列為身心障礙領有手冊的範圍內。增加的這些種類就讓身心障礙人口增加很多。第一個是收容照顧的問題，第二個就是說就學就醫就養就業的問題，很多都是要政府補助，這些經費大幅需求也就增加。」(受訪者 D, 07/06/2007, p.4-4, p.5-1.)

另外，受訪者 C 及 D 也提到了在這樣的人口變遷脈絡下，政府在政策及法制上的回應策略，包括，內政部於 1994 年公佈「社會福利政策綱領」，該綱領為了避免民眾對於福利的過度依賴，仍明顯可見經濟考量下的殘補式福利政策之色彩，但是為了回應民間團體與民意的壓力，於政策宣示中明列了社會福利與民間合作方式的走向。受訪者也提到，政府隨後於 1996 年發佈「政府鼓勵民間辦理社會福利服務實施要點」，並進一步邀集專家學者於 1997 年訂定「推動社會福利民營化實施要點」。在

這個階段，受訪者 C 認為民間團體聯盟的積極倡導與爭取參與政策、實際服務輸送，加上專家學者的支持，是社會福利民營化建立制度的主要原因。而 1997 年的「推動社會福利民營化實施要點」在政策制定過程，主要考量以財團法人、社團法人等民間非營利組織為參與社會福利民營化的對象，並未將營利組織納入。

「83 年福利政策綱領的時候，民間團體非常熱衷，就是希望說社會福利政策他們能廣泛地參與。所以我有時候在社會司幾年任內，我跟民間團體開玩笑說，我說你們什麼弱勢團體，你們很多都強勢團體，聲音都大得不得了。但是當然是為弱勢來爭取福利這是義不容辭的，他們那時候在訂這個社會福利政策綱領，現在都是談這個…大家要廣結民意，要讓民眾去表現機會，所以咧，那時候民間團體非常熱衷，希望能在社會福利政策，能去扮演一個重要的角色，所以在 83 年的社會福利政策綱領的實施政策方案裡面，福利服務這一項的第二點明文揭示，那個是它大概是這樣講，採取補助啦、委託啦、公設民營的方式，而且要充分利用志願服務的人力，那麼由政府來支援經費跟設施，透過民間的這個組織來提供多樣化，合適的服務，那麼到這個時候民營化的政策…可以說是非常明朗，這是 83 年。」（受訪者 C, 06/29/2007, p.4-1.）

「這個社會福利政策綱領那個實施方式的訂定，跟那個實施方案，可以是一個…催化劑，應該是一個催化劑，那麼內政部到 86 年，因為這個整個過程來了，認為整個民營化是時代所趨，所以我在 86 年的時候，就邀請學者專家老師們，大家共同制訂了一個社會福利民營化的實施要點。」（受訪者 C, 06/29/2007, p.4-2.）

「…民間的企圖心很大，我看老也好、障也好、都非常…兒也好，聲音都蠻大。他們認為他們有絕對的能力可以承擔，所以他們那時候當然躍躍欲試，認為要參與，他們覺得我們來做不見得做得比你差。…那麼學者專家當然也支持。…大家的這個公聽

會的結果，應該對這個制度都還蠻支持的，沒有反對的態度。而且承擔這個業務，在他們講起來，對他們應該…經營的持續性是有幫助。」（受訪者 C, 06/29/2007, p.7-1.）

「…在民國八十三年社會福利政策綱領，一個政策的指導。所以內政部就根據這個政策指導，在 86 年 1 月 31 號就訂頒一個推行社會福利民營化實施要點，跟契約式的範本。有契約式的範本訂定就是這個法令規定。結合民間的社會資源包括公設民營的經營方式。另外在民國八十八年行政程序法裡面第十六條規定，行政機關得依據法規將其部分業務委託民間辦理或是個人來辦理。」（受訪者 D,07/06/2007, p.6-6）

受訪者 C 及 D 清楚指出 1994 年社會福利政策綱領所宣示的政策指導及民間爭取與學者支持下，可說是福利民營化的重要發展期。而中央社政首長也邀請學者專家制訂社會福利民營化實施要點，並訂定契約規範，鼓勵各級政府將所需執行之社會福利業務，委由公益團體與財團法人組織辦理。此階段，「社會福利民營化」一詞首次出現於政府法規名稱中。而當時，尚未面臨精省衝擊的臺灣省府社會處，可以說仍是政府推動社會福利的要角。此階段，省府社政首長賡續先前的政策，更加積極引進非營利組織及民間力量，共同結合推動社會福利措施，我們從社政年報中也可發現的走向。

社會福利的理念與政策議題設定

◆ 前省府社會處處長唐啟民於 1993 年初 1999 年在任期間，非常強調結合社會潛在人力參與社會服務及運用民間團體協助政府辦理社會福利工作。在 1995 年的社政年報中，他更指出兒童、老人、婦女、身心障礙福利的施政方針，包括：1.兒童福利的未來努力方向應實施山地鄉原住民兒童家庭寄養，並結合民間資源設置「臺灣省兒童少年保護熱線中心」，使兒童在愛與關懷的環境中獲致充分的照顧與服務；2.在少年婦女福利部分，未來應以公設民營方式籌設花蓮少年（女）中途之家、積極規劃低收入生育補助、單親家庭生活扶

助、不幸少女追蹤輔導等福利；3.老人福利未來努力方向以積極鼓勵縣市政府及民間機構興辦「老人公寓」，及試辦公設民營方式辦理自費安養，提供老人良好生活品質；4.殘障福利，未來努力方向：籌設宜蘭、湖口等教養機構，臺中、古坑福利園區，並採公設民營方式經營，獎勵民間興辦重殘養護服務，提升專業化服務品質。由這裡，我們可以發現，省府社政首長的政策思維，從先前較多宣示性的鼓勵民間參與，已經具體化到相關福利服務領域的政策施政方針上。

在法令規範與計畫的制定上，內政部在 1994 年訂定「政府委託民間辦理殘障福利服務實施要點」，作為地方政府辦理殘障福利機構委託經營、服務外包的依據；1996 年訂定「政府鼓勵民間辦理社會福利服務實施要點」，作為地方政府辦理福利服務委託民間組織辦理福利服務的依據；1997 年訂定「推動社會福利民營化實施要點」，各級政府依法定程序，以契約方式委託依法登記之財團法人或公益社團法人辦理非營利性之社會福利服務者，其委託民營類型包括公設民營、委託服務等。在臺灣省政府部分，1994 年修正「臺灣省擴大民間團體參與施政建設實施方案」，各單位將有關工作項目，列入年度施政重點。1996 年訂定「臺灣省委託民間辦理社會福利服務實施要點」，並有省政革新實驗項目「臺灣省政府社會福利機構公設民營試辦計畫－臺灣省重度殘障者、痴呆者收容教養服務計畫」。至此，政府社會福利的推動朝向民營化發展的走向清楚確立，與民間機構、團體之合作模式包括公設民營、契約外包、購買服務、方案委託等方式。政府對民間團體、機構的關係通常是經費的主要提供者、服務方向的規劃者與服務績效的監督與評鑑者之角色；而民間團體與機構則在政府的規範下，成為地區性的福利服務提供與輸送者。但福利服務與資源移轉，在此階段係定位在政府與非營利組織、團體之間，政府仍主導福利政策與服務提供，非營利組織被視為政府結合運用的社會資源。

至於在政策的具體作為上，從社政年報發現，臺灣省政府社會處推動的身心障礙機構「公設民營」，起始於 1996 年委託臺灣省天主教會新

竹教區經營的「寧園安養院」（白正龍，1996）。1996年起並由退輔會提供所屬馬蘭榮譽國民之家接受省府委託辦理癱瘓老人及障礙者之收容業務，並委託世展會承接「臺灣省兒童少年保護熱線中心」，24小時受理兒童保護案件之申訴舉報，1998年委託天主教聖母聖心修女會辦理「臺灣省中區老人諮詢服務中心」老朋友專線。有關少年中途之家、老人安養等，也均列入民營化的項目。

可以說，在1994年到1997年這四年間，延續前一階段政府運用民間人力與資源彌補殘補式福利的不足之措施外，民間福利聯盟與學者專家的聯合督促的關鍵力量，迫使中央政府在這段時間內，連續制定「社會福利政策綱領」（1994）及「政府委託民間辦理殘障福利服務實施要點」（1994）、「政府鼓勵民間辦理社會福利服務實施要點」（1996）、「推動社會福利民營化實施要點」（1997）等三個行政命令。可以說，是我國社會福利民營化開始有系統的發展並邁向建制的重要階段。

另外，林萬億教授（2005）則認為，從1980年代末期到2000年這十年期間，因為一連串的政治民主化抗爭以及民進黨在1992年立法委員的選舉正式提出「福利國」的主張，迫使當時執政的國民黨政府在選舉、政治抗爭以及壓力團體督促的多重壓力下，必須將一貫以來採取「福利侍從主義」的社會政策發展路徑進行調整，臺灣的社會福利制度在這段時間大幅躍進，除了先前各項社會福利立法的修正外，還推動了全民健康保險、老農津貼及相關弱勢民眾之福利立法。不過，政府在社會福利所採取的修正路線與制度變革，並未有完善的政府組織與財政能力足以因應。在這樣的時空背景下，學者適時引進「新管理主義」理念以及歐美國家推動社會福利民營化的措施，自然受到政府與解嚴之後民間正在孕育、發展的福利組織所歡迎，進而成為我國最近十餘年來社會福利服務輸送的主要模式。

三、社會福利民營化法制化與定型期（約1990年代後期迄2008年）

1990年代社會福利的發展，我們觀察到了第三部門，尤其是社會福利非營利組織有策略的結盟，積極在政策制定過程發揮影響力、在福利

輸送上表達意見並積極參與，民間力量的崛起促成了社會福利民營化的進一步發展。但是 1998 年後遇到一股來自於行政院主導政府組織改革的更強大的力量，也就是行政院全面推動「政府再造」，要求各部會及各級政府必須全面檢討，將可以交由民間執行的業務，充分運用民間資源與活力，委由民間來做。從 1998 年到 2003 年，是中央政府積極宣示、制定法令，全面推動政府再造、強調組織與人力精簡及小而美的企業型政府之重要時期。在此階段，精省雷厲風行，中央政府接手龐大的省府組織與業務。而行政院於 1998 年頒布的「政府再造行動綱領」及 2000 年院會通過的「知識經濟發展方案」，均將建立顧客導向的服務型政府列為國家發展重要方向。此階段，行政院清楚設定了**政策理念與政策議題**：「政府業務委託民間辦理的基本觀念就是將原由政府提供服務的業務，善用民間的資源與活力，引進企業管理的理念，最終追求目標在使被服務者能獲得最佳的服務效率與最高的服務品質。民間企業或團體基於利潤最大化的前提下，靈活度及彈性度較大，所受法令束縛程度較小，追求最大效益及最小成本，資源的運用較不致遭到扭曲。政府單位通常負有社會責任，對於資源的運用必須考慮公平正義原則，有些資源就不是用在刀口上或無法做最適當的配置，加上組織層級節制，行政作業流程複雜，往往造成時間及行政資源的浪費。於此直接將政府某一部分業務委託民間辦理的做法，乃成為政府提供人民有效率及高品質服務的另一種思維。」在政治環境氛圍影響下，加上 1998 年「政府採購法」的公佈實施，使得 1997 年訂定的「推動社會福利民營化實施要點」旋即面臨被廢止的命運。社會福利民營化於是由「公私合作」的發展策略，進一步被推向以政府採購法規範下的「市場化」競爭策略。

> 「那麼這個實施要點後來…91 年的時候也廢除掉了，也廢掉了，因為實在是採購法的關係，也廢掉了。」（受訪者 C, 06/29/2007, p.4-2.）

在法規的發展上，1998 年「政府採購法」、2001 年「行政程序法」的實施及行政院 2002 年訂頒、2003 修正的「行政院及所屬各機關推動業務委託民間辦理實施以及 2000 年「促進民間參與公共建設法」的施行，與政府合作的福利服務供給者不再限定為非營利的財團法人或社團法人；在政府的採購法規定之下，需要整合性的福利服務可能被分割成不同的方案，由有意願的團體公開競標，價格與服務數量的計算越形重要；部分的福利服務也開始有營利組織加入投標與提供服務（如協助失業者就業促進的外包方案）。

在政策具體作為上，1990 年代末期，則更進一步發展向市場購買服務的方式（如幼兒教育券、職業訓練券、政府部分付費的居家服務及居家護理等）。另外，政府機關也開放內部勞務採購，比如公立就業服務中心透過商務契約的方式，向人力派遣公司要派個案管理員等。凡此種種做法，均衝擊到政府與民間組織福利服務輸送體系的運作與調整，也影響到組織人力結構與專業的發展。而在社會福利民營化的領域上，此階段更形擴大；舉凡兒童福利、老人福利、性侵害防治、身心障礙福利、社會救助等各方面均有公設民營、方案委託、契約外包或購買服務等民營化的作法。

下圖 1 為臺灣社會福利民營化的發展路徑暨相關制度性力量的概要整理。

受到行政院大幅改造政府執行業務的思維與策略的影響，此階段社會福利民營化的發展方向，從先前的委託或補助民間團體經營社會福利業務的「公私合作」的運作策略，走向學習「市場化」的作為，主要有兩個關鍵的轉折力量，一個是「政府採購法」的適用，另一個是行政院全力推動的「政府再造」運動。而受訪者 D 對於「政府採購法」加諸於當時社會福利領域正興起的公私合作的民營化策略產生的「控管」力道，有如下看法：

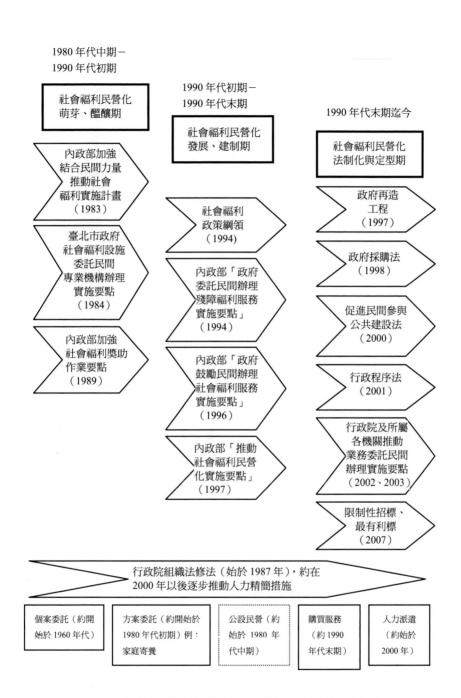

1980 年代中期－
1990 年代初期

社會福利民營化
萌芽、醞釀期

1990 年代初期－
1990 年代末期

社會福利民營化
發展、建制期

1990 年代末期迄今

社會福利民營化
法制化與定型期

內政部加強
結合民間力量
推動社會
福利實施計畫
（1983）

臺北市政府
社會福利設施
委託民間
專業機構辦理
實施要點
（1984）

內政部加強
社會福利獎助
作業要點
（1989）

社會福利
政策綱領
（1994）

內政部「政府
委託民間辦理
殘障福利服務
實施要點」
（1994）

內政部「政府
鼓勵民間辦理
社會福利服務
實施要點」
（1996）

內政部「推動
社會福利民營
化實施要點」
（1997）

政府再造
工程
（1997）

政府採購法
（1998）

促進民間參與
公共建設法
（2000）

行政程序法
（2001）

行政院及所屬
各機關推動
業務委託民間
辦理實施要點
（2002、2003）

限制性招標、
最有利標
（2007）

行政院組織法修法（始於 1987 年），約在
2000 年以後逐步推動人力精簡措施

個案委託（約開
始於 1960 年代）

方案委託（約開始於
1980 年代初期）例：
家庭寄養

公設民營（約
始於 1980 年
代中期）

購買服務
（約 1990
年代末期）

人力派遣
（約始於
2000 年）

圖 1 臺灣社會福利民營化的發展路徑暨相關制度性力量

「政府採購法當時其實為了軍事採購的弊端，…送到立法院的時候，原來的制度就是為了…一個管制。那最後到那邊什麼都要，鋪天蓋地的。」（受訪者 D, 07/06/2007, p.13-6.）

政府採購法主張民營化的精神與目標，制度設計上傾向成本、效率、效益的市場化計算，透過競標獲得最適格的「廠商」來代理政府執行業務。但是對於社會福利多以弱勢團體為服務對象、針對弱勢者個人或家庭的個別問題而需要有處遇的彈性，同時也可能需要不同服務機構間的合作時，採購法的設計就有可能箝制了服務的彈性與完整性，也可能限制機構間的合作，進而危及社會福利服務網絡的生態。這對於當時正在發芽滋長的民間社會福利非營利組織來說，「政府採購法」帶來了經濟競爭的機會與資源，但也使得社會福利主張案主中心、強調公義、合作的價值受到衝擊與挑戰。我們詢問立法過程中，是否曾討論到「政府採購法」對社會福利業務的適用問題，其時擔任社會司副司長的受訪者 D 指出當時的政治氛圍很難突破。他說：

「當時是有爭執，但那時候的氣氛就是這樣子，所以不可能讓你有這個，…那等於一體適用啦！沒有分這是社會福利。」（受訪者 D, 07/06/2007, p.14-1.）

而談到「政府再造」對於福利民營化影響，受訪者 D 認為因為主流的趨勢就是主張政府人力精簡的策略，所以地方化、民營化是政府再造必然的因應走向：

「政府再造的運動。改造的目的是因應嚴重的財政危機，組織有過度膨脹的問題，沒有效率的一些困境。所以當時新的潮流就是透過組織精簡的方式、法令的鬆綁跟企業的經營，要建立小而美的政府。所以行政院就在 91 年成立一個行政院的組織改造推動委員會。民國 91 年 8 月 24 日就通過機關業務檢討原則，就契約任

務化，就是說有一些政府不必做的就不要做了。或者是地方化、行政法人化、委外化這個策略…，那整個都要把它地方化、民營化。」（受訪者 D, 07/06/2007, p.9-1）

　　1990 年代之後的十年，是林萬億教授所稱臺灣社會福利黃金十年。在政府努力與民間督促之下，社會福利法制逐臻健全，而這過程中民間團體順勢崛起、積極參與政策制定與要求參與福利服務輸送，促成了一連串的政府將福利責任與福利資源移轉民間，由民間代理提供服務的福利民營化措施，並在 1997 年訂定了內政部「推動社會福利民營化實施要點」，包括方案委託、公設民營乃至於購買服務開始往制度化的方向發展。但是社會福利主管機關與非營利組織之間長年醞釀發展的這種公私合作的運作模式，卻遭遇 1997 年的「政府再造工程」、1998 年的「政府採購法」、乃至於行政院組織法修正所帶來的人事精簡的巨大衝擊，使得社會福利民營化的推動面臨了「市場化」與「公民社會發展」的衝突困境。

陸　從臺灣社會福利民營化的路徑發展反思福利民營化的重要議題與非預期結果

　　本文的第四與第五部分探討了臺灣社會福利民營化的啟動與發展背景以及在福利民營化的推進過程中制度的建立。我們透過歷史制度論的視框，企圖理解臺灣福利民營化的路徑發展中的關鍵性力量對於臺灣福利民營化的現今走向之影響以及在政府與民間非營利組織之間創造了甚麼樣的福利服務輸送環境。從前面的討論分析中我們可以看見社會福利民營化從啟動到法制確立的動、變、定的路徑發展：

（一）**啟動**：1980 年代公私合作的啟動初期，政府扮演相當重要的關鍵性角色。政府與民間非營利組織合作關係的開展，是政府在殘補式福利思維下的補助性及實驗性嘗試，目的在解決空有表象卻缺乏福利資源與人力推動的法律，以填補民間福利需求的缺口。

（二）**發展**：1980 年代公私合作的發展路徑，隨著 1980 年代末期政治解嚴後與民間力量的崛起而有了更進一步的演化，並促使內政部制訂福利民營化的行政命令，確立福利民營化的實施作為。此時期長久被壓抑的民間福利需求大量浮現，民間非營利組織透過結盟倡議、積極參與政策制定與福利立法。可以說，政治解嚴所帶來民間組織的發展以及民間非營利組織在政策與制度規劃上的積極參與，是此時期福利民營化建制與發展的兩股關鍵力量。

（三）**定型**：前階段公民力量的自主發展與福利民營化所推動福利服務輸送策略的結合，卻在 1997 年以後很快遭遇到行政院政府組織改造之下所強力推動的民營化立法與採購制度的綑綁與收編。政府在市場化的競爭與效率思維下所推動的民營化政策，雖然使得民間非營利組織多了一個財源管道來推動服務，但是政府為了監督與防弊，也建立了形式僵固的控管機制。這股來自於行政院強力主導的關鍵力量與路徑發展，使得在前一階段非營利組織參與政府福利服務輸送所期望產生的專業培力與服務網絡佈建的民間基礎產生了非預期的轉折，民間非營利組織很快的受到市場化思維與新管理主義主導下的民營化制度之框限，而難以有效發揮非營利組織的使命與目標。非營利組織付出的代價是作為第三部門所應該具有的自主發展空間與在地基礎的生根，同時也弱化了組織使命的實踐與服務彈性。已具規模的福利機構在民營化的招標競爭之制度誘導與政府需求下，不斷拓展服務場域而越形壯大；體質脆弱的民間非營利組織在仰賴政府資源挹注才能生存的情況下，忙著迎合政府的量化績效要求，久而久之便喪失了對組織存在目的的反省，且無力循序發展專業與厚植地方網絡基礎。

我們整理受訪者 B、C、D 對於臺灣福利民營化的觀察，繼而針對福利民營化運作下衍生的重要問題進行探討。受訪者 D 談到社會福利民營化，有很崇高的理想。他認為社會福利領域的民營化作為，應該是「修正的民營化」以及「社會福利的社會化」，政府提供資源將福利責任交給民間組織經營，擴大資源、人力與市場運作效率，但是政府透過標準設立與評鑑制度來控管服務水準與維護民眾利益。

　　「就我所觀察的社會福利民營化，是指政府將社會福利的供給，完全或部分轉移到民營的部門，同時是引進市場的經營規則，以價格的機能來調節供需，重視成本的回收，並強調使用者的購買力跟受益者付費的措施。這是一般民營化的概念。事實上，在社會福利領域裡，就我們前面所說的民營化概念，是修正的民營化，不是完全的民營化。也就是說儘管政府在服務提供的責任會減輕，但是政府還是會維持政策的規劃、政策的制定。所謂政策的制定就是說包括一些機構設立的標準、資格，還有評鑑、專業人員資格、政策的訂定。最主要是雖然交給民營了，但還是要維護民眾的利益，所以服務的品質和水準還是要維護。另外就是說，不是全然的民營化，一些資金、經費還是有補助的，…那民營化另外一個說法就是一種社會福利的社會化，社會化就是民間大家一起來參與就是社會化，包括投資實體多元化，還有服務對象公眾化，運行趨勢市場化、服務方式多元化、及服務團隊專業化，包括這幾樣。那社會福利民營化和社會化的目的是希望通過改變經營管理的模式，來提高效益，改善服務。」（07/06/2007，p.1-2.）

　　受訪者 D 對於社會福利民營化的政策觀點，事實上也是我國在推動福利民營化歷程中的理想論述。基本上，多數受訪者均同意以政府目前的財政、組織精簡方向及促進民間團體的專業發展，社會福利民營化是一個必須往前走的趨勢，也是縣市政府推動社會福利的在地服務輸送管

道。他們也同意福利民營化的發展的確可以使政府在福利推動與人力運用上更為彈性，觸角也較多元廣泛。但是現今福利民營化的走向，卻產生了一些非預期的結果。受訪者 B、C 即認為福利機構的競爭衝突、忽略非營利組織使命、非營利組織的自利心態、大機構招標壟斷、小機構的資源依賴等，都是他們觀察到社會福利民營化運作上的缺失。

「那麼很大的缺點呢，第一個因為競爭營運，我也是民間機構、你也是民間機構，大家在競爭，可能會產生衝突，競爭社會學雖講是進步的動力，但是如果競爭的方向弄錯的話，便一定會產生衝突，第二個呢，這個…因為要獲取的資源，譬如說我是民間的營利團體也好，或者民間福利團體、福利機構也好，我要獲得這個民營化的機會，可能就忽略了他應該有的宗旨跟理念，他忘掉他是非營利組織，他宗旨理念…可能忘掉了」（受訪者 C，06/29/2007, p.8-1.）

「再有一個我覺得是，闖出名氣以後，福利機構名氣一打出來以後，那老大步調，等於我這裡會高高在上，你非到我這裡來買不可，…對，闖出名氣會有老大步調，那麼更重要的是，掛福利之名，真正做營利之實，阿營利之實，更大的一個缺點，社會責信度會降低，如果不好好經營的話，那所謂責信度就是，經營不善的話，沒有辦法處理，那麼剛才也有講了的一個…變成拖拉斯，壟斷…市場。」（受訪者 C，06/29/2007, p.8-1.）

「那我覺得就是條件不夠，…因為我們發現說，人們批評說，變成是民間幾個大團體，永遠都是它們得標，但是要設門檻，真的是很不容易，你說要壓低的話，你又怕小團體維持不下去，然後使用者可能也得不到好處，但是你要用嚴格的方法，新興團體就永遠沒有機會，所以我是覺得應該有一些分類，然後比較一些簡單的服務方案先鼓勵比較小型的，然後它有這經驗了…」（受訪者 B，07/09/2007, p.11-3.）

回到本文一開始我們所關注的問題，也就是歐美國家社會福利民營化的發展，起因於對福利國家發展衍生的危機與應對措施。而臺灣社會福利民營化的走向固然是向國際趨勢靠攏，但其大致發端卻是起源於臺灣社會福利制度的建立正在起步之時。因此，我們認為臺灣社會福利民營化的發展路徑，對於社會福利服務輸送生態環境的影響有必要仔細細究。三位前社會司司長對於社會福利民營化問題的觀察與反思，點出了民間非營利組織在社會福利民營化制度下的發展困境；但是，對於建構制度的「國家」在民營化過程中的議題設定、權力施展與資源配置以及與民間非營利組織之間關係的型塑，則更需要仔細檢視。我們再次採借歷史制度論的視框，將現今臺灣福利民營化的問題，從民營化制度下的議題設定與價值衝突、制度下的權力與資源再分配以及制度下的政策具體作為之矛盾等三個層面，分析福利民營化的發展在政府、非營利組織與服務對象之間所造成的非預期結果。

一、制度下的議題設定與價值衝突：市場化或公民社會化？

　　議題設定，是政府在制度建構過程中取得發言與主導權，並獲得制度建立正當性的重要手段。從社會福利民營化三個階段的路徑發展，我們可以發現「國家」對於福利民營化的議題設定與論述的強力主導性，從內政部在殘補式福利思維下的「鼓勵民間參與」到福利立法積極建置、民間爭取、專家支持階段的「擴大民間參與的福利民營化」再到行政院全面轉向「市場化」思維、主張「民間可以做的，政府不做」的民營化制度建立。

　　由於社會福利的服務特性不僅止於服務對象實物需求的生產提供，更需要專業人力對於弱勢家庭與個人的專業協助，因此非常需要地在型的、普遍可及的機構或團體來支持民眾的服務需求。這使得社會福利民營化有一個非常重要的目的就是透過公共責任的委託與資源移轉，協助社會福利非營利組織的能量成長與專業發展，佈建在地的社會福利網絡。Paul Starr 在探討福利民營化的意義時也指出，民營化的理念之一應在於透過民間非營利組織、社區及政府的合作夥伴關係，增進社區的自

主能力。對於弱勢地區，如何扶植民間力量成為政府的合作夥伴，進而在社區生根茁壯，是福利民營化的重要工作，因此福利民營化的意義應是多元的。

臺灣在福利民營化發軔之初，民間非營利組織有限、社區力量尚屬薄弱。福利民營化的推動，的確創造了滋養民間非營利組織發展的資源環境，有利於公民社會的發展，並有助於在市場的競爭力量之外，透過第三部門的運作，形成民間的合作力量與互助系統。但是，行政院強力主導下民營化制度，強調市場化的競爭優勢及讓強者勝出；同時也運用績效管理評鑑機構服務能力，希望在最小成本下創造最大服務能量。這個如意算盤卻是與民間非營利組織的合作關係與自主發展產生了理念上的衝突；而這種理念上的衝突，也反映在非營利組織開拓服務區域的行動選擇上。Mildred（2006）即指出以市場為基礎的福利治理邏輯，對於偏遠鄉鎮的民眾是不利的。由於偏遠鄉鎮的民間團體有限、資源不足、且服務成本較高，對於政府在委託福利服務上是一個嚴苛的挑戰。而在政府採購法的競標與監督制度下，有足夠條件的非營利組織不一定願意進入必須投入更多時間與精力、但服務成果不易顯現的地區或方案，更不可能與力量薄弱的在地組織合作，引導在地組織的成長與發展。也因此，現今臺灣的社會福利非營利組織團體雖然成長不少，但能長期自主運作者有限，多需依賴政府的財源而得生存。在這樣令人憂心的發展趨勢下，政府對於福利民營化的實施，有必要重新反省政策價值與實際運作發展上的落差，修正制度的彈性與靈活應變，使民間團體得以發揮第三部門的社區中堅角色，落實服務在地民眾的需求。

二、制度下的權力與資源再分配：政府的權控與自利下的契約關係

民營化強調公共服務的生產或供給應運用民間及市場的優勢及力量，由公部門移轉到私部門。邏輯上來說，這種責任的移轉，也包括權力與資源移轉的再分配過程。而在社會福利領域，從政府與民間非營利組織的互動位階來看，這是一種看似「授權」與「增權」的位移，並透

過資源移轉與任務執行，實踐政府與民間趨於「民主」與「平等」的合作關係。同時，政府透過民營化的操作，也可以藉此培植民間力量、平衡城鄉資源、促進公民社會的發展。

不過，仔細探究福利民營化的制度設計與長期以來的發展，我們觀察到在政府與民間委託單位的關係之間，出現「權控或合作」的矛盾衝突。在本質上，民營化的制度建構其實仍是國家強大權力的展現，透過制度設計，政府主導了對於民間力量的運用與監督。政府雖然在理念上強調民間參與，但是在技術上，卻透過採購法與契約規範，結合政府的公共監督責任與市場的競爭及績效控管手段，對於委託經營或承接方案單位，在專業、財務、人力乃至於業務推展，進行績效監督與權控，進而影響民間承接方案或經營單位的發展方向與服務策略。更具體的說，政府採購法與契約制度的發展，演變成為權力不對等的服務生產關係。政府作為委託方，擬訂規格、契約與評鑑機制，而受委託的得標單位只能依據要求行事，兩者之間缺乏互相理解與理性議約的討論空間；在服務輸送上，政府仍是居於上位的資源分配與指揮系統，與非營利組織或委託單位之間極少有服務進行前的充分溝通、服務過程中的共同規劃與解決問題之合作，以及服務執行完成後尋求後續改善的深入探究。而所謂社會福利民營化之下的政府與民間合作關係，其實是政府契約主導下的服務生產關係，也是政府在自我保護下的契約監控關係。而相對於政府，非營利組織在契約不對等的權力關係中，也會尋求生存之道下的自利行為。

其次的一個議題是政府在福利民營化之下的資源分配所形成民間非營利組織的「壟斷或依賴」的困境。誠如受訪的司長 B 及 C 所指出的現象，有規模、有條件、地方據點多元的福利機構，在競爭機制下很容易勝出。而政府長年依賴這些機構的協助，使得政府的主導力量下降、監督與評鑑機制失效、反而受制於民間委託單位的承接意願，形成變相的服務壟斷。另一方面，為了滿足不同區域民眾的需求，政府必須佈建地方執行網絡，因而有些地方基礎薄弱、條件不足的機構團體也不得不引入。雖然多年發展下來，民間福利組織或有成長，但是，有些組織過度依賴政府財源生存，專業自主能力低落，反而成為政府必須經年扶植的

次級機構。這樣的困境讓我們思考，除非新興的民間非營利組織清楚掌握非營利組織的使命與價值，有意識的運用政府資源借力使力，積極發展地方關係、培植地方基礎，開發在地資源，否則，在福利民營化制度之下民間機構的兩極化發展，將是政府揮之不去的困境，這也將使得政府支出財源不斷增加。另一方面，政府在福利民營化的發展策略上，不能夠不斷的受制於民營化的競爭招標與監督管理機制，將資源錯置於形式的考核與評鑑，而必須重新反省政府的職責角色以及福利民營化的制度缺陷，回到真正的公私合作、契約要求理性協調、地方互助策略聯盟的理路，才能活化民間的創意與合作力量，發揮福利民營化的真正意涵。

三、制度下政策具體作為之矛盾：福利民營化的資源錯置與服務片斷化

行政院在民營化的論述與制度建立過程，均強調透過市場化的自由競爭，可以在服務價格與服務品質上，選擇最優良與最適合的廠商，提昇服務的效率與效益。但是這個邏輯有明顯的矛盾。在市場上，好的服務品質通常需要付出較高的價格。在社會福利領域更是如此，越困難經營地區、方案或服務生產，越需要具備豐富專業經驗的人力與資源投入。但是，市場的消費者與社會福利服務使用者的區別在於：市場的消費者可以根據個人能力選擇產品及服務，生產者也可以根據客層定位決定生產及供給。生產者與消費者在各自的能力與市場的資訊網絡中決定自己的行動應形成市場區隔。但是，社會福利服務使用者多屬必須藉靠政府公共資源投入協助的弱勢者，相對於接受政府委託提供福利服務的非營利組織，其在資訊取得能力與服務抉擇機會上極為有限，因此必須藉靠非營利組織的良善、自律與政府的代理監督，以獲得服務的滿足。但是如前所述，政府立基於市場化的委託經營與購買服務思惟，卻無力處理價格與品質難以兩全的問題、無法進行差異化的資源調控，於是造成越弱勢的民眾、越弱勢的地區，成為福利民營化之下的次級市場。換個角度來說，這是政府作為有權力的施政者，未能有效發揮功能角色下的資源錯置。

另一個政府在福利民營化的具體作為所被多方批判的問題即是有關政府對於服務提供的監督問題。學者專家多認為福利民營化的落實，必須要有良好的監督機制。而這個監督機制必須是一個常設的、經常與委託機構間保持暢通的互動，以改善服務的方向及服務的執行。但是現實的環境是政府在組織精簡與行政人力節流的政策下，面對急速膨脹的福利業務，只好採取一人管多案的負荷、或聘雇臨時人力的變通方式、或運用政府採購法將委託民間執行福利業務下的補助人力，再派遣回政府機關協助業務執行。而採購法下的複雜契約規範，使得政府公務人員忙於契約制定與評鑑監督外，再也無力與委託單位形成經常性的共同合作關係；臨時與派遣人力的頻繁異動，也使得專業服務經驗不易累積，造成政府規劃、監督能力不足，無法與民間團體共同學習成長、同步合作發展服務模式的困境。

在福利民營化的政策具體作為上，還有屬於「政府採購法」制度設計僵化、經費運用彈性小、給付緩慢不合理，小型機構缺乏周轉金，而造成服務人員欠薪問題。還有，以標案方式包裝的服務，在有限的方案時間下，容易形成篩選案主、忽略複雜個案的情事，或者宥於每個方案的服務周期與資源有限，先壓縮服務與結案時間，再重新開案等。另外，以特定對象或區域切割方案，也往往因為機構間的合作與協調不足，而造成服務的片斷化或服務對象的重疊性問題。這些議題，都是現行在社會福利民營化運行過程中所浮現的困境。對於「政府採購法」、「促進民間參與公共建設條例」等規定造成社會福利推動上的限制，這已是多年的沉痾，政府機關必須有決心與意志面對，並逐步修正，否則難以從民營化的漩渦中找到出口。

柒　結論

　　本文透過歷史制度論的觀點，將我國社會福利民營化的進程分三個階段分析其制度發展的時空背景，並從政策議題設定、法令制度發展及福利民營化的具體措施等面向，試圖理解我國福利民營化政策演進過程的路徑依賴與轉折，並思考福利民營化所建構的制度對於政府、民間非營利組織及服務對象所形成的生態環境及對三方的影響。整體而言，福利民營化的開展，的確產生了激勵民間參與、引進民間資源、擴大服務層面的期待結果，但是福利民營化的制度發展過程，政府強力主導議題設定所產生的價值衝突、政府在權力與資源調控下與非營利組織之間所造成的契約不平等關係以及政策在具體作為上的矛盾等非預期結果，均是必須面對的問題。這些問題的突破，亟待政府與非營利組織能夠回到各自角色的獨特價值，彼此互相理解與溝通，共同探索調整合作關係與實務的作法，才能突破現行福利民營化的制度侷限，找出制度創新發展的契機。

　　最後，我們必須指出研究上的限制。以福利民營化的長時間發展，其資料之廣度與深度均有待系統的發掘與整理。儘管透過歷史制度論的框架，從制度層面切入探討福利民營化的發展，也在第二年與第三年分別從縣市政府的焦點訪談與承接政府方案的非營利組織的調查資料進行廣面的資訊蒐集，但是宥於研究時間與研究能力，要有足夠的敏感度掌握寶貴且重要的資訊，且有系統的加以整理，誠屬不易。本文在撰寫過程中，時有資料查證不易的困難，也深感缺乏民間關鍵人物訪談的比較資料，下筆時多所侷限。這些部分都是本研究尚有不足之處，也是本文在撰寫上的框限。本文疏漏在所難免，其不足之處應主要由第一作者承擔。

捌 參考文獻

中文文獻

內政部社會司（1999-2005）。*民國八十八年至九十四年社政年報*。臺北：內政部社會司。

王于綾、林萬億（1997）。購買服務契約對民間福利機構影響之探討。*社區發展季刊*，80，60-78。

古允文（1997）。從福利國家發展談民營化下國家角色的挑戰。*社區發展季刊*，80，70-78。

臺灣兒童暨家庭扶助基金會（2003）兒童家庭寄養服務 20 週年特輯。臺中：臺灣兒童暨家庭扶助基金會編印。

臺灣省社會處（1979-1998）。*民國六十八年至八十七年社政年報*。南投：臺灣省社會處。

白正龍（1996）。淺談殘障福利機構的公設民營。*社會福利*，127，9-13。

立法院（1994）。立法院委員會紀錄。*立法院公報*，83（62），202-215。

立法院（1994）。立法院院會紀錄。*立法院公報*，83（27），55-64。

立法院（1998）。立法院院會紀錄。*立法院公報*，87（20），28-214。

立法院（2002）。立法院院會紀錄。*立法院公報*，91（10），536-604。

朱武獻（2001）。*推動政府業務委託民間辦理實例暨契約參考手冊*。臺北：行政院人事行政局。

行政院人事行政局（2001）。*推動政府業務委託民間辦理實例暨契約參考手冊*。臺北：行政院人事行政局。上網日期：2007 年 6 月 26 日。http://www.tpgpd.gov.tw/委外參考手冊/辦理情形民政類.doc

行政院勞工委員會（2005 年 9 月 12 日）。*民營化公共論壇發言摘要及實錄資料*。臺北：行政院勞工委員會。上網日期：2007 年 6 月 26 日。http://www.cla.gov.tw/cgi-bin/SM_theme?page=42b2872e

李宗勳（2002）。*政府業務委外經營理論與實務*。臺北：智勝。

林萬億（2005）。1990 年代以來臺灣社會福利發展的回顧與展望。*社區發展季刊*，109，12-35。

洪富峰、蔡昭民（2005）。公私合營‧共創雙贏－高雄市身心障礙福利服務民營化。*社區發展季刊*，108，31-38。

郭登聰（1999）。既營利且競爭的公辦民營模式─以臺北市政府社會局兒童健康保險為例。*東吳大學社會工作學報*，5，135-170。

郭登聰（2005）。推動社會福利民營化相關法治析論。*社區發展季刊*，108，38-53。

陳菊（1997）。臺北市政府社會局公設民營現況、面臨問題與因應之道。*社區發展季刊*，85，17-25。

黃財源（1996）。臺灣公營事業民營化之理論與實踐。*經濟情勢暨評論季刊*，2（1），46-57。上網日期：2007年6月26日。http://www.moea.gov.tw/~eco book/season/sa433.htm

黃宗昊（2010）。歷史制度論的方法立場與理論建構。*問題與研究*，49（3），145-176。

張英陣，（2011）。縣市合併對非營利組織之影響。*社區發展季刊*，134，228-236。

張英陣，（2014）。後現代李爾王。*社會政策與社會工作學刊*，18（1），45-88。

詹火生（1995）。近五十年來臺灣地區的社會福利發展。*理論與政策*，10（1），111-121。

蔡明砡（2005）。我國社會立法發展歷程。*社區發展季刊*，109，66-82。

劉淑瓊（1997）。依賴與對抗：論福利服務契約委託下政府與民間受託單位間的關係。*社區發展*，80，113-129。

劉淑瓊（1998）。社會福利「公設民營」制度之回顧與前瞻—以臺北市政府為例。*台大社會學刊*，26，211-279。

劉淑瓊（2001）。社會服務「民營化」再探：迷思與現實。*社會政策與社會工作學刊*，5（2），7-56。

劉淑瓊（2005）。精明的委外：論社會服務契約委託之策略規劃。*社區發展季刊*，第108期。頁120-134。

劉淑瓊、彭淑華（2008）。社會福利引進民間資源及競爭機制之研究。臺北：行政院研考會委託研究。

鄭讚源（1997）。既競爭又合作，既依賴又民主：社會福利民營化過程中政府與民間非營利組織之角色與定位。*社區發展季刊*，80，79-87。

英文文獻

Ashford, N. (1993). The ideas of the New Right, In G. Jordan & N. Ashford (eds), *Public Policy and the Impact of the New Right* (pp.19-45). London: Pinter Publishers.

Bel, G. (2006). The coining of privatization and Germany's National Socialist Party. *Journal of Economic Perspectives*, 20(3), 187-194.

Béland, D. (2005). Ideas and social policy: An institutionalist perspective. *Social Policy & Administration*, 39(1), 1-18.

Beneria, L. (2003). *Gender, Development and Globalization: Economics as if all people mattered*. New York: Routledge.

Blomquist, P. (2004). The choice revolution: Privatization of Swedish welfare services in the 1990s. *Social Policy & Administration*, 38(2), 139-155.

Drucker, P. (1969). The sickness of government. In P. Drucker (Ed.), *The Age of Discontinuity*. New York: Harper & Row.

Esping-Andersen, G. (1990). *The three worlds of welfare capitalism*. Princeton, NJ: Princeton University Press.

Gamble, A.(1988). *The Free Economy and the Strong State: The Politics of Thatcheris*. Basingstoke: Macmillan.

Hall, P. A. (1992) *The Movement from Keynesianism to Monetarism: Institutional Analysis and British Economic Policy in the 1970s, in S. Steinmo, K. Thelen and F. Longstreth. (Eds.)* Structuring Politics: Historical Institutionalism in Comparative Politics. Cambridge: Cambridge University Press.

Hall, P. A. & Taylor, R. C. R. (2007) *Political Science and the Three New Institutionalisms, in B. G. Peters & J. Pierre (Eds.) Institutionalism. Vol. 1.* Los Angeles: Sage Publications.

Karger, H. J. & Stoesz, D. (1990). *American social welfare policy*. New York: Longman, Inc.

Karger, H. J. (1994). Is privatization a positive trend in social services? No. In H. J. Karger & J. Midgley (Eds.), *Controversial issues in social policy* (pp. 110-116). Boston, MA: Allyn & Bacon.

Kettner, P. & Martin, L. L. (1994). Will privatization destroy the traditional nonprofit human services sector? In M. J. Austin, & J. Isaacs (Eds.), *Controversial Issues in Communities and Organizations* (pp. 165-173). Boston, MA: Allyn & Bacon.

Lemke, C. (2001). *Social Citizenship and Institutional Building: Eu-Enlargement and the Restructuring of Welfare States in East Central Europe*. Center for European Studies Program for the Study of Germany and Europe. Working Paper Series 01.2., p.9.

Mahoney, J. (2000). Path dependence in historical sociology. *Theory and Society*, 29, 507-548.

Mahoney, J. (2001). Path-Dependent Explanations of Regime Change: Central America. in Comparative Perspective. *Studies in Comparative International Development*, 36(1), 111-141.

Motenko, A. K. et al. (1995). Privatization and cutbacks: social work and client impressions of service delivery in Massachusetts. *Social Work*, 40(4), 456-463.

Netting, F. E. & McMurtry, S. L. (1994). Will privatization destroy the traditional nonprofit human services sector? In M. J. Austin, & J. Isaacs (Eds.), *Controversial Issues in Communities and Organizations* (pp.158-164). Boston, MA: Allyn & Bacon.

Peters, B. G. (1999) *Institutional Theory in Political Science: The 'New Institutionalism'*. London: Pinter.

Peters, B. G. & Pierre, J. (2007) *Introduction: Approachs to Institutionalism, in B. G. Peters & J. Pierre (Eds.)* Institutionalism. Vol. 1. Los Angeles: Sage Publications.

Pierson, P. (2000). Increasing returns, path dependence, and the study of politics. *American Political Science Review*, 94(2), 251- 267.

Reed, L. W. (1997). *The Privatization Revolution*. Los Angeles, CA: Reason Foundation. Retrieved June 26, 2007 from the World Wide Web: http://www. privatization.org/database/privatizationprosandcons/privatization_revolution.html.

Sassen, S. (2000). Women's Burden: Counter-geographies of globalization and the feminization of survival. *Journal of International Affairs*, 53(2), 503-524.

Skocpol, T. (1992). *Protecting Soldiers and Mothers: The Political Origins of Social Policy in the United States*. Cambridge, MA: Harvard University Press.

Starr, Paul(1988).The Meaning of Privatization. *Yale Law and Policy Review*,6,6-41.

Walsh, K. (1995). *Public Services and Market Mechanisms: Competition, Contracting and the New Public Management*. London: Macmillan.

Warner, Mildred E.(2006).Market-based Governance and the Challenge for Rural Governments: US Trend. *Social Policy and Administration*,40(6),612-631.

Warner, E. et al. (2006). *Research on privatization*. Ithaca, NY: Cornell University. Retrieved June 26, 2007 from the World Wide Web: http://government.cce. cornell.edu/doc/viewpage_r.asp?ID=Privatization

Kings, D. S. (1995) *Actively Seeking Work: The Politics of Unemployment and Welfare Policy in the United States.* Chicago: University of Chicago Press.

Wikipedia (2007). *Privatization*. St. Petersburg, FL: Wikimedia Foundation Inc. Retrieved June 26, 2007 from the World Wide Web: http://en.wikipedia.org/ wiki/Privatization

CHAPTER 5

德國股份公司之經營監控機制與其對企業社會責任之實踐

洪秀芬

【摘要】

　　我國股份有限公司之經營監控機制於近年來發生重大變革，依證券交易法之規定，公開發行公司可選擇採用設有董事會與監察人之雙軌制，或是採用在董事會中設審計委員會以取代監察人之單軌制，是否這些法制改革可因此提高我國公司監控的效率，尚待觀察。而採雙軌制之德國股份公司的相關法制，並未隨世界潮流改變其規範，則德國之股份公司雙軌制係如何運作，其如何因應公司法制所面臨的問題，以及德國雙軌制與英美國家之單軌制相較有何優缺點等，將於本文中介紹及探討，期能藉由同樣為大陸法系之德國公司法制的發展經驗，供國內立法者與各界省思我國法制之改革手段與方向。此外，有鑑於企業社會責任議題在各國越來越受到重視，因此，本文亦將一併介紹此議題在德國的發展，及德國公司對企業社會責任的實踐。

關鍵詞：雙軌制、單軌制、董事會、監事會、德國公司治理規約、企業
　　　　社會責任、三柱方針

壹　前言

　　我國近幾年來在經濟層面有重大的變革，然而，隨著經濟自由化而來的解除管制，卻引發有心人士藉機濫用企業經營權限，而發生一連串公司弊案。由於公司弊案層出不窮，使得各界均體認到企業經營監控機制改革的必要性，因此，相關法制於近年來發生重大變革。在 2007 年以前，我國公司法之股份有限公司係採雙軌制，亦即經營監控機制分屬董事會與監察人負責，但在 2007 年之後，因證券交易法第 14 條之 2 至第 14 條之 5 正式生效，而改採雙軌制與單軌制並行，亦即公開發行公司亦可自行或依證券主管機關之命令強制採用單軌制，僅於公司內設董事會，但董事會中設有由全體獨立董事組成之審計委員會來取代監察人的設置。相較於我國行之近百年的公司經營監控法制發生重大變革，而同樣採雙軌制（與我國雙軌制之架構並不相同，詳下文）之德國股份公司（Aktiengesellschaft）法制，則未隨此世界潮流而改變其雙軌制之運作規範。因此，本文擬就德國股份公司之經營監控機制作一介紹，探討其相關法制所面臨的問題及其因應之道，期藉由同樣為大陸法系之德國公司法制的發展經驗，供國內立法者與各界省思我國法制之改革手段與方向。

　　此外，歐盟與德國近幾年來越來越重視企業社會責任的議題，社會各界期待甚至要求企業經營者，應對其所處之社會環境具有一定之責任意識，並有所貢獻。而在德國，企業社會責任並非新議題，而是一鮮明且具豐富傳統性的議題。在 19 世紀工業化時代，其社會經濟結構產生重大改變，擁有強大市場力量的關係企業（Konzern）形成，小的地方性商業則漸失份量，於此情況下，遂使公眾開始意識到企業對社會應盡的責任。許多受宗教薰陶或受社會政策影響的企業主不但關照員工福利，例如為員工蓋宿舍、改善工作條件，而且更進而投入社會公益活動，如擔任藝術事業的資助者或公益捐贈者，到了 20 世紀，甚至藉由國家立法來強調企業經營活動應兼顧社會利益。在德國 1937 年之股份法（Aktiengesetz）第 70 條第 1 項即明白規定，股份公司經營必須「促進

事業與其成員的福祉，及國民與帝國的共同利益」，而使企業經營負有兼顧「共同福祉」的社會責任。之後在 1958 年由行政機關部門提出的股份法草案第 71 條第 1 項對共同福祉條款作更精確之規範，規定「董事會應在自負責任下，本於促進企業、其勞工、股東及大眾福祉來經營公司」。惟政府草案及後來通過之股份法並未將共同福祉條款納入現行條文中，在 1965 年現行股份法第 76 條第 1 項僅規定「董事會在自負責任下經營公司」，至於應如何作，則未置一詞。政府草案之立法理由即指出「董事會在經營措施上必須兼顧股東與勞工，以及一般大眾的利益，乃理所當然，因此無須在條文中被明確規定下來。」且在草案的法律與經濟委員會的諮詢中，多數意見認為，即使將共同福祉條款納入條文中亦屬多餘，因為身為一個社會法治國家，依據德國基本法（GG）第 20 條、第 28 條規定，對三要素「資本」、「勞動」、「公眾利益」的考量本係屬理所當然之義務，況且若對股東、勞工、公眾之利益於法律上訂出排序亦是有問題的，而是應由董事會於具體個案就須考慮之利益來進行符合義務之衡量判斷。從上述說明可知，傳統上德國企業富有社會責任意識，甚至國家曾就企業經營應兼顧公眾利益來實現社會責任予以明文立法，雖然後來廢除相關規定，但從其基本法之規定，仍是可導出公司經營企業應促進共同福祉的社會責任。晚近，因美國及歐盟的發展，使德國各界對企業社會責任的探討明顯增加，不論是官方或民間企業及組織亦均紛紛投入促進社會責任的實踐，使得企業社會責任成為德國近來熱門議題之一，因此，亦將於本文中探討德國股份公司對企業社會責任之實踐。

貳　德國股份公司之經營監控機制

德國股份公司之運作規範主要係規定在股份法，惟對其監督機制的監事會之組成則設有複雜之特別法規定，因此，本章首先將介紹德國股

份公司監事會如何組成，之後介紹其董事會運作之基本規範，並分析其制度之優缺點。此外，德國亦面臨如何加強對公司之經營監控以增加投資人信心的問題，因而其於 2002 年 2 月 26 日公佈「德國公司治理規約」（Deutscher Corporate Governance Kodex），期藉此能強化公司治理，至今此規約已經過多次修正，而本文亦將介紹此規約之發展與重點內容。

第一節　德國股份公司之雙軌制

一、雙軌制之架構

德國股份公司組織運作之有關規範係規定於德國股份法[1]，依其規定，股份公司之必備機關包括股東會（Hauptversammlung）、監事會（Aufsichtsrat）、董事會（Vorstand），其中股東會為意思機關，監事會為監督機關，董事會為業務執行機關。因股份公司之經營及監督分屬兩個不同機關負責，故稱此經營監控模式為雙軌制（das duale System der Unternehmensverfassung；two tires-System）。但德國股份公司之雙軌制與我國股份有限公司之規定並不同，在我國董事與監察人係由股東會選任產生，或是一人公司由單獨股東指派，而德國股份公司之董事會成員（董事）則係由監事會選任，而監事會成員（監事）則由股東會，甚至再加上由勞工（或勞工代表）來共同選任產生。因此，我國董事會、監察人之雙軌制係屬並列式，而德國股份公司則為串列式之雙軌制。

在德國股份公司之雙軌制下，雖然股東會有選任監事，監事會有選任董事的權限，但股東會、監事會、董事會三者並非具有上下從屬關係，而是處於平行地位[2]。董事會係在自行負責下，具有高度獨立性來執行公

---

[1]　德國現行股份法係於 1965 年 9 月 6 日制定。

[2]　Vgl. Birgit k. Mielke, *Defizite in der Unternehmenskontrolle durch den Aufsichtsrat und Ansätze zu ihrer Bewältigung*. Baden-Baden, Germany: Nomos Verlag, 2005, S. 81.

司業務和代表公司（股份法第 76 條至第 78 條）。而監事會除可選任、解任董事外，係負責監督公司業務之執行，且監事會可要求公司特定業務應經其同意，或對董事會提出變更建議（股份法第 111 條、第 172 條等）。至於股東則是藉參與股東會來行使公司特定事項的決定權限，如盈餘使用、變更章程、增減資、解散、合併、選任代表股東方面（下稱資方）[3]之監事等（股份法第 119 條），又股東亦可經由股東會而影響董事會之行為[4]。

二、董監事會之組成及運作規範

德國股份公司之監事、董事的產生模式有如下三種：

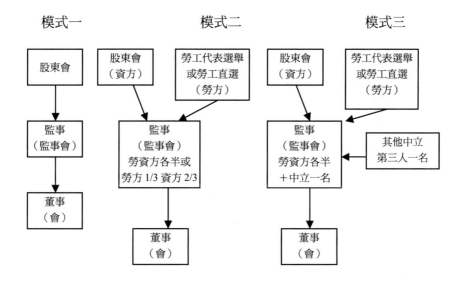

依上述三種模式就董監事之組成、資格、任務與權限、義務與責任等，以圖表說明如下：

---

[3] 勞方之監事則由勞工或勞工代表選出，詳下文。

[4] Vgl. Knuth Martens, *Managementüberwachung durch den Aufsichtsrat*. Köln, Germany: Josef Eul Verlag GmbH, 2000, S. 9f.

	監事（會）
適用規定	依股份法規定，但法律另有規定者，依其規定。 法律另有規定如下： 1. 礦業、鋼鐵相關產業之公司，其監事之組成應依 1951 年礦業、鋼鐵工業勞工參與決定法（Montan-Mitbestimmungsgesetz）之規定。 2. 礦業、鋼鐵相關產業之控制公司，其監事之組成應依 1956 年礦業、鋼鐵工業勞工參與決定補充法（Mitbestimmungsergänzungsgesetz）之規定。 3. 非礦業、鋼鐵相關產業或其控制者之公司，當其勞工通常[5]超過 2000 名者，其監事組成應依 1976 年勞工參與決定法（Mitbestimmungsgesetz）之規定。 4. 非礦業、鋼鐵相關產業或其控制者之公司，且其勞工未超過 2000 名，但通常超過 500 名者，或是雖未超過 500 名，但於 1994 年 8 月 10 日前已登記之非家族式公司[6]，其監事之組成應依 2004 年勞工三分之一參與法（Drittelbeteiligungsgesetz）之規定。 5. 涉及與外國合併之公司，依 2006 年越界合併勞工參與決定法（MgVg）之規定。
適用模式	1. 適用 1976 年勞工參與決定法、2004 年勞工三分之一參與法及 2006 年越界合併勞工參與決定法之公司者，採模式二。 2. 適用 1951 年礦業、鋼鐵工業勞工參與決定法及 1956 年礦業、鋼鐵工業勞工參與決定補充法之公司者，採模式三。 3. 不適用上述規定之公司者，採模式一。
人數及組成	其他法律有別於股份法之規定者，依其規定，否則依股份法規定，原則上 3 名，而章程可以規定更高的名額，但須為 3 的整倍數，且最多不得超過以下人數限制： 資本額 150 萬歐元以下者 9 名， 資本額超過 150 萬歐元者 15 名， 資本額超過 1000 萬歐元者 21 名。 其他法律規定如下： 1. 1976 年勞工參與決定法： 　(1) 通常未超過 1 萬名勞工者，6 名資方之監事，6 名勞方之監事，後者須 4 名為公司勞工，2 名為工會代表。但章程可規定適用下列(2)或(3)之組成規定。 　(2) 通常超過 1 萬名，但未超過 2 萬名勞工者，8 名資方之監事，8 名勞方之監事，後者須 6 名為公司勞工，2 名為工會代表。但章程可規定適用下列(3)之組成規定。 　(3) 通常超過 2 萬名勞工者，10 名資方之監事，10 名勞方之監事，後者須 7 名為公司勞工，3 名為工會代表。 2. 2004 年勞工三分之一參與法：監事人數依股份法規定，但其中三分之一為勞方代表。若勞方代表應選 1 或 2 名者，其應為在公司工作之勞工。若應選出超過 2 名以上之勞方代表者，則必須至少 2 名係在公司工作之勞工。

---

[5] 通常係指公司經常性維持有此一相當人數之勞工即應適用有關規範，以避免公司為規避法規之適用，於監事改選時故意將勞工人數減少，或偶然的於監事改選時勞工人數減少。

[6] 所謂家族式公司是指僅有一位自然人股東之公司，或是公司股東彼此間具有稅務法（Abgabenordnung）第 15 條第 1 項編號 2 至 8 及第 2 項之親屬關係者。

	3. 1951 年礦業、鋼鐵工業勞工參與決定法： (1) 監事應有 11 名，5 名資方代表（其中 1 名須具備特定資格），5 名勞方代表（其中 1 名須具備特定資格），其他第三人 1 名。 (2) 資本額超過 1000 萬歐元者，章程得規定有 15 名監事，7 名資方代表（其中 1 名須具備特定資格），7 名勞方代表（其中 1 名須具備特定資格），其他第三人 1 名。 (3) 資本額超過 2500 萬歐元者，章程得規定有 21 名監事，10 名資方代表（其中 2 名須具備特定資格），10 名勞方代表（其中 2 名須具備特定資格），其他第三人 1 名。 4. 1956 年礦業、鋼鐵工業勞工參與決定補充法： (1) 監事應有 15 名，7 名資方代表，7 名勞方代表，其他第三人 1 名。 (2) 資本額超過 2500 萬歐元者，章程得規定有 21 名監事，10 名資方代表，10 名勞方代表，其他第三人 1 名。 5. 2006 年越界合併勞工參與決定法：依勞方與經營者之約定，或約定不成，依法強制使勞工取得一定監事席次。
資格	1. 須為有行為能力之自然人。 2. 有以下情形者，不得擔任監事： (1) 已擔任 10 家商業公司之監事者。 (2) 同時為從屬公司之法定代理人者。 (3) 當公司董事之一為他公司之監事會成員者，該他公司之法定代理人。 (4) 公司董事、經理人。 3. 勞方之監事或第三人之監事的其他資格，依所適用之相關法規而定。 4. 對不受提名建議之拘束而由股東會選任之監事，或依章程規定所派遣之監事，章程可進一步規定其應具備之資格。
任期	不得超過就任後第四年度之解除監事責任之該次股東會結束後，亦即任期大約會是 4 至 5 年左右。連選得連任。
選任	資方之監事由股東會選任。章程得規定特定股東或特定股份之股東有權派遣監事，但派遣之監事人數不得超過資方監事人數的三分之一。 勞方之監事依其適用之相關法規的繁複程序，由勞工代表選舉或勞工直選。 若有第三人之監事者，依勞資雙方監事的建議選出中立第三人。 當監事會人數不足以作成監事會決議，或監事會人數不足法定或章定人數超過三個月者，法院得依董事會、監事、股東，或有勞方參與之監事會者由符合規定之勞工、工會、企業職工諮詢管理委員會（Betriebsrat）等人或組織之聲請，選任監事補足不足之人數。法院選任之監事於缺額補足後解任。
解任	不論任何形式所選任之監事，若就其個人存有重大理由者，得由監事會以多數決通過，向法院聲請對該監事裁判解任。持股達百分之十或 100 萬歐元之股東，亦得向法院聲請對派遣監事裁判解任。 股東會不受提名建議之拘束所選任之監事，若章程未有其他規定者，得由股東會隨時經行使表決權者四分之三以上之表決權數同意解任之。 依章程規定所派遣之監事，得由派遣權人隨時改派之。 勞方之監事除就其個人存有重大理由，而得由監事會以多數決通過向法院聲請裁判解任外，各依其適用之相關法規解任之。

任期屆滿前監事退任之替補	除第三人之監事外,可在選任每一位監事的同時,為其選任替補成員。若有監事任期屆滿前退任者,尤其替補成員接續成為監事。 監事替補成員之選任、解任準用監事相關規定。 替補監事的職務,最晚至原監事任期屆滿後失效。
監事會之運作	監事會應選出 1 名監事會主席及至少 1 名副主席。監事會主席應由資方之監事擔任。 監事會會議應依規定作成會議記錄,經主席簽名。 監事會中得組成一或數個委員會,來為監事會準備決議或各項行動,或監督決議之執行。 監事之運作以決議行之。其決議能力,若法律未有特別規定者,依章程規定。若法律章程均未有規定者,則應至少有依法或章程規定總數的二分之一監事參與決議,且人數至少 3 名。未出席會議之監事可以書面參與行使表決權。 適用依 1976 年勞工參與決定法組成監事會之公司者,其監事會選任董事未達多數決,或其他決議事項表決之贊成票與反對票同數時,監事會主席擁有第二個表決權[7]。 章程或監事會議事規則若有進一步規定,且無監事反對者,方允許監事會或其委員會之決議以書面、遠距或其他類似方式為之。 任何監事或董事會均得說明目的及理由請求監事會主席立即召集監事會,且會議應在召集後兩週內召開。若主席未依請求為之者,則監事或董事會可提出議程自行召集。 監事會必須每半年舉行兩次會議,但未上市公司可經由監事會決議,每半年舉行一次會議。
任務與權限	1. 監事會應監督公司業務之執行。 2. 監事會可查閱、檢查公司簿冊或財產狀況。為此目的,監事會可委託個別監事或相關專家辦理。 3. 由監事會委任會計師辦理年終結算檢查任務。 4. 為公司利益,監事會可經多數決議後召集股東會。 5. 章程或監事會可規定,公司特定業務應經監事會同意方得為之。若監事會拒絕同意者,董事會可請求股東會決議是否同意。此股東會決議應經行使表決權者四分之三以上之同意。 6. 監事不得使他人為其執行任務。 7. 法院內外面對公司董事時,由監事代表公司。
義務與責任	監事應盡善良管理人注意義務,若有違反者,應負損害賠償責任。尤其監事對其所得知之公司祕密於任職中或卸任後均有沉默義務。

---

[7] 1976 年勞工參與決定法第 29 條、第 31 條規定。因監事會主席係由資方之監事擔任,故即使依 1976 年勞工參與決定法規定,監事會係由股東會及勞工各選出一半成員組成,但主席擁有之第二表決權,使資方之監事擁有較大之權力。

	董事（會）
人數	1 或數名。 資本額超過 300 萬歐元者，至少 2 名，除非章程規定 1 名。 適用 1976 年勞工參與決定法、1951 年礦業、鋼鐵工業勞工參與決定法、1956 年礦業、鋼鐵工業勞工參與決定補充法之公司者，應選任 1 名勞工董事（Arbeitsdirektor），因此董事至少會有 2 名以上。
資格	須為有行為能力之自然人。 犯刑法第 283 條至第 283 條之 d 被判刑，自判刑確定後 5 年期間內，不得擔任董事。經法院判決或行政機關處分禁止從事特定工作或行業者，在禁止期間內，不得擔任營業項目完全或部分與被禁止者相同之公司的董事。
任期	不得超過 5 年。可重複選任或延長任期，但每次不得超過 5 年，且須重新經過監事會決議。任期少於 5 年之延長任期，若經延任後之全部任期不超過 5 年者，不須重新經過監事會決議。
選任	由監事會選任。 若選任多名董事者，監事會得指定 1 人擔任董事長。 當缺乏必要董事會成員[8]而情況緊急時，可由利害關係人[9]向法院聲請選任董事。法院選任之董事於缺額補足後解任。
解任	存有重大理由者，監事會得解任董事或董事長。所謂重大理由如嚴重違反義務、無能力按規定執行業務、股東會之不信任表決等。
董事會之 權限與運作	董事會應在自己負責下獨立經營公司。 若董事會由數名董事組成者，須全體董事共同執行業務。但章程或董事會議事規則可為不同之規定，惟不得規定在意見不同時，其中 1 或數名董事可反對多數董事意見而決定。 若章程未規定應由監事會公佈董事會議事規則，或未經監事會為董事會公佈其議事規則者，董事會可自行經過全體一致決訂定議事規則。章程可就議事規則之特定問題加以規範，其規範具有拘束力。 勞工董事之權限主要為維護勞工之社會及經濟上的利益[10]。
代表權限	法院內外均由董事會代表公司。若董事會由數名董事組成者，在章程未另有規定下，全體董事須共同代表公司。但對公司為意思表示者，得僅向 1 名董事為之。 章程或在章程授權範圍內之監事會，得規定個別董事可獨自或與 1 名經理人共同代表公司。 須共同代表公司之董事會成員可個別被授權執行特定之業務或業務之特定種類。 任何董事會或董事代表權限之改變應向商業登記處辦理登記。 董事會代表權限不得加以限制。

---

[8] 所謂缺乏必要成員係指董事會因此無法從事代表行為或執行公司業務。

[9] 所謂利害關係人可以是董事、監事、股東、公司債權人或其他有保護利益之第三人等。Vgl. Gerald Spindler, in: Wulf Goethe, Mathias Habersack und Susanne Kalss LL.M (Hrsg.), *Münchener Kommentar zum Aktiengesetz, Band 2*. München, Germany: Verlag C. H. Beck, 4. Auflage, 2014, § 85 Rn. 9.

[10] Vgl. Gerald Spindler, aaO. (Fn. 9), § 76 Rn. 104.

義務與責任	董事會成員對公司負有義務，應遵守章程、監事會、股東會及董事會與監事會議事規則對公司業務執行權限所訂規範之限制。 準備與執行股東會決議。 競業禁止義務。 對監事會之報告義務。 督促會計表冊編造之義務。 建立內控制度。 虧損之報告及支付不能之聲請。 善良管理人注意義務。 沉默義務。 違反義務或股份法有關規定者，對公司負損害賠償責任。

三、雙軌制之優缺點

在雙軌制下可清楚區分監督機關之監督職責與經營機關的經營權限，但若是經營與監督權限係屬同一機關之單軌制時，經常會產生這樣的疑問，即是當中負責監督任務之成員究竟對哪些事務應參與，或其係由公司負責經營任務的成員自行負責即可，尤其是對那些不屬於董事會所為，而是下屬員工負責的事務時。亦即經營監控屬同一機關時，被賦予監督任務的機關成員往往容易因其監督職責，而自認為公司所有員工之全部行為都須尤其監督負責，然而這並非正確。蓋公司某些事務的決定與執行，包括對執行員工的監督等，係屬公司的日常事務，因而應由負經營職責的機關成員來監督事務的完成，而非由負監督任務的機關成員來負責[11]。在經營監控分屬不同機關的雙軌制下，經營機關與監督機關職責區分明顯，董事會係在自己責任下，就其所為之業務決定來監督負責執行的員工，而監事會則監督董事會是否有盡到其應盡的職責，因此，可有效避免董事會與監事會在其職責範圍內的監督工作被混淆[12]。

又德國式的雙軌制，其監事會具有獨立地位可來監督董事會的運作。而在單軌制下，存在整個董事會共同行動而忽視監督工作的風險，尤其當全體董事會係共同在董事長的主導下來執行工作時，上述風險更大[13]。

---

[11]　Vgl. Birgit k. Mielke, aaO. (Fn. 2), S. 83.

[12]　Vgl. Marcus Lutter, "Das dualistische System der Unternehmensverwaltung", in: Scheffler, Eberhard (Hrsg.), *Corporate Governance*. Wiesbaden, Germany, 1995, S. 16 f.

[13]　Ibid., S. 17.

至於雙軌制經常被提到的缺點，係監事會對公司業務的陌生，而未能發揮監督功能。監事會通常並未參與策略性經營決策的決定，然而要能有效監督公司的經營，其前提必須對董事會的計畫及決定，以及就此產生之結果知悉，因此，如要改善此一缺點，可藉由各項措施來達成，例如資訊通報系統的建立或由合適的人擔任監事等[14]。

四、法制環境的變遷

對公司經營監控模式可分為外部或內部監控機制，外部監控機制除主管機關之監督外，主要係指證券市場的監督力量，但因德國證券市場相較於英、美等國較不發達，因而在德國討論關於加強公司監控議題時，立法者主要仍是著重在內部監控機制的法治改革層面，如德國 1998 年 5 月公佈之「企業監督與透明化法案」（Gesetz zur Kontrolle und Transparenz im Unternehmensbereich）[15]、2002 年 7 月之「透明與公開法案」（Transparenz-und Publizitätsgesetz）[16]、2005 年 9 月之「企業完整與撤銷權現代化法案」（Gesetz zur Unternehmensintegrität und Modernisierung des Anfechtungsrecht）[17]等，其內容均涉及到股份公司內部監控機制及資訊公開改善的規範。

---

[14] Ibid., S. 18.

[15] Bundesgesetzblatt I 1998, S. 786 ff., *http://www.bgblportal.de/BGBL/bgbl1f/b198024f.pdf*（last visited 2008.4.5）. 企業監督與透明化法案包括 14 章，第 1 章股份法的修訂，共計 34 條條文；第 2 章商法的修訂，共計 15 條條文；第 3 章營業報告及年終結算法、第 4 章合作社法、第 5 章證券交易法、第 6 章上市審查準則、第 7 章會計師規則、第 8 章非訟事件法、第 9 章信託投資公司法、第 10 章責任有限公司法、第 11 章股份法施行法、第 12 章商法施行法、第 13 章回歸行政命令一致性、第 14 章生效日期等的修訂。

[16] Bundesgesetzblatt I 2002, S. 2681 ff., *http://www.bgblportal.de/BGBL/bgbl1f/bgbl102s2681.pdf*（last visited 2008.4.5）. 透明與公開法案包括 5 章，第 1 章股份法的修訂，共計 27 條條文；第 2 章商法的修訂，共計 17 條條文；第 3 章其他聯邦法令的修訂；第 4 章專利法、新型保護法、商標法、專利費用法、半導體保護法及新式樣保護法的修訂；第 5 章生效日期等。

[17] Bundesgesetzblatt I 2005, S. 2802 ff., *http://www.bgblportal.de/BGBL/bgbl1f/bgbl105s2802.pdf*（last visited 2008.4.5）.企業完整與撤銷權現代化法案包括 3 章，第 1 章股份法的修訂，共計 40 條條文；第 2 章其他聯邦法的修訂，包括股份法施行法 、非

而關於股份公司內部監控機制主要係指監事會的監控，但股東會本身除藉由監事選任權外，其實亦可發揮一定監控公司的力量，因此為能加強其監控功能，德國立法者在 2005 年 9 月通過之「企業完整與撤銷權現代化法案」中，增訂股份法第 127 條之 a[18]，使股東或股東協會可在公司進行公告之「電子聯邦公告」的股東論壇（Aktionärsforum）中邀請其他股東共同或透過代理來行使股東權利。雖然股東論壇僅是提供私人交流的平台，但利用網路不受時間、地域限制等的便利性，將能促使股東彼此之間或股東與股東協會的意見交流更容易，而得以加強公司所有權人對公司的控制力量，以藉此使股東或股東會成為公司治理中的重要監控機制[19]。

　　此外，論及德國公司之監控機制時，均會探討到金融機構所扮演的角色，及其對企業監控所發揮的力量[20]。一方面，金融機構為公司主要融資者而為公司債權人，另一方面，金融機構可以投資持有公司股票而具公司股東身分，再者，金融機構為客戶保管股票[21]而常受客戶長期委

　　訟事件法、有價證券公開收購法、保險業監督法、訴訟費用法、律師酬勞法、歐洲公司施行法等；第 3 章生效日期。

[18] 股份法第 127 條之 a（股東論壇）的規定如下：「（第 1 項）股東或股東協會可在電子聯邦公告的股東論壇中向其他股東邀請，共同或透過代理來依據本法提議或提出要求，或於股東會行使表決權。（第 2 項）前項邀請應包含以下內容：1. 股東姓名或股東協會名稱及通訊地址，2. 公司名稱，3. 提議、要求或對議案表決權行使的建議，4. 股東會日期。（第 3 項）前述邀請可指引其理由放在邀請者網頁上及邀請者之電子郵件地址。（第 4 項）公司可在電子聯邦公告中指引對前述邀請之意見發表於公司網頁上。（第 5 項）聯邦司法部被授權，就股東論壇之外在形式及其他細節，尤其是對邀請、指引、費用、塗銷期限、塗銷權利、濫用情況及閱覽以行政命令來規範。」

[19] 對德國股東論壇的介紹，可參閱洪秀芬，〈股東交流平台建立之探討〉，《興大法學》，第 1 期，民 96.5，頁 45-58。

[20] 參閱陳麗娟，〈從德國「公司治理規約」看該國公司治理之改革〉，《東海法學研究》，第 26 期，民 96.6，頁 50-51；陳彥良，〈股東會、董事會、監事會於德國公司治理法典中法規範地位之探討〉，《政大法學評論》，第 89 期，民 95.2，頁 148-149。Vgl. Peter Hommelhoff, Klaus J. Hopt und Axel von Werder, *Handbuch Corporate Governance*. Köln, Germany: Verlag Dr. Otto Schmidt, 2003, S. 35.

[21] 德國證券市場投資人可將其股票委託保管，而保管方式可將股票存放於個別的保管機構，如金融機構，或將股票送至集中保管存放於法蘭克福結算保管公司（Clearstream Banking AG Frankfurt, 簡稱 CBF）。若採集中保管，須經由金融機

託代理行使表決權，以致金融機構不但以債權人身分監督公司，且於公司股東會中因代理行使表決權或同時亦具有公司股東身分，而得以控制股東會，取得監事會席次來監控公司。然而，金融機構做為公司之貸款者及表決權行使的代理機構，其本身存在著債權人與股東角色的利益衝突，並非恰當。因此，金融機構在公司監控所扮演的角色常成為法律政策上備受討論的議題，故立法者於 2001 年 1 月通過「記名股票與表決權行使便利法」（Gesetz zur Namensaktie und zur Erleichterung der Stimmrechtsausübung）[22]，藉由對股份法第 128 條、第 135 條的修正，及於第 134 條第 3 項第 3 句（現行法第 5 句）明定允許公司可指定表決權代理人來接受股東委託[23]，使金融機構，如立法者所預見[24]，於很大範圍從股票保管戶之表決權代理行使業務中退出，而得以創造出一個均衡的規範架構，使股東利益與擔任表決權代理人的金融機構利益得加以劃定界限[25]。故金融機構對企業之影響力亦因此被削弱，例如金融機構在公司的監事代表數降低、公司對金融機構的依賴性減弱、銀行參與工業投資的產權相繼減少、公司增加尋求其他融資管道而降低傳統銀行融資貸款等[26]。

　　除上述法制環境的變遷外，對公司經營監控法制的改革發揮很大影響力者，即是德國公司治理規約（Deutscher Corporate Governance

---

構於接受客戶指示後而將股票轉存集保，亦即保管、帳簿劃撥作業係依二段式法律架構處理，投資人欲送存有價證券集保時，須透過 CBF 之參加人辦理，而參加人百分之九十以上為金融機構，餘為證券商、外國集中保管機構等。投資人送存集保之股票，形式上並非登記為 CBF 所有，CBF 亦不代理投資人行使股東會表決權，而是由股東親自行使，或由股東授權金融機構或他人來代理行使表決權。

[22] Bundesgesetzblatt I 2001, S. 123 ff., *http://www.bgblportal.de/BGBL/bgbl1f/b101004f. pdf*（last visited 2008.4.5）.

[23] 就德國委託書之管理制度可參閱洪秀芬在《股東會委託書之管理》一書中的介紹，本書由劉連煜、林國全、洪秀芬、曾宛如合著，臺北：元照出版，民96，頁 109-187。

[24] Vgl. Ulrich Seibert, "Die Stimmrechtausübung in deutschen Aktiengesellschaften – ein Bericht an den Deutschen Bundestag", *AG*, 2004, S. 529, 531.

[25] Vgl. Dietmar Kubis, *Münchener Kommentar Aktiengesetz, Band 4*. München, Germany: Verlag C. H. Beck, 2. Auflage, 2004, § 118 Rn.19.

[26] Vgl. Ulrich Seibert, aaO. (Fn. 24).

Kodex）[27]的公佈。在金融市場國際化發展的趨勢下，公司治理之政府委員會[28]接受德國總理之委託，應提出配合國際潮流發展之現代化法律規範的建議[29]。而 2001 年 9 月由聯邦司法部部長指定的公司治理委員會即在 2002 年 2 月 26 日公佈公司治理規約。在該規約公告後，委員會仍繼續存在，以持續觀察公司治理於法制和實務上的發展，並且每年至少檢驗一次，是否規約有修正的必要。截至目前為止，公司治理規約已經過 11 次修正，最近一次係在 2014 年 6 月 24 日公告修正[30]。藉由本規約，德國政府希望德國公司經營監控之現行法制能透明化，以加強國內外投資人對德國公司企業管理的信心。因此，德國公司治理規約著重於，尤其是就國際間對德國企業組織之主要批評如對股東利益安排的不足、董事會與監事會的雙軌企業組織、德國企業管理之透明度不夠、德國監事會缺乏獨立性、審計人員有限的獨立性等加以回應及規範。依據上述相關批評，德國公司治理規約因此分為七部分來加以規範，第一部分前言、第二部分股東與股東會、第三部分董事會與監事會的合作、第四部分董事會、第五部分監事會、第六部分透明度、第七部分會計與審計等。

---

27 Deutscher Corporate Governance Kodex，有譯為德國公司治理法典，或譯為德國公司治理規約，本文採用後者之翻譯。

28 現行委員會成員主要是實務界大型公司之董監事、會計師、公益協會之業務執行人、學界人士等。

29 Vgl. Theodor Baums, "Aktienrecht für globalisierte Kapitalmärkte-Generalbericht", in Peter Hommelhoff, Marcus Lutter, Karsten Schmidt, Wolfgang Schön und P. Ulmer (Hrsg.), *Corporate Governance*. Heidelberg, Germany: Verlag Recht und Wirtschaft, 2002, S. 14.

30 相關資訊，參閱 http://www.dcgk.de//files/dcgk/usercontent/de/download/kodex/D_CorGov_Endfassung_2014.pdf.（last visited 2014.11.12）

第二節 2015 年之德國公司治理規約

　　德國公司治理規約（以下簡稱規約）自 2002 年 2 月 26 日公佈以來，已經過多次修正，最近一次是在 2015 年 5 月 5 日，本章節所述之內容係以 2014 年之規約為本[31]。

一、德國公司治理規約之性質

　　德國公司治理規約並非經過立法程序，故無強制之法律效力，但其藉由股份法第 161 條所規範之聲明義務而取得法律基礎[32]，使董事會與監事會[33]須因聲明義務而不得不注意遵守規約的要求。依據第 161 條規定，德國上市公司的董事會與監事會每年必須提出聲明，其符合聯邦司法部在聯邦電子公告官方部分所公佈之德國公司治理規約委員會所提出的建議，或說明哪些建議未被採用（Entsprich oder erkläre；comply or explain）[34]，並讓股東可隨時持續取得這些聲明。藉由此一聲明義務所揭露之內容，可使投資人了解公司治理的現況，來評估其投資決定，而好的公司治理依多數看法應可提高公司市場價值[35]，因此，經由股份法第 161 條規定，強制揭露公司執行公司治理規約的情況，將對公司之董監事會形成一種市場上的壓力，而使規約的建議事項於某種程度上對公司運作有相當的拘束力。此外，董事會或監事會若有違反聲明義務者，

---

[31]　關於德國公司治理規約 2005 年版之中文翻譯可參閱陳彥良，〈2005 年修訂德國公司治理法典譯文〉，《律師雜誌》，第 329 期，民 96.2，頁 56-66；2006 年版之規約主要內容可參閱陳麗娟，同前揭註 20，頁 66-76。

[32]　Vgl. http://www.dcgk.de/de/kodex.html. （last visited 2016.4.20）

[33]　依股份法第 161 條規定，董事會與監事會均個別有其各自之聲明義務。Vgl. Wilhelm Happ, in: Wilhelm Happ (Hrsg.), *AktienrechtHandbuch – Mustertexte - Kommentar*. Köln, Berlin, München, Germany: Carl Heymanns Verlag, 3. Aufl., 2007, 8.14 Rn. 2.

[34]　Vgl. Reinhard Marsch-Barner, in: Reinhard Marsch-Barner und Frank A. Schäfer (Hrsg.), *Handbuch börsennotierte AG*. Köln, Germany: Verlag Dr. Otto Schmidt, 2005, § 2 Rn. 34.

[35]　Ibid, Rn. 35.

亦可能因此同時違反股份法第 93 條第 2 項、第 116 條之注意義務而產生損害賠償責任[36]。

規約中所規範之內容，就公司是否應遵守或得不遵守而可分為三類規範強度。其中一類稱為建議（Empfehlungen），對此於規約條文中使用「應」（soll）來表示，就此類規範，公司雖可偏離不去遵守，但公司有義務每年加以揭露，如此便能使公司去顧慮到公司各部門或企業的特定需求，而得以促進德國企業組織的靈活性與自我規範。另一類為鼓勵性的建議（Anregungen），就此種規範，公司可偏離不遵守且無需揭露，對此類規範條文中使用「宜」（sollte）來表示。第三類之規範，乃指於條文中未以應、宜表示之規範，其本身係為現行有效之各法律規定，因而公司本應加以遵守[37]。

規約中對行為規範的建議，其並不具有強制適用的效力，但藉由股份法第 161 條聲明義務的規定，對公司董監事會形成事實上的強制力[38]，而此種行為規範方式提供德國法制改革一條新途徑，亦即無須如往常般依立法方式來規範，而是可藉由法律以外的制度來作為行為規範的工具[39]。

二、德國公司治理規約之適用對象

本規約適用對象，依規約之前言，係針對德國上市公司，但亦建議未上市公司遵從本規約。所謂上市公司，依股份法第 3 條第 2 項規定，係指股票被允許在由國家認可機構所規範與監督之市場定期交易且對投

---

[36] Vgl. Wilhelm Happ, aaO. (Fn. 33), 8.14 Rn. 19.

[37] 參閱規約的前言。

[38] 被稱之為軟性法律（soft law）。

[39] Vgl. Klaus J. Hopt, "Unternehmensführung, Unternehmenskontrolle, Modernisierung des Aktienrechts – Zum Bericht der Regierungskommission Corporate Governance", in: Peter Hommelhoff, Marcus Lutter, Karsten Schmidt, Wolfgang Schön und P. Ulmer (Hrsg.), *Corporate Governance*. Heidelberg, Germany: Verlag Recht und Wirtschaft, 2002, S. 33ff.; P. Ulmer, "Der Deutsche Corporate Governance Kodex – Ein neues Regulierungsinstrument für börsennotierte Aktiengesellschaft", *Zeitschrift für das gesamte Handelsrecht und Wirtschaftsrecht*, 2002, S. 150.

資大眾直接或間接開放之公司，此亦包括在國外證券市場上市的德國股份公司在內[40]。而德國上市公司依股份法第 161 條規定，對規約之執行狀況有聲明義務，但外國上市公司在德國則無此聲明義務，蓋第 161 條僅對適用德國股份法規定之公司有效[41]。

此外，當本規約規定之內容不僅涉及公司本身，亦涉及其關係企業時，則於規約中將以「企業」概念取代「公司」來規範。

三、德國公司治理規約對董事會及監事會之規範

本規約內容分七部分，其中關於董事會與監事會之規定者為第三、四、五部分。規約中指明，德國股份公司之經營監督機制係採雙軌的營運體制，但設於德國之歐洲公司，可決定採用國際間廣泛被使用的單軌營運體制。而規約於前言部分亦指出，於其他歐陸國家亦有採用雙軌制以及單軌制，因雙軌制之董事會與監事會緊密合作，使得雙軌制以及單軌制兩種體制在實務運作上日趨接近，而且都同樣具有成效。

雖然雙軌制與單軌制兩種體制於運作上日益相近，但為符合金融市場國際化的發展趨勢，以及使德國公司的企業經營體制能在公司治理架構的競爭中處於領先地位，因此，受德國總理委託的政府委員會應致力於提出改革建議，以強化德國公司的企業經營體制，並盡量銷除其缺失。而就公司治理架構的競爭應考慮到兩方面：一方面，德國大企業已逐漸從外國金融市場籌措自有資本（股本），因此他們不但必須遵守外國的證券交易規則與金融市場的要求，而且外國機構投資人，尤其是英美的機構投資人，亦期待這些德國大企業能有與其本國企業相同或類似的企業經營體制，以供其投資判斷；另一方面，德國本身的金融市場亦越來越專業化，此一發展係受到傳統老年退休供給措施尋求獲利，以及現代人多角化投資需求的影響，以致愈來愈多新的或加強的金融服務人員、投

---

[40] Vgl. Wilhelm Happ, aaO. (Fn. 33), 8.14 Rn. 1.
[41] Vgl. Uwe Hüffer und Jens Koch, *Aktiengesetz*. München, Germany: Verlag C. H. Beck, 11. Auflage, 2014, § 161 Rn. 6a.

資基金、退休基金、財富管理或分析師等出現，其不但在德國證券市場投資，亦佈局全球化的投資策略[42]。

政府委員會於廣泛徵求有關意見及研究分析後提出建議報告，而在其報告經聯邦內閣同意後，報告中之建議被轉換為「德國公司治理規約」。在該報告中，委員會並未質疑德國式的經營及監督組織分離的雙軌營運體制，因為從實務經驗可知雙軌制與單軌制兩種體制的運作日趨接近，故委員會並未捨棄雙軌制，而是選擇努力嘗試使兩種體制的運作能更日加接近，及使雙軌制中的監事會能更完善的取得公司資訊，且加強其應盡之義務，此點可從規約的規範中得到印證。

以下僅就規約中有關董事會與監事會運作之規範加以介紹：

（一）董事會與監事會的合作

規約第三部分乃就董事會與監事會的合作加以規範。於此部分，規約指出董事會與監事會須緊密合作致力於追求公司利益，其一同決定公司重大經營策略，並定期討論經營策略的實施現況。規約並依股份法第111條第4項規定，要求章程或監事會對公司之重要基本事項須確立應經監事會同意，此包括公司資產、財務、盈餘狀況之重大變動的決定或措施在內（規約 3.3）。從規約的這些規範觀察，可知德國公司監事會於相當程度上參與公司事務及經營策略的決定，而非僅處於單純的監督角色，故與單軌制的董事會運作有相近之處。在規約此部分尚規範有，改善監事會之資訊取得、董監事及有關人員的保密義務、公司面臨公開收購時的董監事行為、董監事的善良管理人注意義務、董監事責任險之自付賠償額的約定、企業貸款於董監事及其親屬應經監事會同意、公司治理現況之揭露等有關事項。而早在 2007 年修正規約時，即已增加商業判斷原則的規定，指出當董事會或監事會成員在合理情況下可以認為，其係依適當的資訊為公司利益行為者，則其商業決定未違反注意義務。

---

[42] Vgl. Theodor Baums, , aaO. (Fn. 29),S. 14.

（二）董事會與監事會之任務與職權

依規約 4.1.1 規定，董事會係在持續創造價值目標下以獨立負責方式來經營企業，故其須注意適當的風險管理及風險控制（規約 4.1.4），並確保法令的遵守（規約 4.1.3）。而監事會的任務，則係對董事會的經營定期給予建議及監督，並參與企業重要基本事項的決策（規約 5.1.1）。此外，監事會亦負責選任與解任董事（規約 5.1.2），並決定個別董事的整體報酬（規約 4.2.2）。

（三）監事會中組成委員會

規約建議監事會應依企業特別情況及監事人數組成專業委員會，以提升監事會之工作效率及進行複雜事務的處理（規約 5.3.1）。而規約建議應組成的委員會包括審計委員會（規約 5.3.2）及提名委員會（規約 5.3.3）。而就監事會中之審計委員會於規約中有一些原則性的建議規範，依規約 5.3.2，其建議審計委員會特別應負責處理會計事務、風險管理、審計人員必備的獨立性、審計工作的委任、審計重點的決定及收費等議題。同時規約 5.3.2 亦建議，審計委員會之主席應具有對會計原則應用與內部控制程序的特別知識與經驗，且最好具備獨立性及非公司兩年內之卸任董事。

自從公司治理觀念普及以來，德國監事會制度亦受到衝擊，如國際間公司治理制度廣泛要求應設立審計委員會，美國 Sarbanes-Oxley 法要求公司必須設審計委員會作為上市條件等，均影響到德國的監事會制度，使得審計委員會與具相同監督色彩的監事會制度如何調和，成為德國發展公司治理的一大議題。在本規約中，係將審計委員會建議設於同具監督色彩的監事會中，而非在董事會，蓋單軌制之董事會係藉由審計委員會來負責公司經營的監督任務，而雙軌制已有監事會職司監督工作，因此，規約建議於監事會中組成審計委員會，係為提高監事會工作效率，與單軌制之董事會設立審計委員會是為負責監督者的性質不同。且於監事會中設審計委員會，亦可呼應國際間對公司治理制度的要求。

（四）監事資格與獨立性之考量

依規約 5.4.1，於提名監事選舉之候選人時，應注意其具有順利執行監事任務的必要知識、能力及專業經驗，同時應考量監事之企業國際活動、潛在利益衝突、應符合之年齡限制以及資歷限制，並兼顧人員多樣化。規約 5.4.2 規定，為了能使監事會獨立超然的對董事會提供建議以及監督，監事會應依其評估有足夠人數的獨立性成員擔任監事。而監事與公司或董事會未存有構成利益衝突之業務上或個人關係者，視為具有獨立性。又卸任董事擔任監事不應超過 2 名，且監事不應在企業的重要競爭對手中執行組織職能或提供諮詢任務。此外，依規約 5.4.5，上市公司董事擔任關係企業以外之上市公司的監事總共不得超過 3 家。又規約 5.4.4 規定，董事會成員在卸任後兩年內不應成為公司監事會成員，除非其係依持有公司已發行有表決權股份超過百分之二十五之股東的建議而被選出。

從規約對監事資格與獨立性考量的建議觀察，監事會成員應具備一定專業能力，且監事會應有足夠之獨立性成員，以期發揮監督功能，此實與單軌制之董事會對審計委員會及其委員的要求相當，可看出雙軌制與單軌制兩種體制在監督運作上日益相近。

（五）董監事之報酬

依規約 4.2 此部分之相關條文規定，監事會會議應根據處理董事報酬委員會之建議來商討董事薪酬制度的結構，並對其做定期檢驗。監事會考量董事報酬時，應在納入關係企業收入情況下，以績效評估來決定適當數額。而報酬適當與否的標準應以每位董事任務、個人工作成果、企業的經濟狀況、業績和前景來決定，以及考量同業一般給付標準及公司內部的薪資結構。若監事會委任外部薪資專家來進行董事報酬合理性之評估者，應注意專家與董事及企業間是否具有獨立性。此外，規約中詳細規定董事薪酬架構中所應包含的各部分及給付方式等。而規約亦規定，在無重要理由下，提前終止董事職務時，對董事之補償宜不超過其

兩年報酬的上限與其職務所餘任期之報酬。至於因控制權交替提前終止董事職務時所承諾之報酬，宜不超過上述補償上限的百分之一百五十。又規約要求監事會主席應向股東會說明董事的薪酬制度及其改變。每位董事的全部報酬應分別就固定與變動報酬，為具名揭露[43]，且應揭露公司對董事提前或正常卸任時所承諾之給付。對於上述董事薪酬之揭露，若股東會以四分之三多數決做成其他決議，則可不揭露。董事薪酬報告的揭露係為公司治理報告的一部分，應以一般易懂的形式說明董事的薪酬制度。

依規約 5.4.6，監事報酬應經股東會決議或依章程規定。其報酬應根據監事所負責任與工作範圍，以及企業的經濟狀況與業績來決定，同時應考量監事會主席、副主席、委員會主席、委員會成員等情況。報酬除固定報酬外，亦應包括以績效為主的報酬。而以績效所決定之報酬應考量包括企業的長期經營績效在內。此外，監事的報酬亦應個別在公司治理報告依據組成項目分別揭露。

（六）利益衝突

規約 4.3 係規範董事利益衝突的相關規定，內容包括有：董事負有忠實義務，在為企業執行職務期間有廣泛競業禁止義務，不得利用公司商業機會；董事及工作人員在與其職務相關的事務上，不得為自己或他人向第三人要求或接受不當利益，或給予第三人不正利益；每位董事於有利益衝突時，應立即對監事會揭露，並告知其他董事；企業與董事、與董事親近之人、或與董事個人有密切關係的企業間所為各項交易，應符合營業常規；公司與董事之交易，由監事會代表公司，與董事關係人之重要交易或公司重大行為應經監事會同意；董事對於兼職，尤其是企業外的監事職務，應僅在監事會同意下才得從事之。

規約 5.5 係規範監事利益衝突的相關規定，內容包括有：每位監事都對公司利益負有義務，其不得於決策時追求個人利益，或為自己利用

---

[43] 德國於 2005 年 6 月 30 日通過「董事報酬揭露法」（Gesetz über die Offenlegung der Vorstandsvergütungen，簡稱 VorstOG），並自 2005 年 8 月 11 日起生效。S. Bundesgesetzblatt I 2005, 2267.

公司的商業機會；每位監事應向監事會揭露利益衝突情況，特別是基於諮詢或公司機關功能，在顧客、供應商、貸款人或其他商業夥伴而可能產生的利益衝突；監事會應在給股東會的報告中，說明已出現之利益衝突及其處理情形，而存在於監事個人之重要且非一時的利益衝突，應導致監事職務的結束；監事與公司間的顧問契約、其他服務契約與承攬棄契約應經監事會同意等。

參　德國公司對企業社會責任之實踐

　　傳統上德國企業富有社會責任意識，甚至國家就企業經營應兼顧公眾利益來實現社會責任曾予以明文立法，雖然後來廢除相關規定，但從德國基本法之規定，仍是可導出公司經營企業應促進共同福祉的社會責任。而晚近，世界各國包括德國在內，越來越重視企業經營者應將社會利益及環境利益融入其企業活動及與利害關係人的互動關係中，如此方能促進公司之永續發展。因此，本章節將探討企業社會責任對德國公司經營法制的影響，以及德國各界如何促進企業社會責任之實踐。

第一節　何謂企業社會責任

　　企業社會責任於國際上或德國境內並未有明確單一的定義，雖然如此，國際組織仍嘗試盡量就其內涵具體化，以期能在較廣泛的程度上取得共識而使其內容標準化[44]。而企業社會責任在英美用語上常與「企業

---

[44] Vgl. Beatrix Kuhlen, *Corporate Social Responsibility (CSR). Die ethische Verantwortung von Unternehmen für Ökologie, Ökonomei und Soziales; Entsicklung, Initiativen,*

公民責任」（Corporate Citizenship, 簡稱 CC）[45]等同視之，但在歐陸則人們一致認為「企業社會責任」是超出「企業公民責任」的範圍，故其內容較為廣泛[46]。以下就企業社會責任的定義、企業社會責任的體系以及依歐盟執委會在 2001 年所發布之「綠皮書－企業社會責任的歐洲架構」（Grünbuch - Europäische Rahmenbedingungen für die soziale Verantwortung der Unternehmen[47]，以下簡稱綠皮書）中所提到之企業社會責任面向加以介紹。

一、企業社會責任的定義

在歐陸包括德國[48]在內廣被接受的企業社會責任定義係依據歐盟執委會於 2001 年發表的綠皮書中所下的定義，綠皮書認為企業社會責任大多被定義為「其作為企業基礎的理念，使企業在自願的基礎上，將社會利益及環境利益融入其企業活動及與利害關係人的互動關係中。」[49]依

Bericherstattung, Bewertung. Baden-Baden, Germany: Deutscher Wissenschafts-Verlag, 1. Auflage, 2005.

[45] 所謂企業公民責任是指企業作為社會一分子，除其經營活動外，亦如同好公民來參與行動，而自覺對社會整體的福利負有義務，亦即指企業投入其所處社會環境的公益行為，並因此負決策責任的一切行動。Vgl. Peter Ulrich und Markus Kaiser, *Das Unternehmen, ein guter Bürger. Corporate Citizenship im Zeichen gesamtgesllschaflicher Mitverantwortung.* St. Gallen, Switzerland: HandelsZeitung Fachverlag, 2001, S. 29; Manuela Weber, "Corporate Social Responsibility: Konzeptionelle Gemeinsamkeiten und Unterschiede zur Nachhaltigkeits- und Corporate-Citizenship-Diskussion", in: Martin Müller und Stefan Schaltegger (Hrsg.), *Corporate Social Responsibility - Trend oder Modeerscheinung?.* München, Germany: Oekom Verlag, 2008, S. 44 ff.; Oliver M. Herchen, *Corporate Social Responsibility – Wie Unternehmen mit ihrer ethischen Verantwortung umghen.* Hessen, Germany: Books on Demand, 2007, S. 24.

[46] Vgl. Oliver M. Herchen, aaO. (Fn. 45), S. 24 f.

[47] Kommission der europäischen Gemeinschaften, Grünbuch - Europäische Rahmenbedingungen für die soziale Verantwortung der Unternehmen. KOM (2001)366 endgültig, Brüssel, 2001 (zitiert:Grünbuch). *http://eur-lex.europa.eu/LexUriServ/LexUriServ.do?uri=COM: 2001:0366:FIN:DE:PDF.*

[48] 例如可參閱 BDI 及 BDA 提倡的「德國企業社會責任」中對企業社會責任的定義。*http://www.csrgermany.de/www/csrcms.nsf/id/FEC5B6D7BF49786FC1256F48006588 39.* (last visited 2009.2.20)。

[49] "Die meisten Definitionen bezeichnen sie als ein Konzept, das den Unternehmen als

綠皮書定義，企業社會責任具有三個要素，分別為「自願性」、「社會利益及環境利益」、「與利害關係人的互動」。而就「社會利益」及「環境利益」，若再加上企業追求獲利的「經濟利益」，則此三種利益即構成「永續發展」（Nachhaltigkeit）的三大基石，此被稱為「三柱方針」（Drei-Säulen-Modell, Triple Bottom Line, 或被稱為"3BL", 或"People, Planet, Profit"）[50]。故就綠皮書對企業社會責任的定義，其係指企業乃超越法律出於自願下，在其各自經營活動上，對環境影響具重要性之議題（環保）、到跟勞工關係（工作）及具重要關係之請求團體（利害關係人）的互動上，進行負責任的行為。就其定義可以如下圖表呈現[51]：

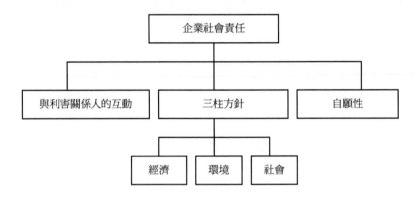

茲就企業社會責任的三要素進一步說明如下：

（一）自願性

企業社會責任係指企業出於「自願」進行負責任的行為，但是否應強調必須是出於「自願」的，則引起很多批評。例如歐洲議會（Europäische Parlament）即認為該定義使人有這樣的印象，似乎唯一可能的企業社會

Grundlage dient, auf freiwilliger Basis soziale Belange und Umweltbelange in ihre Unternehmenstätigkeit und in die Wechselbeziehungen mit den Stakeholdern zu integrieren.." Grünbuch, Punkt 20, S. 7.
[50]　Oliver M. Herchen, aaO. (Fn. 46), S. 29.
[51]　Ibid.

責任出發點係存在於自願性的承擔，而且企業的社會責任似乎只是一種在其日常運作中的自願性業餘工作而已，因此對該定義多所批評[52]。除了歐洲議會的批評外，亦有眾多社團或工會團體對自願性作出批評[53]。惟歐盟執委會在其 2006 年致歐洲議會、歐盟部長理事會及歐洲經濟暨社會委員會之溝通文件中，再次強調企業之社會責任係出於自願性，因此拒絕在企業社會責任的定義中含有對企業附加義務及管理要求的內容，其認為若是如此將出現反效果[54]。

當企業出於自願進行負責任之行為時，其自願性行為的動機，常被提出質疑，究竟其係出於利他主義而為，或其實背後隱藏有經濟目的。在絕大多數情況下，企業應非單純出於利它主義而為，而是同時藉此追求利益極大化，因此，常可看到企業在社會責任的外衣下進行廣告或行銷策略。例如企業承諾將特定產品收入的一定百分比捐給某慈善團體，於此情況下，該慈善團體與企業存在協議，允許企業為了廣告目的使用其名稱或標誌，而消費者將被吸引來消費，蓋消費者認為其藉由購買該特定產品而作了善事，至於企業則因此提高產品銷售量而獲得利益。或企業可能對某文化或運動活動贊助，而藉由該活動的轉播，吸引社會大眾對該贊助企業的注意，達到類似購買媒體廣告時間作為宣傳的目的[55]。即使是純粹捐款給社會團體或為了文化目的而捐，亦可能潛藏有經濟上的動機，蓋因此可能獲得特定消費團體的尊敬而打開新市場[56]。

[52] Europäisches Parlament, "Bericht über das Grünbuch der Kommission über die Förderung der europäischen Rahmenbedingungen für die soziale Verantwortung der Unternehmen", A5-0159/2002, Bericht vom 30.04.2002, S. 21. *http://socialistgroup. org/sides/getDoc.do?pubRef=-//EP//NONSGML+REPORT+A5-2002-0159+0+DOC+ PDF+V0//DE.*

[53] Bernhard Ungericht, Dirk Raith, und Thomas Korenjak, *Corporate Social Responsibility oder gesellschaftliche Unternehmensverantwortung? – Kritische Reflexionen, empirische Befunde und politische Empfehlungen.* Berlin, Germany: Lit Verlag, 2008, S. 19.

[54] Kommission der europäischen Gemeinschaften, Mitteilung 2006, S. 3.

[55] Vgl. Gerald Spindler, aaO. (Fn. 9), § 76 Rn. 87.

[56] Vgl. Martin Empt, *Corporate Social Responsibility: das Ermessen des Managements zur Berücksichtigung von Nichtaktionärsinteressen im US-amerikanischen und deutschen Aktienrecht.* Berlin, Germany: Duncker & Humblot, Schriften zum Internationalen Recht,

企業經營者是否可以出於「自願」使用公司資產從事社會公益行為，且該行為與股東長期獲利極大化的目標不一致？存有爭議。若從股東利益至上的觀點來看，除非該企業之公司章程明確規範公司存有獲利以外的其他目的，否則純正利他行為應不允許[57]。然而是否與長期獲利極大化之目標不一致，存有判斷上的困擾，蓋一方面「長期獲利極大化」的定義並不清楚，其究竟係指會計上的獲利、計算上的獲利、以時間為標準的獲利計算？等實不明確。再者，公司法制內之企業獲利係以一年為期所為之短期會計估算，與長期獲利極大化所追求之「長期」存有衝突之處[58]。因此應認為，企業經營者對於即使會損及企業短期獲利極大化之社會公益行為應仍可為之，只要公司的營利特性並不會被影響到即可[59]。又企業純正之利他行為和自願承擔社會責任與出自獲利極大化營利動機之社會公益行為亦難以區別。在許多情況下，進行社會公益行為的企業經營者，其係認為這些行為在道德上是正確的而採行之，但這些行為同時又可提高企業形象，並進而對企業的經營成效有所貢獻，則究竟這些行為應屬純正利他行為或是營利行為，其並不容易歸類[60]。此外，公司所追求之企業利益，已逐漸從股東利益至上的觀點，轉而重視利害關係人利益，因此，企業經營者之決定應不再以股東利益為唯一衡量標準。

至於企業若是基於法令規範的要求而從事符合社會責任的行為，則即使該行為會損及企業獲利極大化，仍是須守法而為，只不過此等行為在本質上即缺乏自願性，蓋企業若不遵守法令將面對法律上或經濟上之不利後果，而損害企業利益，如被處以罰鍰、企業商譽受損等，因此企業經營者不得不依法令而為，以免對企業負經營失職的責任，甚至個人因此面臨法律的制裁。而企業承擔社會責任所採行之經營行為，其實在

Band 146 (Dissertation), 2004, S. 25 ff.

[57] Ibid.

[58] Vgl. Gerald Spindler, aaO. (Fn. 9), § 76 Rn. 70.

[59] Ibid.

[60] Vgl. Oliver M. Herchen, aaO. (Fn. 46), S. 35.

很多情況下，要不就是基於遵循法令而為，不然就是基於長遠估算為追求長期獲利極大化而為[61]，前者雖缺乏自願性，但仍是屬於企業社會責任的一環，即是將某些符合社會公益的任務，例如環境保護、工作保障、產品安全等任務，藉由國家法令來強制要求企業履行，而屬於法令規範內的企業社會責任，但依歐盟綠皮書的定義，則是期待企業能更進一步超越法律來自願承擔社會責任[62]。

（二）三柱方針

歐盟綠皮書在提到社會利益及環境利益時，經常一併提到經濟，而構成所謂三柱方針。而三柱方針依綠皮書定義，係指一種理念，來自於企業在整體運作上應加以衡量，其行為對經濟繁榮、環境品質及社會成本有何貢獻[63]。而在論及企業社會責任上位概念的永續發展時，同樣會兼顧這三種面向（即經濟、生態及社會）。

永續發展之經濟面的特徵，係指致力於就現有資源得以長期獲利。就其生態面而言，則是指不但就現有的自然資源應廣泛加以維護，而且更應進一步去創造生態上的條件來確保人類長期的生存。至於社會面向，則係指分配公平性的問題，亦即關於分配之機會與資源的問題，對此不能僅限於就單一國家來觀察，尤其應針對第一及第三世界的分配衝突來加以考量，以使現在及未來世代的基本需求能被滿足[64]。

（三）與利害關係人的互動

依歐盟綠皮書的定義，利害關係人係指個人、團體或組織，其影響企業經營活動或被企業經營活動所影響者。其可分為內部利害關係人，如企業員工，及外部利害關係人，如客戶、供應商、持分所有人、投資

---

[61] Ibid.
[62] Vgl. Grünbuch, Punkt 21, S. 7.

[63] Grünbuch, S. 30.
[64] Oliver M. Herchen, aaO. (Fn. 46), S.33 f.

人、地方團體等[65]。在企業社會責任的架構中，與利害關係人的互動係特別重要，蓋企業承擔社會責任之對象必涉及到這些人。而就不同之利害關係人或團體，其對企業的要求當然亦有所不同，例如，自有資金提供者（股東）對企業的要求是公司價值的提升與投入資金的獲利，他人資金提供者（如貸款銀行）的要求是貸款資金的清償與生息，企業職工的要求係合理的薪津、工作條件與職場安全，經理人的要求是報酬、權力、影響力以及聲譽，客戶的要求是有利的價格及符合品質的產品，供應商的要求則是可靠的付款以及與企業的長期供應關係，企業所在地居民之要求是企業運作不要影響妨礙其生活品質，環保團體對企業之要求是企業應友善愛護環境，社會大眾則是要求企業繳稅、遵守法令、投入社會公益活動等。

二、企業社會責任的體系

在論及企業社會責任內涵時，德國學者[66]常提到 Carroll 於 1979 年即已提出而廣被流傳的四層等級之責任金字塔理論[67]，但亦有學者對此理論加以批評進而提出修正，如 Wood 於 1991 年所提出之理論，其將 Carroll 提出之四層等級的責任分布放在三個分解面（drei Analyseebenen）來探討企業對社會責任的履行[68]，而 Hiß 則於 2005 年提出將企業責任分為內部、中間、外部三個同心圓之責任範圍（Verantwortungsbereiche）理論[69]。以下就此三種理論所呈現的企業社會責任體系加以簡單介紹。

---

[65] Grünbuch, S. 30.

[66] Stefan Schaltegger und Martin Müller, "CSR zwischen unternehmerischer Vergangenheitsbewältigung und Zukunftsgestaltung", in Martin Müller und Stefan Schaltegger (Hrsg.), *Corporate Social Responsibility - Trend oder Modeerscheinung?*. München, Germany: Oekom Verlag, 2008, S. 20; Oliver M. Herchen, aaO. （Fn. 46），S.16. 並參閱楊君仁，〈公司治理與企業社會責任－德國法的觀點〉，《臺灣法學雜誌》，第 109 期，民 97.08，頁 71-72 及其文內註釋 29、30。

[67] Archie B. Carroll, "A three-dimensional conceptual model of corporate social performance", *Academy of Management Review*, Vol. 4, No. 1, 1979, pp. 497-506.

[68] Donna J. Wood, "Corporate Social performance revisited", *Academy of Management Review*, Vol. 16, No. 4, 1991, pp. 691-718.

[69] St. Hiß, *Warum übernehmen Unternehmen gesellschaftliche Verantwortung? Ein*

（一）Carroll 的責任金字塔理論

Carroll 將社會對企業期待的責任分為四層等級，第一層為經濟責任（ökonomische Verantwortung），第二層為法律責任（rechtliche Verantwortung），第三層為道德責任（ethische Verantwortung），最上層則為慈善責任（philanthropische Verantwortung），由第一層到最上層形成一座金字塔架構的完整企業社會責任體系。其中第一、二層為企業運作的先決條件（vorausgesetzt），第三層為企業被期待應如此運作（erwartet），而第四層則是期望企業可如此運作（gewünscht），以善盡其責任[70]。其責任體系之架構如下[71]：

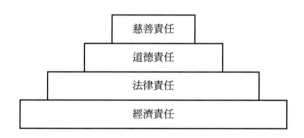

最底層係企業的經濟責任，此為其他企業責任的基礎，而且對企業的運作是必要的，蓋企業存在之前提乃其具有長期獲利的能力。企業身為經濟主體的最根本責任，即是依社會需求去生產貨物或提供勞務以創造企業的利潤。而企業藉由追求獲利盡其經濟責任的同時，也滿足了社會的需求，使其自身利益與社會共同利益得以協調[72]。第二層為法律責任，亦即企業應遵守法律規定，否則面臨被處罰的後果。而法律係反映

---

soziologischer Erklärungsversuch. Frankfurt am Mainz, Germany: Campus Verlag, Universität Bamberg Dissertation, 2005.

[70] Vgl. Stefan Schaltegger und Martin Müller, aaO. (Fn. 66), S. 20.

[71] Archie B. Carroll, supra note 67, p. 499.

[72] Archie B. Carroll, supra note 67, p. 500; Kurt Promberger und Hildegard Spiess, *Der Einfluss von Corporate Social (and Ecological) Responsibility auf den Unternehmenserfolg*, working paper 26/2006, Universität Innsbruck, Institut für Strategisches Management, Marketing und Tourismus, 2006, S. 9.

出一個社會所公認而被明文規定的行為準則，企業身為守法公民的一分子，當然被強制要求須在法律設定的界線內來進行企業活動[73]。第三層為道德責任，在這個範疇係關於那些未被法律明文規定下來的社會標準與價值，對企業運作而言，不要違反這些標準與價值亦是重要的，否則其可能面臨社會的制裁，例如消費者的聯合抵制[74]。至於最上層則為慈善責任，其特徵為企業個別的判斷與選擇，並以自由意願為基礎。對企業而言，社會的期待是多樣的並希望企業參與例如慈善奉獻、支持藝術、訓練教育機構或社區活動等超越法律及道德的行為[75]。

（二）Wood 的分解面理論

　　Wood 於 1991 年對 Carroll 的金字塔理論提出批判，其認為 Carroll 所界定的責任係就各層責任孤立的加以觀察且缺乏彼此間的聯繫，因而 Wood 進一步將不同層級的責任（道德、社會、經濟、慈善責任）分布放在企業的三個分解面（drei Analyseebenen）來探討企業對社會責任的履行[76]。此三個分解麵包括機構面（institutionelle Ebene）、組織面（organisationale Ebene）及個體面（individuelle Ebene）。在機構面部分，企業作為一個機構及經濟的成員對社會有經濟責任及自願性質的慈善責任，在組織面部分，企業作為一個組織及社會體制的一員有其應盡的經濟及社會責任，在個體面部分，企業的成員，尤其是決策者，其舉止宜符合道德，表現出對社會或生態責任更強烈的關注[77]。

---

[73] S. Archie B. Carroll, supra note 67, p. 500; vgl. Kurt Promberger und Hildegard Spiess, aaO. (Fn. 72), S. 9.

[74] S. Archie B. Carroll, ibid.

[75] S. Archie B. Carroll, ibid.

[76] Vgl. Oliver M. Herchen, aaO. (Fn. 46), S. 18; Kurt Promberger und Hildegard Spiess, aaO. (Fn. 72), S. 10.

[77] Vgl. Oliver M. Herchen, aaO. (Fn. 46), S. 18;Kurt Promberger und Hildegard Spiess, aaO. (Fn. 72), S. 12.

（三）Hiß 的同心圓責任範圍理論

　　Hiß 認為 Carroll 提出的責任體系雖說內容廣泛且一般，但在內容分析上卻是分離的，而個別層級的責任其實有部分是互相交集[78]，因此，Hiß 於 2005 年提出其對企業責任的觀點。Hiß 將企業社會責任分為三個同心圓的責任範圍，最內圈同心圓的責任範圍為「市場與法律」，中間同心圓的責任範圍係處於「價值創造鏈中的自願性企業社會責任」，最外圈同心圓的責任範圍則係處於「價值創造鏈以外的自願性企業社會責任」。其可以下圖呈現[79]：

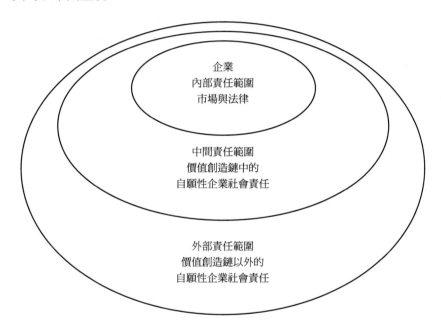

　　最內部責任範圍係包括企業所代表的經濟功能以及遵循法律與約定，Hiß 稱此範圍為非自願性之企業社會責任，其之所以亦可歸類為社會責任，係因企業藉此對社會的進步有所貢獻。中間責任範圍係指企業自願的，亦即非法律規定，來進行企業社會責任的行為，而這些行為乃

---

[78] Vgl. St. Hiß, aaO. (Fn. 69), S. 37.
[79] St. Hiß, aaO. (Fn. 69), S. 38.

和價值創造的安排結合在一起。至於最外部的責任範圍則是指所有未被內部、中間責任範圍所包含的其他社會責任，亦即與企業價值創造之經濟行為無緊密關聯的企業行為，如慈善行為即屬之。而在「企業公民責任」概念下所經常被討論的表徵，其大多數即可歸類為此一責任範圍[80]。

就 Hiß 所提的理論，學者批評其所架構之體系不精確，而 Hiß 本身亦承認，其認為此乃因為個別責任範圍之間會互相影響，並表示因此更不應將責任範圍分成階梯式等級來觀察，且其認為直接將利害關係人利益及股東利益歸類在個別責任範圍內是不可行的[81]。但不論如何，其所提理論還是有助於了解企業社會責任的範圍及界限。

三、歐盟綠皮書的企業社會責任面向

依歐盟綠皮書所提到之企業社會責任面向，其分為內部及外部層次[82]，藉尤其內容的介紹，有助於了解企業社會責任的內涵。

（一）內部層次

對企業應負之社會責任，首先提到的即是關於勞工問題，包括企業如何進行人力資本的投資、如何保障勞工工作及如何克服變遷。而關於環保意識的企業行為則主要是指如何利用那些使用在產品上的自然資源。因此，在內部層次中所涉及到的議題包括人力資源管理（Humanressourcemanagement）、工作保障（Arbeitsschutz）、變遷的適應（Anpassung an den Wandel）、自然資源的環境協調性與管理（Umweltverträglichkeit und Bewirtschaftung der natürlichen Ressourcen）。

在人力資源管理部分，企業為爭取及留住好的員工而提供激勵措施，包括終身學習、強化自信、較好的企業資訊政策、較好的工作家庭與休閒的協調、較多采多樣化的工作、女性同酬及同樣的工作機會、利潤與資本的參與、工作能力的保護、工作位置的保障等。且企業若能採

---

[80] Vgl. Stefan Schaltegger und Martin Müller, aaO. (Fn. 70), S. 21 f.
[81] Vgl. Stefan Schaltegger und Martin Müller, aaO. (Fn. 70), S. 22.
[82] Grünbuch, Punkt 27-60, S. 9 ff..

取負責任及沒有歧視性的雇用政策，將有助於降低失業率、提升就業率及克服社會隔絕的產生。在工作保障部分，直至目前為止主要是透過法令來加以規範，企業、政府及產業聯盟亦越來越致力於提升工作保障的水平。又隨著越來越多對工作保障及產品服務品質的要求，因此產生對品質評估、認證、及了解的需求，而企業對工作保障的標準已在不同程度上影響到產品及生產資料的許可或認證標記。在適應變遷部分，以歐洲鋼鐵工業、礦業及造船業的轉型經驗來看，轉型要能成功，須有關當局、企業及勞工代表的共同參與。而轉型過程中應致力於勞工權益的保障，及必要時提供勞工轉業措施。至於在自然資源的環境協調性與管理部分，若能限縮資源消耗、環境污染及垃圾製造，則一般可降低環境負擔，而一些企業已認知到，較經濟的使用資源可改善其獲利能力及競爭力，亦即對經濟及環境都好的雙贏局面。

（二）外部層次

企業的社會責任並不是僅限於在其運作場所內，而是及於其所在社區，並且除了勞工及股東之外，尚包括眾多不同的利害關係人，如生意夥伴、供應商、客戶、有關當局、在地社區以及環境保護的非營利組織。在一個多國化投資及全球化供應鏈的經濟體制內，歐洲企業的社會責任亦不能僅限於歐洲境內。因此，在外部層次中所涉及到的議題包括在地社區（Lokale Gemeinschaften）、生意夥伴、供應商及消費者（Geschäftspartner、Zulieferer und Verbraucher）、人權（Menschenrechte）、全球化的環境保護（Globaler Umweltschutz）等。

在地社區的議題方面，乃關於企業對所在社區的融入。企業對其所處社區有一重要功能，即是其提供當地人工作機會、支付工作薪津及社會福利，並帶來稅收。另一方面，企業也仰賴其所處社區及社會的穩定及繁榮，尤其是中小型企業更是依賴其所處社區，蓋其客戶群大多即是在地人。而企業在地名聲、身為雇主與產品的形象，以及對社區的參與均會影響其競爭力。在生意夥伴、供應商及消費者方面，藉由與生意夥伴的緊密合作，企業可減少困難、降低費用及提升品質。與供應商長期

良好的合作，供應商可提供企業較公平的價格、條件、品質以及可靠的貨物供應。而對消費者而言，其期待企業對消費者所需要或希望的產品或服務能以有效率，同時在道德上及生態上沒有疑慮的方式來生產或提供。在人權方面，企業社會責任具有明顯的人權特徵，尤其是在國際經濟活動以及全球供應鏈上。目前對人權的保障，大多藉由設立最低標準或行為準則來落實[83]，而為了確保人權的相關行為準則被遵守，則必須不間斷的審查企業行為，這些審查應根據清楚明確的標準或規則來完成。至於對全球化的環境保護議題，在一定條件下，經由許多與經濟有關之環境問題的超國界影響性，及對世界各地資源的消耗，使得企業亦成為全球環境舞台上的積極參與者。而企業在第三國的投資或活動會直接影響到這些國家的社會或經濟發展，因此，關於經濟對永續發展（社會、生態、經濟）所扮演角色的討論在世界各地越來越受到重視。

第二節　企業社會責任作為企業職責之根據

在德國公司法的規範中，企業社會責任並非法律義務，故不得以國家強制力去要求企業經營應盡社會責任，蓋在一個自由經濟的體制下，並不適合用國家強制力的方式去要求企業盡社會責任，此方式乃強制經濟體制的特徵[84]。又企業被要求顧及勞工及公眾利益以盡社會責任時，此所指之企業，不論係以何種法律型態來經營，如股份公司（Aktiengesellschaft）、有限公司（GmbH）、民、商法之合夥（BGB-Gesellschaft, HGB-Gesellschaft）、獨資企業等，均同樣會被要求負社會責任[85]。以下首先，探討企業為何可以被當作是一個負責任的主體。其次，藉由股份公司董事會經營企業的原則來加以了解，社會責任

---

[83]　參閱楊君仁，同註66，頁77。
[84]　Gerald Spindler, aaO. (Fn. 9), § 76 Rn. 77.
[85]　Gerald Spindler, aaO. (Fn. 9), § 76 Rn. 77.

為何得以成為企業的職責。最後，說明企業社會責任下之勞工利益及公眾利益在法律上的影響。

一、企業作為責任主體的思維

工業化的發展及其所造成的巨大風險與對社會的影響，都使得企業被要求應承擔一定的社會責任，然而為何企業應對社會負責，亦即企業面對社會為何係一責任主體，則有必要進一步加以探討。

（一）企業概念的四種比喻

在回答企業是否及為何可被當作責任主體前，首先探討何謂企業，而對此之認知，傳統上主要有如下四種比喻法[86]：

（1）工具說（Die Maschinenmetapher）

最古典及最老的比喻，是將企業當成一個無意志的「工具」來看待，因此企業不過是被當作為了達到經濟上目的而使用的工具，其並無法獨立行動。在這樣的觀點下，其組織目的完全由外部（例如企業所有人）所預定，其制度運作的改變亦是由外界的干預所促成的，因此，在工具說觀點下，無法合理的主張企業擁有自己的企業責任，蓋人們對「工具」無法溝通，而工具亦沒有道德上的反省能力，則對企業行為應負責任的主體應是工具支配者，亦即企業的所有人及經營者。然而一方面外界的資本競爭體制並非能完全決定企業行為，而另方面企業編制的架構亦不能絕對影響編制內參與人的行為，則把企業僅當作工具來看，似有問題。

（2）結合說（Die Vereinigungsmetapher）

此種比喻僅是將企業當作是許多自由個體的結合，這些個體係為了共同經濟目的而自願結合在一起，因此企業本身並不能被當作是獨立的責任主體來看待。在此觀點下，談企業責任是有問題且無意義的，蓋企

---

[86] Vgl. Bernhard Ungericht, Dirk Raith, und Thomas Korenjak, aaO. (Fn. 53), S. 42 ff.

業行為都被視為參與企業結合之個體的行為，而由各個體負責，亦即只有個體才能行為，也因此才能負責。然而此觀點亦存有很大的問題，蓋在眾多分工的行為中，個別個體的行為可能僅是有輕微問題，但在眾行為分工結合後，可能產生嚴重後果，而依結合說，將把這整體交互作用產生的嚴重後果推給個體承擔，而這些後果或許並非個體意願，亦非其所能預見或控制。

（3）組織體說（Die Organismusmetapher）

此種比喻是將企業當作社會一分子，並且是對社會有適應能力的組織體。亦即企業為環境公開下的體制，為了生存其必須適應其所處環境，而企業行為則被解釋為對企業環境的適應成果。在此觀點下，企業乃社會體制的一部分，其可以承擔所處環境對它道德上的期待，蓋其被視為有互動能力及適應能力，因此相對於上述二種比喻，依組織體說，企業有能力對社會的期待來加以反應，然而並非指企業必須同時是道德上的參與者，因而企業的道德行為僅是對環境壓力的反應而已。此說的缺點在於，若以企業組織體在環境中生存的觀點來看，則將使社會責任成為次要及衍伸出來的任務，此外，以組織體來形容企業，會造成組織內成員作為獨立負責個體的認定幾乎無討論的空間。總之，此說雖認為企業有責任能力，但其係因外在適應壓力而負責的觀點，對企業社會責任不能提供很充分的論點。

（4）社會契約說（Die Sozialvertragsmetapher）

此觀點係將企業當作從社會取得營運活動許可證的持有人來觀察，因而企業當然也是道德上的參與者而有責任能力。故問題不再是「何為企業」，而是企業在社會中的地位。在此觀點下，認為企業與社會之間存在一種隱含的社會契約，亦即企業從社會獲得權利以從事經濟活動，則對此其亦必須對社會承擔義務。而光是企業的存在即已對社會構成一種責任關係，蓋社會在賦予企業營運活動許可證時，乃認為其對社會的福

社會有所貢獻。對此一觀點，雖然其就企業對社會的責任關係提出理由，但卻無法具體說明責任所在，而且此一觀點同樣對企業內個體責任的問題未加以說明。因此，在此說的觀點下，即使團體性責任是可能的，但對責任歸屬或分配的問題卻未能好好處理。為了能掌握企業因其內外部關係越來越複雜化所造成的責任擴散問題，則似有必要對社會的功能與條件作更進一步的觀察，以合理說明責任的歸屬。

（二）企業可為責任主體的觀點

傳統責任理論認為，就損害須負責之人，係因損害結果與其行為存有因果關係，且該行為人須具備一定主觀因素，即是其係有能力的企圖去行為及反應行為結果，並且其有選擇不同行為的支配能力。換言之，如依傳統理論觀點，應是只有自然人方可能成為責任主體，蓋自然人方有意識、良知、自由意志、設身處地為他人著想或反省的能力。事實上即有學者批評將責任歸屬於企業[87]，其認為企業沒有能力反省、沒有意識，不是一個精神上及物質上的單位，而僅是為了達到他人目的的工具而已。惟此一論點已屬過時，因其不願正視社會、經濟的改變，使責任的理念亦隨之不斷發展。現代科技的進步導致新的危險湧出及對責任歸屬的問題，例如一家化學工廠儲存槽爆炸，其究竟應歸為「更高權力」造成的結果還是某個行為結果？若是後者，則究竟行為人是誰應負多大的責任？在分工越來越細的情況下，將使得責任難以歸屬於個別個體[88]。況且雖依傳統責任理論只有自然人個體才能成為責任主體，而因此強調自然人精神上及身體上的特質，然而責任的歸屬於本質上其實是一個社會結構內的分擔額，須實現社會的功能，所以問題應不在於企業本身是否有良知、有軀體等，而是其是否可以合理的被當作責任主體來

---

[87] S. M. Velasquez, "Why Corporations Are Not Morally Responsible for Anything They Do", *Business and Professional Ethics Journal*, Vol. 2, No. 3, 1983, pp. 1-17; vgl. John Ladd, "Moralische Verantwortung, normale Katastrophen und Bürgertugend", in: Hans Lenk und Matthias Maring (Hrsg.), *Wirtschaft und Ethik*. Ditzingen, Germany: Verlag Reclam, 1992, S. 285-300.

[88] Vgl. Bernhard Ungericht, Dirk Raith, und Thomas Korenjak, aaO. (Fn. 53), S. 49 f.

看待。因此，似有必要改變思考模式，與其去研究企業本質或其實際運轉方式，再導出企業責任，不如直接探詢，是否及如何可以適當的描述企業，以合理的將責任歸屬於企業承擔[89]。

反對企業為責任主體者認為，企業沒有自由意志、軀體，因此其無行動能力及責任能力，然而企業內部的交互反應系統、組織文化、激勵系統可視為組織體的意志表現。又企業雖不像自然人有軀體，然而軀體的存在並非合理化責任歸屬的必要條件，僅是造成自然人個體或團體性之主體在負責任的種類或方式有差異罷了。企業的行為及其行為的結果有時很難將其歸屬於企業內單一個人的行為或是意圖，因為個人行為會在集體、目標導向及分工組織的過程中產生期待或不被期待的行為結果，因此，有必要探究，在多大程度上可認為係企業有意圖的行動及其應對行動結果負起責任。依 Fetzer 看法[90]，下面這些要素對責任合理歸屬於一個主體具重要意義：穩定的同一性（stabile Identität）、因果性（Kausalität）、企圖性及行動自由（Intentionalität und Handlungsfreiheit）、社團性及參與互動交流（Sozietät bzw. Teilnahme an der menschlichen Kommunikation）。所謂穩定的同一性係指，必須長期以來有一個可視為同一性的主體存在。所謂因果性係指，這個主體的行為必須可視為一個事件產生的原因。所謂企圖性及行動自由係指，該主體的行為並非全然尤其他主體決定，而是擁有決定其行為之具學習能力的內部構造。所謂社團性及參與互動交流係指，該主體有能力關照到被賦予的責任，並調整內在，以改變其未來的行為舉止。而以上這些要素看來企業似都具備[91]，因此，企業應可作為一個責任主體。

---

[89] Vgl. Bernhard Ungericht, Dirk Raith, und Thomas Korenjak, aaO. (Fn. 53), S. 51.

[90] Vgl. Joachim Fetzer, *Die Verantwortung der Unternehmung- Eine wirtschaftsethische Rekonstruktion*. Gütersloh, Germany: Gütersloher Verlagshaus, 2004, S. 142 ff.

[91] Vgl. Bernhard Ungericht, Dirk Raith, und Thomas Korenjak, aaO. (Fn. 53), S. 52 ff.

二、企業經營領導原則－以股份公司為例

企業不論以何種法律型態來經營，如股份公司、有限公司、合夥、獨資等，均同樣會被要求負起社會責任。本段落以德國股份公司為例，藉尤其執行業務機關董事會於經營企業時的經營領導原則來加以了解，社會責任為何得以成為企業的職責。之所以拿股份公司為例，係因為其組織較嚴謹，而多被大型或跨國企業採用，而大型或跨國企業所涉及的利害關係人較多，例如員工數即可能高達上萬人，且其所消耗之資源亦可能較一般企業多，因此對社會及環境的影響大，故以股份公司為例來進行討論。

（一）董事會自負責任的經營權限

德國股份法第 76 條第 1 項規定「董事會在自負責任下經營公司」，首先，這意謂著董事會不受指示的拘束，不論是股東會或監事會均不能對董事會下達指示。依股份法第 111 條規定，監事會的職權僅限於從事監督活動，即使依同條第 4 項規定，特定種類之業務須獲得監事會同意，則監事會雖可藉由保留同意權來阻止董事會對特定業務的執行，但其並無權力下達指示要求董事會積極去進行特定業務[92]。而股東會僅能就法律或章程明定事項進行決議，除此之外，其對公司業務的執行，同樣的對董事會亦不能下達指示，除非是應董事會請求[93]作成股東會決議（股份法第 119 條），則此種決議方被認為對董事會有拘束力[94]，但畢竟是否請求之主動權係在董事會身上。又擁有多數權股東亦不能對董事會下達

---

[92] Vgl. Michael Arnold, in: Reinhard Marsch-Barner und Frank A. Schäfer (Hrsg), *Handbuch börsennotierte AG, Aktien- und Kapitalmarktrecht*. Köln, Germany: Verlag Dr. Otto Schmidt, 2005, § 18 Rn. 11.

[93] 如果董事會擬採取之業務決定涉及對股東權益有重大影響時，雖該業務不屬法定或章定應經股東會決議之事項，但例外的德國最高法院認為董事會仍是有義務而非權利，應召集股東會請求股東會對此決議。Vgl. BGHZ 83, 122; Klaus J. Hopt und Günter Hehl, *Gesellschaftsrecht*. München, Germany: Verlag C. H. Beck, 3. Aufl., 1987, Rn. 1217 ff.

[94] Vgl. Götz Hueck, *Gesellschaftsrecht*. München, Germany: Verlag C. H. Beck, 19. Aufl. 1991, S. 214.

指示，除非其與公司間定有控制契約（Beherrschungsvertrag）而成為公司的控制企業[95]，則董事會方有服從其指示的義務[96]。

董事會須自負責任經營公司，這同時也意謂著董事會必須依據自我裁量來執行業務，其對監事會並無忠實義務，而是在作出業務經營決定時，董事會對具重要性的各種利益應自行衡量判斷[97]。而重要性的利益是否應只限於股東利益，或可能包括其他利害關係人利益，則在德國企業法一直是個備受討論的議題。至於董事會自由裁量權限的界限當然須受法律規範的限制。

（二）共同福祉的拘束

股份公司的本質並非只是一個全體股東結合成社團的體制而已，因其通常經營一個以營利為目標的企業[98]，故其亦是一個為經營企業而運作的體制，而此時之企業所有人即是股份公司[99]。股份公司經營企業的特徵即是，其為一個複合性的結構而呈現出三方面的利益範疇，分別為資本（Kapital）、勞動（Arbeit）及共同福祉（Gemeinwohl）[100]。對股份公司的經營領導，在德國的 1937 年股份法第 70 條第 1 項曾明文規定，公司經營必須「促進事業與其成員的福祉，及國民與帝國的共同利益」，而使企業經營負有兼顧「共同福祉」的義務與責任。因此，依 1937 年股份法第 77 條第 3 項規定，當董事會成員的利益分配與公司的社會性支出比例是不適當時，檢察官可以干預並透過特別的法院審查程序

---

[95] 此時該多數權股東與公司成為契約型的關係企業，該多數權股東為控制企業，而公司則為從屬公司。關於德國關係企業的規定，參閱洪秀芬，〈公司法「關係企業」規範之疑義與缺失〉，《東海大學法學研究》，第 17 期，民 91.12，頁 271-300。

[96] Vgl. Michael Arnold, aaO. (Fn. 92).

[97] Vgl. Michael Arnold, aaO. (Fn. 92).

[98] 我國公司法規定公司以營利為目的，但德國不論是在股份法或有限責任公司法，並未規定公司須以營利為目的，因此公司亦可為營利以外的目的而成立，例如為了一個學術機構或民眾戲劇組織的運作而成立，只不過這樣的例子很少。Vgl. Götz Hueck, aaO. (Fn. 94), S. 34, 175.

[99] Vgl. Gerald Spindler, aaO. (Fn. 9), § 76 Rn. 59.

[100] Vgl. Gerald Spindler, aaO. (Fn. 9), § 76 Rn. 61, 62.

（Spruchverfahren）來強制公司遵守適當分配比例的要求。甚至依當時股份法第 288 條規定，帝國經濟法院可以依據經濟部長的申請，解散危及共同福祉的股份公司。這類國家干預權限限制了公司自治，並使得公司董事會於一定程度上類似國家機關，因其作為公司的行為機關必須去履行公司應盡的（共同福祉）義務[101]。

在 1965 年的股份法修法後，現行股份法已不再將「共同福祉」納入規範，現行股份法第 76 條第 1 項僅規定「董事會在自負責任下經營公司」，之所以未再規範共同福祉條款，依政府草案之立法理由指出「董事會在經營措施上必須兼顧股東與勞工，以及一般大眾的利益，乃理所當然，因此無須在條文中被明確規定下來。[102]」且修法時在草案的法律與經濟委員會的諮詢中，多數意見認為，即使將共同福祉條款納入條文中亦屬多餘，因為依據基本法第 20 條、第 28 條[103]的規定，身為一個社會法治國家，對三要素「資本」、「勞動」、「公眾利益」的考量本係屬理所當然之義務[104]。惟依現行股份法之明文規定，不能說還存在著共同福祉條款作為董事會領導公司經營企業的一般準則，即使依 1965 年股份法修法當時政府草案之立法理由，亦不能因此導出 1937 年股份法第 70 條第 1 項所規定的準則仍繼續有效[105]，而是董事會應在自負責任的經營原則下，考量企業的多元利益結構而自行進行企業決策來經營領導公司。國家以強制力要求公司經營須兼顧共同福祉以履行社會責任的手段已被揚棄，現在只有當股份公司的經營機關在「違法」行為下危害共同福祉，且監事會與股東會未著手進行解任經營者時，公司所在地之邦最高主管機關方得依現行股份法第 396 條第 1 項規定，向法院聲請裁定解散公司。若是公司雖有危害共同福祉的行為，然而該行為並沒有違法，則法院不能裁定解散公司，尤其若只是公司行為與經濟或社會政策原則不合但並

---

[101] Vgl. Gerald Spindler, aaO. (Fn. 9), § 76 Rn. 77.

[102] Vgl. Gerald Spindler, aaO. (Fn. 9), § 76 Rn. 60.

[103] 德國依其基本法第 20 條第 1 項規定係一民主與社會的聯邦國，依第 28 條第 1 項規定各邦體制應符合共和、民主與社會法治國的基本法原則。

[104] Vgl. Gerald Spindler, aaO. (Fn. 9), § 76 Rn. 60.

[105] Vgl. Gerald Spindler, aaO. (Fn. 9), § 76 Rn. 61.

未同時違背法律規定時，更不能因而就裁定解散公司[106]。因此，依現行股份法規定，股份公司之企業社會責任原則上並非國家以強制力去要求公司履行的法律義務，而是其在董事會的經營權限內發揮影響力，讓董事會在自由裁量下，去衡量股東、員工及公眾的利益，以作出適當的企業決策，而公司的營利目標並不能阻止董事會去考慮社會的需求，即使會因而造成股東獲利減少亦同。只要董事會成員在自負責任經營公司時，不要違反正直認真負責任之事業經營者所應盡之注意義務，就不會對公司有股份法第 93 條所規定之賠償責任。

（三）社會義務的拘束

雖現行股份法已不再規範共同福祉條款，但這並不表示股份公司於經營企業追求獲利時不受社會義務的拘束。若就股份公司是資本提供者為追求獲利而結合在一起，則從公司法觀點來看，僅涉及股東利益。但若從股份公司所經營之企業觀察，企業係結合人力與物力成為一個社會以及經濟的個體，則其乃為一個多元利益的組織體，除了出資者之利益外，尚包括在企業內工作之組織成員與勞工的利益，以及視企業標的及規模而定，也會涵蓋公眾的利益在內，而這些利益於企業經營時應予以維護，畢竟企業活動也是社會活動的一部分[107]。這也可從德國基本法第 14 條第 2 項所規定之所有權的社會束縛得出此一結果。基本法第 14 條第 2 項規定「所有權負有義務。它的利用應同時兼顧公共福祉」，而股份即體現了公司法上的財產所有權，因此，如同每一個所有權人一樣，股份公司的全體股東在實現股份權利追求營利目標時，也負有義務不去損害勞工及大眾的利益，而展現了企業的社會責任。既然在社會法治國公司自治受到社會義務的限制，則當然也限制了董事會對企業自負責任的經營權限。而企業是整體經濟體制的一部分，也須服從體制內所要求的社會義務[108]。然而在此對社會義務存有疑問的是，公司經營企業所面臨

---

[106] Vgl. Gerald Spindler, aaO. (Fn. 9), § 76 Rn. 60.
[107] Vgl. Gerald Spindler, aaO. (Fn. 9), § 76 Rn. 62.
[108] Vgl. Gerald Spindler, aaO. (Fn. 9), § 76 Rn. 62.

之社會義務的法律射程範圍到底有多遠，例如柏林勞工法院即認為，所有權的社會義務並不能阻止雇主關閉工廠，並因而將在那邊工作的勞工解雇[109]，蓋所有權人是被允許在任何時候都可拋棄其所有權，在此所有權拋棄指的即是關閉工廠。

（四）企業利益的考量

在探討企業利益的考量[110]時，首先要問的是，企業的運作應該要為股東利益，或是應該也要為其他利害關係人，如債權人、勞工、甚至社區或其他公眾的利益來運作，前者即是所謂股東利益（Shareholder Value）的觀點，後者則為利害關係人利益（Stakeholder Value）的觀點。在各國法律中，因歷史背景的發展而對企業的利益呈現出不同的看法，在英美各國主要係以股東利益的觀點來看待企業的利益，而德國法則從其相當關注勞工利益可看出，其認為企業運作係有多元目標而均納入企業的目標與利益之中構成所謂企業利益[111]，亦即傾向採利害關係人利益的觀點。然而不可否認的，即使從德國法的傳統觀點來看，成功的經濟仍是要求企業經營須以獲利為導向，因為唯有如此，企業的生存才得以維持及受保障。此亦可從德國公司治理規約第 4.1.1 條規定董事會「負有義務使企業價值持續增加」看出企業經營的獲利導向。換言之，經營企業的最高目標係讓經營成果及競爭力能持續發展及受到保障，而經營成果及競爭力均是企業社會責任的先決條件，因為唯有如此才能保障工作、才能投資對環境友善的產品、才能發展科技以及才能超越法律要求來維護社會及生態的利益。

企業可由不同法律型態的組織來經營，若是以股份公司的型態來經營，則股份公司就是其所經營之企業的所有人。而股份公司的業務執行

---

[109] *LAG Berlin, Urteil vom 15.01.2002 - 12 Sa 2251/01.*

[110] 關於企業利益的探討，可進一步參閱陳彥良，〈企業社會責任與公司治理於股份有限公司中交錯實踐之可行性－德國股份法中企業利益對董事會職權影響之初探〉，《臺灣法學雜誌》，第 111 期，民 97.9，頁 60-65。

[111] Vgl. Reinhard Marsch-Barner, aaO. (Fn. 34), § 2 Rn. 6 ff.

機關為董事會，因此也由董事會來為公司經營企業。而企業係一結合人力與物力成為一個社會以及經濟的個體，其乃為一個多元利益的組織體，雖然企業經營以獲利為導向，而使股東利益相較於其他利益受到特別重視，但董事會在經營企業時，仍應使勞工、債權人、股東以及其他對企業有利害關係團體的各種利益處於協調狀態，而不要去損害任何一個利益團體，故法律賦予董事會擁有廣大的裁量空間去考量協調這些利益[112]。但是企業利益的內涵仍是不明確，除了由董事會藉由被賦予的權限去具體化這個不確定的概念外，尚存有眾多不同對企業利益的觀點與看法[113]，然而所有這些觀點或看法對解決衝突情況的企業決策，例如企業捐獻或對利益團體的保守祕密等，並無太大幫助。由此可知，對一個多元利益的考量並沒有清楚的界限可供參考，而應儘可能經由董事會權限去具體化這些利益考量，使其成為董事會的責任。在德國近期的討論中，已逐漸多去思考如何藉由不同符合市場運作的監控手段來監督董事會，尤其是從資本市場導向來思考，並認為法律監控應限縮在嚴重衝突狀況[114]，以避免危及企業活動的彈性。

董事會在經營企業時應考量企業利益，但企業利益的內涵不明確，難以作為拘束董事會行為的標準，反而是董事會擁有廣大的裁量空間去進行利益的衡量。雖然如此，除了企業利益外，仍是可藉由一些其他的衡量標準，如股東利益、持續獲利、獲利極大化、長期獲利導向來對董事會行為，如股票選擇權之允許、企業捐獻等，至少提供一定程度的判斷參考[115]。例如企業捐獻雖可能減少公司財產，或一時降低企業獲利，造成企業短期獲利無法極大化，但只要董事會是在善盡注意義務下作出

---

[112] Vgl. Uwe Hüffer und Jens Koch, a.a.O. (Fn. 41), § 76 Rn. 28.

[113] Vgl. Marcus Lutter und Gerd Krieger, *Rechte und Pflichten des Aufsichtsrats*. Köln, Germany: Verlag Dr. Otto Schmidt, 4. Aufl., 2000, Rn. 765.

[114] 然而有鑑於美國市場的企業危機，亦有學者公開呼籲回到團體法的觀點，強調內部公司治理，而拒絕市場監控方式。S. Günter Christian Schwarz und Björn Holland, "Enron, WorldComm und die Corporate Governance-Disskussion", *ZIP*, 2002, S. 1661, 1672.

[115] Vgl. Gerald Spindler, aaO. (Fn. 9), § 76 Rn. 60-76.

企業決策進行捐獻，則不致於構成對公司的賠償責任，甚至企業捐獻可能提升公司形象，有助於公司的長遠發展，而符合股東利益及持續獲利的企業經營標準。當然董事會在進行捐獻的企業決策時有一定的界限，方不致於違反其應盡之注意義務，一般認為在進行企業捐獻時，所捐獻的財物應依據企業的獲利及財產狀況而定，不得危及企業的生存，並須符合一般捐獻行情及考慮與企業所營事業的關聯性，且理所當然不能違法，此外，董事會不能受個人喜好影響，而應以企業的福祉為捐獻考量的標準[116]。

（五）遵循法令

法律係反映出一個社會所公認而被明文規定的行為準則，企業身為社會、經濟體制內的一分子，當然被強制要求須在法律設定的界線內來進行企業活動[117]。在「德國公司治理規約」第 4.1.3 條即規定董事會「應注意遵守法律規定」。若是企業基於法令規範的要求而從事符合社會責任的行為，例如依環保法規須出資改善工廠設備解決環境污染，則即使該行為會損及企業的獲利，仍是須守法而為，只不過此等行為在本質上係屬國家強制力之介入而為，蓋企業若不遵守法令，則企業或企業經營者將面對法律上或經濟上的不利後果。在德國已將許多符合社會公益的任務，例如環境保護、工作保障、產品安全等任務，藉由國家法令來強制要求企業履行，而屬於法令規範內的企業社會責任。

三、企業社會責任在法律上的影響

企業社會責任所強調的勞工利益或公眾利益，在法律上所產生的影響性，簡單說明如下。

---

[116] Vgl. Gerald Spindler, aaO. (Fn. 9), § 76 Rn. 77, § 93 Rn. 71; Holger Fleischer, *Handbuch des Vorstandsrechts*. München, Germany: Verlag C. H. Beck, 1. Aufl., 2006, § 1 Rn. 38.

[117] Vgl. Uwe Hüffer und Jens Koch, a.a.O. (Fn. 41), § 76 Rn. 11-12.

（一）從勞工利益觀點

為保障勞工利益，德國法制賦予勞工參與決定權（Mitbestimmungsrecht），此權利向來被認為是實現企業社會責任很重要的手段之一，藉由勞工對企業經營活動的參與及監督，以期能維護勞工自身的利益。所謂勞工參與決定權係指勞工亦可經由勞工代表選舉或勞工直選成為股份公司的監事會成員，其與股東會選舉產生之代表股東的監事會成員共同選任公司董事、參與公司重大業務之決定及監督公司之運作。除此之外，適用 1976 年勞工參與決定法、1951 年礦業及鋼鐵工業勞工參與決定法、1956 年礦業及鋼鐵工業勞工參與決定補充法之股份公司，其應選任 1 名勞工董事（Arbeitsdirektor），而其在董事會之權限主要係為維護勞工之社會及經濟上的利益。

除遵守法令明文規定之勞工參與決定權來具體維護勞工利益外，董事會仍須在追求企業經濟目標時，適度的注意勞工利益，並且不要有歧視的情況發生，此亦被認為屬於企業的社會責任。依「一般平等對待法」（Allgemeines Gleichbehandlungsgesetz）第 17 條第 1 項規定，團體協約當事人、雇主、勞工及他們的代表均被要求，在他們的職責及可能的行事範圍內，一起促進本法第 1 條所欲達到的反歧視立法目的[118]的實現，因此本條文被認為是參與者的社會責任條款，不過本條文係屬訓示規定，乃透過立法來呼籲參與者在自願的基礎下負起社會責任，而非一種強制性的義務[119]。又董事會應適度的注意勞工利益，其應提供好的工作條件，促進工作環境的良好氣氛，以及採取經營措施時須注意，在沒有絕對必要的理由下不得損及勞工的處境。此外，董事會可以透過自願性的社會給付來改善勞工個人及經濟上的地位，例如老年照料、勞工住宅、在職進修等的提供，雖然這些措施可能違反獲利最大化原則，但對企業

---

[118] 「一般平等對待法」第 1 條規定：「本法立法目的乃為阻止或消除因種族、出生來源、性別、宗教信仰、世界觀、身體障礙、年紀或性別認同而蒙受不利益。」

[119] Vgl. Maximilian Fuchs, in Heinz Georg Bamberger und Herbert Roth (Hrsg.), *Beck'scher Online-Kommentar BGB*, Edition 33, 2014, § 17 Rn. 2.

整體而言可能是有利的[120]。惟應注意，個別勞工或勞工代表團體並不能從社會義務導出對公司有直接的請求權，而來要求董事會應為自願性的社會給付[121]。此外，董事會在採取這些自願性的社會給付時，應盡到股份法第 93 條第 1 項規定之注意義務，若是企業的經濟情況不許可或無法負擔時，則董事會不應恣意給付。又董事會若不重視社會利益時，此可成為被監事會解任的重大理由之一[122]。

（二）從公眾利益觀點

企業作為整體經濟組織架構內的一分子，其董事會是被允許在自負責任的經營權限內，於衡量股東、勞工、債權人及企業夥伴等不同之個別利益時，亦得考量公眾的利益，若因而有損及公司財產利益時，並不會因此即須對公司負損害賠償責任[123]。然而董事會若對企業的經營僅單方面一味的去追求公眾利益，而未同時對企業參與者的利益有足夠的保障與維護，則是不被允許的。依經驗而言，董事會對社會負責任的行為，會對企業有利，並提升它的生產力及影響力，尤其可建立良好的公共關係，贏得公眾信任，並提升企業形象[124]。因此，企業可從事有利公眾利益的行為，如企業捐獻，然而如同上文已述，在衡量是否為企業捐獻時，董事會有一定的裁量界限，以免違反注意義務而有賠償責任。此外，企業的賄賂行為很少能用企業利益來正當化其行為，不論是歐盟或德國境內均對賄賂行為加以禁止，甚至行為人還會受刑事處罰，藉此以維護整個世界的公平競爭[125]。

又企業對提起強盜式撤銷股東會決議訴訟的原告給付和解金，只有在極端情形下才會被認為是符合企業利益的，因為這樣的訴訟乃權利濫

---

[120] Vgl. Gerald Spindler, aaO. (Fn. 9), § 76 Rn. 84.

[121] Vgl. Gerald Spindler, aaO. (Fn. 9), § 76 Rn. 86.

[122] Ibid.

[123] Fritz Rittner, "Zur Verantwortlichkeit des Vorstands nach § 76 Abs. 1 AktG 1965", *FS Geßler*, 1971, S. 139, 149 ff.

[124] Vgl. Gerald Spindler, aaO. (Fn. 9), § 76 Rn. 87.

[125] Vgl. Gerald Spindler, aaO. (Fn. 9), § 76 Rn. 90.

用，並違反股份法第 57 條、第 58 條規定。因此，只有當企業遲延不給付會面臨無法回復的損害時，董事會方被允許有裁量權限來決定是否給付[126]。

為了達到社會或經濟政策上的目的，像一些限制，如放棄製造有害健康或環境的產品、出資設置廢水廢氣的清淨設備等，都是正當的，甚至企業可與其他企業簽定「自我設限協議」（Selbstbeschränkungsabkommen），而這樣的協議在卡特爾法（Kartellrecht，即是反壟斷法）是被允許的[127]。

總之，對公眾利益有利的企業措施，無論如何必須是對企業有意義的行為，但這並不是說企業必須得到實質上的好處。董事會可在自負責任的經營權限內就個案去衡量，是否所採取的企業措施對企業有任何的意義。德國企業近年來，越來越受到外界及自我內在的評量，看其如何去追求永續發展的目標，尤其是企業如何去履行社會及生態環境上的責任，這些努力可從德國工業聯邦協會（Bundesverband der Deutschen Industrie e.V.，簡稱 BDI）於 2000 年發起成立「德國經濟永續發展論壇」（Forum Nachhaltige Entwicklung der deutschen Wirtschaft, 被稱為 econsense）看出，此論壇成立的目的即是居於領導地位之企業能共同一起來承擔社會責任及促進永續發展[128]。

第三節　企業社會責任的實踐

德國對企業社會責任的實踐，從官方投入、官方與私人企業間的合作，可知此一議題獲得德國各界的重視。除了政府大力的推動外，企業

---

[126] Vgl. Gerald Spindler, aaO. (Fn. 9), § 76 Rn. 91.

[127] Vgl. Gerald Spindler, aaO. (Fn. 9), § 76 Rn. 92.

[128] 此論壇直至 2006 年已有 24 家居於領導地位之德國跨國企業，如拜耳、賓士汽車、德意志銀行、德國航空，或組織，如化學工業聯盟等參與成為會員。參閱 *http://www.econsense.de/.* (last visited 2009.2.20)

界的配合與自覺，消費者、公益團體的積極參與等，都使得企業社會責任的實踐在德國頗具成效。以下僅就官方的推動及企業實踐的具體實例略述一二。

一、促進企業社會責任的發展

（一）官方的支持

德國政府已資助超過 50 個在生態及公正交易領域的個別型計畫，並在 2003 年至 2006 年間投資 778 萬歐元幫助公正交易產品（fair gehandelte Produkte）的識別及進入市場，以使公正交易能明顯增加，而其中最主要的活動即是"Fair Feels Good"，這是一個德國全境內的資訊活動，藉此說明公正交易的社會背景、原則及產品[129]，來協助發展中國家能自我幫助，使其小型農業及製造業能結合一起來參與公正交易，讓他們的產品能獲得比世界性市場更多的報酬，以改善他們的經濟及社會生存條件，並可逐步融入世界性市場。為了讓消費者獲得更多對環境及公正交易議題的有關資訊，德國政府亦設置網頁以供參考[130]。

在 2004 年及 2005 年，德國聯邦環境部舉辦一系列共 6 場的多元利害關係人專題研討會，探討企業社會責任及永續發展。教育研究部則提出「現代化工作環境的創新能力」（Innovationsfähigkeit in einer modernen Arbeitswelt）的計畫，連接聯邦政府對「創新工作型態－工作的未來」（Innovative Arbeitsplatzgestaltung- Zukunft der Arbeit）的因應措施，而在計畫中提供研究發展補助，以提高創新潛力，並提供終身學習及能力發展的可能性。而勞動保障及勞動醫療聯邦機構也得到政府補助，並提出專門研究、提供相關建議以及讓受訓者接受特定訓練等。

此外，德國政府推動與民間的合作計畫（Öffentlich-private Partnerschaften，簡稱 ÖPP），以改善協調官方的發展工作及私人的企業

---

[129] 相關資訊可參閱網站 *http://www.fair-feels-good.de/fairer-handel.php/cat/1/title/Home.* (last visited 2009.2.20)

[130] S. *http://www.Oeko-fair.de.* (last visited 2009.2.20)

活動，藉此避免那些可能阻礙規劃實現的特別風險及費用，並使發展政策有意義及經濟上是能負擔的。而自 1999 年以來，經由官方發展工作與私人企業共同進行的措施已超過 1650 件，共補助經費 82 億歐元左右，在這方面最大的貢獻是改善發展中國家的企業社會責任，如與多家德國汽車企業共同推動 HIV/AIDS 患者的工作計畫並加以實現，計畫中包含關懷、訓練、資訊活動及醫療照護在內。

2002 年成立「公民社會聯邦網絡」（Das Bundesnetzwerk Bürgerschaftliches Engagement，簡稱 BBE）[131]，其係由公益團體、教堂、企業、政府及各邦代表、社區及支持公民責任的贊助者等結合而成的團體，成立目的是為了支持公民社會的活動，並作為計畫實施、資訊交流、經驗分享，以及作為國會、政府及公眾接觸或合作之用。

在 2003 年 6 月由之前的聯邦經濟與勞動部發起一團隊工作，讓來自各社會層面的企業及人民結合成一巨大網絡，來對抗德國的失業問題[132]。

由聯邦主動發起之「企業：青年人的夥伴」（Unternehmen: Partner der Jugend，簡稱 UPJ）[133]，是一個由企業、公益團體所參與形成的網絡，屬於慈善事業，其成立目的在促進企業、公益團體及公眾行政的長期合作，以解決社會問題及支持一個有將來性且能持續發展的社會。其工作內容包括促成企業與公益團體間的聯繫、使企業社會責任持續發展以及擴展等。

為了藉由創新的訓練措施來繼續支持德國企業的訓練效率，德國聯邦教育研究部提出一個從 2005 年到 2010 年的「工作起動－為將來訓練」計畫（Jobstarter-Ausbildung für die Zukunft）[134]，此計畫來自聯邦的經費約為 1 億歐元，且歐洲社會基金（Europäischer Sozialfonds，簡稱 ESF）

---

[131] S. *http://www.b-b-e.de/.*   (last visited 2009.2.20)

[132] S. *http://www.teamarbeit-fuer-deutschland.de.* (last visited 2009.2.20)

[133] S. *http://www.upj-online.de/index/62888,0?PHPSESSID=b5fdcbd4ce325f7578c64db6d 5a4c7d7.* (last visited 2009.2.20)

[134] S. *http://www.jobstarter.de/index.php.* (last visited 2009.2.20)

亦有贊助。此計畫主要目的乃推動增加給青年人在企業內的工作訓練機會及改善地方上的訓練組織。

「所有人終身學習」計畫（Lebensbegleitendes Lernen für alle），則是希望使整體教育不足之處或缺乏足夠教育者的情況能獲得改善，因此需要設置或建立地區性網路，以儘可能讓更多人可參與本學習計畫。直到 2006 年已花費 6600 萬歐元的聯邦經費，而歐洲社會基金則批准 5100 萬歐元作為贊助。

2001 年德國政府發起「工作新品質」運動（Initiative Neue Qualität der Arbeit，簡稱 INQA）[135]，由勞動保障及勞動醫療聯邦機構負責，其於 2002 年召集雇主、勞工、社會保險機構、各邦、聯邦政府及企業一起共同參與運動。工作新品質運動的推動目的，是希望促成勞動者所期待之健全及有益健康工作條件的社會利益能與企業的經濟利益相結合。

（二）對企業的激勵

「開始社會化」（Startsocial）是一個以促進社會性思維及公共利益規劃為號召的競賽，由多位企業家在 McKinsey 帶領及聯邦總理支持下所發起的，藉由大企業經驗豐富之經營者的專業參與，使社會性規劃能被執行，且讓規劃與企業間的連結能更密切。對此將給付津貼予提供諮詢服務的商業訓練師及授與獎金，且籌辦，例如以「共同創造」等為議題的活動。

又德國之「經濟週刊」雜誌（Wirtschaftswoche）與德國工業聯盟共同在聯邦總理的支持下發起「自由與責任」（Freiheit und Verantwortung）的競賽，藉此公開紀錄報導中小企業（KMU）及大企業的企業社會責任意識。而競賽將對員工深造、職業訓練、青年工作、工作與家庭協調性、少數族群融合及企業與環境明智的結合等領域授獎。此外，經濟雜誌「資本家」（Capital）在 2005 年公開它第一次對企業社會責任報導所為的評價（OEKOM-Studie）。

---

[135] S. *http://www.inqa.de/Inqa/Navigation/root.html.* (last visited 2009.2.20)

個人或中小企業可以從政府促進能源再生的市場激勵計畫獲得協助，並對於投資能源再生設備可得到低率貸款。此外，政府也提供中小企業諮詢服務的協助，例如關於節省能源、再進修活動等議題的了解。

二、透明度的擔保[136]

在過去幾年人權及經濟活動的工作團體已擬出一項共同聲明「國際人權及經濟活動的保障」，聲明內強調所有簽署人負有義務去注意及促進在人權共同聲明內及國際人權協定與公約中所規定的原則。這項聲明的簽署人包括聯邦政府代表、德國工業聯邦協會、德國雇主協會聯邦聯盟、德國工會聯盟、人權論壇、德國非政府組織政策發展協會及非政府組織自由意志聯盟等。

官方經由 ÖPP 計畫與德國零售商國際貿易聯盟（AVE）在所選出之數個邦的零售商供應市場上，共同推動實施改善工作條件的統一模式，這是第一次有為數超過一家的企業，參與由外界來進行監督之行為準則的制定。此外，與「歐洲咖啡聯盟」及瑞士政府、跨國企業、生產者、非政府組織以及工會，共同制定對咖啡生產、製造、銷售的行為準則，並且加以實施及監督，而相關過程中有為數眾多的國際利害關係人一起參與。

德國政府亦積極參與商品標章（Gütersiegel）、認證計畫（Zertifizierungsprogramme）及管理系統（Managementsysteme）等規劃，例如積極參與 ISO 26000 計畫，包括參與 ISO 小組的重要操作程序及相關的 DIN（Deutschen Instituts für Normung，簡稱 DIN，德國標準研究所）委員會等，而 ISO 26000 的目的係在制定一個國際性的社會責任標準。此外，在對於負責基礎標準認定的進行時，盡量讓參與人來源多元化以昭公信，如環境保護基礎規範委員會（NAGUS）是德國標準研究所在國

---

[136] 本段落主要係參考歐盟執委會於 2007 年就歐盟各國官方對企業社會責任活動的報導。S. Europäische Kommission – Generaldirektion Beschäftigung, soziale Angelegenheiten und Chancengleichheit, Soziale Vernatwortung der Unternehmen Öffentliche Initiativen in den Mitgliedstaaten der Europäischen Union, 2007, S. 25.

內、歐盟及國際層面的環境保護領域中，負責跨學門基礎標準規範的工作小組。對環境的標示、環境管理、環境觀點以及產品研發與環境審查等均屬於它的工作範圍，其成員來自經濟、學界、環境管理當局、環境協會、消費者聯盟、工會、諮商企業及科技監督等各領域。

三、企業實踐社會責任的具體實例

除遵守法令明定之社會責任規範外，企業自願性承擔社會責任的行動來自於每家企業的自發性與自我責任意識，而到底企業會如何實踐其社會責任，則往往視其所經營之產業、企業規模與市場而定，因而企業定出環境生態及社會活動的重心常與其利害關係人的需求有關。以下茲舉賓士汽車與德意志銀行這二家跨國大企業為例，來了解德國股份公司如何去實踐其社會責任。

（一）賓士汽車股份公司（Daimler AG）

依賓士汽車 2008 年永續發展的報導[137]，僅就以下三方面約略說明其對社會責任的實踐：環保、創新與安全性；勞工；社會公益。在環保、創新與安全性部分，其目標包括氣候保護與空氣保持清靜。為了維護氣候品質，賓士自 2007 年以來在各型車上採取不同 Hybrid（油電混合車、汽電混合車）解決方案，來減少對氣候的不利影響，其並持續研發汽車燃料電池，以提高車子行駛距離，此外，致力於減少 CO_2 的排放。而為省油節能的同時又能保持空氣清靜，賓士研發 BLUETEC 柴油引擎汽車，以降低柴油車有害物質的排放。

賓士作為一個全球性擁有約 27 萬名員工的汽車產業，其對勞工承擔很大的社會責任，尤其是在工作保障、勞工健康維護方面。在工作保障方面，其透過 CARee 訓練計畫於 2007 年雇用 300 名新人，其中婦女佔了 30%，每年預計在領導階層提高 1%的婦女比率，而中階女性經理幹

---

[137] *http://www.daimler.com/Projects/c2c/channel/documents/1557742_daimler_sust_2008_reports_nachhaltigkeitsbericht2008fakten_de.pdf.*

部在 2007 年約增加 1%，佔整體比率近 11%，預計到 2010 年將提高到 14%，至於整體女性員工比率在 2007 年約為 12%，預計到 2010 年時提高到 12.5%－15%。為改善工作與家庭的協調性，賓士公司在 2008 年德國所在地共增加 350 個托兒所的位子，並提供有彈性的工作模式等。對勞工的健康維護管理，據德國市場調查公司 EuPD 與商業報於 2007 年所做研究報告指出，在製造業部分，賓士公司高居第一名，此外，賓士還獲得「歐洲動起來」競賽（Move Europe）的健康企業獎。

在社會公益方面，賓士公司所成立的 4 個基金[138]於 2007 年共捐獻約 370 萬歐元及 2500 萬日幣。賓士於 2006 年 9 月於董事會成立捐款贊助委員會，此外，積極建立公益捐款及贊助的資料庫。

（二）德意志銀行股份公司（Deutsche Bank AG）[139]

德意志銀行認為社會責任並非只是投入文化、社會的公益活動而已，而是更要以未來為導向來採取行動，為此，其建立一套以 DIN EN ISO 14001[140]為基礎之「永續發展管理系統」（Nachhaltigkeits-Management -System），使所有各方面行為均融入此系統來運作。且系統的運作會定期透過內外監控機制或檢驗機關的再驗證，來確認是否符合有關規定。此外，德意志銀行被一些重要指數納入，如道瓊永續性世界指數（Dow Jones Sustainability World Indexes）、FTSE4Good Index 等，亦反映出其符合世界企業社會責任標準的發展。而為了能支持社會、經濟的持續發展，德意志銀行亦積極參與國際性或國內團體或網絡，例如 UN Global Compact、World Business Council for Sustainable Development、econsense 等。

---

[138] Gottlieb Daimler- und Karl Benz-Stiftung, 1986; Daimler-Fonds im Stifterverband für die Deutsche Wissenschaft, 1975; Daimler Foundation in Japan, 2002; Mercedes-Benz France Foundation, 1986.

[139] 資料來源參閱 *http://www.csrgermany.de/www/csrcms.nsf/id/4374F2354A7B7A86C12 56F43005A7DE9?Open&ccm=500010090&L=DE&markedcolor=.* (last visited 2009.2.20)

[140] ISO 14001 即是所謂的環境管理系統指標，其管理手段為 Plan-Do-Check-Act，簡稱 PDCA，藉由此指標，企業可證明其友善對待環境。

德意志銀行的員工分布在 73 個國家，規模龐大，員工人數眾多，2005年其對員工的再深造平均花費每人 1583 歐元，2006 年 8 月在德國各地有 660 名新的受訓者開始在德意志銀行進行為期 2 年到 2 年半的銀行專業人員訓練。而為了改善工作與家庭的和諧，其發展彈性工作時間模式，並與員工進行相關規劃的對談與討論，因而德國聯邦家庭、老年人、婦女及青年人部於 2005 年頒獎表揚它對員工家庭友好的人事政策。

　　德意志銀行亦投入眾多公益活動，如捐款、贊助、員工的社會義務活動及銀行本身的公益計畫等，在 2005 年其大約投入 897 萬多歐元，主要在教育、社會、藝術與音樂等方面。而公益活動重心係以教育為支點與關鍵點，其在世界各地發起並贊助讓青少年對教育有興趣、為工作生活作準備及打開他們文化新體驗的各項計畫。在這樣的背景下，德意志銀行基金會與德國各邦文化基金會於 2004/2005 年第一次共同邀請德國所有一般教育學校參與"KINDER ZUM OLYMP!"競賽，這競賽的目的是為獲取新創意用於教育上。又為了幫助學生能負責任的使用金錢，德意志銀行發起「財務一般訓練」課程（Finanzielle Allgemeinbildung），而銀行的 60 位理財顧問在學校財務議題的經濟課上擔任講師。此外，為了協助來自於社會弱勢家庭的小孩能有公平機會及使移民背景的青少年能融入社會，德意志銀行提出 Mentor plus 計畫，由銀行員對處於尋找工作階段的上述背景青少年能加以協助。在文化層面的公益活動上，德意志銀行追求的主要目標是鼓勵新創作的文化上對談，及支持藝術新秀，因此其在超過 25 年的時間中已購買收藏約 5 萬件各種藝術品，並舉辦展覽會。而自 1990 年以來，即與柏林愛樂存在合作關係，支持樂團的訓練活動，例如在學校的 Zukunft@BPhil 計畫，藉由此計畫引起不同社會階層兒童、青少年對古典音樂的興趣，並進而能彼此融合於社會。此外，也支持地方性音樂慶典，捐款支持有才能的後起新秀，如舉辦 Sir Georg Solti 的指揮競賽等。

肆　結論

　　為順應公司治理制度之國際潮流及金融市場的國際化，德國近年來致力於公司法制的改革，但其並非貿然廢除其行之已久的企業經營監控雙軌制，一方面雙軌制與單軌制的運作日趨接近，因此逕行棄雙軌制改採單軌制並無太大實益，且尚未知改制是否會有成效前，卻可能已須付出高昂的改制學習成本，故德國選擇不如在現有體制下，加強監督機關監事會的資訊取得與其內部結構，使其更具專業化與獨立性，並提高其工作效率。另一方面，德國深具特色的勞工參與權，體現出德國企業文化要求公司經營應兼顧勞工利益以盡相當之社會責任，因此若要貿然改採單軌制，則雙軌制當中之監事會的勞工參與權要如何另做安排，恐非易事，且進行此種法制改革可能引發勞工階層不安而須付出巨大社會成本，其後果亦非立法者所能承擔，因此德國立法者在面臨法制改變的選擇時，因路徑依賴的影響，而難以作大幅度的改變。

　　德國對加強董事會及監事會之運作功能及提高其工作效率，並非直接透過修法途徑達成。蓋德國公司運作之法律規範，係屬剛性立法，一旦經由法律規範而具強制效力者，恐將使公司組織運作喪失彈性及自我調整的可能性，因此，德國有關當局藉由法律以外的制度來作為行為規範的工具，並要求公司揭露其組織運作是否符合該相關制度的要求，藉此來促成公司主動調整其組織運作的安排，以符合國際潮流的趨勢。

　　德國與我國同樣面臨企業經營環境的改變及要求企業經營監控機制改革的聲浪，但其配合企業文化需求及兼顧相關人利益的改革手段，應屬較緩和及謹慎的作法，也較不容易引起各界的質疑。

　　此外，由於國際社會近年來對企業社會責任議題的熱烈討論，也促使德國官方及民間越加重視企業在追求獲利的同時，是否也善盡社會責任。而企業也因為消費者及單一議題壓力團體[141]等的要求，以及現代資

---

[141] 例如一個投資金額高達 1.5 兆的投資人聯盟，向 100 家大企業提出訴求，希望企業重視水資源的永續利用，並要求這些企業參與相關計畫及活動，以改善企業使

訊科技無遠弗屆的傳播力量，更促使其須積極回應社會的期待，以提升企業形象，並進而提高競爭力，藉以確保社會環境與企業的永續發展。而企業不論是以何種法律型態來經營，如股份公司、有限公司、合夥、獨資等，均會面臨同樣的課題。

德國在促進企業社會責任的實踐方面，除了官方的積極推動外，私人企業亦紛紛自發性的採取承擔社會責任的行動，而企業到底如何選擇去實踐社會責任，則往往視其所經營之產業、企業規模與市場而定，故企業定出環境生態及社會活動的重心亦常與其利害關係人的需求有關。以本文賓士汽車公司為例，可得知其汽車發展的政策，除來自於其本身對環境保護的使命感外，與法令的未來性、資源的消耗性、消費者的要求與科技的進步等有密切關係，其若不積極回應這些內外經營環境的變化，將可能面臨產品被淘汰、競爭力降低，甚至危及企業生存的情況。而在德意志銀行的例子，則可看出其所投入之社會公益，有些與其企業所經營的業務活動有關。

臺灣也逐漸重視企業社會責任的落實，而德國或其他國家在此一議題的理論發展與實踐經驗可供我國各界參考，藉以調整政策的發展方向與企業的經營方針。

用水資源的情況。該投資聯盟內的投資人都是聯合國責任投資原則（UN-backed Principles for Responsible Investment）的簽署人，其中包括 Aviva Investors、Calvert Asset Management Company, Inc、Henderson Global Investors 等 16 位機構投資人及資產管理公司。遭提出訴求的公司包括 Starbucks Coffee Company、GlaxoSmithKline、Carlsberg Group 等，該投資人聯盟對這些公司提出訴求信，表明致力於水資源永續發展之公司，將較有可能成為該聯盟投資人的投資標的。遭提出訴求的公司也被投資聯盟要求簽署「CEO Water Mandate」，該項指令是由聯合國全球盟約（UN Global Compact）在 2007 年 7 月提出，目的是希望促進企業水資源利用政策的發展、實踐及相關資訊揭露，使企業為自己設下自律規範，並進行企業間相關政策的經驗交流，以落實企業社會責任。參閱 *http://csr.moea.gov.tw/news/news_content.asp?nw_ID=UzhRYwEwVGY%3D.* (last visited 2009.2.20)

伍　參考文獻

中文文獻

劉連煜、林國全、洪秀芬與曾宛如合著，《股東會委託書之管理》。臺北：元照
　　出版，民 96。

洪秀芬，〈股東交流平台建立之探討〉，《興大法學》，第 1 期，民 96.5，頁 27-76。

＿＿＿＿，〈公司法「關係企業」規範之疑義與缺失〉，《東海大學法學研究》，第
　　17 期，民 91.12，頁 271-300。

陳彥良，〈股東會、董事會、監事會於德國公司治理法典中法規範地位之探討〉，
　　《政大法學評論》，第 89 期，民 95.2，頁 143-191。

＿＿＿＿，〈2005 年修訂德國公司治理法典譯文〉，《律師雜誌》，第 329 期，民 96.2，
　　頁 56-66。

＿＿＿＿，〈企業社會責任與公司治理於股份有限公司中交錯實踐之可行性－德國
　　股份法中企業利益對董事會職權影響之初探〉，《臺灣法學雜誌》，第 111
　　期，民 97.9，頁 49-72。

陳麗娟，〈從德國「公司治理規約」看該國公司治理之改革〉，《東海法學研究》，
　　第 26 期，民 96.6，頁 66-76。

楊君仁，〈公司治理與企業社會責任－德國法的觀點〉，《臺灣法學雜誌》，第 109
　　期，民 97.08，頁 68-96。

英文文獻

（I）Books

Arnold, Michael, in: Reinhard Marsch-Barner und Frank A. Schäfer (Hrsg),
　　Handbuch börsennotierte AG, Aktien- und Kapitalmarktrecht. Köln, Germany:
　　Verlag Dr. Otto Schmidt, 2005, § 18.

Baums, Theodor, "Aktienrecht für globalisierte Kapitalmärkte-Generalbericht", in:
　　Peter Hommelhoff, Marcus Lutter, Karsten Schmidt, Wolfgang Schön und P.
　　Ulmer (Hrsg.), *Corporate Governance.* Heidelberg, Germany: Verlag Recht und
　　Wirtschaft, 2002.

Empt, Martin, *Corporate Social Responsibility: das Ermessen des Managements zur
　　Berücksichtigung von Nichtaktionärsinteressen im US-amerikanischen und*

deutschen Aktienrecht. Berlin, Germany: Duncker & Humblot, Schriften zum Internationalen Recht, Band 146 (Dissertation), 2004.

Fetzer, Joachim, *Die Verantwortung der Unternehmung- Eine wirtschaftsethische Rekonstruktion*. Gütersloh, Germany: Gütersloher Verlagshaus, 2004.

Fleischer, Holger, *Handbuch des Vorstandsrechts*. München, Germany: Verlag C. H. Beck, 1. Aufl., 2006.

Fuchs, Maximilian, in: Heinz Georg Bamberger und Herbert Roth (Hrsg.), *Beck'scher Online-Kommentar BGB*, Edition 33, 2014, § 17.

Happ, Wilhelm, in: Wilhelm Happ (Hrsg.), *AktienrechtHandbuch - Mustertexte - Kommentar*. Köln, Berlin, München, Germany: Carl Heymanns Verlag, 3. Aufl., 2007, 8.14.

Herchen, Oliver M., *Corporate Social Responsibility – Wie Unternehmen mit ihrer ethischen Verantwortung umghen*. Hessen, Germany: Books on Demand, 2007.

Hiß, St., *Warum übernehmen Unternehmen gesellschaftliche Verantwortung? Ein soziologischer Erklärungsversuch*. Frankfurt am Mainz, Germany: Campus Verlag, Universität Bamberg Dissertation, 2005.

Hommelhoff, Peter, Klaus J. Hopt und Axel von Werder, *Handbuch Corporate Governance*. Köln, Germany: Verlag Dr. Otto Schmidt, 2003.

Hopt, Klaus J., "Unternehmensführung, Unternehmenskontrolle, Modernisierung des Aktienrechts – Zum Bericht der Regierungskommission Corporate Governance", in: Peter Hommelhoff, Marcus Lutter, Karsten Schmidt, Wolfgang Schön und P. Ulmer (Hrsg.), *Corporate Governance*. Heidelberg, Germany: Verlag Recht und Wirtschaft, 2002, S. 27-67.

Hopt, Klaus J. und Günter Hehl, *Gesellschaftsrecht*. München, Germany: Verlag C. H. Beck, 3. Aufl., 1987.

Hueck, Götz, *Gesellschaftsrecht*. München, Germany: Verlag C. H. Beck, 19. Aufl. 1991.

Hüffer, Uwe und Jens Koch, *Aktiengesetz*. München, Germany: Verlag C. H. Beck, 11. Auflage, 2014, § 161.

Kubis, Dietmar, *Münchener Kommentar Aktiengesetz, Band 4*. München, Germany: Verlag C. H. Beck, 2. Auflage, 2004, § 118.

Kuhlen, Beatrix, *Corporate Social Responsibility (CSR). Die ethische Verantwortung von Unternehmen für Ökologie, Ökonomei und Soziales; Entsicklung, Initiativen, Bericherstattung, Bewertung*. Baden-Baden, Germany: Deutscher Wissenschafts -Verlag, 1. Auflage, 2005.

Ladd, John, "Moralische Verantwortung, normale Katastrophen und Bürgertugend", in: Hans Lenk und Matthias Maring (Hrsg.), *Wirtschaft und Ethik*. Ditzingen, Germany: Verlag Reclam, 1992, S. 285-300.

Lutter, Marcus, "Das dualistische System der Unternehmensverwaltung", in: Scheffler, Eberhard (Hrsg.), *Corporate Governance*. Wiesbaden, Germany, 1995, S. 5-26.

Lutter, Marcus und Gerd Krieger, *Rechte und Pflichten des Aufsichtsrats*. Köln, Germany: Verlag Dr. Otto Schmidt, 4. Aufl., 2000.

Marsch-Barner, Reinhard, in: Reinhard Marsch-Barner und Frank A. Schäfer (Hrsg.), *Handbuch börsennotierte AG*. Köln, Germany: Verlag Dr. Otto Schmidt, 2005, § 2.

Martens, Knuth, *Managementüberwachung durch den Aufsichtsrat*. Köln, Germany: Josef Eul Verlag GmbH, 2000.

Mielke, Birgit k., *Defizite in der Unternehmenskontrolle durch den Aufsichtsrat und Ansätze zu ihrer Bewältigung*. Baden-Baden, Germany: Nomos Verlag, 2005.

Promberger, Kurt und Hildegard Spiess, *Der Einfluss von Corporate Social (and Ecological) Responsibility auf den Unternehmenserfolg*, working paper 26/2006, Universität Innsbruck, Institut für Strategisches Management, Marketing und Tourismus, 2006.

Rittner, Fritz, "Zur Verantwortlichkeit des Vorstands nach § 76 Abs. 1 AktG 1965", *FS Geßler*, 1971, S. 139 ff.

Schaltegger, Stefan und Martin Müller, "CSR zwischen unternehmerischer Vergangenheitsbewältigung und Zukunftsgestaltung", in: Martin Müller und Stefan Schaltegger (Hrsg.), *Corporate Social Responsibility - Trend oder Modeerscheinung?*. München, Germany: Oekom Verlag, 2008.

Spindler, Gerald, in: Wulf Goethe, Mathias Habersack und Susanne Kalss LL.M (Hrsg.), *Münchener Kommentar zum Aktiengesetz, Band 2*. München, Germany: Verlag C. H. Beck, 4. Auflage, 2014, § 76, § 85, § 93.

Ulmer, P., "Der Deutsche Corporate Governance Kodex – Ein neues Regulierungsinstrument für börsennotierte Aktiengesellschaft", *Zeitschrift für das gesamte Handelsrecht und Wirtschaftsrecht*, 2002, S. 150 ff.

Ulrich, Peter und Markus Kaiser, *Das Unternehmen, ein guter Bürger. Corporate Citizenship im Zeichen gesamtgesllschaflicher Mitverantwortung*. St. Gallen, Switzerland: HandelsZeitung Fachverlag, 2001.

Ungericht, Bernhard, Dirk Raith, und Thomas Korenjak, *Corporate Social Responsibility oder gesellschaftliche Unternehmensverantwortung? – Kritische Reflexionen, empirische Befunde und politische Empfehlungen*. Berlin, Germany: Lit Verlag, 2008.

Weber, Manuela, "Corporate Social Responsibility: Konzeptionelle Gemeinsamkeiten und Unterschiede zur Nachhaltigkeits- und Corporate-Citizenship-Diskussion", in: Martin Müller und Stefan Schaltegger (Hrsg.), *Corporate Social Responsibility - Trend oder Modeerscheinung?*. München, Germany: Oekom Verlag, 2008.

（II）Periodicals

Carroll, Archie B., "A three-dimensional conceptual model of corporate social performance", *Academy of Management Review*, Vol. 4, No. 1, 1979, pp. 497-506.

Schwarz, Günter Christian und Björn Holland, "Enron, WorldComm und die Corporate Governance-Disskussion", *ZIP*, 2002, S. 1661-1672.

Seibert, Ulrich, "Die Stimmrechtausübung in deutschen Aktiengesellschaften – ein Bericht an den Deutschen Bundestag", *AG*, 2004, S. 529-533.

Ulmer, P., "Der Deutsche Corporate Governance Kodex – Ein neues Regulierungsinstrument für börsennotierte Aktiengesellschaft", *Zeitschrift für das gesamte Handelsrecht und Wirtschaftsrecht*, 2002, S. 150-181.

Velasquez, M., "Why Corporations Are Not Morally Responsible for Anything They Do", *Business and Professional Ethics Journal*, Vol. 2, No. 3, 1983, pp. 1-17.

Wood, Donna J., "Corporate Social performance revisited", *Academy of Management Review*, Vol. 16, No. 4, 1991, pp. 691-718.

（III）Documents

Bundesgesetzblatt I 1998, S. 786 ff.

Bundesgesetzblatt I 2001, S. 123 ff.

Bundesgesetzblatt I 2002, S. 2681 ff.

Bundesgesetzblatt I 2005, S. 2802 ff.

Bundesgesetzblatt I 2005, 2267.

Europäisches Parlament, "Bericht über das Grünbuch der Kommission über die Förderung der europäischen Rahmenbedingungen für die soziale Verantwortung der Unternehmen", A5-0159/2002, Bericht vom 30.04.2002.

Europäische Kommission, Generaldirektion Beschäftigung, soziale Angelegenheiten und Chancengleichheit, Soziale Vernatwortung der Unternehmen Öffentliche Initiativen in den Mitgliedstaaten der Europäischen Union, 2007.

Kommission der europäischen Gemeinschaften, Grünbuch - Europäische Rahmenbedingungen für die soziale Verantwortung der Unternehmen. KOM (2001)366 endgültig, Brüssel, 2001.

Kommission der europäischen Gemeinschaften, Mitteilung 2006.

(IV) Cases

BGHZ 83, 122.

LAG Berlin, Urteil vom 15.01.2002 - 12 Sa 2251/01.

(V) Internet

http://www.bgblportal.de/BGBL/bgbl1f/b198024f.pdf.

http://www.bgblportal.de/BGBL/bgbl1f/bgbl102s2681.pdf.

http://www.bgblportal.de/BGBL/bgbl1f/bgbl105s2802.pdf.

http://www.bgblportal.de/BGBL/bgbl1f/b101004f.pdf.

http://www.dcgk.de//files/dcgk/usercontent/de/download/kodex/D_CorGov_Endfassung_2014.pdf.

http://www.dcgk.de/de/kodex.html.

http://socialistgroup.org/sides/getDoc.do?pubRef=-//EP//NONSGML+REPORT+A5-2002-0159+0+DOC+PDF+V0//DE.

http://www.corporate-governance-code.de/index.html.

http://eur-lex.europa.eu/LexUriServ/LexUriServ.do?uri=COM:2001:0366:FIN:DE:PDF.

http://www.econsense.de/.

http://www.fair-feels-good.de/fairer-handel.php/cat/1/title/Home.

http://www.Oeko-fair.de.

http://www.b-b-e.de/.

http://www.teamarbeit-fuer-deutschland.de.

http://www.upj-online.de/index/62888,0?PHPSESSID=b5fdcbd4ce325f7578c64db6d5a4c7d7.

http://www.jobstarter.de/index.php.

http://www.inqa.de/Inqa/Navigation/root.html.

http://www.daimler.com/Projects/c2c/channel/documents/1557742_daimler_sust_2008_reports_nachhaltigkeitsbericht2008fakten_de.pdf.

http://www.csrgermany.de/www/csrcms.nsf/id/4374F2354A7B7A86C1256F43005A7DE9?Open&ccm=500010090&L=DE&markedcolor=.

http://csr.moea.gov.tw/news/news_content.asp?nw_ID=UzhRYwEwVGY%3D.

CHAPTER 6

公司社會責任與永續發展之調和與實踐[1]

人非孤島孑然立；No man is an island, entire of itself [2]

李成、卓俊雄

【摘要】

　　我國公司法明訂公司為營利之法人。故公司將其資產、人力投入社會公益以盡其社會責任時，勢必與傳統公司法觀念上「企業所有與企業經營分離」、「股東最大利益原則」發生衝突。因此在推動公司社會責任之餘，即有必要對執行上之必要性與適法性與執行時之不協調處該如何解決等問題加以探討。是以，本文於簡要說明公司社會責任之基本意涵，並介紹現今美國、歐盟及中國大陸等國及部分國際組織對此議題發展過程及趨勢後，嘗試分析公司投入社會公益必要性及適法性的基礎為何，再以此為論述根基，進一步檢討我國法有無不足之處。其中，本文認為

---

[1] 本文蒙獲國科會補助提升私立大學校院人文及社會科學研究能量專題計畫「台灣政經轉型下之制度變遷」整合型計畫經費補助，研究期間為：095/08/01~098/10/31。

[2] John Donne(1572-1631) Devotions Upon Emergent Occasions, Meditation XVII；聯華電子董事長胡國強曾引用了英國詩人 John Donne 的這一段話表示：「沒有人是孤島。我們不能自外於這個社會」，其說明聯電公司致力於公司社會責任已有多年，其不僅每年在環境安全衛生等範疇有著大量投資，其更推動「希望種籽計畫」為清寒家庭學童提供課業輔導，提升其教育學習能力。參閱經濟日報，2008 年 4 月 3 日 C8 版。

我國於初步推動公司社會責任時，應透過立法限定公司參與社會責任範圍僅於環境保護、公共福利、社會慈善、教育、科學研究等領域，避免公司推動落實社會責任流於浮濫反造成資源浪費之詬病。另外，於建立起相對應之監督機制時，宜考量公司經營目標、績效、利害關係並兼顧股東利益，以避免企業經營者濫權導致政策美意變質。

關鍵詞：公司社會責任、股東利益極大、企業所有與企業經營分離、股東優先理論、代理成本

壹　前言

　　隨著無國界時代的來臨，企業的規模也逐漸朝向國際化發展，其對於所在社會環境之影響力，亦隨著公司企業掌握的資金、技術、人才的累積而攀升。然而，公司企業擴展的結果卻未必都是正面的，除了刺激經濟成長之外，同時卻也產生了環境污染，貧富差距擴大及勞工權益等相關問題。也因為企業經營導致社會、環境成本之增加，故公司企業投注社會公益（如勞工權益、環境保護、人權提昇等）之重要性在國際間愈來愈受到重視[3]。

　　相對於外國之發展而言，臺灣對公司社會責任（corporate social responsibility；CSR）在公司法制的探討上仍屬於一個尚待發展中的概念。我國公司法雖明定公司以營利為目的（公司法第一條參照），惟國內許多學者亦強調公司目標應是營利性與承擔社會責任的併重，在追求利潤最大化的同時也應該兼顧社會效益[4]。且誠如上述，公司社會責任已成為國際間共同重視的趨勢，在現今全球化競爭的環境下，臺灣不應亦無法置身事外。是故強化公司的社會責任的新理念便油然而生。

---

[3]　如美國道瓊集團與英國金融時報也分別發展出社會責任指數，其評量內容包括公司治理、企業對員工之承諾、社會參與、環境保護等四個面向，甚至管理大師哈佛商學院教授麥可・波特（Michael Porter）更認為此社會責任將會是日後企業核心事業策略的一部份，並成為企業未來新競爭力的來源。參吳必然、賴衍輔，〈企業社會責任（CSR）概念的理論與實踐「2006 Asia CSR Training in Singapore」〉，《證券櫃檯月刊》，第 122 期，民 95.8，頁 32；林春華、徐瑋、陳美華，〈探討臺灣企業社會責任表現與財務績效表現兩者的變動之關係〉，《致理管理學院學報》，民 95.8，頁 297；吳韻儀，〈CSR 企業 21 世紀的新競爭力〉，《天下雜誌》，第 367 期，民 96.3，頁 101-102、104-109。

[4]　賴英照，〈從尤努斯到巴菲特—公司社會責任的基本問題〉，《臺灣本土法學雜誌》，第 93 期，民 96.4，頁 150-180；劉連煜，〈公司社會責任理論與股東提案權〉，《臺灣本土法學雜誌》，第 93 期，96.4，頁 181-208；游啟璋，〈從公司法的實踐看公司社會責任〉，《臺灣本土法學雜誌》，第 93 期，96.4，頁 209-220；陳俊仁，〈論公司本質與公司社會責任—董事忠實義務之規範與調和〉，《臺灣本土法學雜誌》，第 94 期，96.5，頁 79-109；莊永丞，〈從公司治理觀點論我國上市上櫃公司之慈善捐贈行為〉，《臺灣本土法學雜誌》，第 94 期，96.5，頁 110-125。

然而，公司盡其社會責任係以公司資產、人力投入社會公益之中，此舉將與傳統公司法觀念上「企業所有與企業經營分離」、「股東最大利益原則」發生衝突，亦即股東係公司所有者，企業經營者係受到股東的委託，故應專為其利益經營。因此在推動公司社會責任之餘，即有必要探討到其實際執行上必要性與適法性的問題及當中不協調處該如何解決等。故本文首先將簡要說明公司社會責任之基本意涵，並介紹現今美國、歐盟及中國大陸等國及部分國際組織對此議題發展過程及趨勢，嘗試分析公司投入社會公益必要性及適法性的基礎為何，再以此為論述根基，進一步檢討我國法有無不足之處。最後提出具體建議以做為我國公司治理之方向及日後企業界落實參與社會公益之依據。

貳　公司社會責任之基本意涵

　　公司社會責任所涉及之層面甚廣，舉凡股東、員工、利害關係人，乃至於社區、社會環境，均可涵蓋其中。是以，如何劃定社會責任之範圍，實有其困難性。因此，本文於此將從社會責任的發展背景及學說對於社會責任的探討過程，來嘗試判斷公司社會責任之範疇。

第一節　發展背景

　　在二十世紀以來，工商業逐漸地取代了舊有農業社會的生產角色，人們為了追求資產利益能更加充分的發揮效益，於是開始將資金整合集結成立公司，然而在一昧的追求利益極大化之餘，公司不僅成了一種剝削大自然與社會基層的營利組織，更同時使得自然環境、社會人文付出

諸多無形的成本負擔，為了避免過度揮霍破壞了應有的平衡，世人們開始重視這營利組織的社會責任，轉變成為一種對於工商業發展極盛的一種人文省思。而公司社會責任的思維即由此開展。時至今日已然成為許多國際性或本土性的非政府組織，或國際性官方組織所努力推定的企業經營理念與價值[5]。反觀我國公司社會責任觀念亦有方興未艾之趨勢，而逐漸成為實務界所著重探討的區塊。然在探討公司社會責任之初，常無法避免需探究到公司存在的目的究竟為何？亦即，公司究竟應專致於股東利益，抑或應同時兼顧員工、消費者、利害關係人、社會環境及社會全體之公益？

此一爭議最早見於 1896 年 Steinway v. Steinway & Sons 一案中，史坦威（Steinway& Sons）公司之少數股東不滿史坦威公司及其董事以提昇員工效率為由提供公司資本用以興建員工社區住宅，並於該社區興建教堂、圖書館等各項教育休閒設施，更同時撥款為員工社區住宅建設對外道路、污水下水道系統及自來水供應系統。該公司少數股東認為公司此舉損害公司及其股東之利益，故而提起訴訟控告公司並請求損害賠償。該案經紐約州最高法院（Supreme Court of New York）作成判決肯定史坦威公司照顧員工之作為，其認為公司資產原則上故應分配予公司股東，然公司將其資產運用於員工時，其行為之合法性，應以公司有無獲利為判斷標準。本案史坦威公司因謀求員工福利，使得勞資關係更加密切和諧，同時公司也避免因勞資爭議而受到經營上之損失，綜合判斷上公司仍應屬於獲得利益而具有合法性。此案之作成勾勒出公司社會責任的基本雛形而具有重要的參考價值[6]。

而美國司法判例中對於「公司社會責任」影響最為深遠的當屬 1919 年，道奇控告福特汽車公司一案（Dodge v. Ford Motor Co.）。在該案中福特公司為達到其大量生產、降低汽車售價之目的，其決定僅發放少部分盈餘做為利息，而保留鉅額部分以擴充生產設備、增僱員工。然持有福特汽車公司 10% 股權的道奇兄弟（John J. Dodge & Horace E. Dodge）

---

[5] 同註 2，頁 32。

[6] Steinway v. Steinway & Sons, 17 Misc. 43, 40 N.Y.S. 718, 1896. 另同註 3，頁 93-95。

認為公司經營應該是為股東最大利益，公司盈餘應優先發股東，而主張福特公司應再行分配股息。本案密西根州最高法院判決認為：「公司設立的目的，主要就是為公司的利益。董事的權力即應以此為依歸，董事得以各種方式達成此一目的，惟不能為了其他目的而減少股東利益，或拒絕發放股息。」[7]。此一見解隨即受到各州法院及聯邦法院所支持，同時亦成為學者間研究股東利益優先與公司社會責任間重要題材[8]。

　　此一爭執延伸至學術爭論，則肇始於 1930 年 Adolf A. Berler 教授因當時大型企業崛起形成企業所有與企業經營分離的趨勢，公司經營權掌握在少數專業經理人手中，造成經營者得利用經營權優勢，謀取私利危害股東利益，故 Berle 教授乃主張公司經營者應與信託的受託人地位相同，負有受託人義務，應專為股東利益而從事公司經營，界定公司經營者之權限範圍以防範其利用職權，圖利特定利益團體[9]。此一論點於翌年遭到 Edwin Merrick Dodd 教授撰文反對，其主張從公司須服從法律上各項限制及管制措施而增加公司負擔上可知，公司顯然非單純只為股東利益而服務。其更進一步指出，鑑於大型公司有相當影響力存在，是其不僅謀求股東利益，更應對於員工、利害關係人，乃至於一般社會上均有所注意[10]。自此，兩方的主張即形成日後支持公司社會責任肯否兩說的發展基礎。然而值得注意的是，原先主張公司應單為股東利益經營的 Berle 教授於五〇年代改變了見解認為公司經營者應對社會全體負責[11]。

---

[7] Dodge v. Ford Motor Co., 170 N.W. 688 684, Mich. 1919, .另參賴英照，《賴英照說法—從內線交易到企業社會責任》。臺北：聯經出版，2007，頁 160-162。

[8] 同註 3，頁 98。

[9] See Adolf A. Berle, "Corporate Powers as Power in Trust," *Harv. L. Rev.*, 44, 1931, p.1049；Adolf A. Berle, "For Whom Corporate Managers Are Trustees: A Note, "*Harv. L. Rev.*, 45, 1932, p.1365.

[10] See Merrick Dodd," For Whom Are Corporate Managers Trustees?, "*Harv. L. Rev.*, 45, 1932, p.1145.

[11] See Adolf A.Berle, *The 20th Century Capitalist Revolution*, 1954.

第二節　理論依據

誠如上述，與公司社會責任相關之理論大致可區分為二：主張股東利益優先者為「股東優先理論」，主張公司應同時兼顧社會上其他利害關係人之利益者為「公司社會責任理論」，其中公司社會責任理論又包含了不同論證主張的學說。

在主張股東優先理論之學者中，以經濟學教授傅立曼（Prof. Milton Friedman）標榜「公司的社會責任就是增加自己的利潤」之主張最負盛名，其即主張當公司謀求股東最大利益之餘，則社會上公共利益亦將同時獲得滿足[12]。其支持股東優先理論的學者認為，公司係由股東出資並委託經營者經營，則經營者在法理上即應對股東負責，為股東謀取最大利益。若公司經營者投入社會責任的經營，即是以股東資產及員工從事社會建設，此等同對股東及員工課稅，而經營者與員工則化身為實質上公務員，不僅正當性不足，更缺乏經驗與訓練，同時造成企業經營的效率低落，更可能造成企業經營者濫權圖謀私利。另公司經營者若須全方位平衡股東、員工、債權人及其他利害關係人之利益，其不僅難以求取平衡以致效率低落，甚而可能無法做成決策。然而，追求股東最大利益此一目標不僅容易明確且更能有效率，公司的社會責任則落實在法令規範上。意即當公司遵守各項法令規範（包括環保、勞工、消保等領域）而為經營，即表示公司已盡其社會責任[13]。

而在廣泛地主張公司有其社會責任的理論中，分別又有團隊生產理論、利害關係人理論、公司社會責任理論等。主張團隊生產理論學者認為，經營公司所獲得之利潤並非只單純的依靠股東資產，而係由經理人、股東、員工、債權人及其他利害關係人所組成之團隊共同運作而成，為求其利益分配之妥當，故應授權第三人為之，且該第三人應對此一利害關係人團隊負責而非股東，而其分配利益之過程即為一政治程序，由掌

---

[12] See Milton Friedman, "The Social Responsibility of Business is to Increase its Profits," *New York Times Magazine*, Sep.13, 1970, p.32.
[13] 同註6，頁168-171。

握最大權利者（即股東）分得最大利益；而主張利害關係人理論之學者則認為，公司的目標除了股東利益極大化之外，更應盡可能維護及增進社會利益，故公司經營決策時應全盤考量所有利害關係人的利益問題。此一理論盛行於併購熱潮興起之八〇年代，多數公司常援引該利害關係人之概念來拒絕併購公司所提出之鉅額併購，以繼續控制公司的經營權；而公司社會責任理論的主張與利害關係人理論大致相同，其均認為企業不僅僅應致力於股東利益極大化，更應兼顧員工、消費者、供應商、投資者、及社區與環境等利害關係人之福利[14]。

　　儘管學說上見解分歧，惟各理論間仍有共通之處。如在股東利益優先理論與公司社會責任理論中，多數學者普遍認為，公司在追求股東利益極大化之餘，仍不免於應兼顧其扮演社會成員一份子的責任。換言之，發展至今理論間之差異已不在公司是否有其社會責任，而係成為「公司所應盡社會責任之範疇為何」。以股東利益優先理論而言，其認為凡公司遵守法令上的各方面要求，即等同公司已盡政府要求公司應盡之社會責任，而公司社會責任理論論者則認為，公司影響層面甚廣，單單遵守法令並不足以滿足社會及利害關係人對公司之期待，公司為資源利益之持有者，應承擔更多責任。即便如此，公司社會責任論者仍未具體描繪出公司社會責任的範疇。

第三節　性質與意義

　　本文以為，從上述美國法上案例的發展及學說上的研究以觀，公司社會責任之觀念主要係與股東最大利益原則成一對比，從其性質上分類來看，似較能夠界定公司社會責任的範疇。以股東利益優先論者所言，

---

[14] See Kelly Y. Testy, "Socio-Economics and Corporate Law Symposium: The New Corporate Social Responsibility, What is the "New" Corporate Social Responsibility?," *Tul. L. Rev.*, 76, 2002, p.1227；另同註 3，頁 183-185。

公司若已符合法令上各項規範，則其已無任何其他社會義務可言。換言之，其係將公司社會責任之範圍限制於法規範基礎之內。然遵守法令規章固然係社會成員中理所當然之義務，惟商業經營環境日新月異，其對於環境所造成之影響程度及類型亦與日俱增。若徒欲等待立法規範要求公司就其迅速發展所產生之各種社會成本、環境成本負責，則以立法效率經常遠不如實際社會面臨難題之速度，限制公司社會責任於法令規範之中，不僅緩不濟急地容易造成問題或損害之擴大，恐更將積極的限制公司有心主動參與增進社會公益活動的意願及能力，是將公司社會責任侷限於法令規章中顯有所不足，其探討公司社會責任之實益亦不大。

公司社會責任的定義雖經國內外論壇多次討論，但仍是莫衷一是。世界企業永續發展協會（World Business Council for Sustainable Development；WBCSD）認為：廣義而言，公司社會責任是指企業對社會合於道德之行為。特別是指企業在經營上需對所有的利害關係人負責，而不是只是對股東負責。關於公司社會責任的定義，至今尚無廣為接受的定論。其中有一個類似但較籠統的定義是，企業對於其所依存而運作的社會，負有法律和社會義務，而公司社會責任就是企業和這些義務關係的互動，以及如何履行這些義務。而世界企業永續發展協會即曾於一國際會議中提出認為：公司社會責任是企業承諾持續遵守道德規範，為經濟發展做出貢獻，並且改善員工及其家庭、當地整體社區、社會的生活品質[15]。

而如同美國學說上論證焦點的轉變一般，本文認為以公司基於良心而積極從事參與社會公益活動之態樣以觀，此明顯的並非係為符合法令規範要求之法律上義務，而應屬於更高層次之道德義務。是以公司社會責任之性質既定性於道德義務之層次，則相對於股東最大利益原則之論點，公司社會責任之範疇似可以反面界定之方式認為：舉凡公司涉足於法令規範義務及以股東利益為營利目的以外之其他與社會公益及利害關係人相關之領域均屬之。而公司經營涉及此一範圍者，即有必要探討有無違背股東利益之適法性及必要性之問題。

---

[15] 參社團法人中華民國永續發展協會，資料來源：http://www.bcsd.org.tw/index03.html（瀏覽日期：2008 年 3 月 31 日）

參 公司社會責任於各國發展趨勢

公司社會責任的概念從最早形成至今已有百年之久，但實際上其理念受到多數國家乃至於國際組織間之認同卻是近幾年之事，而今從公司社會責任發展現況來看，Adolf A. Berler 教授與 Edwin Merrick Dodd 教授之間關於股東利益優先與公司社會責任的辯論似也已有了定論與趨同。以下將就美國司法實務上的見解及立法上的發展、歐盟地區對於公司社會責任所做成的初步共識與研究，以及其他國際組織或地區對於公司社會責任此一議題所做出之導向做一觀察。

第一節　美國

如前所述，美國福特公司一案之判決所表彰之股東利益優先原則影響美國公司社會責任發展甚鉅，給予主張股東利益優先論者在實務上相當有利之依據。然在後續其他州司法實務上的發展，卻也有著不同的看法。如一九二二年紐約州西區地方法院於 Armstrong Cork Co. v. H. A. Meldrum Co.一案中即引用紐約州最高法院於 Steinway v. Steinway & Son 案之看法，其認為，被告公司 H. A. Meldrum Co.於清算程序開始前，公司尚正常經營之際，透過董事會做成捐款予公司所在地大學之決議案，其目的係為培養公司日後所需之人才，同時亦將達到公司宣傳之效益，有助於提昇公司在消費者心目中之形象並建立起公司商譽，其雖非直接使公司與股東受利益，但此仍屬有利於公司及股東之範圍。故而被告公司董事會之決議並未違反公司與股東間之信託義務（Fiduciary duty）而屬有效[16]。嗣於一九五三年紐澤西州最高法院於 A. P. Smith Manufacturing

---

16　Armstrong Cork Co. v. H. A. Meldrum Co., 285 F. 58 58-60, 1922.

Co. v. Barlow 確認之訴一案中則表示公司係同時為個人私利與公益所存在，現代環境中公司組織亦為社會運作的的一份子，其除了應對股東負責之外，更應認同並承擔社會責任。公司股東應同時兼顧公司現實上及長期上之利益，而公司自願地履踐其社會責任，即是反映公司與股東長遠利益之方式。故而，基於此觀念 A. P. Smith Manufacturing Co.董事會所做成捐款普林斯頓大學之決議，於合理範圍內係符合公司設立目的之行為[17]。

紐澤西州最高法院將公司社會責任的實踐視為對公司與公司股東長期利益之追求。此一主張成為美國公司法學界與各級法院於面對股東利益與其他公司參與者，或是利害關係人衝突時，所採行的理論基礎。換言之，係在追求股東最大利益下，將公司實踐公司社會責任之行為，視為係追求股東長期利益，以此作為股東利益與公司社會責任之均衡[18]。自此，「股東利益」、「董事忠實義務」與「公司社會責任」即成為探討的焦點。其後更帶動美國各州修訂公司法，允許董事透過公司資產之運用從事社會公益。此亦突破過去公司經營係以利益為最終依歸的論調，嘗試將社會公益的概念融入於其中，並將其與股東利益相結合，使公司社會責任與股東利益優先能達到相輔相成的效果。立法例上，以美國德拉瓦州（Delaware）為例，該州一般商業公司法第一二二條第九款中即具體明文授權公司得將公司資產捐助於公共福祉、慈善、科學、或教育之目的，或於戰時或國家發生緊急危難時，提供援助。至今美國各州均已修正公司法，授權公司經營者得將公司資產運用於社會公共利益上，使得「公司社會責任」議題，於美國公司法學與公司實務運作中產生了重大變革[19]。再從實際公司運作上來看，根據紐約公關公司 Jericho communication 二○○二年對美國財星一千大企業的二百六十四位 CEO 所做的調查顯示，36%的 CEO 在企業社會責任方面的意識提高了，12%的 CEO 則會配置更多資源在社會責任方面，52%的 CEO 表示若全球的

---

[17] A. P. Smith Manufacturing Co. v. Barlow, 13 N.J. 143, 98 A.2d 581, 1953.
[18] 同註3，頁 100-101。
[19] 同註3，頁 101。

企業善盡社會責任可減緩恐怖主義的發展，這些調查結果顯示美國 CEO 的社會責任意識及承擔意願已經顯著提升。綜上可見，在美國不論司法實務界或企業界均已逐漸認同公司在社會環境中應扮演某種程度的參與助益者角色，並同時認為公司在社會公益上的推動，在當下提升了公司所在的環境，相對的也增加了公司將來發展的機會，投射成為股東日後的長期利益。換言之，公司經營以不再侷限於過去以營利為唯一目的，而已開始重視到企業所處在的環境的發展。

第二節　歐盟

　　公司社會責任在歐洲地區同樣的受到重視，鑑於人權、社會福利與環保意識之抬頭，全球對於企業活動之監督標準相較於以往均更加嚴苛，現今歐盟亦有所謂訂定企業活動之最低標準，即為眾所皆知的公司社會責任。相較於其他經濟體，歐盟對於公司社會責任之發展相對緩慢，但在近年來歐盟內部及外部之企業均主動提倡公司社會責任之發展。舉例而言，在歐盟內部有 European Employment Strategy, E.U.-Ecolabels 以及 Eco-Management and Audit Scheme（EMAS）等提升社會企業責任之報告與研究。E.U.-Ecolabels 為歐盟內企業對於其自身產品環保性提倡與企業資訊透明度之自發性提案，而 EMAS 亦與上述組織相去不遠，均致力於環保議題之發展。就歐盟以外而言，非洲、地中海與環太平洋諸國等組織則是致力於人權之發展。歐盟於二〇〇一年為致力於公司社會責任分別朝兩方向努力，提升第三世界國家之人權與民主化為一，加強勞工權益與社會監督為二，除此之外更以貿易鬆綁做為誘因配合細則之訂定以使各國遵守歐盟 GSP（Generalized System of Preference）最低的社會以及環保標準。歐盟所倡議的公司社會責任大綱最初是以 Manifesto of Enterprise against Social Exclusion 參考，該大綱期望所有之相關人及企業能有公開之談話。在往後數年，公司社會責任在歐盟內均為重要之議題，

如在二〇〇〇年的里斯本高峰會上，公司社會責任被排列在議題之首，而在二〇〇一年六月的瑞典哥登堡高峰會上更是討論到企業公司在社會所扮演之角色與其所應發展之策略。此時歐洲委員會（European Commission）亦發布了所謂的公司社會責任綠皮書，其內容所提出之概念如下[20]：

(1) EU 在公司社會責任議題上所扮演的角色為何？

(2) 公司社會責任在公司發展策略上所扮演的角色為何？

(3) 其他相關之利害關係人所扮演的角色為何？

(4) 公司社會責任之策略應如何監督與評估？

(5) 公司社會責任應以何種機制發展較為適當？

針對該綠皮書之內容，共有九個會員國（歐盟）做出二百六十一個回應，包括四十九間私人公司（其中一半來自英國）。儘管如此，許多企業及相關之利害關係人（Multi-Stakeholders Forum）仍對綠皮書有所微詞，認為其所提出之公司社會責任仍有所缺陷，例如當中公司社會責任所要保護之確切目標並不明確，或是與其他國際組織對於法規規範之見解有所衝突，又或是該綠皮書無視各國之實際情況僅訂定單一之公司社會責任標準。此外，針對於此綠皮書各國均強調以自律為主，惟缺乏適當機制實行公司社會責任。然而，歐洲委員會於二〇〇二年七月提議召開相關利害關係人論壇（Multi-Stakeholders Forum）針對綠皮書作出回應，並於二〇〇二年十月決議實施公司社會責任為各國企業自行權衡，故各國之主管機關並不會主動衡量其績效。而在實務上，歐盟所屬之委員會已進行數個提案，以探討公司社會責任之實務操作與資訊揭露。該會議由各國代表、非政府組織、企業以及社會大眾所組成。接著，歐盟又針對其所有之相關利害關係人提案，建議將公司社會責任與歐盟內之所有企業政策、僱用政策、社會事務政策等等進行整合。最後，其委員會提案鼓勵將公共行政事務包括在公司社會責任之內，以實現公司社會責

---

[20] See Kristina K. Herrmann, "Corporate Social Responsibility and Sustainable Development: The European Union Initiative As a Case Study," *Ind. J. Global Legal Stud.*, 11, 2004, pp.218-219.

任之原則。發展合作委員會（Committee on Development and Cooperation）呼籲其他地區共同建立一機構，以期能評估與監督國際之公司社會責任標準並監督位於開發中國家之歐洲公司。儘管許多國際機構均對公司社會責任提出不同見解，但歐盟員工暨社會事務委員會（Committee on Employment and Social Affairs）卻認為以自發性而非以法律方式規範為最佳作法[21]。

另歐盟相關利害關係人論壇於二〇〇四年提出最終之報告，該報告提出關於合作、提升與探討等等不具法律約束性之大量建議。例如，增加公司社會責任之意識、鼓勵與利害關係人合作、支持公司社會責任之實證研究或是強調公司間之合作等等。在企業與利害關係人爭執不下的情況下，許多學者建立應摒棄歧見，採用例如歐盟貿易處（Directorate General for Trade）之意見，該意見如下：公司社會責任應於法律規範，在不影響該國政府之事務下訂定最低之公司社會責任標準[22]。另外，非政府組織（Non-Governmental Organizations; NGOs"）建議歐盟委員會之未來展望如下：綜合各方建議，將能對公司社會責任能有顯著提升。而為上述成效，其有必要協助並配合該穩定成長之公司發展適當之架構，藉此期能建立公司社會責任之系統，並使所有之公司皆能負起公司社會責任。

上所述，公司社會責任之爭議不僅是企業自發性行為與法規規範之問題，法規雖能遏止權力之濫用外並使企業遵守最低之規範，卻不能對於現狀進行太多改變。應採取較為中庸之方法，加入適當之誘因使公司社會責任之觀念深植入企業根本，或透過國際間區域體與經濟體之觀念，使其符合公司社會責任之規定。

---

[21] See Sorcha MacLeod, "Corporate Social Responsibility within The European Union Framework," *Wis. Int'l L.J.*, 23, 2005, pp.548-549.

[22] Ibid., p. 550.

第三節　中國大陸

　　按中國大陸公司法立法以來，便強調公司除具有營利性外，亦同時兼具社會性[23]。故中國大陸於二〇〇五年十月二十七日所通過的新公司法[24]第五條條文明定：「公司從事經營活動，必須遵守法律、行政法規，遵守社會公德、商業道德，誠實守信，接受政府和社會公眾的監督，承擔社會責任。（第一項）公司的合法權益受法律保護，不受侵犯。（第二項）」即明確要求公司從事經營活動，必須"承擔社會責任"。

　　中國大陸新《公司法》不僅將強化公司社會責任理念列入總則條款，而且在分則中設計了一套充分強化公司社會責任的具體制度。例如，新《公司法》進一步完善了職工董事制度與職工監事制度。就職工監事制度而言，新《公司法》第五十二條第二款、第七十一條和第一百十八條要求監事會應當包括股東代表和適當比例的公司職工代表，其中職工代表的比例不得低於三分之一，從而有助於扭轉一些公司中職工監事比例過低的現象。就職工董事制度而言，新《公司法》第四十五條第二款和第六十八條要求兩個以上的國有企業或者兩個以上的其他國有投資主體投資設立的有限責任公司以及國有獨資公司的董事會成員中有公司職工代表；第四十五條第二款和第一百零九條第二款允許其他有限責任公司和股份有限公司設立職工代表董事制度。因此，新《公司法》在公司設立、治理、運營、重組等各個環節的適用與解釋應當始終弘揚公司社會責任的精神。例如，應當授權董事會決策（包括制定反收購措施）時考慮並增進職工、消費者等利益相關者利益。又如，根據公司社會責任的立法理念，公司維持原則應當得到充分尊重。法院在公司解散訴訟、公司破產訴訟、公司設立無效訴訟中要儘量維持公司的生命力。法官在行

---

[23]　如原公司法第十四條：「公司從事經營活動，必須遵守法律，遵守職業道德，加強社會主義精神文明建設，接受政府和社會公眾的監督。」資料來源：中國大陸國務院網站，http://www.chinalaw.gov.cn/（瀏覽日期：2008 年 4 月 3 日）

[24]　中國大陸於 2005 年 10 月 27 日第十屆全國人大十八次會議通過的新公司，並於 2006 年 1 月 1 日起正式實施。

使自由裁量權的時候，對於可解散、也可不解散的公司，堅決不予解散；對於可破產清算、也可實行破產重整的公司，堅決予以破產重組；對於可確認無效、也可採取瑕疵補救措施確認公司有效的公司，堅決採取瑕疵補救措施[25]。

在此同時，深圳證券交易所為落實科學發展觀念，構建和諧社會，推進經濟社會可持續發展，倡導上市公司積極承擔社會責任，根據中國大陸《公司法》、《證券法》等法律、行政法規、部門規章，於二〇〇六年九月二十五日制定「公司社會責任指引」[26]。明定於深圳證券交易所掛牌交易的公司須依此指引，善盡其社會責任。

而依深圳證券交易所上市公司社會責任指引之規定，所謂上市公司社會責任是指上市公司對國家和社會的全面發展、自然環境和資源，以及股東、債權人、職工、客戶、消費者、供應商、社區等利益相關方所應承擔的責任。（深圳證券交易所上市公司社會責任指引第二條參照）而上市公司應在追求經濟效益、保護股東利益的同時，積極保護債權人和職工的合法權益，誠信對待供應商、客戶和消費者，積極從事環境保護、社區建設等公益事業，從而促進公司本身與全社會的協調、和諧發展。（深圳證券交易所上市公司社會責任指引第三條參照）且公司在經營活動中，應遵循自願、公平、等價有償、誠實信用的原則，遵守社會公德、商業道德，接受政府和社會公眾的監督。不得通過賄賂、走私等非法活動謀取不正當利益，不得侵犯他人的商標、專利和著作權等知識產權，不得從事不正當競爭行為。（深圳證券交易所上市公司社會責任指引第四條）公司亦應按照本指引要求，積極履行社會責任，定期評估公司社會責任的履行情況，自願披露公司社會責任報告。（深圳證券交易所上市公司社會責任指引第五條）

---

[25] 「深圳證券交易所上市公司社會責任指引」分 8 章共 38 條條文。參中國大陸公司法立法說明，資料來源：中國公司法網，http://www.cngsf.com/index.htm（瀏覽日期：2008 年 4 月 3 日）

[26] 參「深圳證券交易所上市公司社會責任指引」第一條條文。

至於有關股東和債權人權益保護（第二章）、職工權益保護（第三章）、供應商、客戶和消費者權益保護（第四章）、環境保護與可持續發展（第五章）、公共關係和社會公益事業（第六章）、制度建設與資訊披露（第七章）等公司社會責任，深圳證券交易所上市公司社會責任指引中亦有明確之規範，以供上市公司履行其社會責任遵循依據[27]。

第四節　OECD 及其他國際組織

　　不僅在美國、歐盟，甚至中國大陸均有認同公司社會責任的推動，在國際組織上同樣的受到公司社會責任風潮的影響，舉例而言，經濟合作發展組織（Organization for Economic Cooperation and Development；OECD）亦於其建議各國建立公司治理制度之方針原則即二〇〇四年修訂版公司治理守則中，首次將倫理標準列入董事會應遵守事項中，其中董事會責任部分第 C 點即明文述及董事會應遵守高度倫理標準，並應考量利害關係人權益。而一個全面性的道德規範不僅應符合法律的規範，更應成為公司最基本的要求。另外聯合國前任秘書長安南（Kofi Annan）曾於一九九九年一月三十一日在世界經濟論壇（World Economic Forum）的集會上，向來自全球各地的企業領袖提出全球盟約（Global Compact）的構想，試圖為企業社會責任建立國際共通標準，並結合民間與官方的力量，共同促進社會責任的實現。安南指出，經濟活動的全球化步伐太快，跨國公司的足跡亦遍及全球各地，但許多國家不論是社會層面還是政治體制，都未能及時調整因應，更遑論為其指引發展方向，形成經濟、社會和政治領域之間的失衡現象。這種情形，如果不能儘速匡正，全球化的經濟不會維持太久。他呼籲全球企業領袖

---

[27] 參「深圳證券交易所上市公司社會責任指引」第二章至第七章條文。

支持一個建立在「共通的價值與原則的全球盟約，讓全球市場具有人的面貌」，使世界經濟得以兼容並蓄，永續發展。安南強調「共通的價值與原則」，是有感於企業對於社會責任的觀念，固然琅琅上口，但國際間缺乏一致性的基準，彼此認知差異頗大，作法上更見分歧，必須加以統合。這裡所謂「共通的價值與準則」，特指企業在人權保障、勞動條件和環境保護等領域，必須遵守的基本原則[28]。二○○○年七月二十六日在聯合國總部宣示成立的全球盟約，就是以人權（Human Rights）、勞工（Labor）及環境（Environment）三項議題為核心，並提出九項準則提供企業遵循，包括：1.企業對其影響範圍內的事務，應支持並尊重國際人權的保障；2.企業應確保不成為侵害人權的幫兇；3.尊重結社自由及集體議約權；4.消除奴工；5.不僱用童工；6.廢除僱用上及職業上的歧視；7.應支持及採取事前預防的方法，因應環保問題的挑戰；8.主動積極，承擔更大的環保責任；9.對於有益環保的各項技術的研究發展與推廣，應予以獎勵[29]。此後，依二○○四年六月二十四日「全球盟約領袖高峰會」（Global Compact Leaders Summit）的結論，增加第四項議題：反貪腐；及第十項準則：反對任何形式的貪腐，不接受勒索，也不向任何人賄賂。提出這十項準則，是期望企業在追求股東最大利益之時，注意保障人權，善待勞工，維護環境並保持廉潔，以善盡社會責任[30]。從內容來看，十項準則都是國際公約明文記載的事項，透過此一全球盟約之建立，吸引企業的認同與參與，更能夠直接的對於人權、勞工、環境與清廉等目標予以落實[31]。

---

[28] 參聯合國 1999 年 2 月 1 日新聞稿 SG/SM/6881。資料來源：http://www.un.org/News/Press/docs/1999/19990201.sgsm6881.html（瀏覽日期：2008 年 3 月 31 日）

[29] 參國際勞工組織（International Labor Organization），資料來源：http://www.ilo.org/public/english/bureau/dgo/speeches/somavia/2000/gceng.htm（瀏覽日期：2008 年 3 月 31 日）

[30] 參聯合國 2004 年新聞稿 SG/SM/9387 ECO/71。資料來源：http://www.un.org/News/Press/docs/2004/sgsm9387.doc.htm（瀏覽日期：2008 年 3 月 31 日）

[31] 同註 6，頁 214-216。

第五節　小結

　　綜上所述，雖然仍有學者主張企業應朝向追求股東利潤最大化之目標邁進[32]，惟美國絕大多數州的公司法均設有利害關係人之立法（Constituency Statutes），賦予隸屬於監理機關之董事會針對非股東者之利益進行衡量，訂定出最佳之法規[33]。另早期美國法院判決雖提及企業應以為股東謀取利潤為己任，並以上述為決策之權重，但隨時間流逝已有些許改變，法院亦認為在合理之金額及理由下，企業得合理進行慈善捐獻活動。是故，在可見在立法及司法面上，在顧及員工、顧客、股東長期利益之考量下，法院通常不會干預企業對於社會責任之運作，故於法律規範之部分保留相當之彈性空間[34]。而目前各國及國際組織均多肯認公司須盡部分社會責任，如美國及中國大陸已將公司須盡社會責任立法明訂[35]，且公司盡社會責任與企業永續經營並無違背。

　　我國公司法雖明定公司以營利為目的，且目前亦無相關法令明確要求公司須善盡社會責任。惟本文認為針對公司社會責任與永續發展之爭議部分，可知公司社會責任之發展將受至於股東之自利心理，故建議應跳脫利潤極大化觀念，在公司法規範下發展公司社會責任。但欲發展公司社會責任仍有許多內部及外部之限制，例如理論與實務上之爭議，或是受到利潤極大化理論之枷鎖所制等等。是故，本文建議我國公司法對於公司以營利為目的之部分並不是定義的相當明確，其目的在於保留彈

---

[32] 如目前美國主流觀點認為企業應朝向追求股東利潤最大化之目標邁進，如 Henry Hansmann 及 Reinier Kraakman 在"the end of history for corporate law"乙文裡即提出公司法設立之主要目的應如同其他先進國家一般設法使長期之股東價值達到最大化。See Ian B. Lee, "Corporate Law, Profit Maximization, and The "Responsible" Shareholder," *Stan. J.L. Bus. & Fin.*, 10, 2003, pp.32-33.

[33] 惟值得注意的是，美國諸州的公司法中有許多保護和增進公司股東之外其他利害關係人利益的條款，但大多限於在公司董事會面臨敵意收購的威脅時，授權或者要求董事會為了非股東利益相關者的利益而採取必要的防禦措施。Ibid., pp.34-35.

[34] Ibid., pp.35-37.

[35] 另查德國的《共同決定法》等相關法律中設有職工監事制度，但在其《股份法》和《有限責任公司法》的總則中缺乏強調公司社會責任的一般條款。

性之運用空間。再者，公司追求利潤之動力往往來自於股東所給予之壓力而非法律之規範。同時，應設計出符合一般人性道德觀點之法律規範，並使公司在進行社會責任投資時應考量所有股東之利益，以及該投資所衍生之衝擊與成本。另在考量公司法與證券化等相關法規規範不足，公司社會責任之投資似應加強資訊揭露，使投資者能從中獲得一定之資訊以為日後投資標的選擇參考之用。

肆　結論與建議

從上述國際間發展狀況可得而知，各區域組織間對於企業逐漸擺脫傳統過去極力追求利潤之目標，而轉向關注環境與人文發展之社會公益，已然形成一種共識，甚至可以說是趨勢。而公司企業也逐漸瞭解到，自然、社區環境對於公司發展的重要性。隨著全球化發展不斷的擴張，面對此一風潮，臺灣的企業界並無法置身事外，在一九九七年臺灣即陸續成立了企業永續發展協會與行政院國家永續發展委員會即為例證。事實上，越來越多的企業發現：投資於社會責任，將使企業有更多發展壯大的機會；推進企業社會責任，既有利於社會和諧和、生態永續，也符合企業本身的商業利益。而由臺灣企業社會責任協會籌備處所發表之社會責任報告更認為日後的企業經營將朝向以責任競爭力為導向的持續競爭優勢[36]。從不論是美國、歐盟、國際組織，乃至於發展中的中國大陸均表態認為企業與大環境的共榮共存是息息相關，不僅可證明公司社會責任的推動與股東利益是不相衝突的，其更可證明企業唯利是圖的時代終將成為過去。既然公司社會責任在全球化競爭環境下日益重要，且成為臺灣企業所不容忽視的議題，則該如何引導臺灣公司企業，乃至於建

---

[36] 參臺灣企業社會責任協會，資料來源：http://www.csrtaiwan.org/index.php?option
=com_content&task=view&id=1&Itemid=2（瀏覽日期：2008 年 4 月 4 日）

立起制度以使企業界有一定規則可循，促成社會與企業共利的現象，本文嘗試做出以下結論，以期能為我國推動公司社會責任提供參考方向：

一、概念的推行與落實方面

公司社會責任的推動，其重要者不在於觀念的瞭解，而應著重於如何落實執行。公司社會責任的觀念在我國企業界中尚難謂已達多數知悉的程度，目前我國公司社會責任之推動主要係由天下、遠見雜誌社及業界所倡導[37]，尚未提升至由政府機關推行之階段。然副總統當選人蕭萬長即曾於遠見雜誌社所主辦之「第四屆遠見雜誌企業社會責任獎」頒獎會場時表示：企業社會責任將作成政策來推動[38]。待日後企業社會責任在企業界上形成共識之際，即有考量將企業社會責任此一概念落實到我國法律規範當中。在公司社會責任尚未形成明確具體共識之前，本文認為可建立獎勵制度以鼓勵公司在其經營事業上嘗試與社會公益做一結合，使達到一定成效的企業得享有優惠待遇（如租稅或政策上）。藉由獎勵制度的推動，亦可排除公司參與社會公益活動將造成公司股東受損之疑慮。易言之，在某種程度上應能迴避判斷有無損害公司股東利益之難題，且避免股東與公司經營者間之緊張對立。當社會公司責任推動已形成社會共識之際，則可考慮透過立法規範課予企業負有承擔社會責任之義務，以強制企業落實其社會責任。

二、立法政策上的參考

參考外國立法例規範，關於公司社會責任條款有如中國大陸所制訂之宣示性條文，明文宣示公司應承擔社會責任，亦有如美國德拉瓦州針對特定領域事項，授權公司得運用公司資產以從事社會公益，使公司得

---

[37] 國內有志者為了匯集企業界對於社會責任的風潮，天下雜誌社與遠見雜誌社更分別舉辦了「天下企業公民獎」、「遠見企業社社會責任獎」此標榜重視並致力於社會公益之公司，以期能促使臺灣企業界對此一議題更加重視，並予以落實。參天下雜誌第三六七期、遠見雜誌第二六二期。

[38] 參閱經濟日報，2008 年 4 月 2 日 A13 版。

以免於股東質疑、求償，成為公司董事會於做成參與社會公益時的免責依據。本文以為，中國大陸宣示性條文規範固有其意義，然確有可能造成公司以此為由行濫權違法之實。從一個制度發展尚未完全的觀點來看，廣泛抽象的立法容易使企業界無法有具體標準得以遵循，更容易使有心人士藉此作為濫權圖謀私利之藉口。固然德拉瓦州公司法臚列特定項目將有侷限公司從事公司社會責任的範圍之嫌，恐不力公司社會責任全方位的發展。但反面推敲，在觀念尚不健全，亦為有具體概念或作法形成共識之際，限定特定範疇不僅可使公司有明確方向得以推動，對應的亦可使企業經營資源集中處理重要棘手議題上，加強其成效。如近年來全球氣候變異，環境保護意識日益高漲，國家、企業落實環境保護更是刻不容緩，此時做出特定侷限，應有助於環保成效的提昇。

　　參考德拉瓦州公司法立法規範及全球盟約所提出之概念，並配合我國國情，本文認為我國於初步推動公司社會責任時，應透過立法限定公司參與社會責任範圍於環境保護、公共福利、社會慈善、教育、科學研究等領域，避免公司推動落實社會責任流於浮濫反造成資源浪費之詬病。另外，亦應建立起相對應之監督機制，考量各公司經營目標、績效、利害關係並兼顧股東利益，以避免企業經營者濫權導致政策美意變質。

伍 參考文獻

中文文獻

賴英照,《賴英照說法—從內線交易到企業社會責任》。臺北:聯經出版,民96年。

吳必然、賴衍輔,〈企業社會責任(CSR)概念的理論與實踐「2006 Asia CSR Training in Singapore」〉,《證券櫃檯月刊》,第122期,民95.8,頁31-42。

吳韻儀,〈CSR企業21世紀的新競爭力〉,《天下雜誌》,第367期,民96.3,頁98-102。

林春華、徐瑋與陳美華,〈探討臺灣企業社會責任表現與財務績效表現兩者的變動之關係〉,《致理管理學院學報》,第卷,第期,民95.8,頁295-310。

莊永丞,〈從公司治理觀點論我國上市上櫃公司之慈善捐贈行為〉,《臺灣本土法學雜誌》,第94期,民96.5,頁110-125。

陳俊仁,〈論公司本質與公司社會責任—董事忠實義務之規範與調和〉,《臺灣本土法學雜誌》,第94期,民96.5,頁79-109。

游啟璋,〈從公司法的實踐看公司社會責任〉,《臺灣本土法學雜誌》,第93期,民96.4,頁209-220。

賴英照,〈從尤努斯到巴菲特—公司社會責任的基本問題〉,《臺灣本土法學雜誌》,第93期,96.4,頁150-180。

劉連煜,〈公司社會責任理論與股東提案權〉,《臺灣本土法學雜誌》,第93期,96.4,頁181-208。

英文文獻

Adolf A.Berle, *The 20th Century Capitalist Revolution.* New York: Harcourt, 1954.

Adolf A. Berle, "Corporate Powers as Power in Trust," *Harv. L. Rev.*, 44, 1931, pp.1049-1074.

Adolf A. Berle, "For Whom Corporate Managers Are Trustees: A Note", *Harv. L. Rev.*, 45, 1932, pp.1365-1372.

Ian B. Lee, "Corporate Law, Profit Maximization, and The "Responsible" Shareholder, "*Stan. J.L. Bus. & Fin.*, 10, 2003, pp.31-72.

Kelly Y. Testy, "Socio-Economics and Corporate Law Symposium: The New Corporate Social Responsibility, What is the "New" Corporate Social Responsibility?," *Tul. L. Rev.*, 76, 2002, pp.1187-1205.

Kristina K. Herrmann, "Corporate Social Responsibility and Sustainable Development: The European Union Initiative As a Case Study," *Ind. J. Global Legal Stud.*, 11, 2004, pp.205-232.

Merrick Dodd, "For Whom Are Corporate Managers Trustees?, "*Harv. L. Rev.*, 45, 1932, pp.1165-1372.

Milton Friedman, "The Social Responsibility of Business is to Increase its Profits," *New York Times Magazine*, Sep.13, 1970, p.32.

Sorcha MacLeod, "Corporate Social Responsibility within The European Union Framework," *Wis. Int'l L.J.*, 23, 2005, pp.541-552.

A. P. Smith Manufacturing Co. v. Barlow, 13 N.J. 143, 98 A.2d 581, 1953.

Armstrong Cork Co. v. H. A. Meldrum Co., 285 F. 58 58-60, 1922.

Dodge v. Ford Motor Co., 170 N.W. 688 684, Mich. 1919.

Steinway v. Steinway & Sons, 17 Misc. 43, 40 N.Y.S. 718, 1896.

CHAPTER 7

行政院組織再造之
歷史制度分析，1987-2012[1]

改革是痛苦的，其過程並不有趣，沒有任何一人不在自我改造的
過程中，歷經痛楚與勞苦，更何況是一個國家的改革。[2]

英國思想家 Carlyle Thomas, 1795-1881

王光旭、史美強

【摘要】

　　面對日趨複雜的境，公共部門的治理能力正面對前所未有的挑戰，
伴隨著新公共管理（New Public Management）的風潮，小而美、小而能
政府成為各國再造的標竿，績效衡量與企業精神充斥著行政組織的運作
模式。本文從歷史制度論的角度，嘗試透過文獻資料的搜集與分析，初
步解構行政院組織再造制度發展的歷史脈絡，將分析焦點集中在「行政
院組織法」所形成的歷史遺緒，改革過程中的制度選擇如何受到路徑依

---

[1] 本文初稿曾發表於公共行政與公共事務系所聯合會 2007 年年會，研討會主題「公共治理的理論與實踐」，世新大學行政管理學系主辦，日期：2007 年 6 月 2 日，臺北，作者感謝與會者給予的評論與建議。本文也感謝國家科學委員會的補助，計畫編號：NSC95-2745-H-029-015-HPU，以及在計畫執行過程中，助理林文謙對於資料蒐集的協助，然文責仍由作者自負。
[2] 原文如下："Reform is not pleasant, but grievous; no person can perform themselves without suffering and hard work, how much less a nation?"

賴的影響，以及關鍵時點中的政治過程，而形成了如今的制度設計。本文發現，行政院的組織架構以八部二會為基本架構，雖然通過組織改革四法，但新的單位也在改革過程中不斷成立，精省的結果也愈發讓行政院轄下的部會或組織膨脹，並未達到降低組織數量與人員規模的效果。此外，行政院組改的關鍵時刻，均展現在具有強勢領導條件的政治領導人出現的時候，如精省時的總統李登輝與通過政府改造四法的總統馬英九，均是屬於單一政府，又加上掌握黨權的時候，顯見強力的政治領導在臺灣行政改革中的重要性。

關鍵字：行政院組織法、新公共管理、關鍵時刻、民主化、路徑依賴

壹　前言

　　自 1980 年代起，全球政治、經濟、文化環境不斷的轉型與衝擊，財政的日益困難、政府績效不彰等治理難題，成為造成公部門不可治理性的諸多障礙。為了回應日趨複雜的種種需求，美國、英國、加拿大等歐美國家開始思考如何造就良好的政府組織體制。據此，針對政府組織進行改造，精簡組織部門、員額，小而美、小而能政府成為各國再造的標竿，造就了所謂政府縮減的年代（the era of retrenchment; Pierson, 1994; 2001）。這波政府改造的風潮在 1980 年代末期吹至臺灣，當時臺灣正逢解嚴，憲政上亦準備進行變革，政府組織本身又因無效能、法規不足、政府無力管制市場等缺陷而為人所詬病，傳統的行政體系無論對內或對外都面臨了治理失靈（governance failure）的危機，為了確保並鞏固民主化的成果，因此更加深行政革新之必要性。

　　學者 B. Guy Peters 曾經問了一個很有趣的問題：「政府為什麼要投入那麼多的精力和時間來致力於改革？畢竟，以前組織重組和改革的歷史並非那麼成功，不足以讓人們對將來的改革萌生樂觀主義」[3]（Peters, 2001: 362）。這當中隱含了兩個含意，第一、過去行政改革的歷程，基本上是失敗居多，成功居少；第二、既然如此，改革的正當性理由究竟是什麼？當然若繼續推敲 Peters 的話意，在新公共管理（New Public Management）的風潮席捲全球的行政學界之後，行政改革似乎成為各國施政最無可抵擋的政治正確，政治人物對於政權鞏固的需求，對於行政改革議題的回應可以轉移民眾對其施政不佳的責難。但實質上，對於政

---

[3] 原文如下：＂...why governments should invest all this time and energy in the pursuit of reform. After all, the previous history of reorganization and reform had not been such a success as to create great optimism for the world-be reformer. Even when reformers were actually implemented there was little evidence of their producing genuine changes in the performance of government." (Peters, 2001: 362)。

府再造的行動，所面對的是 Weber 眼中難以撼動的「理性化的官僚制」（ideal bureaucratic system; Weber, 1946）。

換言之，即使有政治正確，改革也絕對是衝突與痛苦的過程。事實上，從過去對各國政府人事與財政支出的觀察，政府的規模不斷的在擴大當中，對於公共選擇論者，這樣的趨勢符合了其對官僚利益極大化的臆測（Niskanen, 1971），也給予其實際的案例解釋了龐大的官僚集團為何會產生失靈（government failure; Tullock, Seldon & Brady, 2002）的問題，認為透過民營化、私有化以縮小政府的規模，已是刻不容緩的課題，但官僚體本身是有自我利益的行動者，而非待宰的羔羊，不可能面對被裁減的威脅沒有任何政治性行動。面對諸多失敗案例，不禁要更具體的思考到，即使 Woodrow Wilson（1887）殷切的指引行政與政治二分的發展道路，行政改革或許是一個行政與政治二分的場域，然諸多證據顯示，改革的本質是政治的（Maynard-Moody et al., 1986），或是一種行政部門的政治活動（Knott & Miller, 1987: ix），無法忽略行政改革過程中可能有的內外部政治性因素所造成的改革成本（Fesler & Kettle, 1996: Ch5），套句俗諺，便是「上有政策，下有對策」。無怪乎陳敦源與林靜玟（2006）為文討論行政改革與組織再造，認為這可能只是一種虛假的期待。

臺灣所進行一連串的行政改革措施中，最具指標性莫過於行政院的組織再造工程[4]。然最為弔詭，也符合 Peters 對各國行政改革結果的觀察，無論是國民黨或民進黨政府，政府再造的議題是最不牽涉到兩黨基本價值的敏感神經，每一任的閣揆也一直念茲在茲，希望能為國家競爭力的提升開創新頁。換言之，行政院改革議題在臺灣是具備政治正確的改革議題，然而在 2010 年以前卻遲遲無法有效通過。行政院的組織改造所呈現各部會間的新疆域，從理論的背景除了順應新公共管理師法企業的改

---

[4] 政府再造與政府改造兩詞均有人使用，意思無異，只是使用習慣上，國民黨李登輝主政時期慣用政府再造，民進黨陳水扁主政時期習慣用政府改造，雖然用詞有異，然指涉的都是同樣的行政改革工程，本文在行文過程中會混用兩個不同的用詞。

革潮流外，作者認為實際上也牽動行政院各部會勢力的消長。自 1987 年行政院長俞國華指示副院長連戰成立專案小組，進行行政院組織法研修工作，1990 年代至今進行的改革過程在不同的時點，因應不同的情勢，背後其實是一連串的政治效應與利益衝突。

　　近年來，國內的學界與實務界對於政府再造或行政革新等相關課題，其實已經有了不少的論述（江明修，1995；江大樹，1996；江岷欽，1996；葉維銓，1998；蕭全政，1995，1999；魏啟林，2000；蕭全政、管碧玲、江大樹，2001；朱武獻，2002；朱愛群，2005；林嘉誠，2003；葉俊榮，2005；葉嘉楠，2005；Sun, 2002, 2008; Shih，2009）。然而，大多的研究成果均著重在企業型政府、新公共管理等理念與政府再造間的關連性，或是法條式或改革方案的比較，或抑是從組織重組與設計的角度來談行政院的組織改造，重視的是點的分析，較缺乏從歷史的脈絡來通盤檢討行政院組織的變革。在少數的具有歷史觀的分析中，王明倫（2000）透過政治經濟學的觀點探討戰後臺灣行政改革與政府再造，然其未對最近幾年國內政經發展與行政改革繼續加以檢討。而在 Sun（2008）的研究中，其用 Political Nexus Triad（PNT）的模型來比較解嚴前後政治、行政與社會力量對行政改革的影響，並由此提出臺灣政府再造的失敗是因為缺乏了有力的政治領導。

　　總的來說，無論是從什麼觀點分析臺灣的政府再造運動，2008 年以前失敗似乎是一個大家都可接受的共識。本文從歷史制度論的角度，嘗試透過文獻資料的搜集與分析，初步解構行政院組織再造制度發展的歷史脈絡，焦點集中在「行政院組織法」所形成的歷史遺緒之上，以及如今的制度設計是如何受到路徑依賴和關鍵時點制度選擇的影響，而形成了如今的樣貌。本文將研究的焦點放置在 1987 年解嚴之後的發展，並提出主要的研究問題如下：在制度選擇的關鍵時刻，重要的事件與政治過程為何？為何在 2008 年之前的改革都無法完全的成功？為何又在 2010 年通過政府組織再造四法？實際改革效益又是如何？本文並嘗試綜合上述，期望能對 20 年臺灣行政院的組織改造有一初步的分析與瞭解。

貳 文獻檢閱

一、行政改革與時序分析

歷史制度論中對於行動者權力運作間的敏感度，以及在時序分析中對於制度變革的關鍵時機（critical juncture; Pierson, 2000a）與制度本身的正向回饋（positive feedback; Pierson, 2000b）效果，有助於解釋行政改革過程中，行動者於關鍵事件座落的影響力機制，以及治理制度如何被選擇和成功與否的問題。本研究中傾向將制度定位在政府治理制度，所分析的依變項是制度如何被選擇，以及制度變革成功與否的問題。

早期政治制度論在研究國家政策變遷上，多半將重點放在國家內部政治制度的動態關係與行政能力，比如說：國家極權化的程度、國家科層官僚的能力或國家財政能力（Orloff and Skocpol, 1984）。近年來，隨著所謂「新制度主義」（New Institutionalism, Hall and Taylor, 1996）的興起，對於非正式制度的影響與行動者對制度環境的詮釋效果，也同樣被引進制度分析的領域。不同的學科也根據其不同的理論背景，發展了其特殊的制度分析架構。就經濟學的制度論來說，其對於制度起源與變遷功能性的解釋，為國會研究與官僚的政治控制問題，開啟了一扇窗（McCubins and Schwartz, 1984）；社會學的制度論在組織社會學者與網絡學者的加入，漸漸發展出具行動脈絡的制度分析（DiMaggio and Powell, 1991）；而歷史制度論者則是開始觀察了國家部門、官僚與其他利益團體在制度變遷過程中的制度性權力關係（Skocpol, 1992; Stemino, Thelen & Longstreth, 1992）。

對於本文而言，作者無意陷入哪一種制度論的解釋力較強，理論的解釋較貼近現實的爭論，因為在共同可接受的意涵上，無論各種制度論，皆同意制度會影響行動者的行為。若把政府治理制度的選擇當成是一個政策的活動場域，各個利害關係人便會基於極大化自我利益的考量，來獲取政策利益。歷史制度論將行動者視為是有限理性的行動者，不同的制度結構設定不同的政治及政策的遊戲規則，這些制度規則會提供政治

行動者不同的權力資源與利益等誘因,以形塑行動者的偏好與目標,並作出不同的決策選擇（Steinmo and Tolber, 1998: 168）。也就是說,在解釋政治行動上,歷史制度論者傾向將制度環境當成是自變項,行動者的政治行為當成是依變項或中介變項,而政策的結果則當成是依變項。若進一步解釋歷史制度論者眼中的政治活動,在政治生活中,行動者即使企圖去挑戰和改變既存制度,其仍然無法恣意設定其行動場域和方向,而是在某種制度結構約束下,或在制度所可能提供的機會下,去展現其能力和利益,進而去倡導其論證,說服相關的行動者去認同其主張。換言之,若要解釋行政改革的結果,就必須同時去瞭解行政改革所處的制度環境,以及各行動者的利益與行動策略為何。

一般而言,歷史制度論學者關注國家與社會制度如何影響政治行動者的利益,以及如何建構這些行動者與其他團體間的權力關係（Immergut, 1998）。此學派特別認為制度係被「安插」（insert）在特定時空的歷史系絡中,故花費相當大的精神舉證歷史與時間因素對制度分析或變遷的重要性,且將制度置於寬廣的事件連鎖中來進行探討。對於制度轉換的解釋,與權力的更迭,必須被放置在特殊時空的事件下,以瞭解選擇過程中的前因後果。準此,歷史制度論認為,必須探究「歷史遺緒」（historical legacies）、「關鍵時刻」（critical junctures）及斷續平衡（punctuated-equilibrium）三項發展的特質,方能有效掌握制度現象,並據此發展出制度變遷的路徑依賴（path dependence）的重要分析模式。

（一）路徑依賴

「路徑依賴」,廣義而言,它是指在一個時間序列中,與先前階段間的因果相關性。對於時間發生先後順序的觀察,也將制度變遷的理論,特別關注在發生在前的事物會對於後來發生的事物（結果）產生影響的解釋性論述。但是,影響結果的先前事物「不」必然會引起未來的活動朝向同一方向發展（因為有的行為者可能選擇回頭）。狹義來說,路徑依賴是指:一旦一個國家或地區朝向某一路徑發展,則他們要回頭的成本就十分高昂,雖然有其他選擇時點存在,但是某些制度上的安排會阻礙

行為者回頭。因此先前事物將可以引起未來活動的方向趨於一致（Pierson, 2000: 252）。簡言之，「路徑依賴」背後的意涵即是：「當下的選擇和可能性都受到過去選擇的限制和制約」。這樣的觀點也展現了制度起源過程引導了後續的制度發展。或者可以說，在政治制度的選擇上，回頭可能會造成啟動與沈澱成本喪失（set-up or sunk cost; Pierson, 2001），甚至引發流血的衝突，後續的發展路徑會因為被選擇的關係，而造成了制度性的自我增強序列與正向回饋（self-erfinforcing sequences or positive feedback），透過制度的不斷再製，長時期維繫了制度基本的結構。

（二）關鍵時刻

所謂「關鍵時刻」（critical junctures），它包括兩個要素：一、它是一個選擇點（choice points），在這個時點上有個特定的選項從兩個或兩個以上的選項當中被挑選出來；二、一旦一個特定的選項被選出，那即使其他選項依然存在，它也會日益變得難以回到最初的點上。換言之，倘若在行政改革的初始時，選擇的新公共管理的改革論述做為制度選擇的基礎，以新公共管理為理念的改革措施，便會容易在選擇的過程中不斷的被強化其重要性。在路徑依賴的研究當中，偶發事件或預料之外的事物所形成的關鍵時刻也會對結果產生重要的影響，這也意指在政經轉型的過程中，也提供了政府治理制度選擇的機會與限制。就理論操作上的意涵而言，歷史研究中可能產生向過去無限回溯的問題，關鍵時刻為這個問題提供了解決的基礎：分析者將焦點放在歷史當中重要的選擇點上，這可以大大地縮小可能結果的範圍。從政策制訂的觀點來說，制度變遷的關鍵時刻的時點猶如是政策產出過程中匯聚三個不同機會之流[5]的機會之窗（policy window, Kingdon, 1995）。

---

[5] 這三個開啟機會之窗的支流，分別是問題流、政策流與政治流，也就是是否被認定為重要的政策議題？是否有相關的改革方案進入議題？以及推動是否有政治上的可行性？在 Kingdon 的眼中，唯有三流匯聚的時候，機會之窗才有開啟的可能（Kingdon, 1995）。

無論是關鍵時刻或是機會之窗，都反映了制度變遷過程不可忽略的要素，便是行動者、當時的政策氛圍與偶然性或非預測性的政治機會。當政策或制度在關鍵時刻被確定後，後續制度的再製與平衡所展現的便是路徑依賴的果效。

（三）斷續平衡

　　在關鍵轉捩點之後，則是「制度的再製」（institutional reproduction），或者也可以把後續正向回饋與逆向過程的衝突過程，稱作為斷續後的平衡期（Krasner, 1984）。它是指在「關鍵時刻」增加了制度選擇過程中遵循特定發展途徑的可能性之後，也使得制度的形成朝向持續且不易轉變，一旦在關鍵時刻中作出特定選擇，則「複製機制」就會將制度「鎖定」在一個既定的制度模式當中，使得它難以改變。此後，經由一連串對於制度或結構模式所產生的反響或逆反應[6]，最後產生制度上的解決方案。

　　換言之，從長遠的眼光來看，在制度變遷的過程中，初始條件中的原制度設計仍然扮演著主導的關鍵（Krasner, 1984: 223-246）。制度的起源與變遷並非在真空中產生，也就是歷史遺緒的效果，會形成一種多元平衡的制度慣性，在路徑依賴的過程中展現，整個制度變遷的變動幅度，也會依循著穩定性和週期性的方式進行，並不會揚棄原制度的設計而另闢蹊徑。若從另一個角度來解釋制度變遷的成本，可以說在初始條件形成的時候，便建構了複雜的政經網絡，既得利益者網絡在制度發展的過程中，由於與制度本身的相生關係，只會從中得到愈來愈多的收益，對於退出便更不可能（Pierson, 2001）。對於制度變遷的解釋而言，其代表的意涵就是給出去的資源，就難以要得回來。

　　總的來說，歷史制度論強調制度脈絡分析，著重探討制度的前後作用，事件發生的先後順序，以及整個制度權力形式的決策影響。據此，

---

[6] 反響（reactive sequence）：指一連串具有時間次序和因果關係連結的事件。一個事件可以透過先前的反響－逆反應的動力來觸發另一事件（Mahoney, 2001: 115）。

梳理上述路徑依賴研究途徑，若用一言以蔽之，則是「在關鍵時刻中，行動者的選擇如何在初始條件的限制下，創造出制度或產生制度的變遷，而這些制度如何反過來塑造後來的行為者的行為，透過不斷的再製過程，這些行動者是如何發展出新的制度模式來作為回應」的問題（Mahoney, 2001: 115）。透過「歷史制度論」對於歷史脈絡的回顧，將以其觀點為經緯，針對過去在權力轉換（power transfer）過程中，針對行政院組織改造方案的選擇進行縱向的歷史分析。

二、分析架構

本文在分析行政院組織再造制度選擇的轉型個案時，以 Mahoney 的架構為基礎來分析關鍵時刻與路徑依賴的過程中，特別是在政治與經濟轉型的環境系絡下，制度如何被選擇、再制與強化的問題。Pierson 在 2004 年出版了《時序的政治》（Politics in Time）一書，當中認為制度變遷在政治場域中是較難以發生的現象，所有制度改革的路徑應該以制度發展（institutional development）的概念來解釋，較能貼近制度無法憑空產生的理論立場。在解釋制度發展的過程中，對於在關鍵時刻是否能夠引導政策往另一個方向轉折，主要要看制度內外環境的轉換成本。這樣的轉換成本體現在幾個方面，首先、對於外部的制度環境而言，最重要的就是是否出現關鍵時刻、再者是在政治場域中非既得利益者對制度核心的衝擊有多大、制度與其他制度相互層迭（nested）的關係有多深、還有政策企業家（policy entrepreneurs）的積極度，都會影響外部的制度轉換成本；就內部的成本代表著制度本身的韌性，則主要體現在制度所提供的否決點（veto points）多寡，否決點愈多，改革就愈困難、協調成本的高低、[7] 還有制度本身的資產專用性（asset specificity）與正向回饋效果

---

[7] 這些因素其實牽涉到憲政的制度，例如：若要推動一個法案，必須經過立法院的三讀通過才能實施，在行政院到立法院審議三讀的過程中，本來就有許多的制度設計的否決點可以介入，而一致性政府則表示否決者（veto players）少，協調成本會比分立性政府低。據此，民進黨政府實際上所遭遇到的否決者比國民黨政府時期更多，協調成本也會會比國民黨政府的時期更高。此外，無可忽略的是，立法院的審議有屆期不連續的規定，導致在一個會期若無法成功通過三讀，下一個

（Pierson, 2004: 133-156）。據此，Pierson 也根據上述依照內外成本的高低，提供了一個分類架構，[8]在本文的觀察中，行政院的組織改造應該是偏向內外成本皆高的堆疊型制度（Layering; Pierson, 2004: 156），其建議若要改革僅能透過創造新的制度，而保留舊的制度。

本文將使用 James Mahoney 在〈機制變遷的路徑依賴解釋：比較觀點下的中美洲〉（Path-Dependent Explanations of Regime Change: Central America in Comparative Perspective, 2001）一文中的架構，做為描述整個行政院組織改造歷史進程的架構。該文透過「路徑依賴」的觀點，對中美洲國家自 19 世紀到 20 世紀的政治體制轉變作為案例的分析，並且將此和其他數位學者的研究進行比較檢視。Mahoney 認為「路徑依賴」是指「透過一系列有次序的階段來呈現的一種解釋型式」（Mahoney, 2001: 112）。透過此路徑依賴的架構，再結合 Pierson 的觀點，本文嘗試著對行政院組織法的變革做一制度性的解析。

如圖一所示，箭頭的方向代表的是在每個步驟中路徑依賴的效果，在進行歷史制度論分析時，下述三種時段是吾人必須注意的要點：第一，初始條件，即路徑依賴形成的成因，所代表的是過去既有制度的發展的積累，對於本文所欲探討的行政院組織改造而言，便是意指在關鍵時刻前的行政院組織架構會形成後續改革的基礎；第二，關鍵時刻，強調制度改革或發展啟動的契機，以及當時造成的效應，有可能是有意而為之的，或是偶然非預期性的政治行動所造成的結果，這一部分也要特別關注 Pierson 所述制度變遷的觀點加以瞭解；以及第三，漸續平衡的產生，也就是制度運作的正向回饋與逆向選擇的衝突，在長時期的再製過程中會穩定先前在關鍵時刻所選擇的制度架構，這樣的制度架構又會形成下

會期就要全部重來，這樣的審議制度設計使得改革的否決點更多，也是增加行政改革成本的一個重要原因。

[8] 共分四種，內外成本皆高，制度最穩定，最不容易變革，僅能以在建立新的制度時，保留舊的制度來因應；外部成本高但內部成本低，則是透過制度的自我調適來因應；外部成本低而內部成本高時，制度要撼動實屬不易，但可透過擴散（diffusion）的效果，促使制度往好的方向同型化；在內外部成本均低的狀況則是三種都有可能（Pierson, 2004: 156）。

一個階段制度變遷的初始條件，造成制度的慣性，除非又再一次的開啟了制度變遷的機會之窗，才會有再一次的變革機會。在這些時段中，整個政治機會與社會脈絡所衍生的觀念、利益、制度等因素，是影響行為者的選擇或變革出現的主要條件。

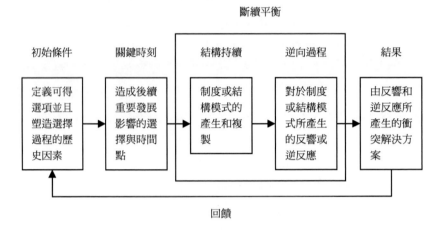

圖一　路徑依賴的分析架構

資料來源：修改自 Mahoney, 2001: 112

　　以上構成了本文最重要的經驗研究核心。在分析上，Mahoney 並沒有提供一套可以讓研究者在不同議題與歷史環境下，指認出關鍵時刻的共通性程序，這讓研究者本身有太多的主觀意見可以置入，因此可能會有流於主觀之嫌，也可能會面臨到分期界線不明確的問題。且 Mahoney 的研究主體是中美洲國家的政體變遷，偏向於政經結構轉換的探討，與政策變遷的層次略有不同，也與本文的研究主體有異。然本文行政院組織改造的主要分期，均來自於檢閱過去相關研究與對歷史事件瞭解的判斷，而研究主體的問題，無論是政體的變遷或政策變遷，在歷史制度論者的眼中，均是將其作為是一種被討論的制度形式來處理。只是在政策變遷的層次上，或許更要處理上層政治或經濟結構轉變對政策變遷的契機所造成的影響的問題。在本文的討論架構中，則初步將行政院組織再

造的時程區隔成以下四個時期：1987-1995 年解嚴與國民黨政府力圖改革的時期（初始條件）、1996 年-1999 年李登輝政治權力完全鞏固的時期，還有 2000-2008 民進黨陳水扁執政時期，以及 2009 到 2012 年馬英九主政時期。在資料蒐集上，透過報紙、學術文獻、以及官方文書的蒐集，還有三位實際參與了組織調整的規劃與推動工作的受訪者[9]的意見，進行對研究問題的分析與詮釋。

參　組織改造的初始條件（-1995）

解嚴後開放黨禁，報禁，給予集會結社自由，放鬆外資管制等，引起臺灣社會對憲政制度、政黨、經濟、法規上的改革呼聲，也使國民黨政府的統治面臨了極大的壓力。解嚴之後所帶來的社會運動、抗爭、投資的大量發展和茁壯，如 520 農民暴動、開放探親、赴外投資、勞工抗爭、勞資爭議等，在在不斷挑戰著國民黨一黨獨大的權威，加上例如文化的衰敝、國民對國家意識的疏離、冶安及社會風氣的敗壞、現有衛生、保險制度殘缺等，都亟待政府切實面對及大力整頓。民進黨對於社會政策議題的競爭，也越發使得國民黨政府需要轉型來穩定人民的支持度，一方面成立新部會來回應新的需求，也就是俗稱的用政策利多來收買人心；另一方面改正舊有不合時宜的制度和規定來因應需要，特別是針對不具政治爭議性，又能轉移民眾焦點的議題處理。綜觀當時國民黨政府的統治需求，進行行政改革與政府再造的規劃是最不具爭議性，又可以讓老百姓感受到政府有求新圖變企圖心的政策議題。而 1988 年蔣經國逝世，李登輝繼任，整個領導階層的轉向與新舊派的權力衝突，又將整個政府革新的進程帶往另一新階段。

---

[9]　此三位受訪者為相關部會主導或涉入行政組織改造的官員，為維持匿名性，本文在行文時不特別指涉何處引用受訪者的訪談記錄。

若回到最源頭處來檢視行政院組織架構的調整，行政院組織法於 1947 年 3 月 31 日公布，設立了十四部三會，到了 1949 年 3 月 21 日的第四次修正時，奠定了目前八部二會的基本架構。[10]1952 年修正時增列新聞局，直轄機關計有八部二會一處一局，這樣的狀況一直持續到 1978 年最後一次修法時，除了增設了 11 個委員會之外，仍然維持著八部二會一處一局的架構沒有變動。過去由於在戒嚴時期，國民黨對於行政機器的掌握就是讓黨機器澈底的滲透行政部門，安排政治忠誠度高的國民黨員擔任政務官與高階技術官僚，透過具備專業知識但思想正確的行政人員，並藉以鞏固並推動國民黨時期的治理工作，因此行政部門業務的範圍與人力，因應統治的需求很明顯有逐漸擴張的趨勢，整個過去革新的運動，特別是 1955 年的黃季陸委員會、1958 年的王雲五委員會、1969 年陳雪屏所負責執行的「行政三聯制」，以及蔣經國及孫運璿擔任行政院長時所推動的工作簡化運動，重點都不是在於組織的調整，而是在於行政流程上加強為民服務、提高行政效率並有效防止弊端。故確立了八部二會的架構之後，從歷史來看，行政院的組織改造並沒有結構性更動整體組織架構的經驗，這是第一個初始的條件。

　　1987 年，行政院長俞國華在行政院會中指示各機關首長，隨時檢討修正不切合時代需要的法律，可視為是近期以來最先打響行政改革的開端，並於 1988 年將修正草案送交立法院審議，算是第一次最有系統的進行行政院組織的改造計畫，但實際成效極微。立法委員張堅華表示，各部會充斥僵化過時的法律，已成為進步的絆腳石。[11]立法委員簡又新、孫勝治也提出質詢，建議行政院儘速成立專責機構，全面檢討行政院八部二會組織，調整各部會組織結構和職掌，以因應勞工行政組織升格和環保行政單位強化權責等需求。[12]1989 年，行政院長李煥指出：「政府各種制度適應性的調整尚未完成，因應變局的能力也有待加強」。[13]換言

---

[10]　內政、外交、國防、財政、教育、法務、經濟、交通八部及蒙藏、僑務兩委員會。
[11]　請參閱：〈陳舊老法律　進步絆腳石〉，《聯合報》，1988/11/06，02 版。
[12]　請參閱：〈強化權責功能　因應社會變遷〉，《聯合報》，1988/11/06，02 版。
[13]　高希均，〈臺灣社會所需要的-不是「改變」是「改善」〉，《聯合報》，1989/10/15，

之，當時無論是行政部門或是立法部門皆已感受到行政院組織改造對於國家需求的重要性，開啟了問題之流。直至 1989 年，為了因應革新之呼籲，由國民黨居多數的立法院法制委員會也初審「行政院組織法修正草案」，擬將行政體系由原來的「八部二會」，擴增為「十二部二會」，增加衛生福利、文化、農業及勞動四部。[14]然 1990 年 6 月由於因應動員戡亂時期的廢止，國民黨政府面對的客觀環境已經改變，遂把原本經部分通過二讀的行政院組織法草案撤回重新檢討，也因此關閉了政治流可能開啟的機會。這也表示在行政院組織改造一事，做為政策企業家的國民黨政府，將改革視為政權穩固的策略之一，並沒有積極投入改革行政機器的運動，此為初始條件之二。

　　雖然，改革的呼聲並未有立即改善，也因為行政院撤回法案而導致改革的功虧一簣，但基本上可以發現，整個行政院組織的改革，仍是脫離不了既有的八部架構，所謂的行政改革，僅能建立在功能性委員會的擴張，[15]也導致了行政的改革無法跟上政治改革的批評。許彩雪（1994）在《遠見雜誌》的〈解構黑暗工程〉一文中提到：「從民國 76 年起，行政院有心改善現行行政制度，但是七年來，只擬定了行政院組織法初步架構。」江明修（1993）也認為：「解嚴以後，「威權政治」已漸漸發展為「民主政治」，但是「威權行政」仍未容易進步為「民主行政」。…「民主行政」強調現代化政府，應積極地保障人民自由、增進社會平等與加強公民參與，並消極地防止國家行政機器成為「威權政治」宰制人民、扭曲資源分配、造成貧富不均，以及官商勾結的工具。為了真正落實「行政革新」、「社會安定」與「經濟繁榮」的國家全方位發展目標，當局實應及早淘汰造成信心危機的「威權行政」，而代之以民有、民治、民享的「民主行政」（聯合副刊）。但是上述這些事件構成了臺灣政府制度進行革新的背後動因，此為初始條件之三。

---

04 版。
[14] 請參閱：〈政院將增為十二部二會〉，《聯合報》，1988/05/25，02 版。
[15] 事實上，從 1987 年開始，雖然精簡改革的呼聲不絕與耳，但體委會、原民會、消保會、公平會等單位還是在不斷的成立。

此外，從 1970 年以來，國民黨政府為了強化統治的正當性，自蔣經國接任行政院長之後，實施了一連串「催台青」的台籍青年吸納計畫。也就是開始培養所謂「本土化」的政治菁英，進入國民黨黨務與行政體系。從人才任用的本土化開始，慢慢的在重要的職務上拔擢台籍的青年進入權力核心，諸如時任臺灣省主席的李登輝就是一例，增加了台籍政治菁英在政府重要職位的比例。二方面國會的部分定期改選，也慢慢的容納了更多的台籍政治菁英參與政府的決策。台籍政治菁英勢力的抬頭，對於後來臺灣的民主改革發展史上產生的重大的影響，也為後續的行政改革造就了另一個深具影響力的初始條件。

　　總結來說，過去由於黨國一體的體制，行政部門基本上是服膺於國民黨的意志之下，除了公務體系內部非常多人隸屬國民黨籍，整個菁英階層也大多也是掌握在國民黨體系，形成了為國民黨服務的行政機器，過去的行政改革也僅是對於公務流程的些微調整，涉入的利害關係人也不多。也由於過去戒嚴時期的治理需求與功能性設計的概念，已替整個臺灣的行政體系建立了根深蒂固八部二會的雛形，長期穩定的運作機制下形成了行政院組織改造所需面對的初始條件，也形成了制度的慣性。綜合當時政治經濟環境變遷與國民黨政府的統治作為，整個行政院組織改造的初始條件可歸納為四點：第一、從有行政院組織法以來，行政院的組織架構並沒有結構性調整的經驗[16]；第二、為了回應統治與社會需求，在不更動八部二會架構的原則下，以增強功能性委員會的策略回應；第三、行政改革可被視為是國民黨政府鞏固政權的策略之一，故在當時會因應政治客觀環境的改變而調整；第四、台籍政治菁英逐漸佔據權力核心的重要職位，政治權力轉換的過

---

[16] 以一級部會的增減來說，是沒有結構性的調整，但並不代表過去並沒有裁減單位與冗員。事實上，從 1972 年 4 月開始，就會展開一連串裁減單位的措施，在一級部會以下的單位，是持續的在實施精簡原額的計畫。如：1972 年 4 月開始的「健全組織功能作業計畫」，裁併了 1985 個機關與單位，1974 年 7 月檢討工作量不足的職位，清理了 1641 個工作量不足的職位；1975 年 9 月起的五年員額精簡計畫，實施五年後裁併了 409 個單位，精簡 14000 餘人；1979 年 2 月處理不適任的人員，五年後裁減 7588 人等。

程，對後來的政局與行政改革產生絕對的影響。以上構成了後續改革路徑依賴的基礎。

回應到 Pierson 的觀點來說，國民黨過去的行政改革思維形成了內外部成本均高的制度變遷模式，僅能在維持舊制度的架構上，去增加新制度，這或可解釋過去為何一直不斷增加功能性的新部會。然與公共選擇理論對於官僚擴張的理論有所不同的是，依據公共選擇理論的觀點，官僚會無限制擴張的原因是因為官僚的自利傾向，會極大化的擴張預算與人員，然在行政院組織過去的發展經驗來說，整個行政院組織的成長，雖然具有其功能性的意涵，但也明顯是回應國民黨的統治需求。

肆　組織改造的關鍵時刻（1996-1999）

一、社會與政治環境的營造

路徑依賴的模式會因為關鍵時刻或政策之窗的開啟而有改變的契機，關鍵時刻的成因，作者認為包含了外因與內因，但為什麼本文要將這一段時間視為是行政院改革的關鍵時刻呢？來自於以下的理由。事實上，綜觀解嚴之後臺灣中央政府改革之風潮，大體上與經濟、社會利益、民主化、與行政改革觀念四者的急速發展有關。在經濟需求上，1990年代之後，我國赴大陸投資的需求增加，對於國際經貿上的需要也逐漸大增，由於經濟的全球化，更要面對加入 WTO 的挑戰，為了維持亞洲四小龍的經濟成就，我們有正當的理由，建構一個更具行政效率與效能的行政機器以因應經濟發展的需求。1993 年 7 月，行政院院會通過「振興經濟方案」，以將臺灣建立為亞太營運中心、加速產業升級為目標。而政府效率與效能的高低，將會影響到外資投資的意願，因此對於政府體制的革新也就越形需要，這是第一個問題流的出現。

就社會利益而言，解嚴之後所帶來經貿、投資、基本權益與政治參與的需求日益高漲，加上社運人士帶領下的示威、抗爭、訴願風氣逐漸抬頭，使得人民開始對於政府本身表達其需求與不滿。尤其在當時政治情勢的發展環境上，開放黨禁、報禁、民進黨成立、國會全面改選等因素，也導致國民黨政府的控制能力在逐漸下降。對於農民、勞工而言，過去戒嚴時代政府制度腐化、貪污等缺陷，加上工資、工時、基本權益的保障不足，使得他們越來越希望見到政府效能有所變革。另一方面，就企業而言，良好的投資環境、透明明確的法規、良好的政府效能等需求是吸引外資投資或本地產業發展所不可或缺的，企業方面也逐漸對政府組織的改革有所要求。整個社會利益的需求，伴隨著民主的發展，也強化了行政院政府改造的正當性，這是第二個問題流。

此外，觀念上之改變更是一個引領這一波行政院組織改造的契機，在這一波的改造中，公共行政學者所發揮的影響力更是不容忽視，強化了新公共管理在改革過程中的正當性信念。由於西方國家在新右派（New Right）的改革風潮興起之後，此一以美國、英國、紐西蘭等國家為核心的政府改造運動，透過不斷擴散，儼然成為當時世界各國行政改革的主流。也由於當時許多公共行政領域的新進老師，[17]大多負笈美國，吸收了當時國外在執行政府再造的經驗與學理，並將之帶回臺灣，因此新公共管理的思潮在透過學界的宣導[18]開始風行於臺灣，政府再造、企業政府、小而美政府的觀念開始為行政部門所提倡，甚至有學者認為，傳統的官僚體制已經不合時宜了，官僚可能會在 21 世紀有消失之虞，應該透過企業精神的加持與實際的落實，來強化行政部門的效率與效能。這是第三個問題流的出現。

過去貪污、效能不彰、法規不足、財政不足、組織層級過多、人力調動困難等制度上之缺陷，使得中央政府組織改造勢在必行，成為一主

---

[17] 在當時負笈歸國的學者有吳瓊恩、江明修、孫本初、江岷欽、詹中原等，在回國之初大多是新公共管理與政府改造的健將，但其後由於學術發展的方向，有些學者開始走向對新公共管理改造方案的反思。

[18] 與新公共管理和行政改革主題相關的翻譯書籍與學術著作非常的多，在此便不贅述。

要的政府改造主軸。事實上，1992年之後，政府機關接連發生重大工程與採購的弊案，如：高速公路十八標、中油廢水處理、軍機與軍品採購弊案等等，遭致民怨激增，更是第四個問題流的產生。由於如此，1993年2月連戰接任行政院長的同時，即明確宣示了「行政革新」的計畫，以廉潔、效能與便民做為革新的重點，更在1994年9月通過了行政革新方案，以「建立廉能政府」為改革主軸，此為政策流的出現。

二、政治流的開啟：國發會共識與精省

　　既然問題與政策流都已經開啟，那政治流又是如何匯集引導出改革的關鍵時刻呢？1993年9月，行政院長連戰指示行政院擬定行政革新方案，政策目標是檢肅貪污、增強行政效能、加強為民服務，頗有延續過去行政革新措施的味道，具體成果是在1994-1996年間精簡員額達7.49%，超過預定的5%目標；法規整理修正廢止；51機關、55單位、45任務編組調整，但實際上僅是雷聲大雨點小的政策宣示。雖然行政改革具備輿論的正當性，然就其方案與實施成果而言 並沒有太多結構性的調整。

　　1996年3月9日，李登輝在中選會舉辦的第二場總統候選人電視政見發表會，提出五大革新的主張，行政革新是五大革新之首。[19]由於第一次的總統民選，李登輝作為台籍菁英的政治領導人，在當時超過54%的人民支持，除了具有臺灣人民出頭天的政治意涵外，又加上一致政府的關係，以致於其聲勢如日中天。經過國民黨內部的分裂與傳統大老的逐漸凋零之後，李登輝當時已能全面掌握國民黨與行政體系，臺灣自解嚴以來的威權轉型工程至此大致完成，但接續而來的民主鞏固之路是否平坦，在當時猶未可之。然李登輝作為第一個台籍的民選總統，顯然是過去蔣經國大力拔擢台籍政治菁英的成果，也為李登輝後續的政治改革與精省工程打下良好的基礎。

　　李登輝時代的來臨，替接續而來的政治改革開啟了另一道窗口。1996年12月23-28日，國家發展會議召開，於「憲政體制與政黨政治」與「經

---

[19]　五大革新分別為：行政革新、司法、教育、財政、憲政改革。

濟發展」[20]分組會議中討論與中央政府改革相關之議題，並在會中達成多項的共識，將新公共管理的實質內涵，例如：企業化、民營化、組織層級與人事縮減等方向，落實到政府改造的策略中，建立小而美，小而能的政府，至此新公共管理的改革觀點，在政府改造的實踐歷程又再一次的得到了強化與確認，更促成了後來推動「政府組織基準法」、「政府機關總員額法」以及「行政院組織法」完成立法的關鍵。據此，後續的行政院組織改造路徑的努力，皆以縮減組織與限制員額為方向，便是肇始於國發會時所達成的共識，是為關鍵事件之一。

　　然除了行政院的組織改造之外，最具震撼性的，莫過於要精簡省府功能業務與組織調整的共識。此舉一出，為臺灣的政壇投下了極大的震撼彈，更有論者認為這是披著改革外衣的政治鬥爭，是李登輝和當時省長宋楚瑜的廝殺大戲（陳心怡，2004：12）。1997 年 7 月，第三屆國民大會三讀通過第四次憲法增修條文修正案，正式決定精省，並於 1998 年 12 月 21 日至 2000 年 12 月 31 日間透過兩階段方式進行。整個政府再造的改革工程，在這個時間點中，似乎開啟了政治流匯合了之前的問題流與政治流，成為第一次結構性改革的關鍵時刻，其中最大的政策企業家，則非李登輝、連戰與蕭萬長等當時的國民黨高層莫屬。

　　為何把精省工程視為是行政院組織改造的關鍵時刻呢？甚至可以說是一種突如其來的關鍵時刻。任何論者都不否認，整體政府的架構其實是一體且環環相扣的複合物，牽一髮更會動全身，尤其精省工程的規模在行政發展史上，是第一次大規模的政治性改革運動（朱愛群，2005：67）。省政府一年掌握 5000 多億的預算，轄下有 32 萬職級不等的公務人員，更有一個囊括 400 多萬票「四百年來第一戰」的宋省長，若要以提升國家競爭力為名要求省府成為行政改革的犧牲者，勢必引起諸多的反彈與政治衝突，省府砲轟中央的事件也確實屢見不鮮。由於爭議過大，精省、廢省、凍省等制度選項一直不斷在爭議中討論。然而，從當時的政治環境而言，行政上在有總統李登輝的強勢領導，在國會中李登輝除

---

[20] 憲政體制與政黨政治討論的是中央政府體制的設計，以及精省議題；經濟發展組討論的是政府改造工程應朝向小而能的政府。

了一致政府的優勢以外，精省的政策也符合民進黨的利益，精省議題是李登輝任內推動政府再造的火車頭，但實際來說，精省的戲碼儼然成為李宋兩人對決的主戰場。換言之，問題與政策流都已開啟，李登輝精省的意志強力把政治流的洞口開啟，三流合一形成了這次改革的契機，這是政府再造的改革觀點在我國行政改革歷程中最具關鍵性的實踐，此為關鍵事件之二。

　　精省的結果對於整個行政改革的過程來說，其實可以說是一個處於一個否決者少的非偶然性政治結果，對於後續的行政院組織調整，有深遠的影響。就表面的改革效果來看，精省工程突破了國家基本行政結構的限制，然精省所呈現的實質改革效果，更加映證了歷史制度論者所述，制度變革的幅度不可能有太大的改變。首先、從路徑依賴的觀點來看，若精省是政府再造過程中的關鍵時刻，表示精省這個選項被選擇後，回頭的機率微乎其微；再者、實際上而言，精省是否實質移除掉省府的組織與員工，是一個極大的問號，在後續的追蹤當中，省政府以安置之名有 349 個機關移入中央部會，然 2004 年至今卻僅有 33 個單位被裁撤，仍有 316 個單位借屍還魂（陳心怡，2004：13）；復次，對於想要瘦身的中央部會而言，精省的結果卻讓原本的省府單位變成了中央的機關，掌握的資源更多，預算更龐大，中央政府也更形臃腫（陳心怡，2004：15；Shih, 2009）；第四，許多無法精簡且歸類的機關，就紛紛成立中部辦公室或南部辦公室，成了沒有法源的黑機關（陳心怡，2004：15）；最後、精省所反映的行政改革價值，是新公共管理的「小而美、小而能」改革精神的實踐，後續的改革方案，皆是繼承著國發會所決定新公共管理的方向，形成一種改革觀念設計的路徑依賴效果。

　　總之，此一關鍵時刻所造成的影響有二：首先、對於行政院的組織改造，國家發展會議的共識，為後續行政改革的政策方向形成了最具關鍵的事件，以新公共管理的思考原則所推動的行政院組織員額改革三法，更是後續行政院組織再造奉行的改革路徑。而精省的結果，除了實現新公共管理的精簡與效率原則外，實際上僅象徵性移除了一個層級的

架構而已，讓中央機關顯得更為肥大，造成了往後在裁減組織與人員員額的難度，使得改革在實質上反改革的妥協味道濃厚。

三、新公共管理改革的強化：蕭萬長的後續改革作為

除了精省之外，行政院長蕭萬長於 1998 年 1 月 2 日主持行政院會議通過「政府再造綱領」，成立政府再造推動委員會與政府再造諮詢委員會，更確立了政府再造往市場化、企業化、精簡化的方向前進，通過了兩年內裁減兩萬，五年內裁減七萬公務員的方案，並承諾 2000 年底要將行政院一級機關由三十二個減至二十七個以下，[21]但兩者僅在 1998 年 3 月 19 日集會過一次即未再運作。1999 年 1 月，地方制度法通過，也促使政府改造整體戰略之構想更形完整，1999 年 6 月 11 日，臺灣省政府主席趙守博在臺灣省黨部專題報告中提到：「我國之『政府再造』依據行政院制訂之『政府再造推動計畫』亦朝這個方向規劃推行，並分如下『組織再造』、『人力及服務再造』、『法制再造』三個面向進行精省是政府再造最重要的一步」。2001 年 1 月 1 日，完成精省作業，臺灣省回歸地方制度法規範之內容，整個精省的過程，雖可引申為政治內鬥的結果，姑不論對政府整體改造競爭力的實質效應，然卻也為後續的政府再造開了一扇窗。至此，臺灣中央政府改造隨著 2000 年總統大選的政黨輪替而停擺，民進黨政府執政則又是進入另一階段。

總的來說，在這一階段的政府改造當中，是在國民黨執政時期改革密度非常高的時候，相關的主要措施是以新公共管理的改革理念為基準，透過裁撤部會機關、減少公務員人數、精簡省府之方式來進行，李登輝的政治實力更是改革的關鍵。李登輝在 1998 年國民黨政策指導委員會議當中的談話可以看出他行政改革之理念：十年來分四階段完成的憲政改革，就是政府再造的工程。第一階段政府再造規畫，是終止動戡時期、國會改選。第二階段將國大代表、總統、副總統任期縮短為四年，中央政府單位職掌作若干調整。第三階段總統、副總統改為人民直選。

---

21 請參閱：〈政院通過兩年內裁減二萬，五年內裁減七萬公務員〉，《中國時報》，1998/06/05，2 版。

第四階段則自 1997 年 7 月完成修憲後開始，即建立權責相符的中央政府體制和精簡政府組織層級」。其中面臨的種種如公務人員之反彈、立院當中對於省政府改革之版本之爭，使得這階段的行政革新面臨許多阻礙，雖有成功，但實質的效益也因為制度的韌性與沈澱的成本，而轉嫁到中央政府的組織，總體來說，精省僅裁減了一個省長而已。

據此，此一關鍵時刻後，雖然精簡了省的層級，行政院的組織結構卻更形臃腫，與國家發展會議確立的行政院組織改造方向及行政院改革三法的立法目標衝突，也加深了精簡員額與組織的難度，而公共管理的改革理念則在國家發展會議之後，則一直成為後續組織改革的理論指引。

伍　組織改造的結構持續與逆向過程 （2000-2008）

歷史制度論者認為，路徑依賴的效果在歷經關鍵時刻後，會朝向制度變遷過程的漸續平衡發展，這種斷裂後的平衡所強調的，是一種制度演進的脈絡，會因為制度本身啟動成本與沈澱成本的增高，或是制度相互層疊的規則日多，而導致僅能在現有的制度架構上，做有限度的修正，並在不斷穩定與發展過程中，制度的效果會反饋到原初制度的結構，導致制度不斷的自我增強。

一、妥協性的改革操作手法

自從精省工程完竣之後，很明顯政府並沒有有效的瘦身，相反的，反而膨脹了中央政府的架構，又對行政院過去八部二會的基本架構，形成了再一次的強化。事實上，截至精省當時為止，行政院轄下的一級部會，已經增加到 36 個之多，由於陳水扁本身的競選承諾，行政院組織還

沒瘦身，基於政治與現實需求的考量，便就要再增加部會，[22]從過去對於行政改革的觀察來說，已經給出去的人力與預算資源，自然就難以收回（Kaufarm, 1976）。然有趣的是，自 2000 年政黨輪替以來，一方面由於競選的承諾與統治需求，行政院組織不斷的在膨脹之中，另一方面新政府也打著新公共管理為改革行政院組織理念的大旗，持續的推動行政院的改革三法。

陳水扁政府上任之後，接續國民黨政府之政府改造工作，也確實展現了企圖心，面對「新政府與舊官僚」（陳敦源，2005）的尷尬心情，進一步推動許多新的政府改造方案，將 1999 年陳水扁競選總統時提出的《政府再造白皮書》當中的「政府組織再造，建立一個效能型政府」的綱領逐步落實。2002 年 1 月 1 日，陳水扁總統在元旦祝詞當中表示：「國會改革與政府改造，是國家進步、民主改革的重大里程，都應該廣納朝野與民間的意見，讓行政與立法的效能一起向上提升。也許最後的落實會涉及若干憲法條文的修訂，也應該審慎為之，並且以此為限」，大略可見其對於政府改革之想法與支持。[23]換言之，即使面對國會少數的困境，對於行政院組織改造的調整，民進黨政府也將其視為是一個必要的改革措施。

自 2001 年 10 月起，陳水扁政府於總統府設立「政府改造委員會」，目的是為加速完成政府改造工程，提升國家整體競爭力，適時提供總統相關之諮詢與建議。此一委員會對政府再造進行了全面性與根本性的檢討，確立政府改造的理念，願景與目標涵蓋精簡行政組織、改進人事制度、強化服務機制與調整政府架構等（林嘉誠，2005：4），並提出一定要讓政府總人數逐年下降，讓部會減少三分之一的目標。[24]若照陳水扁

---

[22] 政府為了兌現大建設的政見，先後又成立了客家、原住民委員會、內政部兒童局、海洋巡防署等新單位，在一片行政改革的呼聲當中，政府反而在不斷增胖。

[23] 請參閱：〈陳總統：修憲以國會改革、政府改造為限〉，《中國時報》，2002/01/01，2 版。

[24] 請參閱：〈陳總統：積極重整政院，組織架構減少三分之一部會〉，《聯合報》，20010701，2 版；〈政府再造：中央部會將減三分之一〉，《聯合報》，2001/09/10，1 版。

宣示減少三分之一，當時行政院內部的三十六部會，就應當減少到二十四個才屬合理。行政院當時對外宣稱要調整為二十三個機關，確實在表面上成績斐然。然裁撤並非是真的裁撤，就像精省後的結果一樣，除了行政列舉的二十三個機關外，故宮博物院改隸總統府，公平會、中選會、中央銀行則改制為具獨立性質的機關而未計入；消保會與公共工程委員會則納入院本部，所有人員與業務編制一同移列；而把新聞局裁撤後，卻在行政院的發言人外，又設了新聞處，當時又即將成立金融監理委員會。似乎承諾要精簡的組織，都用另一種方式繼續存在，甚至增加單位，[25]就如同精省後的結果一樣，並非是真的瘦身了，而是組織與功能的塑身，總體來說中央政府還是猶如一頭龐大的巨獸。

為了積極做出業績，行政院於 2002 年 4 月再度將修正過後的「中央政府組織基準法草案」、「中央政府機關總員額法草案」、「行政院組織法草案」同時送請立法院審議，其中將行政院組織體制重新規劃為十五部、二總署、六委員會。[26]當時的基準法內，並沒有明訂各級組織的數額上限，經過多次的協商，行政院也接受了立法院的設計，同意將行政院的組織設計與組織基準法和員額法的數量一同考量。然整個行政院組織體制的規劃結果，也被學者批評為政治意義多於實質考量（李宗勳，2002；許毓圃，2002）：

> 「事實上，在這次政府再造的過程與目前相關版本尚存在政治凌駕專業功能的考量，為瘦身而瘦身的迷思、輕價值重結構的思維、討好鄉愿的人事精簡政策等缺失。

---

[25] 政府推動組織改造，截至 2003 年底，三年來人力不但未見減少，還有增多的趨勢，非但人增加了 1100 多人，新的組織如：移民署、中部科學園區管理局與空中勤務隊等也陸續成立（李順德，2003）。

[26] 包括：十五部、六會與二總署，十五部包括：內政、外交、國防、財政、教育、法務、經濟貿易部、運輸通訊部、衛生及社會安全部、環境資源部、退伍軍人事務部、農業部、文化體育部、勞動及人力資源部、海洋事務部；六會包括：原住民、客家、僑務委員會、陸委會、及政院科技委員會；二總署包括：主計與人事。請參閱：〈政院今通過政院組織法草案〉，《聯合報》，2002/04024，2 版。

吾人在看過修正草案後，直接呈現的觀感與政府改造的目標背道而馳，可謂荒腔走板，政治考量多於功能考量，宣示意義多於實質改造，而且是雷聲大雨點小，甚或藉機擴大組織與編制，增設高官名額。」

　　據此，這種換湯不換藥的改革幾乎無法撼動舊有的行政院組織體制分毫，也映證了歷史制度論者對於制度的自我強化說，認為既存事實的存在，已經構成整體利益網絡的一部分，是難以消除的。然而為了整合各部門間對於政府改造工程牽涉到之組織、人力、服務及法規等事宜，行政院更因此成立「行政院組織改造推動委員會」作為推手，下設「中央行政機關功能調整小組」、「中央地方夥伴小組」及「政府民間夥伴小組」，分別由研考會、內政部、人事行政局主導各組的改造工作，並由主計處、法規會提供各階段改造所需的支援。由此可見，推動行政院組織改革工作，上從總統府到行政院，其實都是站在積極執行的角度，但原本的制度結構長久以來仍然非常的穩固。事實上，就民進黨政府所面臨的政治環境，是一個否決者更多，也更需要協調成本的環境，但可能要面臨總量管制的行政院各部會本身，若必須面對行政院組織法草案通過的可能，又是一個什麼樣的心情在看待呢？

二、共有資源的環境的營造：引發組織改造的逆向過程

　　2004 年 6 月，為了落實政府再造工作、符合世界潮流、並且確實回應與貼近民眾的需求，率先在組織四法中通過了「中央行政機關組織基準法」，除了解決過去「組織缺乏調整空間」、「機關單位名稱不易辨識」等明確機關型態與設立程序問題，並期望透過組織架構的「彈性化」與機關單位名稱的「統一化」等，使得政府機關的服務與運作更能符合民意的需求與社會的期待。[27]基準法的通過也具體的將行政院的組織限定在十三部、四委員會及五獨立機關，其除了確立了行政院組織改革的規

---

[27]　行政院研考會網站，連結網址： www.reform.nat.gov.tw/pageGenerater511.jsp，2007 年 5 月 10 日。

模與數量之外，其公佈實施意味著行政院組織改造的藍圖已經有所依據，等於是往組織改造的方向又邁進了一大步。

陳敦源與林靜玟（2006）在分析行政院組織再造的總量管制策略時，做了一個很有趣的比喻，他們將基準法所確定的總量管制策略，定義成行政院組織改造的共有地資源（common pool resources; Ostrom, 1990）。也就是說，所有現存的機關，若想要在組織改革後存續下去，便必須要搶佔有限且固定的組織額度。這樣的公地環境，也容易造成內部協調成本的升高，生存的危機也會引發不同部會透過各種方法以爭取支持。換言之，基準法就像是健保的總額預算制（global budget system），其用意是為了有效抑制行政院組織與員額的成長，然如何解決總量管制下各部會間存廢與業務整合的議題，卻是一大難題。基準法通過三個月後，從行政院函送立法院的行政院組織法修正草案，可以觀察出未來的行政院組織架構，仍舊是以舊有的八部二會為核心，再予以因應社會、文化與環境變遷的需求，新增勞動與人力資源部、農業部、衛生及社會安全部、環境資源部、文化及觀光等五部，由現有的委員會改制或單位內升格。同時在委員會的部分，希望強化統合與協調的能力，建構跨政策領域間的協調機制，因而設置了行政院國家發展科技委員會、行政院海洋委員會、行政院原住民委員會與行政院客家委員會等四個委員會。

此外，在獨立委員會的設置上，委員會的設計有其專業獨立，不受政治影響的優點，也需要在敏感的業務範圍中建立更為中立的機制，中央銀行、通訊傳播委員會、公平交易委員會、中央選舉委員會與金融管理委員會不納入行政院的規範之中，以後也無須到立法院備詢。綜觀以上，整體的組織架構仍然沿用過去八個部會架構的基礎，或是將相似或相同的職能整合進行補強（陳敦源、林靜玟，2006：13）。

立法的意圖，其目的是為了要將現今的三十餘部會，縮減到二十二個部會與獨立機關。前述論及，就歷史制度論者的角度而言，給出去的資源，會因為正向回饋而導致制度的固著難以回收。實際上，任何一個目前存在的部會，就實體的資源而言，有其預算、業務與員額，作為一個在政府再造下要爭取組織存續利益的行動者，每一個部會都可以說他

的所代表的業務很重要，具有不可取代性；從非實體的資源而言，存續已久的組織，會有其綿密的傳統與網絡，可以動員利益團體與平常互動較為密切的立法委員為其說項。因此，雖然透過組織基準法訂立了行政改革的目標，然協調整併的活動本身就是一個很困難的集體選擇結果。有些部會由於其性質，或政治上的考量，讓他們生存上較為容易，有些則處於較為劣勢的制度位置。例如：國民黨與親民黨的部分委員力保退輔會應當升格為退伍軍人部；臺灣團結聯盟的委員建議行政院應當要成立海洋事物部，大陸或中國委員會；科技業則希望行政院能設立科技部；也有立委支持應該照顧中小企業，成立所謂的中小企業部；或是婦女團體及部分立委代表提倡成立性別平等委員會等等，各界對於有限的總額中該設立什麼樣的機關，都各說各話。有立委支持或資源多的單位，比如說退輔會、海岸巡防署、陸委會等及其他相關單位也在推波助瀾，客委會與原住民委員會更是政治正確下的產物。[28]

上述的討論內容其實都反映在各個黨團版本的行政院組織法第三條到第五條，雖然行政院研考會已經積極協商，也在各地廣辦公聽會，邀請專家學者提供建議，但對於應當設立何種組織，歧見仍多。像是許多的專家學者建議客委會與原民會可以合併成族群平等委員會，然當時的研考會主委葉俊榮在裡立法院答詢時表示，對於比較弱勢的團體，政府有責任運用較多的資源與正式的制度來扶植其成長，建立自信。委員也質疑只要是與職業別或族群別有關的單位，政治考量就特別的多。[29]在後續的草案版本中，提出了超過額度限制的組織架構，也導致在立法院第六屆，第二會期的法制委員會第六次的全體委員會對總量管制的額度向上修正，增加了兩部、兩會，成為十五部、六委員會與五獨立機關。這樣的轉變也顯示了集體協商的難度甚高，不如透過把餅畫大才能有一解決的方案。然這又是改革的初衷嗎？

---

[28] 請參閱：〈行政院改造的迷思〉，《工商時報》，2002/03/21，2 版。

[29] 第五屆中，有黃德福、呂學樟委員針對組織改造的政治考量發言；立委黃偉哲於第六屆，第二會期的發言也有如此的質疑。

總的來說，綜觀民進黨政府時期的政府改造工作，承繼著自精省以來的新公共管理改革風潮，大體上分為以下兩個目標：一、形塑「小而美、小而能」政府；二、建構效能政府，採取的方式為精簡政府機關組織、精簡政府人力、精進政府經營管理等（朱武獻，2002：7-21）。從改革方案的制度設計來說，是一種自國發會及精省以來新公共管理改革理念的路徑依賴，然其中隱含了許多長期以來都會面對的固有限制。由於面對政治環境中分立性政府權力分散的特質，非但否決者變多，也缺乏了強勢的政治領導可以開啟政策之窗。例如，由行政機關帶動之政府改造運動能否得到少數國會的支持，是決定成敗的一大因素；此外，改革能否得到官僚系統支持與配合，在新政府與舊官僚的尷尬中，也是一大重點（葉俊榮，2005）。在組織數額方面，也有學者批評行政院之改革不應陷入「量」的迷思當中，使得部會數量成為政治妥協或角力下的產物。[30] 爰此，政府再造工作當中，以行政領導改革的進行、立院當中的政治角力、公務人員本身的自利傾向這些因素，都是會強化制度對改革抗拒的重要因素，也造成舊有的行政院組織架構取得長期平衡的原因，這勢必是未來進一步克服之障礙。

陸　改革僵局的突破：新的政策之窗 （2009-2012）

　　因民眾對民進黨執政時期貪污腐敗的不滿，2008 年馬英九在挾帶著超高人氣的政治氛圍中帶領國民黨重新執政，同時在立法院也掌握四分之三席次的絕對多數，完成臺灣第二次政黨輪替。民進黨在八年執政後，首次因民意的遺棄遭致挫敗，在臺灣政壇的政治影響力大減，

---

[30] 胡念組，2005.2.23，〈行政院組織改造不應陷入「量」的泥淖〉，《中國時報》，第 15 版。

而國民黨也因高舉改革大旗，將自己重新定位為堅持改革開放路線，以臺灣利益為核心的本土政黨，同時掌握了行政權與立法權，再一次達到完全執政的狀態，這也替馬英九時期的改革與開放路線，奠定了良好的政治基礎。

由於民氣可用，又加上馬英九銳意改革的形象與政治上一致政府的優勢，相較於民進黨政府，馬英九時期的國民黨政府在政治影響力上有絕對優勢，似乎從逆向過程中再一次開啟新的政策之窗。馬英九作為當時政治影響力最大的政策企業家，透過促成政治流、問題流與政策流的匯合，形成重要的改革關鍵時刻。首先、對馬英九政府，民眾對民進黨時期貪腐形象的厭惡，馬英九清廉與改革的形象深獲人心，民氣可用，這是政治流的重要因素；再者、對所有的改革者，政府再造具政治正確，不會遭致在野黨的杯葛與反對。由於民氣與在野黨的支援，原本在組織再造方案中不斷角力的行政院各單位，也必須順應政治潮流，馬英九在行政領導上具絕對的主導權；複次，馬英九就任總統後，於 2009 年 7 月 29 日複任國民黨黨主席，挾高人氣優勢，又加上無李登輝時期要掃除宋楚瑜在黨內影響力的需求，馬英九此時黨政權力一把抓，國民黨於立法院的黨團也必須服膺馬英九的領導下，政治領導權力核心比其他時期鞏固；此外，從其他環境上的客觀因素，臺灣政府效能日漸低落，各項國際競爭力評比日益降低，都使得政府再造具有改革的迫切性與正當性，形成了令人重視的問題流，也促使馬英九有發動政府再造的正當性；從政治上的影響力，馬英九政府是自 1996 年李登輝時代後國民黨最團結政治影響力最高的時期，又加上行政院組織再造的改革已歷經有 20 年之久，政策流一直不斷有新方案產生，但問題流中的問題一直沒有解決。

在馬英九政府的主導下，上述幾個因素彙集成良好的時機點，再一次敲開行政院組織改革的大門，行政院組織再造在 2010 年的 1 月 12 日通過政府組織再造四法，並將原有的八部、二會、二十一委員會、三署、五內部單位，與二其他機關等 37 部會，改制為總共 29 機關－十四部、八會、三獨立機關、二總處、二附屬機構，除了整並、裁撤現有部會外，

新成立的部會有海洋委員會。從總機關數來看，雖然行政院從原有的 37部會改制成 29 部會，但總員額數仍然龐大，總員額法規定政府組織員額為 17 萬 3 千人，此一新制已於 2012 年 1 月 1 日開始逐步實施。

柒　行政院組織改造的路徑選擇與依賴效果

　　透過上述分析，作者將所觀察的行政改革歷史整理如表 1，將行政院組織改革的制度固著化現象，做進一步的討論。在前述的討論中，將整個組織再造劃分成四個時期，並按照 Mahoney（2001）路徑依賴的分析性架構，將四個時期區隔為初始條件、關鍵時刻、斷續平衡與再一次關鍵時刻的時期。這四個時期在行政院的改造過程中顯現了類似的特質，但也因為大環境的轉變，導致在每個階段遭遇的問題皆不相同。以下則進一步討論行政院組織再造的路徑選擇與依賴效果。

　　就歷史度論者要解釋制度變遷的路徑而言，最為重要的莫過於路徑依賴的效果，然路徑依賴的效果究竟是如何展現？常常討論起來又莫衷一是。當然在寬鬆的界定下，路徑依賴可以說是早期發生的事件，會影響後來的事件發展（Pierson, 2000b），但這樣的思維模式，頂多僅能說明歷史是重要的。另一種比較狹隘的定義方式，是將路徑依賴看成是樹枝狀分岔的次序發展模式（branching tree model of sequential development; Krasner, 1984: 240），套句白話文來說，也就是選擇了就難以回頭的意思。就像是柯志明（2001: 372）以小鋼珠的遊戲作為比喻，當小鋼珠往下溜的時候，每進到一個分叉的軌道，就等於是排除了進入其他分叉軌道的可能，又由於小鋼珠只能往下溜，要回到之前曾經走過的路徑更是困難。據此，讓制度的發展走進變遷的分叉道的時刻，對於行政院組織法的改革影響便非常的重要。

表 1　行政院組織再造的歷史進程

時期	-1995	1996-1999	2000-2008	2009-2012
階段	初始條件（確立八部二會基本架構）	關鍵時刻一：國家發展會議精省	斷續平衡結構持續，逆向過程	關鍵時刻二：馬英九黨政權力集中
政治環境	解嚴 政治：開放黨禁、報禁、集會結社自由 經濟：吸引外資、投資環境 社會：勞工抗爭，社會運動 台籍政治菁英勢力逐漸抬頭，與陸籍黨政大老產生衝突	民主鞏固時期 一致政府 台籍政治菁英在一連串政治鬥爭後取代原本的政治菁英（李登輝全面掌控黨政權力） 精省導致國民黨內鬥 精省符合民進黨的利益與國家觀念	政黨輪替，民進黨政府上臺 分立政府 新政府與舊官僚的相處障礙	民主轉型成功時期，二次政黨輪替 一致性政府，國民黨掌握行政權與立法權，一黨獨大，民進黨影響力衰退 人民普遍對貪腐與無效率的政府不滿 延續行政院組織再造
政策方向	行政效率提升	新公共管理：企業型政府等改革理念	新公共管理：小而美、小而能政府效能政府	新公共管理與新公共服務 廉能政府、服務政府、注重公平正義
實際作為	調整行政的流程，強化服務便民效率	宣示行政院改革三法的推動作為改革政策精省，但卻造成中央的組織膨脹	總統府設立政府改造委員會 中央行政機關組織基準法立法通過	通過行政院組織再造四法，整並、裁撤現有部會，新成立海洋委員會
共同趨勢	1. 皆成立專責委員會進行政府改造 2. 皆強調要調整或降低部會、員額，但實際上卻愈來愈龐大 3. 因社會、經濟、效能之需求而引發，但以不斷的增設功能性委員會來解決問題 4. 蕭萬長時代後，行政院組織再造的實踐皆反映了新公共管理的精神			
共同障礙	1. 立院當中的政治角力（分立性政府的狀況下更嚴重） 2. 公務人員不願被裁，本身的自利傾向 3. 歷來行政改革政策並不連續，換閣揆便換政策 4. 改革遭遇重大的選舉活動（如：總統大選）就會暫時中止			
歷年成果	1. 1998 年：精省 2. 2004 年：通過《中央行政機關組織基準法》，但後來又鬆綁 3. 2008 年前：無法更動原來的行政體系架構，但增加功能性委員會 4. 2010 年：通過行政院組織再造四法，並於 2012 年逐步實施			

資料來源：本文整理

　　前述論及，行政院組織架構在 1949 年的第四次修正時，初步奠定了八部二會的架構，而後來的組織改造，似乎都是以八部二會的架構為主，

或是依照功能性的需求，再增加委員會來滿足功能，導致了行政院組織改造很獨特的發展特質，反映了實質組織發展的路徑依賴效果。統治菁英的行動選擇，會對行政部門的統御形成其制度性的發展特質，一方面認為行政院的組織需要改造，另一方面又增加功能性部會導致行政院的部會與功能日益膨脹。或者可以說，在初始的條件來講，1949 年的修正基於國民黨政府當時的統治需求，整個修正由於黨國體系的強力控制，一方面並不需要面對國會的反對，也不需要面對行政部門的反彈，其改革的正當性也未受到質疑，因而可以成功的造就八部二會的基礎架構條件，也可以透過增加功能性的部會來解決治理的問題。然解嚴之後，國民黨政府雖仍掌握一致性政府的權力，但由於開放黨禁報禁，整個國民黨的政府面對來自於民進黨的挑戰與社會的需求，自然就要在行政部門的效率與效能上，更回應民眾的需求與在野黨的挑戰。

外部環境在改變，內部環境也同樣在改變。自 1949 年後，行政院組織架構已具基本雛形至今，組織的存在會傾向維持既有的權力，在組織理論中是極為被熟知的觀點。因此，組織權力的防衛，部門職權的爭端，本位主義間的相互傾札，構成了組織改造中的一大阻力。或者從另一個角度來看，組織的存在必定有其規範與業務，還有其業務範圍內與其他的組織部會形成垂直或水平間的聯繫，這樣的聯繫會形成如 Pierson（2004）所說的，制度與其他制度相互層疊（nested）的關係很深，倘若成立的組織愈多，運作愈久，其層疊所產生的關係會愈漸根深蒂固，也會塑造其存在的正當性信念，自然對於「八部二會」此一架構的存在，形成了一個自我增強的機制。據此，行政院組織改造的脈絡，除了要觀察整個外部的因素之外，內部的條件更是不可或缺。

據此，行政院的組織架構在不斷的自我強化中顯現制度的韌性，然而精省的成功是一個非常獨特的現象，在歷史制度論者的眼中，也或可將其當作是一個非預期的關鍵時刻的產生。若以客觀的條件檢視，精省時期外部雖有提高政府效率效能的呼聲，但整個政治的大環境是對國民黨的統治菁英有利；就內部的條件而言，省政府下轄 32 萬的員工，每年掌握 5000 億的預算，行之已久，很多人對於省府的存在其實已經有其正

當性的認知架構。精省的成功來自於幾個獨特的特質：首先、政策企業家對於精省的積極度，對於精省來說，主要抵抗來自於省府的反彈，強勢的政治領導才能抗衡壓力解決可能產生的政治衝突，當時最大的政治問題，是來自於國民黨內部統治菁英的內訌，並非來自於民進黨等反對黨的挑戰壓力。事實上，李登輝作為一省的政治企業家，成功的壓制了反對精省的聲音，特別是宋楚瑜在國民黨內部的支持力量；第二、國會對於精省的支持也是一個關鍵要素，精省符合民進黨的意識型態與利益，更能在政治上與李登輝合作；第三、企業型政府，小而美小而能的觀念在臺灣發酵，塑造了改革的正當性氛圍，而肇致了此一關鍵的時刻。據此，對於精省這種高度政治敏感性的改革議題都能強勢推動，更不用說國家發展會議，對於行政院組織改造推動「改革三法」的改革共識了。

　　精省為何顯現出關鍵時刻的特質，就在於精省成功之後，想要回復到有省政府的層級，已經是非常困難的制度選項了，新公共管理理念的在此的象徵性成功也形塑了後續改造的正當性，這符合 Mahoney（2001）或 Pierson（2000a,b）對於關鍵時刻的定義要件，精省也產生了一些與行政院組織改造有關的互動效應。首先、精省後許多機關借屍還魂，導致行政院的各級部會突然膨脹，原本希望裁減掉的機關、人力與預算，又全部回到中央政府的組織體制中，更強化了中央政府組織的資源；第二、精省的處理方式，證明了實際上整個省政府的組織與人員並沒有被裁撤掉多少，僅有政治性的解除了民選省長一職與省政府，為了不至於造成原來省府員工的反彈，便以其他的方式安置，不過是從東牆搬到西牆的手法，並沒有真正解決組織過於膨脹的問題；第三、就理論上而言，新公共管理也成為這波改革關鍵時刻中被選擇且實踐的選項，導致後續的改革方案承繼著新公共管理的精神。

　　以大環境而言，整個西方政府再造運動的興起與新公共管理的風行，形成了臺灣政府再造的正當性主張，也形成了行政院組織改造方案的理念基礎。若將整個對行政院組織改造的時序的觀察轉移到政黨輪替之後，可以發現許多政府再造的方案，並未有因為政黨輪替而中止，反而是承繼著蕭萬長時期「企業型政府」的規劃，想要打造的是一個「小

而美、小而能」的政府，然而必須說明的是，以八部二會為基礎，增設功能性部會的處理方式在整個政府改造的過程，即使經過了國家發展會議與精省此一關鍵的改革契機，仍不斷的在自我強化當中。這樣的現象，可將之整理成表 2，從行政院單位數的成長，與實施方案，便可以一目了然，無論國民黨政府與民進黨政府，雖然改革的呼聲不斷，組織數、員額與總支出還是呈現成長的趨勢。而精省之後員額與總支出的膨脹，皆顯示了精省的處理方式不過是將原本的省轉移到中央單位。

即使馬英九政府在國會佔絕對多數的優勢下，於 2010 年初強力推動政府改造四法的通過，然批評者仍認為國民黨的改革版本不盡如人意，非但有諸多政治考量的痕跡，而組織數與總員額事實上也不見精簡，僅是由東牆搬到西牆罷了。[31] 據此，無論政府改造法案通過與否，行政院或許可以因為些許的調整而稱之為塑身，但並沒有真正達到瘦身的功能。

若以民進黨政府時期的行政院組織再造運動，中央行政機關組織基準法的通過，締造了一個良好的改革契機，只是基準法的通過，替整個組織改造創造了一個共有資源的環境，也增強了組織權力的自我防衛，更引發舊有制度抵抗變革的強度。這樣的現象在 Pierson（2000a: 262）的觀點中，其實反映了政治權力中維持現狀的偏差（status quo bias）的效果。在有限的資源底下，任何既存組織都希望能搶得存續的一席之地，會動員過去累積的資源與能量，也在國會中引發非常多的衝突，在無法提出一個各得其利的均衡狀況下，最好的方式就是維持現狀的存在。有些部會的存在有民進黨政府本身的政治目的，有些部會的規劃也有特定的族群或職業別的民眾與委員支持，因而在缺乏如精省時期具有政治權力的強勢政治領導者出現時，無法凝聚有效的共識，又加上政治人物因選舉的需求，均寧願選擇短視近利的作法，而不願增加選舉時可能被對手攻擊的議題，就不可能有效解決行政院組織改造的問題。

---

[31] 批評者認為原本如退輔會應當併入國防部，還有僑委會應該併入外交部，然由於支持退輔會的軍系立委以及外僑勢力的反抗，導致整併的失敗，而總員額的精簡目標希望從目前的 16 萬 4000 人調整至 17 萬 3000 人，也遠比目前的預算員額數膨脹（請參閱：〈政府再造：綠/政治黑手進國家金脈〉，《聯合報》，第 2 版）。

表 2　歷次行政院改革增加單位數

改革時程	當時行政院單位數	總員額數	總支出	實施方案	附註
1949八部二會確立	八部二會一行一處	無資料	無資料	一、行政院組織法經 38 年 3 月 21日國民政府令第 4 次修正公布（第3、5 條）。 二、修正內容： ● 社會部、地政部、衛生部併入內政部。 ● 糧食部併入財政部。 ● 農林部、工商部、水利部及資源委員會併為經濟部。 ● 裁撤新聞局。 ● 裁撤主計部改設主計處。	戒嚴時期
1987俞國華任行政院長	八部二會一行十委員會一處二局二署一院	無資料	418,962百萬元	增設勞工委員會、環境保護署、經濟建設委員會、文化建設委員會、農業委員會、故宮博物院共 6 機關。	解嚴
1993連戰任行政院長	八部二會一行十二委員會一處二局二署一院	無資料	1,031,131百萬元	1992 年 增設大陸委員會、公平交易委員會共 2 機關。	
1998蕭萬長任行政院長	八部二會一行十七委員會一處二局二署一院	116,000 人	1,187,011百萬元	增設消費者保護委員會、公共工程委員會、原住民委員會、體育委員會、飛航安全委員會共 5 機關。	精省(前)
2001張俊雄任行政院長	八部二會一行十八委員會一處二局三署一院	181,282 人	1,559,700百萬元	增設海岸巡防署、客家委員會共 2機關。	政黨輪替
2003-2005游錫堃與謝長廷任行政院長	2003 年 八部二會一行十八委員會一處二局三署一院 2004 年 八部二會一行二十委員會一處二局三署一院	157,209 人	1,566,968百萬元	2005 年 增設金融監督管理委員會、國家通訊傳播委員會共 2 機關。	總員額法通過
2010吳敦義任行政院長	八部二會一行二十一委員會一處二局三署一院	164,000 人	1,734,950百萬元	2010 年 1 月 12 日通過政府改造四法，預計 2012 年 1 月 1 日開始實施。	

資料來源：整理自行政院主計處網站：http://www.dgbas.gov.tw/ct.asp?xItem=25086&CtNode=5211，連結日期：2010/1/12。

總的來說，可以將整個行政院的組織改造的路徑發展，依據 Mahoney 的架構描繪如下圖所示：路徑依賴的效果呈現在三個方面：首先、就行政院的組織架構本身，以八部二會為基礎的組織體制不斷的在功能性部會的增加中，形成其結構性的韌性，為了面對新的治理問題，增加功能性部會是國民黨與民進黨政府解決治理需求的路徑選擇，然組織愈多也愈引發了行政院組織改造的複雜性與難度，特別是總員額法發佈實施之後，更引發本位主義所導致的自我防衛的激烈衝突，沒有一個機關願意在「公有地」的環境中被犧牲；第二、就行政院組織法的改革方案而言，國家發展會議的共識與精省的成功象徵了新公共管理「小而美、小而能」改革路徑的被選擇與實踐，也是新公共管理改革理念後續被持續採用的關鍵時刻。換言之，自蕭萬長之後，整個行政院組織再造的規劃，形成了以新公共管理理念為核心的路徑依賴，就實質的改革政策來說，行政院組織改造三法的推動共識，更是後續的策略推展路徑。第三、很清楚的，改革方案的發展路徑與實際組織結構的調整路徑並不一致，對彼此來說形成反方向的路徑依賴，形成了行政改革朝向解構的路徑，但制度本身卻是面臨著固著的路徑（administrative reform retrenchment but institutional entrenchment）的狀況。一方面行政院改革精簡方案與構想不斷提出，但另一方面行政院因為功能性委員會增加而日益膨脹，甚至連最後通過的政府改造四法仍造成預算員額數的膨脹，如此的循環使得行政院的組織結構又成為後續改革的初始條件，造成組織與人員的規模不斷的積累。

捌　代結論

本文初步回答了一個問題：為何在國民黨與民進黨政府二十年來推動行政院組織再造會未竟全功？而馬英九政府卻能在 2010 年通過組織

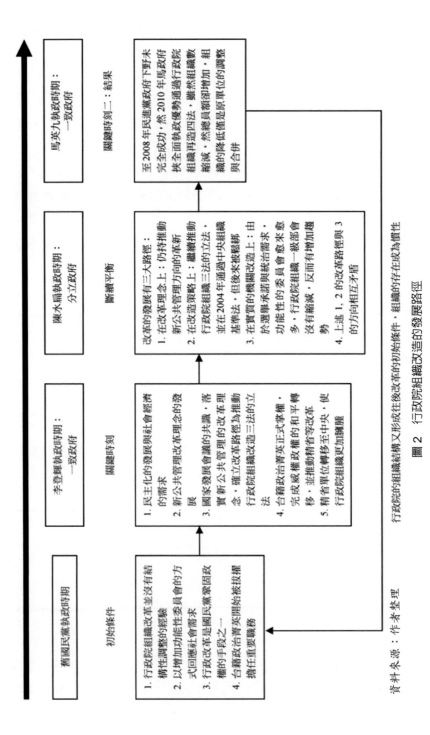

圖 2　行政院組織改造的發展路徑

資料來源：作者整理

行政院的組織結構又形成往後改革的初始條件，組織的存在成為慣性

舊國民黨執政時期

初始條件

1. 行政院組織改革並沒有結構性調整的經驗
2. 以增加功能性委員會的方式回應社會需求
3. 行政改革是國民黨鞏固政權的手段之一
4. 台籍政治菁英開始被拔擢擔任重要職務

李登輝執政時期：一致政府

關鍵時刻

1. 民主化的發展與社會經濟的需求
2. 新公共管理改革理念的發展
3. 國家發展會議的共識，落實新公共管理的改革理念，確立改革路徑為推動行政院組織改造三法的立法
4. 台籍政治菁英正式掌權，完成威權政權的和平轉移，並推動精省等改革
5. 精省單位轉移至中央，使行政院組織更加膨脹

陳水扁執政時期：分立政府

斷裂平衡

改革的發展有三大路徑：
1. 在改革理念上：仍持推動新公共管理改革方向的革新
2. 在改造策略上：繼續推動行政院組織三法的立法，並在 2004 年通中央組織基準法，但後來放鬆組改
3. 在實質的機關改造上：由於選舉承諾與統治需求，功能性的委員會愈來愈多，行政院組織一級部會沒有縮減，反而有增加趨勢
4. 上述 1、2 的改革路徑與 3 的方向相互矛盾

馬英九執政時期：一致政府

關鍵時刻二：結果

至 2008 年民進黨政府下野未完全成功，然 2010 年馬政府挾全面執政優勢通過行政院組織再造四法，雖然組織數縮減，然總員額卻增加，組織的降低僅是原單位的調整與合併

再造四法？從前面的理論、歷史與事件的分析中，可以觀察到以下幾個特質：第一、行政院的組織架構是以八部二會的形式為核心，行之有年，難以撼動其存在；第二、即使行政院組織再造、精簡的口號不絕於耳，然歷年來推動行政院組織再造四法的過程中，新單位也不斷的在成立，造成行政院的組織體制日益龐大，即使改革也是舊有部會的整併，使業務的整合更合理，並沒有降低組織規模；第三、精省是政府改造過程中一個非常偶然性與政治性的事件，這關鍵時刻的產物，卻也是造成行政院組織更加膨脹的幫兇，增加改造成本。為了降低精省的政治衝擊，不得不將原本的省府單位與人力，轉移到其他機關，尾大不掉；第四、歷年行政院組織再造的推動，在新公共管理的學理所引發的觀念發展，與實質上對經濟發展及社會利益的影響均無太大阻礙，也有利於彙集問題流與政策流的產生，對後續民進黨政府行政院改造方案的提出，形成持續性路徑依賴的效果。但大部分的改革時點，由於利益過於複雜，缺乏一個強勢的政治領導能有效整合意見，打開政治流彙集出政策之窗，而馬英九於 2009 年之後黨、行政權與立法權集於一身，又加上民氣可用，有利於其政府再造工程的推動；第五、也是最為重要的一點，就是制度固著的效果，每個單位部會都有其利益，在基準法的限制下也有生存的壓力，然存在必有慣性，其存在長久以來已構築自己的利益網絡，在立法院中有其組織的代理人為其發聲，觀看陳水扁政府時期的改革進程與馬英九政府的政府改造四法造成預算總員額數的膨脹，似乎就不難理解政府改造容易陷入政治的困境。

再者，若從前述的歷史發展去觀察行政院組織再造的效果，作者認為答案非常的明顯，即使業務要精簡、組織要瘦身，流程要再造，這麼長的時間以來，功能性的組織不斷增加，員額也沒有明顯減少，甚至在組織基準法通過且正在研議行政院組織法之後，仍有其他的功能性委員會掛牌運作，這也與一般西方學者對於官僚不斷膨脹的觀察一致，形成了一種反改革的慣性。換言之，整個解嚴後行政院組織再造的發展，並沒有產生結構性的瘦身，僅僅只是產生功能性調整的塑身。即使在國民黨馬英九政府最新通過的改造版本（2010 年 1 月 12 日），基本上僅是把

39 個部會相互整併為 14 部 8 會的 29 個部會，表面上新的行政院組架構數量減少，功能與結構有所調整，但實際上僅是將原本的單位與員額，整併到院本部或其他的部會單位。在新版本的行政院組織中，預算總員額數也從現今的 16 萬 4000 人，增加到 17 萬 3000 人，改革成功反而增加了員額數。故馬英九政府行政院的組織再造雖然修成正果，但成果充其量基本上僅能稱之為組織調整，並無法達到組織瘦身（downsizing）的目標。故行政院的組織再造雖然修成正果，但成果充其量基本上僅能稱之為組織調整，並無法達到組織減肥（downsizing）的目標，而此調整是否有助於政府部門運作的效率，尚待觀察。

　　本文必須說明的是，雖然政策變遷與制度改革的研究，政策企業家與其他相關行動者在政策網路中的角色與策略分析，是瞭解改革政治過程中最為重要的分析物件，由於資料上的限制，本文並無法對主事者與其智囊團隊的改變所導致改革方向的影響，進行更為細緻的分析。然而，初步從改革的歷史進程來看，在改革出現關鍵時刻的契機，皆是當時的執政者具有強勢領導的統一事權，無論是國民黨主政時期的李登輝或馬英九，皆是建立在黨主席、行政權與立法權一把抓的狀態之下，又加上兩者銳意推動改革，因此在 1998 與 2010 年皆出現了改革的政策之窗。由此可見，雖然理論上 Kingdon（1995）認為政策過程中的關鍵契機必須匯合政策流、問題流與政治流才能產生，但最為關鍵的驅動力量應該是政策企業家對政治流的掌握程度。

　　行政改革的過程是一種政治的過程，在本文更是顯露無遺，雖然行政院已經於 2012 年的 1 月 1 日開始逐步適用新制，但由於行政院組改的程式仍在不斷的進行，更不能根據目前文獻的資料就輕下判斷是否具有成果。事實上，行政院底下的二、三級單位與員額，都已經有些許的成果與減少，只是本文的焦點是放置在一級部會，因此並無法更細緻的探討下屬二、三級部會的組織調整問題。基於改革的正當性與需求，行政院作為推動臺灣政府行政改革的火車頭，其組織再造對於國家競爭力的提升更是意義非凡。事實上，近幾年在 IMD 的世界競爭力年報（*World Competitiveness Yearbook*）中，可以發現臺灣政府的效能幾乎是拖垮國家

競爭力的因素。[32]由於改革尚在持續，雖然 2010 年馬英九政府了通過改革四法，後續的改革作為與成效仍值得我們持續的觀察。然就現今的資料來判斷整個充滿矛盾的行政院組織再造的發展，就如同 Pierson（2001）所言：樽節的年代，卻是不斷膨脹的社會福利政策。若從 2008 年底前的改革成果，甚至目前的狀態來說，我們初步的認為：「政府減肥的年代，臺灣行政院的功能性組織與員額卻還有日益膨脹的跡象」，或可作為反映臺灣政府組織再造結果的映證。即使目前政府改造四法通過了，恐怕行政院真正達到組織、員額精簡的日子仍還有很長的一段路要走。

---

[32] 近幾年來，政府的效能排名均比臺灣整體競爭力的指標低，如：2006 年臺灣整體排名是 18，而政府效能的排名是 24；2005 年臺灣整體排名是 11，但政府效能的排名是 19，2004 年的整體排名是 12，政府效能的排名是 18。若從最近這三年來看，臺灣整體效能與政府效能都在逐漸退步當中。

玖 參考文獻

中文文獻

朱武獻，2002，〈當前推動政府改造之理念與重點〉，《考銓》，32 期，頁 7-21。

朱愛群，2005，〈從行政院組織修正草案：論部會調整之原理、門檻及要件〉，《考銓》，41 期，頁 62-89。

江大樹，1996，〈政府再造應有的新思維與大行動〉，《理論與政策》，10 卷 2 期，頁 24-55。

江岷欽，1996，〈企業型政府的理念、實務與省思〉，《研考報導季刊》，37 期，頁 22-36。

江明修，1995，〈建立新典範：我國行政革新政策的困境與突破〉，收錄於銓敘部編，《行政管理論文選輯》（第九輯），頁 701-719。

李宗勳，2002，〈政府改造，兩個版本，一樣政治〉，《聯合報》，3 月 19 日。

李順德，2003，〈政府組織精簡，三年愈減愈肥〉，《聯合報》，4 月 14 日。

胡念組，2005，〈行政院組織改造不應陷入「量」的泥淖〉，《中國時報》，第 15 版，2 月 23 日。

林嘉誠，2005，〈基準法制訂與政府改造〉，《考銓》，41 期，頁 1-12。

柯志明，2001，《番頭家：清代臺灣族群政治與熟番地權》，臺北：中央研究院社會研究所。

許毓圃，2002，〈政府再造應思考的幾點問題〉，《國政評論》，3 月 8 日。

陳心怡，2004，〈李宋惡鬥，全民埋單，大騙局〉，《新新聞》，921 期，頁 12-23。

陳敦源、林靜玟，2006，〈行政院組織再造總量管制策略的政治經濟分析〉，發表於兩岸四地公共政策與管理學術研討會，臺北：世新大學主辦。

葉俊榮，2005，〈彈性精簡的行政組織：行政院組織法修正草案〉，《考銓》，41 期，頁 13-34。

葉維銓，1998，〈邁向二十一世紀的政府服務：論組織再造〉，《研考雙月刊》，22 卷 3 期，頁 49-58。

葉嘉楠，2005，《政府再造的理論與實務：組織精簡與分權政府》，臺北：韋伯。

蕭全政，1995，〈行政院組織法的變革與修訂〉，蕭全政，1995，《臺灣新思維：國民主義》，臺北：時英出版社，頁 110-143。

蕭全政，1999，〈政府再造與企業家精神〉，《暨大學報》，3 卷 1 期，頁 321-336。

蕭全政、管碧玲、江大樹，2001，〈行政院組織芻議〉，《政治科學論叢》，15 期，頁 191-208。

魏啟林，2000，《政府再造運動》，臺北市：行政院研考會。

英文文獻

DiMaggio, P. J. and W. W. Powell. (1991). "Introduction." pp. 1-38 in *The New Institutionalism in Organizational Analysis*, edited by Walter W. Powell and Paul J. DiMaggio. Chicago: University of Chicago Press.

Hall, P. A. & R. C. R. Taylor, (1996). "Political Science and Three New Institutionalisms." *Political Studies*, XLIV, 936- 957.

Immergut, E. M., (1998). "The Theoretical Core of the New Institutionalism," *Politics and Societies*, 26(1): 5-34.

Fesler, J. W. & D. F. Kettle, (1996). *The Politics of the Administration Process*, 2nd ed., Chatham House Publishers, Inc.

Knott, J. H. & G. J. Miller, (1987). *Reforming Bureaucracy: The Politics of Institutional Choice*, NJ: Prentice Hall.

Koppenjan, J & Erik-Hans Klijn, (2004). Managing Uncertainties in Networks: A Network Approach to Problem Solving and Decision Making, London and New York: Routledge.

Krasner, S. (1984). "Approaches to the state: Alternative Conceptions and Historical Dynamics" *Comparative Politics*, 16: 223-246.

Kaufman, H. (1976). *Are Government Organizations Immortal?* Washington, D. C.: Brookings Institution.

Mahoney, J. (2001). "Path-Dependent Explanations of Regime Change: Central America in Comparative Perspective." *Studies in Comparative International Development*, 36(1): 111–141.

Maynard-Moody, Steven, Donald Stull and J. Mitchell, (1986). "Reorganization as Status Drama: Building, Maintaining, and Displacing Dominant Subcultures." *Public Administration Review*, 46: 301-310.

McCubbin, M. D. & T. Schwartz (1984) "Congressional Oversight Overlooked: Police Patrols versus Fire Alarms" *American Journal of Political Science*, 28: 165-179.

Orloff, A. S. and T. Skocpol (1984). Why Not Equal Protection? Explaining The Politics of Public Social Spending in Britain, 1900-1911, and the United States, 1880s-1920. *American Sociological Review*. Vol 49: 726-750.

Ostrom, E., (1990). *Governing the Commons: The Evolution of Institutions for Collective Action*. New York: Combridge University Press.

Peters, B. G., (2001). *The Politics of Bureaucracy*, (5th ed) London: Routledge.

Pierson, P., (1994). *Dismantling the Welfare State? Reagan, Thatcher, and the Politics of Retrenchment*, Cambridge: Cambridge University Press.

_____, (2000a). "Not Just What, but When: Timing and Sequence in Political

Process," *Studies in American Political Development*, 14(1): 72-92.

_____,(2000b). "Increasing Returns, Path Dependence, and the Study of Politics," *American Political Science Revierw*, 94(2): 251-267.

_____,(2000c). "The Limits of Design: Explaining Institutional Origins and Change, *Governance: An International Journal of Policy and Administration*, 13(4): 475-499.

_____,(2001). "Introduction: Investigating the Welfare State at Century's End," in Pierson, Paul (ed.), *The New Politics of the Welfare State*, Oxford: Oxford University Press.

_____,(2004). *Politics in Time: History, Institutions and Social Analysis*, UK: Princeton University Press.

Shih, J. N. (2009). Administrative Reform in Taiwan-An Uneasy and Unfinished Political Task. In S. Ichimura & R. Bahl (Eds.), *Decentralization Policies in Asian Development* (pp. 141-160). Danvers: World Scientific Publishing Co. Pte. Ltd.

Skocpol, T. (1992). *Protecting Soldiers and Mothers: the Political Origins of Social Policy in the United Statesive Analysis*. Cambridge: Cambridge University Press.

Steunmo, S. and C. Tolbert, (1998). "Do Institutions Really Matter?" with Carolyn Tolbert. *Comparative Political Studies*, 31(2): 165-187.

Steinmo, S., K. A. Thelen & F. Longstreth, (1992). Structuring Politics: Historical Institutionalism in Comparative Analysis. Cambridge: Cambridge University Press.

T Sun, M. T. W. (2002). The Evaluation of Administrative Reform in Taiwan: from Authoritarian Government to Democratic Governance. *The Journal of Comparative Asian Development*, 1(1): 105-126.

Sun, M. T. W. (2008). Rhetoric or Action? An Assessment of the Administrative Reform in Taiwan. *Journal of Asian Public Policy*, 1(1): 52-70.

ullock, G., A. Seldon & G. L. Bardy, (2002). Government Failure: A Primer in Public Choice, USA: Cato Institute.

Weber, M., (1946). "Science as a Vocation." In H. H. Gerth and C. W. Mills eds. and trs., *From Max Weber*, Oxford University Press.

Wilson, W.,"The Study of Administration," *Political Science Quarterly*, 2(2): 197-222.

報紙

〈陳舊老法律　進步絆腳石〉,《聯合報》, 1988/11/06, 02 版。

〈強化權責功能　因應社會變遷〉,《聯合報》, 1988/11/06, 02 版。

〈臺灣社會所需要的－不是「改變」是「改善」〉,《聯合報》, 1989/10/15, 04 版。

〈政院將曾為十二部二會〉,《聯合報》, 1988/05/25, 02 版。

〈政院通過兩年內裁減二萬，五年內裁減七萬公務員〉，《中國時報》，1998/06/05，
　　2 版。

〈陳總統：修憲以國會改革、政府改造為限〉，《中國時報》，2002/01/01，2 版。。

〈陳總統：積極重整政院，組織架構減少三分之一部會〉，《聯合報》，20010701，
　　2 版；

〈政府再造：中央部會將減三分之一〉，《聯合報》，2001/09/10，1 版。

〈政院今通過政院組織法草案〉，《聯合報》，2002/04024，2 版。

〈行政院改造的迷思〉，《工商時報》，2002/03/21，2 版。

〈政府再造：綠/政治黑手進國家金脈〉，《聯合報》，2010/1/12，2 版。

CHAPTER 8

臺灣高等教育擴張
與均等性之探討

陳世佳

【摘要】

　　為配合國家發展的目標與方向，使臺灣能夠建設成為一個自由、平等、民主、且富有創造力的多元社會，我國的高等教育進行了一連串的變革，其中高等教育的擴張成為我國高等教育制度變遷的主軸，具有深入探究的重要性。近半世紀以來，臺灣高等教育院校的總數已增至 164 所，大學指考錄取率已達 97.10%，然而，在高等教育擴張接近飽和的情況下，在學生入學機會分配上的情形，是否已達到平等的理想？此為本文所欲探討的議題。本文使用高等教育庫 94 學年度大一新生的調查資料，針對性別、族群、父母教育程度及高中職分流等四項，來觀察 94 學年度大一新生在公立大學、公立技職、私立大學、私立技職等四類學校中就讀的分配情形。分析結果顯示：女性在高等教育擴張後的今天，不僅已追趕上男性，在就讀的學校類型上甚至略有優勢；族群的差異仍然存在，可觀察到存在外省籍、閩南籍、客家籍至原住民的優勢順序；父母的教育程度對子女進入哪一類型大學的影響顯著；而高中職的教育分流更直接影響學生進入大學或技職體系。

關鍵字：高等教育、教育擴張、均等性

壹　研究背景與動機

　　制度變遷指的是在既定的社會環境下，某種支配人類行為及彼此關係的規則產生變化，是一種制度替代、轉換、交易與創新的過程；當主導變遷的主體為實現某特定目標，開始重新安排制度內容或調整制度結構，以達提高效益的根本目的時，制度變遷便有可能產生（賀武華、高金岭，2005）。很多時候，制度變遷是一種具有更高社會效益的制度取代低效益制度的過程，若從新制度經濟學的角度來看，制度變遷的結果，乃是新規則之下各種利益關係的重新調整（賀武華，2003）。

　　任何形式的制度變遷，不論是強制性或誘致性的、是自上而下或自下而上的，其實都與主導變遷主體的利益分不開。美國著名的經濟學家North（1990）認為，制度變遷的誘導因素來自於主導變遷主體期望獲取最大的利潤，其根本目的是為了提高效率，因此，從結果來看，制度變遷是一種為產生更高社會效益的制度取代低效率制度的過程。

　　North（1990）表示，制度有正式與非正式之分。正式制度多以成文的方式，由權力機構來確保實施，如法令、政府命令、公司章程、契約等；至於一些比較屬於文化的層面，如習俗、傳統、倫理道德等，則是所謂的非正式制度。此外，制度變遷尚可分為強制性制度變遷與誘致性制度變遷。強制性制度變遷通常以政府為主體，透過法律制度的規劃，以法律或命令等方式來行使國家權威，對於制度變遷具有積極作用。誘致性制度變遷則以基層為主體，須具備相當成熟的環境條件或文化素養後，自發性地促成制度變遷。以本文所探討的高等教育制度來說，最顯著的變遷表現在相關教育法規的頒布以及高等教育理念的發展。後者類屬於非正式教育制度，以型態來看，為誘致性制度變遷；前者類屬於正式教育制度，為強制性制度變遷。一般而言，以政府所主導推行的教育制度，其變遷的效率較高，對教育發展的推動也較有影響力（賀武華、高金岭，2005）。

教育制度變遷的方向，與經濟及社會變遷的方向具有相當程度之一致性（孫百才，2004）。根據 Mayer, Müller & Pollak（2007）的看法，影響高等教育制度變遷的因素有三，包括：外部因素、內部因素、以及理性預見。外部因素及內部因素在制度變遷中多半佔有重要的地位，但仍有少部分的制度改變是屬於人們理性干預後的結果。他曾利用十九世紀初到二十世紀 60 年代美國及德國高等教育資料，將影響兩國高等教育制度變化的原因歸納成五種類別，包括：（1）戰爭和政權變化（外部因素）、（2）經濟或組織增長（內部因素）、（3）深謀遠慮（理性預見）、（4）全球化（外部因素）以及（5）技術（內部因素）。若以相對百分比例來看，外部因素、內部因素以及理性預見對於制度變遷所佔的影響程度分別為：40：40：20。然而，以這三種類別來歸因制度變遷仍有不足之處。首先，由於許多研究觀察較著重普遍性，因此常會忽略引動變化的內部因素，而疏於探討引起變化的具體機制和軌跡；其次，制度變遷的解釋方式在本質上多屬於技術性層面，因而可能遺漏重要的非數據資訊；最後，制度變遷中所謂的內部因素，常會被人簡化當作是某種此消彼長的過程，例如全球化代表地方化的式微、現代化象徵著傳統的沒落…等。事實上，新制度多建立於舊制度上，兩者之間有一定的承續關聯，只是關聯性的強弱程度不同，而非完全是廢舊立新的過程。因此，當探討制度變遷時，變遷的轉折點分析也應予以重視。

從制度變遷的角度來分析臺灣高等教育的發展，特別是針對我國高等教育中具有突破性發展的幾個轉折點來加以探討，將有機會觀察到高等教育制度變遷所產生的效應以及制度本身的影響力。

高等教育與臺灣經濟發展息息相關。根據經濟成長理論（economic growth theory），一個國家所擁有的人力資本越高，其生產力越高，且可產出更多新的人力資本；人力資本程度越高，代表國家可以成長越快速（Lin & Yang, 2009）。我國的高等教育近年來進行了一連串的變革，其中高等教育的擴張成為我國高等教育制度變遷的主軸之一。因此，本研究主要目的有二：（1）呈現臺灣過去五十年來高等教育制度擴張的情況；（2）分析當前臺灣高等教育擴張下的公平性問題。透過文獻探討、文件

分析與統計資料，檢視臺灣過去五十年來的高等教育擴張情形，並透過高等教育資料庫中，94 學年度大一新生資料的分析，瞭解在高等教育擴張之後，大學的入學機會，在不同性別、種族、家庭背景的影響下，產生了何種轉變。

貳　臺灣高等教育的擴張現象

　　高等教育的擴張與一個國家的經濟、政治、與社會發展息息相關，也與許多的教育理論與教育思潮的演進息息相關。事實上，臺灣本身的高等教育發展歷史並不長，在日本殖民統治的時期，僅有一所臺北帝國大學，以及其他少數的專科院校。本文首先將從歷史發展的角度，以教育部的統計資料，輔以其他學者的研究成果與理論，分析臺灣高等教育擴張的歷史變遷與發展，最後則提出對於高等教育擴張的一些思考。

　　臺灣的高等教育擴張，可以依照其擴張的速度，區分為數個階段，而這些階段的擴張，也與當時的經濟、社會、教育思潮相關。Wang（2003）曾經將臺灣高等教育擴張自 1960 到 2000 年區分為三個階段，第一階段 1960 年到 1969 年為臺灣高等教育的第一次快速擴張時期，此一時期臺灣高等教育由 1960 年的 27 所，增加到了 1969 年的 91 所。其中一般學術性大學與學院由 15 所增加到 22 所，技術與職業取向的五年制專科學校則由 12 所增加到 69 所。此一時期的高等教育擴張政策，其實是呼應教育經濟學的人力資本理論的假設，認為教育的擴張有助於人力資源的培養，進而提高國家的經濟發展與競爭力。不過，值得關注的是，臺灣高等教育在這一段時期的擴張，主要是以私立院校為主，而非公立院校，特別是五年制專科學校，由於當時臺灣缺乏中階技術勞工，具有技術教育背景的高中或大學畢業生也較少。為了解決這樣的問題，有大量的五專在當時成立，也因此五專的數量由 1960 年的 12 間增加到了 69 間。五

專的擴張除了能夠滿足中學畢業生對於高等教育的進修需求，也能夠滿足當時臺灣產業結構對於工商專業的人力資本的需求。

Wang（2003）將 1970 年到 1985 年臺灣高等教育機構數量的擴張視為一種限制性的擴張。1970 年到 1985 年之間，臺灣高等教育學生人數的成長明顯減緩，每年高等教育學生人數成長率由 1970 年的 10.4%，減少為 1975 年的 2.4%，在 1980 年則微幅增加為 3.8%，1985 年則又減少為 3.7%。雖然整體大專院校由 1970 年的 92 所增加到 1985 年的 105 所，但私立大學與學院在這一段時間內僅僅增加了 1 所。其原因可能與政府在 1964 年成立了人力資源發展委員會（Manpower Development Committee），將國家的人力資源需求、教育擴張、專業人才的培養與就業的關係，密切地連結起來有關，因此，當時臺灣的高等教育政策採取中央集權式的教育規劃（Education Planning），並限制私立校院的設立。

Wang（2003）將 1986 年到 2000 年臺灣高等教育機構數量的擴張，視為一種加速性的擴張。在此一時期，臺灣經歷了解嚴，政治現代化、民主化，以及經濟的高度成長，社會上開始出現對大學入學不公平的輿論，年輕學子也出現了反對聯考菁英主義的聲音，訴求主政當局的教育體制鬆綁，逐漸將教育權力去中心化（de-centralization）（Lin, 2004）。因而自 1986 年開始，臺灣的高等教育機構的數量便急速增張。這一次的高教擴張，與 1960 年代的策略不同，此時期主要的擴張對象為一般大學與學院。由表 1 可以發現大學與學院自 1986 年的 28 所增加到 2000 年的 127 所，然而五年制專科學校，則由 77 所減少到 23 所。

進一步檢視科技大學、技術學院的數量變遷（表 1），可以發現科技大學由 1986 年的 1 所，增加到 2000 年的 62 所，技術學院也由 1986 年的 1 所，增加到 2000 年的 51 所。這當中的背景脈絡是，政府為兼顧教育經費限度以及五專學生權益，尋求短期間內擴張高等教育機構及學生數量的作法，最快速的方式便是鼓勵既有的五專，透過改制、升格的方式，轉為科技大學與技術學院。不過，還是可以發現雖然公立一般大學、學院與公立科技大學、學院的數量有所擴張，但是擴張幅度最大的則是私立一般大學、學院與私立科技大學、學院。

表 1　臺灣高等教育機構的數量變遷：1986-2000

年度	總計	大學（含科技大學）				學院（含技術學院）				專科				
		計	國立	市立	私立	計	國立	市立	私立	計	國立	省立	市立	私立
1986	105	16	9（0）	0	7（0）	12	6（1）	0	6（0）	77	10	9	2	56
1991	123	21	13（0）	0	8（0）	29	14（3）	1	14（0）	73	12	0	1	60
1992	124	21	13（0）	0	8（0）	29	14（3）	1	14（0）	74	13	0	1	60
1993	125	21	13（0）	0	8（0）	30	14（3）	1	15（0）	74	13	0	1	60
1994	130	23	15（0）	0	8（0）	35	16（5）	1	18（1）	72	12	0	1	59
1995	134	24	16（0）	0	8（0）	36	17（6）	1	18（1）	74	15	0	1	58
1996	137	24	16（0）	0	8（0）	43	19（6）	2	22（4）	70	14	0	0	56
1997	139	38	20（4）	0	18（1）	40	19（6）	2	19（9）	61	10	0	0	51
1998	137	39	21（5）	0	18（1）	45	20（7）	2	23（13）	53	6	0	0	47
1999	141	44	21（5）	0	23（2）	61	23（10）	2	36（30）	36	4	0	0	32
2000	150	53	25（6）	0	28（5）	74	22（10）	2	50（41）	23	4	0	0	19

資料來源：教育部統計處（2009）

　　由於高等教育擴張的幅度劇烈，引發社會、教育、學術各界對於高等教育急速擴張的質疑，包括高等教育經費的稀釋、科學研究經費的分散、學生在學期間的獎補助不足、高等教育品質下降、畢業生素質、高教低就、失業問題等。因此，自 2001 年開始，高等教育擴張的速度逐漸趨緩。

　　由表 2 可以得知，大學、學院的總數由 2001 年的 154 所，增加到 2005 年的 162 所，到 2009 年則維持在 164 所。這一段時間，臺灣政府的高教政策改革是，逐漸將學院改制為大學，可由學院數的持續減少，和大學的持續增加得知。表面上科技大學與學院總量增加有限，其實是私立科技大學的明顯擴張，由 2001 年的 6 所，增加到 2009 年的 31 所，部分是私立技術學院的轉型與升格。

　　大學院校的總量在 2000 年後，擴張的幅度有限，這與社會各界對於高等教育擴張政策的批判以及高等教育品質提升應大於數量提升的期待有關。因此本文研究者認為 2001 年到 2009 年的臺灣高等教育擴張，應是進入了反省性的平穩擴張階段。此時期主要的擴張對象仍為大學與學院層級，專科學校仍積極地改制升格，其中私立學校比國立學校更積極努力。然而，從學生人數的成長可以發現，大部分的學生都就讀私立學

表 2　臺灣高等教育機構的數量變遷：2001-2009

年度	總計	大學（含科技大學）				學院（含技術學院）				專科				
		計	國立	市立	私立	計	國立	市立	私立	計	國立	省立	市立	私立
2001	154	57	27（6）	0	30（6）	78	21（11）	2	55（44）	19	3	0	0	16
2002	154	61	27（6）	0	34（9）	78	21（11）	2	55（45）	15	3	0	0	12
2003	158	67	30（6）	0	37（11）	75	19（10）	2	54（45）	16	3	0	0	13
2004	159	75	34（8）	0	41（14）	70	15（8）	2	53（45）	14	3	0	0	11
2005	162	89	40（9）	1	48（20）	56	9（7）	1	46（39）	17	3	0	0	14
2006	163	94	40（9）	1	53（23）	53	10（8）	1	42（37）	16	3	0	0	13
2007	164	100	41（10）	1	58（27）	49	9（7）	1	39（34）	15	3	0	0	12
2008	162	102	41（10）	1	60（28）	45	7（7）	1	37（33）	15	3	0	0	12
2009	164	105	41（10）	1	63（31）	44	8（7）	1	35（30）	15	3	0	0	12

資料來源：教育部統計處（2009）

校，私立學校學生比例從 1960 年的 27.3%一路成長至 2003 年的 77.1%
（教育部統計處，2009），自 2004 年開始才逐漸穩定下來，但是仍然有
超過 75%的學生就讀私立學校。因此，雖然臺灣高等教育的入學機會充
分，能夠進入國立大學享受低廉學費的學生比例相對較低。

　　Trow（1974）曾指出，教育擴張的過程通常由菁英期（elite）經大
眾期（mass）至普及期（universal）。菁英期指後中等教育階段的就學率
佔該學齡人口數的 15%以內，大眾期為 15-50%之間，超過 50%則為普
及期，高等教育在全球化的趨勢下，將由菁英式的高等教育轉為大眾化
的高等教育。臺灣高等教育擴張的歷程符合這樣的發展趨勢，自 2001
年起，我國高等教育的入學率已經達到 60%，2003 年更成長至 69.2%（教
育部統計處，2007），可謂正式進入普及期。

　　除了入學率之外，高等教育的擴張，也使得過去 10 年來大學聯考（指
考）的錄取率不斷提升。表 3 顯示，由 87 學年度的 67.45%提升到 97 學
年度的 97.10%，提升的幅度高達 30%，幾乎是只要有就讀意願，都可以
順利進入高等教育。然而，值得重視的現象是，這樣的擴張過程中，私
立學校學生的人數比例已經超過 3/4 以上，換言之，大部分的大學生都
是就讀學費較高而政府資源挹注相對較少的私立學校。

表 3　大學校院新生錄取人數及錄取率

學年度	87	88	89	90	91	92	93	94	95	96	97
聯招（指考）錄取人數	71,826	72,471	75,281	77,450	78,562	87,059	88,939	88,991	88,920	86,652	81,409
甄選入學錄取人數					21645	20,850	21,588	23,286	26,359	31,388	32,907
聯招（指考）錄取率	60.45	59.83	57.7	61.35	(80.41)	(83.22)	(87.05)	(89.08)	(90.93)	(96.28)	(97.10)
甄選入學錄取人數					65.63	62.33	67.02	66.89	68.59	74.20	73.18

1. 83 年起大學招生管道增加推甄入學；87 年再闢申請入學管道，91 年將原聯招考試改為指定科目考試。
2. （　）內數字＝指定科目考試錄取人數除以繳卡登記總人數×100 ％。
資料來源：教育部（ 2009 ）http://www.edu.tw/statistics/content.aspx?site_content_sn=8956

參　教育均等性

　　教育均等性（educational equality）關注的是大眾的教育機會之分配，在教育擴張時是否增加、減少或不變（Lin & Yang, 2009）。就 1970 年以前出生的人而言，性別、族群、家庭社經背景等因素在義務教育階段之後的升學率，其影響有顯著差異，存在著不均等的社會現象（蔡淑鈴，2004）；臺灣高等教育機構的迅速增加，理論上應可減緩教育機會不均等的問題。然而，實際上的情況是否如此，值得探討。

　　「不均等最大維持論」（Maximally Maintained Inequality, 簡稱 MMI）與「不均等有效維持論」（Effectively Maintained Inequality, 簡稱 EMI）是解釋教育擴張與教育機會均等關係的重要理論。「不均等最大維持論」的假設詮釋了為何教育擴展後依然存在著教育階層化的現象。根據 Hout et al.（1993）的研究，即使教育擴張，升學機會增加，社會階級對學生

升學的影響仍然存在，在經濟不景氣時，低社經背景者基於理性選擇，可能會先選擇就業而非升學（轉引自符碧真，2000）。除非優勢團體的升學率已趨近 100%，否則兩個不平等的社會階級取得該階段教育的機會是不可能均等的，優勢團體的升學率未達 100%之前，其既得利益的優勢讓他們比其他弱勢階級更有機會搶得教育擴張時所帶來的新資源。因此，階級不平等的問題仍將持續著，甚至有可能更為擴大；當某教育階段的升學率達到普及程度時，家庭社經背景的優勢對於取得該階段教育機會的影響才會消失（轉引自蔡淑鈴，2004）。

對「不均等最大維持論」的最主要評論則是認為該理論忽略了教育分流與教育品質的問題。Lucas（2001）的「不均等有效維持論」指出，在升學率已經達到普及程度的教育階段裡，不同的社經階層雖不必再競爭進入該教育階段的機會，但是仍然持續地競爭於取得該教育階段中不同類型的教育，例如，高社經階級者比起弱勢階級仍有更多的機會進入第一流的大學。

由於教育部的低學費政策，私立學校收費受到限制，財務資源不足，一直都是私立學校難以與公立學校競爭教育品質的重要因素。國立大學的經費因政府的大力支持，其財務狀況較佳，且學生的學費低於私立學校學生，因此利於吸收優秀的學生；而大學的師資也有類似的情況，因公立學校福利較好、有公務人員的保障及政府支應的退休制度，對於優秀的師資更有吸引力。因此，無論在政府經費、師資、學生素質等各方面，私立學校在發展上都有極大的限制。技職學校也因為長期受到政府與社會的忽視，不論在教育資源、教育品質、學校聲譽各方面，相對於大學而言，也都較處於劣勢。綜上所言，本研究中的四種學校類型，以公立大學最具優勢，私立技職最居劣勢，唯私立大學與公立技職之間存在較多的個別性差異，較難定論。

以下分別就性別、族群、家庭背景、教育分流等因素，整理過去學者針對臺灣高等教育均等性所做的研究及其發現。

一、性別

　　臺灣傳統社會中,重男輕女的文化導致男性比女性有機會獲得更多的教育,高等教育擴張後,更多女性得以進入大專,因此,高等教育擴張政策縮小了性別在教育上的不平等。Lin 和 Yang(2009)的研究即指出,在教育均等的議題上,高等教育擴張的政策讓女性比男性獲益更多,男性平均教育年數從 1976 年的 7.48 年成長至 2004 年的 11.31 年,而女性則從 1976 年的 5.95 年成長至 2004 年的 10.42 年,女性的成長高於男性,從這點而言,臺灣高等教育的擴張對於兩性教育機會的均等有相當的貢獻。

　　蔡淑鈴(2004)使用 2000 年「臺灣社會變遷調查」中的 2717 個樣本資料,分析 1946 至 1979 年出生的三個主要人口年輪(cohort)探討取得高等教育、取得的高等教育類型及變遷的趨勢。其第三個人口年輪 1967-1979 年出生者,其進入大學的學年度約為 74-86 學年度。蔡淑鈴(2004)指出,過去「高等教育機會供不應求時,女性比男性更容易受到機會結構的限制」(p.81),然而,自 1985 年開放高等教育設校之後,兩性教育機會有逐漸均等的趨勢。

　　駱明慶(2001)使用 1990 年「台閩地區戶口普查」資料,觀察 1935 至 1965 年之間出生者的教育成就,發現外省籍男性上大學比例最高,而本省籍女性教育成就最低。然而至 1965 年出生者,省籍內的性別差異已不存在。

二、族群

　　駱明慶(2001)在上述的研究樣本中發現,外省籍男性上大學比例最高,而本省籍女性教育成就最低。此 30 年間省籍的差異雖逐漸縮小,卻仍顯著,並預測未來省籍間教育成就的差異會持續存在。蔡淑鈴(2004)的研究指出,過去外省人的平均教育年數高於其他族群,而原住民的平均教育年數則低於其他族群,而 1967-1979 此一人口年輪中,則僅原住民在平均教育年數上仍處於長期劣勢,其他族群則已無統計上的顯著差異。然而,與閩南族群相較之下,客家族群進入大學的相對機率顯著較低。因此,在此分析樣本中客家族群顯現出的這項劣勢,頗值得本研究

加以觀察；范雲和張晉芬（2010）再探了省籍間教育成就差異，從分析結果中認為外省籍父親輩的教育程度對於子女之高等教育就學機會提供相當高的解釋力。

三、家庭背景

楊瑩（1997）的研究提出，公立大學校院學生的家庭背景，包括家庭所得、父母教育程度、父母職業，均優於私立大學學生。蔡淑鈴（2004）的研究也指出，近三十年來，高等教育入學機會與出生家庭的社經地位一直有顯著的正向關係，且在統計上並無顯著遞減的趨勢；父親職業地位越高者，子女進入大學的機率越高，進入專科的機率越低。彭森明（2005）的研究亦發現，以2003年秋季入學的一般大學大一新生為例，有參加補習的學生學測總級分平均比沒有補習的學生高；而家庭收入較低的學生沒有參加補習的比率則較家庭收入高的學生為高；因此，家境不好的學生就讀聲譽較高、排名較前面的學校的機會相對變低。另外也有學者發現，父母教育程度越高，子女學習成就也越高，而且最高與最低的差距，可以達到七倍之多；而當家庭收入相同時，父母具有研究所教育程度的學生，其學習成就要比父母僅有國中以下教育程度的學生高四倍半左右（關秉寅，2006）。

四、教育分流

過去研究發現，家庭背景較佳的國中畢業生多進入一般的高中體系，家庭背景較差者則多進入技職體系，且一般體系在初職的職業地位、工作收入上都將優於技職體系（章英華等，1996）。林大森（2002）的研究則進一步發現，進入公立高中者將更有利於未來教育、職業與收入的取得，因此中等教育體制有「高中優於高職、公立優於私立」的階層化現象。蔡淑鈴（2004）的研究也指出，臺灣的教育體系在高中職階段即開始分流，展現出顯著階級化的雙軌體制。因此，即使高等教育入學機會大幅提高，如果學生在高中階段選擇職業科類組就讀的話，即使進入大學也多在技職體系中，屬於高等教育類型中的底層。

在過去的半個世紀中，臺灣高等教育院校的總數已增至 164 所，大學生總數超過 11 萬人，臺灣高等教育擴張使得全民的教育水準得以大幅提昇。然而，當教育供給面已幾近飽和（97 學年度大學指考錄取率已達到 97.10%），過去的階層化因素是否已經消失？不同性別、族群、家庭背景的人進入不同高等教育機構中的機會是否相等？在臺灣的高等教育機構中，國立大學不僅享有特別的教育資源（例如：教育部五年五百億的計畫經費、國科會等機關的計畫經費），且學生的學費約為私立學校的一半，因此，一直具有較高的優勢。因此，本研究將檢視在高等教育階段中，大學教育擴張已至普及之際，原本較弱勢的群體（如女性、原住民、父母教育程度低者）是否有均等的機率去取得該階段的教育？他們所取得的高等教育在學校類型上是否仍是較為不利的？

肆　研究方法

一、研究對象

本研究所分析的資料取自臺灣高等教育資料庫，對象來自於對全臺灣大專院校 94 學年度大一新生的抽樣調查，抽樣方法採用分層隨機抽樣法（stratified sampling design），以學校、18 學門（參照教育部統計處分類方式）及身分別分層，抽樣比例為 25%，且各學門至少 30 人，各校至少 100 人。母群體為 161 所大專院校共 186,709 人，抽樣人數為 75,084 人，回收 52,315 份，回收率為 69.7%。

資料施測期間為 2005 年 8 月至 2006 年 1 月，問卷施測方式採用網路填答加上小部分紙本催收兩種方式進行，資料經品質檢測，回收樣本與母群體比例相近，大部分的問題遺漏值均低於 10%以下，資料具有一定的代表性（高等教育資料庫，2009）。

二、研究工具

　　本研究根據研究目的、研究問題與文獻探討的結果，選取性別、族群、高中課程分流，以及父親或母親的教育程度（若父親較高以父親為準，若母親較高則以母親為準）等類別變項，觀察其對就讀學校類別（公立大學、私立大學、公立技職、私立技職）的影響。本研究的研究工具為臺灣高等教育資料庫 94 學年度大一新生問卷中的部分內容。所使用的問卷題目與答案選項說明，請參見表 4。

表 4　研究工具的問題與選項

問題	選項
1-4 您畢業高中職的課程類型？	□普通科，組別：□社會組　或　□自然組。 □職業科。
4-1 性別	□男　□女
4-4 您的父親屬於下列哪種族群？	□閩　□客　□外省　□原住民　□其他
4-6 父母親的教育程度？	□國小以下　□國中　□高中職　□專科 □大學　□研究所以上

三、資料處理

　　本研究之資料來源為高等教育資料庫 94 學年度大一新生調查，總樣本數為 75,084 人，有鑑於本研究之目的為瞭解國內學生進入高等教育學校類型是否受性別、族群、家庭背景與高中職分流等因素之影響，因此刪除身分為僑生和外國學生者，再刪除無回填問卷者，剩餘之有效樣本數為 47108 人。以下針對本研究各變項說明之。

（一）依變項：學生就讀的學校類型，分為公立大學、公立技職學校、
　　　私立大學與私立技職學校等四類。

（二）白變項

　1. 性別：受訪者之性別，以虛擬變項處理，男性為 1，女性為 0。

　2. 族群：以父親之族群代表個人之族群，分為閩南、客家、外省、原
　　　住民，以及其他（遺漏值 1622 為無填答父親族群之樣本數）。

3. 父母之教育程度：父母親教育程度與父母親工作、家庭收入等背景變項之相關性高，因此以父（母）親教育程度作為研究對象家庭背景之操作型定義。僅取雙親當中教育程度較高者為代表；若父母親其中一位的教育資料漏答，則採用另一位的資料。父母之教育程度分為國小以下、國中、高中職、專科、大學，及研究所以上（遺漏值 1,622 為無填答父親及母親教育程度之樣本數）。
4. 教育分流：以受訪者高中、職時所選讀之類型為代表，分為普通科與職業科二類。

　　本研究所使用的統計分析軟體為 SPSS 12.0 英文版，以交叉分析及多類別邏輯迴歸（multi-nominal logistic regression）兩種統計分析方法，進行研究資料的處理與分析。以多類別邏輯迴歸分析進一步區分研究對象的各項背景因素對其所取得的高等教育類型之影響。

伍　資料分析

　　本文使用高等教育庫 94 學年度大一新生的調查資料，針對性別、族群、父母教育程度及高中職分流等四項，來觀察 94 學年度大一新生在公立大學、公立技職、私立大學、私立技職等四類學校中就讀的分配情形。有效研究樣本為 47180 人，其描述性統計分析列於表 5。以學校類型區分，學生人數最多為私立技職，最少為公立技職；性別部分女性多於男性；族群以閩南人最多，其次為客家人、外省人，原住民人數最少；父母的教育程度以高中職畢業者最多，研究所以上最少；而教育分流部分則是選普通科學生居多。

表 5　研究樣本之描述性統計分析

變項名稱	有效樣本數	遺漏值
依變項：學校類型	47180	0
公立大學	10882	
公立技職	4970	
私立大學	15010	
私立技職	16318	
自變項：性別	47180	0
男	21624	
女	25556	
自變項：父親族群	45558	1622
閩南	33936	
客家	5802	
外省	4216	
原住民	212	
其他	1392	
自變項：父母之教育程度	45558	1622
國小以下	2864	
國中	8024	
高、中職	17829	
專科	7726	
大學	6761	
研究所以上	2354	
自變項：教育分流	47180	0
普通科	28030	
職業科	19150	

　　以下則分別針對性別、族群、家庭背景與教育分流等因素，進行對學校類型之交叉分析，以瞭解大一新生所進入的學校類型與上述因素間的關係：

一、性別

　　學校類型與性別有顯著相關（值為 40.242，達顯著水準），關聯繫數為 0.029。卡方檢定的基本原理是在檢定每一細格實際觀察次數與理論期望次數之間的差異是否達顯著水準，而殘差值表示實際次數減去期望次數的結果。因此，就男生來說，就讀公、私立技職者較預期人數來得多，就讀公、私立大學大學者則較預期人數來的少；女生則恰好相反，就讀

公、私立大學大學者則較預期人數來的多，而就讀公、私立技職者較預期人數來得少。

因此，學校類型在性別上的差異是男生較傾向於就讀技職體系，而女生則較請向於就傾向於就讀大學。

表 6　學校類型與性別之交叉分析表

		學校類型				總和
		公立大學	公立技職	私立大學	私立技職	
男	個數	4954	2443	6643	7584	21624
	性別內的%	22.9%	11.3%	30.7%	35.1%	100.0%
	學校類型內的%	45.5%	49.2%	44.3%	46.5%	45.8%
	調整後的殘差	-.7	5.0	-4.7	2.0	
女	個數	5928	2527	8367	8734	25556
	性別內的%	23.2%	9.9%	32.7%	34.2%	100.0%
	學校類型內的%	54.5%	50.8%	55.7%	53.5%	54.2%
	調整後的殘差	.7	-5.0	4.7	-2.0	
總和	個數	10882	4970	15010	16318	47180
	性別內的%	23.1%	10.5%	31.8%	34.6%	100.0%
	學校類型內的%	100.0%	100.0%	100.0%	100.0%	100.0%
x^2 值		40.242***				
關聯繫數		.029				

*** : P < .001，表非常顯著。

二、族群

學校類型與父親族群有顯著相關（值為 254.716，達顯著水準），關聯繫數為 0.043。

若族群為閩南人者，就讀公立學校者（包括大學與技職）較預期次數多。族群為客家人者，就讀公立大學者較預期次數少，就讀私立大學與公、私立技職者較預期次數多，就讀私立技職尤甚。若族群為外省人者，就讀公、私立大學者較預期次數多，就讀公、私立技職者則較較預期次數少。若族群為原住民者，就讀公、私立大學與公立技職者都較預期次數少，大多就讀私立技職。

表 7　學校類型與父親族群之交叉分析表

		學校類型				總和
		公立大學	公立技職	私立大學	私立技職	
閩	個數	7836	3758	10614	11728	33936
	父親族群內的%	23.1%	11.1%	31.3%	34.6%	100.0%
	學校類型內的%	74.9%	77.5%	73.3%	74.4%	74.5%
	調整後的殘差	1.0	5.1	-4.0	-.3	
客	個數	1163	626	1888	2125	5802
	父親族群內的	20.0%	10.8%	32.5%	36.6%	100.0%
	學校類型內的%	11.1%	12.9%	13.0%	13.5%	12.7%
	調整後的殘差	-5.7	.4	1.3	3.5	
外省	個數	1090	328	1590	1208	4216
	父親族群內的%	25.9%	7.8%	37.7%	28.7%	100.0%
	學校類型內的%	10.4%	6.8%	11.0%	7.7%	9.3%
	調整後的殘差	4.7	-6.3	8.7	-8.5	
原住民	個數	43	17	46	106	212
	父親族群內的%	20.3%	8.0%	21.7%	50.0%	100.0%
	學校類型內的%	.4%	.4%	.3%	.7%	.5%
	調整後的殘差	-.9	-1.2	-3.2	4.7	
其他	個數	333	119	344	596	1392
	父親族群內的%	23.9%	8.5%	24.7%	42.8%	100.0%
	學校類型內的%	3.2%	2.5%	2.4%	3.8%	3.1%
	調整後的殘差	.9	-2.6	-5.8	6.5	
總和	個數	10465	4848	14482	15763	45558
	父親族群內的%	23.0%	10.6%	31.8%	34.6%	100.0%
	學校類型內的%	100.0%	100.0%	100.0%	100.0%	100.0%
x^2值		254.716***				
關聯繫數		.043				

***：P＜.001，表非常顯著。

三、父母教育程度

　　學校類型與父母教育程度有顯著相關（值為 3455.37，達顯著水準），關聯繫數為 0.159。

　　若父母之教育程度為高中、職（含）以下者，就讀公、私立技職者均較預期次數多，而就讀公、私立大學者者均較預期次數少。若父母之教育程度為專科（含）以上者恰好相反，就讀公、私立大學者均較預期

次數多，而就讀公、私立技職者者均較預期次數少，且父母教育程度愈高，此一現象愈明顯。

表 8　學校類型與父母教育程度之交叉表

		學校類型				總和
		公立大學	公立技職	私立大學	私立技職	
國小	個數	401	397	659	1407	2864
	父母教育程度內的%	14.0%	13.9%	23.0%	49.1%	100.0%
	學校類型內的%	3.8%	8.2%	4.6%	8.9%	6.3%
	調整後的殘差	-11.8	5.8	-10.4	16.9	
國中	個數	1161	1064	1929	3870	8024
	父母教育程度內的%	14.5%	13.3%	24.0%	48.2%	100.0%
	學校類型內的%	11.1%	21.9%	13.3%	24.6%	17.6%
	調整後的殘差	-19.9	8.4	-16.4	28.3	
高中、職	個數	3583	2047	5492	6707	17829
	父母教育程度內的%	20.1%	11.5%	30.8%	37.6%	100.0%
	學校類型內的%	34.2%	42.2%	37.9%	42.5%	39.1%
	調整後的殘差	-11.7	4.7	-3.6	10.9	
專科	個數	2040	780	2729	2177	7726
	父母教育程度內的%	26.4%	10.1%	35.3%	28.2%	100.0%
	學校類型內的%	19.5%	16.1%	18.8%	13.8%	17.0%
	調整後的殘差	7.9	-1.7	7.3	-13.0	
大學	個數	2273	451	2752	1285	6761
	父母教育程度內的%	33.6%	6.7%	40.7%	19.0%	100.0%
	學校類型內的%	21.7%	9.3%	19.0%	8.2%	14.8%
	調整後的殘差	22.6	-11.5	17.1	-29.2	
研究所	個數	1007	109	921	317	2354
	父母教育程度內的%	42.8%	4.6%	39.1%	13.5%	100.0%
	學校類型內的%	9.6%	2.2%	6.4%	2.0%	5.2%
	調整後的殘差	23.5	-9.7	7.9	-22.1	
總和	個數	10465	4848	14482	15763	45558
	父母教育程度內的%	23.0%	10.6%	31.8%	34.6%	100.0%
	學校類型內的%	100.0%	100.0%	100.0%	100.0%	100.0%
x^2值		3455.37***				
關聯繫數		.159				

***：P < .001，表非常顯著。

四、教育分流

學校類型與教育分流有顯著相關（值為 32964.166，達顯著水準），
關聯繫數為 0.836。

若高中時就讀普通科，則就讀公、私立大學者遠較預期次數多，而
就讀公、私立技職者者則較預期次數少。若高中時就讀職業科，就讀公、
私立技職者遠較預期次數多，而就讀公、私立大學者者遠較預期次數少。
明顯顯示出就讀普通科的學生均傾向選擇大學來就讀，而就讀職業科的
學生則傾向選擇技職來就讀。

表 9　學校類型與教育分流之交叉表

		學校類型				總和
		公立大學	公立技職	私立大學	私立技職	
普通科	個數	10480	847	14536	2167	28030
	教育分流內的%	37.4%	3.0%	51.9%	7.7%	100.0%
	學校類型內的%	96.3%	17.0%	96.8%	13.3%	59.4%
	調整後的殘差	89.4	-64.3	113.1	-148.4	
職業科	個數	402	4123	474	14151	19150
	教育分流內的%	2.1%	21.5%	2.5%	73.9%	100.0%
	學校類型內的%	3.7%	83.0%	3.2%	86.7%	40.6%
	調整後的殘差	-89.4	64.3	-113.1	148.4	
總和	個數	10882	4970	15010	16318	47180
	教育分流內的%	23.1%	10.5%	31.8%	34.6%	100.0%
	學校類型內的%	100.0%	100.0%	100.0%	100.0%	100.0%
x^2值		32964.166***				
關聯繫數		.836				

***：P＜.001，表非常顯著。

五、多類別邏輯迴歸分析

以下則運用多類別邏輯迴歸分析探討上述 4 個因素對於學生進入大
學類型的影響：

模式（1）中的自變項僅考慮性別此一因素，結果顯示性別是影響學
生就讀公立技職學校與私立大學（相對於公立大學）的一項因素；而對
於就讀私立技職（相對於公立大學）的影響則不顯著。但影響方向相反，

表 10 多類別邏輯迴歸分析模式（1）

	公立技職		私立大學		私立技職	
	係數	Exp（B）	係數	Exp（B）	係數	Exp（B）
常數項	-.853***		.345***		.388***	
性別						
男生	.146***	1.157	-.051*	.950	－	－
女生 ª						
Pseudo R²			.001			

1. 依變項以「公立大學」為基準。
2. a：對照組。
3. *：P＜.05，表顯著；**：P＜.01，表很顯著；***：P＜.001，表非常顯著。
4. 表中僅列顯著之影響變項，不顯著者以「－」代替。

相對於女生來說，男生傾向就讀公立技職學校（係數為 0.146），較不傾向就讀私立大學（係數為-0.051）。

但模式（1）之關聯強度（Pseudo R2）只有 0.001，且各常數項之效果均顯著，表示仍有其他因素影響學生就讀之學校類型，因此在下一模式中，嘗試在自變項中增加「族群」此一變項。

模式（2）中的自變項考慮性別與族群此二變項。結果顯示，相對於公立大學來說，性別是影響學生就讀公立技職學校與私立技職的一項因素，對於就讀私立大學的影響則不顯著；族群則是影響學生就讀上述三者的另一項因素。在性別與族群共同影響之下，相對於女生來說，男生傾向就讀公、私立技職學校（相對於公立大學，係數分別為 0.158 與 0.050）。而族群為閩南人者（相對於其他），較傾向於選擇公立技職與私立大學（相對於公立大學）來就讀（係數分別為 0.301 與 0.269），不傾向就讀私立技職學校（係數為-0.177）；客家人也有相同的傾向，唯對選擇就讀私立技職學校（相對於公立大學）的影響不顯著；外省人則傾向選擇私立大學（係數為 0.344），不傾向就讀私立技職學校（係數為 0.478）；而族群為原住民者，其族群身分對其就讀大學類型的影響則不顯著。

表 11　多類別邏輯迴歸分析模式（2）

	公立技職		私立大學		私立技職	
	係數	Exp（B）	係數	Exp（B）	係數	Exp（B）
常數項	-1.110***		.054***		.557***	
性別						
男生	.158***	1.171	—	—	.050*	1.052
女生[a]						
族群						
閩南	.301**	1.352	.269*	1.309	-.177*	.838
客家	.418***	1.518	.450***	1.568	—	—
外省	—	—	.344***	1.411	-.478***	.620
原住民	—	—	—	—	—	—
其他[a]						
Pseudo R^2			.007			

1. 依變項以「公立大學」為基準。
2. a：對照組。
3. *：P＜.05，表顯著；**：P＜.01，表很顯著；***：P＜.001，表非常顯著。
4. 表中僅列顯著之影響變項，不顯著者以「—」代替。

　　模式（2）之關聯強度（Pseudo R2）為 0.007，且各常數項之效果均顯著，表示即使增加族群此一變項，依變項與自變項之間的關連仍然不是很高，仍然還有其他因素影響學生就讀之學校類型。因此，在下一模式中，嘗試在自變項中再增加「父母教育程度」此一變項。

　　模式（3）中的自變項有三：性別、族群、父母教育程度。在三者綜合影響之下，性別與族群所產生的影響與前述模型（1）與模型（2）相去不遠，唯加入父母教育程度的影響之後，有些原本顯著的影響已變為不顯著，顯示父母教育程度是影響子女就讀學校類型之重要因素。

　　模式（3）之關聯強度（Pseudo R2）為 0.086，雖已提高依變項與自變項之間的關連，但仍顯不夠，表示父母教育程度雖是影響子女就讀學校類型之重要因素，但非最主要之因素；且各常數項之效果均顯著，表示還有其他因素影響學生就讀之學校類型。因此，在最後一個模式中，嘗試在自變項中再增加「教育分流」此一變項。

表 12　多類別邏輯迴歸分析模式（3）

	公立技職		私立大學		私立技職	
	係數	Exp（B）	係數	Exp（B）	係數	Exp（B）
常數項	-1.014***		-.347***		-2.529***	
性別						
男生	.103***	1.109	—	.972	.204***	1.226
女生 [a]						
族群						
閩南	-.281***	.755	.228*	1.256	—	—
客家	—	—	.429***	1.536	.408**	1.504
外省	—	—	.406***	1.500	—	—
原住民						
其他 [a]						
父母教育程度						
國小以下	2.456***	11.655	.621***	1.861	2.222***	9.225
國中	2.410***	11.135	.621***	1.862	2.144***	8.537
高中職	1.811***	6.118	.526***	1.693	1.659***	5.252
專科	1.239***	3.453	.377***	1.459	1.256***	3.513
大學	.593***	1.810	.273***	1.314	.607***	1.835
研究所以上 [a]						
Pseudo R^2			.086			

1. 依變項以「公立大學」為基準。
2. a：對照組。
3. *：P＜.05，表顯著；**：P＜.01，表很顯著；***：P＜.001，表非常顯著。
4. 表中僅列顯著之影響變項，不顯著者以「－」代替。

模式（4）中共有性別、族群、父母教育程度與教育分流四個自變項。在四個自變項的綜合影響之下，性別、族群、父母教育程度所產生的影響與前述模型（1）（2）與（3）相去不遠，唯加入教育分流的影響之後，父母教育程度的影響程度有降低的趨勢；而教育分流此一變項則呈現明顯的分流效應，即高中時若選擇普通科，則接下來的高等教育就不太會選擇就讀公、私立技職學校（係數分別為-4.754 與-5.009），是明顯的教育分流所產生的「負」效應。蔡淑鈴（2004）的研究也發現，實施九年義務教育之前，初中聯考原本是階級選擇性最高的一道升學關卡，九年義務教育實施之後，高中聯考取代了初中聯考，成為臺灣升學階梯中社會選擇的關鍵。

表 13　多類別邏輯迴歸分析模式（4）

	公立技職		私立大學		私立技職	
	係數	Exp（B）	係數	Exp（B）	係數	Exp（B）
常數項	.903***		-.587***		2.500***	
性別						
男生	.267***	1.306	—	.966	.172***	1.187
女生 [a]						
族群						
閩南	.506***	1.659	.245*	1.277	—	1.025
客家	.541***	1.717	.445***	1.561	—	1.176
外省	.380*	1.463	.428***	1.534	—	1.144
原住民	—	—	—	—	.571*	1.771
其他 [a]						
父母教育程度						
國小以下	1.226***	3.408	.636***	1.889	1.407***	4.084
國中	1.146***	3.144	.635***	1.886	1.358***	3.890
高中職	.858***	2.360	.537***	1.710	.963***	2.619
專科	.717***	2.048	.383***	1.467	.663***	1.940
大學	.353***	1.423	.276***	1.318	.320*	1.378
研究所以上 [a]						
教育分流						
普通科	-4.754***	.009	.226**	1.254	-5.009***	.007
職業科 [a]						
Pseudo R^2			.611			

1. 依變項以「公立大學」為基準。
2. a：對照組。
3. *：P＜.05，表顯著；**：P＜.01，表很顯著；***：P＜.001，表非常顯著。
4. 表中僅列顯著之影響變項，不顯著者以「－」代替。

　　在最後的模式中，關聯強度（Pseudo R2）為 0.611，表示依變項與自變項之間有著不低的關連，研究者所探究的 4 個自變項已經能夠勾勒出現在學生就讀學校類型受何因素影響，但各常數項之效果仍然呈現顯著的情況，且關聯強度仍有再加強的空間，因此，影響現在學生就讀學校類型的因素，除了基本的背景變項與高中選讀的類科之外，仍有其他以個人努力所獲致的因素，可成為後續研究者努力的方向。

陸　結果與討論

　　從臺灣高等教育擴張的現象可以發現，臺灣高等教育的入學率已經超過 60%，進入普及階段，且學生進入高等教育的機會大幅增加，到 2009 年時，大學的錄取率已經達到 97.10%，幾乎是只要想上大學，人人都有機會。然而，高等教育就學機會主要增加的是私立學校入學名額所佔的比例，3/4 以上的大學生都是就讀私立校院。因此，我們可以發現，高等教育的入學機會提高並不一定增進高等教育的均等性。換言之，「人人都有機會讀大學」等同於高等教育階段的均等性已經達成，有待商榷。

　　過去的研究僅呈現普遍的項目與表面的數據，有的是大學入學機會，有的是教育年數的平均值，作為高等教育均等性議題的解釋依據，此外，資料庫的來源與研究樣本的選取方式都不相同。本文使用高等教育資料庫 94 學年度大一新生的調查資料，針對性別、族群、父母教育程度及高中職分流等四項，來觀察 94 學年度大一新生在公立大學、公立技職、私立大學、私立技職等四類學校中就讀的分配情形，以就讀的學校類型來探討均等性議題，研究發現如下：

　　（均等，是各類別帳面上的人數比例均等，還是適合個人學習興趣、能力、條件的適性的均等，後者是無法從統計表的數據上，看出來的；本文提出過去有關研究在分析變項之下更為細緻的均等性思考，也期待所呈現的結果，能拋磚引玉，得到有助於後續更深入探討教育均等性議題的研究關注）

一、女性在傳統上的弱勢地位已消除。

　　在性別因素上，教育擴張政策確實改善了過去性別不平等的問題，與其他研究的結果相當一致，而本研究所使用的樣本也呈現出女性在高等教育擴張後的今天，不僅入學機會已經追趕上男性，在就讀的學校類型上也與男性相當，且研究數據呈現男性就讀技職的比例略高於女性，

女性就讀大學的比例則略高於男性。至於在科系選讀方面是否仍有性別差異存在，則是後續研究可以繼續深入的問題。

二、族群的差異仍然存在，可觀察到存在外省籍、閩南籍、客家籍至原住民的優勢順序。

在族群的因素上，駱明慶（2001）曾預測省籍間的教育成就差異會繼續存在，蔡淑鈴（2004）、陳婉琪（2005）的結論則認為省籍間的差異已不顯著，其中蔡淑鈴（2004）提出僅原住民的平均教育年數仍長期處於劣勢。本研究所觀察的是大一新生的學校類型，發現族群的差異仍然存在，其優勢順序依序為外省籍、閩南籍、客家籍、原住民。原住民教育政策針對大學入學考試有指考加分 35%且增額錄取的措施，以彌補其文化不利的現象，然而，原住民就讀公立大學的比例（20.3%）雖與客家人（20.0%）相當，仍低於外省人（25.9%）及閩南人（23.1%）；此外，原住民就讀私立技職的比例（50%）仍高於其他族群，雖有學雜費減免的優惠，但畢業後又將面臨職業階級的不平等。

三、父母教育程度對子女進入哪一類型大學的影響顯著。

與過去的研究發現相當一致的是家庭背景的影響力這個變項。本研究也發現父母的教育程度對於子女進入哪一類型的大學具有十分顯著的影響，父母學歷越高，子女進入公立大學的機會就越高，且進入私立技職校院的情形（比例）就越低。

四、高中職的教育分流直接影響學生進入大學或技職體系。

我們可以發現高中職的教育分流對學生進入大學或是技職體系的影響甚大。因此，對大部分學生而言，高等教育機會不均等的問題，在高中職階段的教育分流體系中就已經提前形成了，高等教育階段是否有可能不繼續延續其影響？或者教育不均等的問題其實應該回歸上游的高中職階段加以省思？值得教育主管單位思考。

從上述結果來看，相當程度地應證了 Lucas（2001）的「不均等有效維持論」。儘管入學機會提高，從在學生就讀大學類型的優勢性來看，除了性別之外，其他社會、制度性的區別之間，仍有不均等的顯著差異。蔡淑鈴（2004）的研究亦指出，雖然就學人口取得高等教育入學的機會大增，然而臺灣高等教育機構之間存在著公、私立與大學、技職這樣的類型差異。因此，高等教育階段的競爭不單只是有沒有讀大學的機會問題，對學生、家長、社會價值觀來說，所要爭取的機會是所讀的大學類型是否更具有優勢。針對公私立校院的議題，彭森明（2005）曾指出，雖然政府在相關經費上對私立學校亦有所補助，但臺灣教育長期以來存在著實質上的不平等，要促進真正的教育機會公平，不能只是透過補助經費，實有待更細緻的政策設計與方案討論，且需要重新檢討入學考試制度。

　　最後，本文使用 94 學年度大一新生資料作為研究對象，其當時之大學錄取率為 89.08%，尚未達飽和。之後錄取率仍逐年提高，98 學年度已達 97.14%，又創歷年新高紀錄，大學入學機會可謂幾近百分之百，因此，後續研究仍可繼續觀察錄取率之改變是否有助於均等性的提升，並可以比較不同學年度情況，以追蹤臺灣教育均等性發展的脈絡。

柒　參考文獻

中文文獻

林大森（2002）。高中／高職的公立／私立分流對地位取得之影響。教育與心理研究，25，35-62。

范雲、張晉芬（2010）再探臺灣高教育成就的省籍差異。臺灣社會研究季刊，79，259-290。

孫百才（2004，4月3日）。教育制度變遷新路怎麼走。中國教育報，第3版。高等教育資料庫。資料庫簡介。2009年8月30日，取自 http://www.cher.ntnu.edu.tw/introduction.php?submenu=5

教育部（2001）。2001年中華民國教育統計。臺北市：教育部。教育部統計處。各級學校概況表。2009年8月30日，取自 http://www.edu.tw/statistics/content.aspx?site_content_sn=8869

教育部統計處（2007）。高等教育入學率。2009年9月14日，取自 http://www.edu.tw/statistics/content.aspx?site_content_sn=11766

教育部統計處（2009）。大專院校校數統計。2009年9月6日，取自 http://www.edu.tw/statistics/content.aspx?site_content_sn=8956.

章英華、薛承泰、黃毅志（1996）。教育分流與社會經濟地位：兼論對技職教育改革的政策意涵。教改叢刊 AB09。教育改革審議委員會。

陳婉琪（2005）族群、性別與階級：再探教育成就的省籍差異。臺灣社會學，10，1-40。

符碧真（2000）。教育擴張對入學機會均等影響之研究。教育研究集刊，1（44），201-224。

賀武華（2003）。教育制度變遷與我國高等教育發展。2009年6月25日，取自 http://www.edu.cn/20030910/3090640.shtml

賀武華、高金岭（2005）。高等教育發展的制度變遷理論。2009年6月25日，取自 http://202.119.108.114/jianbao/200503/educat/doe5.doc

彭森明（2005）臺灣高等教育應如何進一步落實公平化的理念？ 教育研究月刊，137，5-15。

楊瑩（1997）。當前臺灣地區教育機會均等問題的探討。社會變遷中的教育機會均等。臺北：中國比較教育學會。

蔡淑鈴（2004）高等教育的擴展對教育機會分配的影響。 臺灣社會學，7，47-88。

駱明慶（2001）教育成就的省籍與性別差異。經濟論文叢刊，29（2），117-152。

關秉寅（2006）拿出教改證據來吧！中國時報。2009 年 9 月 20 日，取自 http://forums.chinatimes.com.tw/tech/techforum/060409a.htm

英文文獻

Hout, M., Adrian, R. & Eleanor, B. (1993). Making the grade: Educational stratification in the United States, 1925-1989, In Persistent Inequality: Changing Educational Attainment in Thirteen Countries (pp. 25-49)., Ed. by Yossi Shavit and Hans-Peter Blossfeld. Boulder: Westview Press.

Lin, C., & Yang, C. (2009). An analysis of educational inequality in Taiwan after the higher education expansion. *Social Indicators Research, 90*(2), 295-305.

Lin, M. J. (2004). Public Higher Education in the Process of Decentralization since 1987: the case of Taiwan. Unpublished Doctoral Dissertation. University of California, Los Angeles.

Lucas, S. R.(2001). Effectively maintained inequality: Educational transition, track mobility, and social background effects. *American Journal of Sociology, 106*(6), 1642-1690.

Mayer, K. U., Müller, W., & Pollak, R. (2007). "Institutional Change and Inequalities of Access in German Higher Education." In Y. Shavit, R. Arum, A. Gamoran, & G. Menahem (Eds.), Expansion, Differentiation and Stratification in Higher Education: A Comparative Study. Stanford University Press.

North, D. C. (1990). Institutions, institutional change and economic performance. Cambridge: Cambrige University Press.

Trow, M. (1974). Problems in the transition from elite to mass higher education. In OECD (ed.), Policies for higher education (pp. 55-101). Paris: OECD.

Wang, J. (2003). From Elite towards Mass Higher Education in Taiwan: The problems faced. *Higher Education, 46*, 261-287.

CHAPTER 9

高等教育與地位取得之探討

陳世佳、謝甄滿

【摘要】

　　許多的國家相信，高等教育是通往成功人生的道路，因此高等教育的擴張也成為一種全球性的趨勢。1986 年之後，臺灣向政治現代化與民主化邁進，高等教育的需求也急速成長，因此，大學與學院的增加成為臺灣重要政策，臺灣的高等教育也由過去的菁英式轉變成普及化的高等教育。然而，高等教育的擴張是否促進教育機會的均等？進而有助於社會階層的流動？高等教育擴張的現象，提供了一個很好的機會，讓我們重新檢視教育對社會地位及薪資取得的影響。本研究根據過去文獻建立路徑分析模型，使用「臺灣社會變遷基本調查資料庫」（Taiwan Social Change Survey）在 2002 年時所做的「四期三次調查」之資料，將樣本區分成未接受高等教育者及已接受高等教育者，以 SPSS 進行統計分析，探討家庭背景因素（父代教育程度與職業地位）對個人教育程度、職業地位與收入的影響。研究結果發現：一對於未接受高等教育者而言，家庭背景因素會直接影響個人之教育程度，個人之教育程度更大為直接影響其職業地位之取得，而家庭背景因素則是透過影響子代教育程度的途徑，間接對其職業地位產生影響效果；個人之收入所得受到自身之教育程度影響最大，職業地位次之，而家庭背景因素則以透過影響子代教育程度與職業地位的方式，間接影響個人之收入所得。對於已接受高等教育者，個人的職業地位主要受到自身教育程度之直接影響，家庭背景因

素對其取得高等教育並無影響；個人之收入所得主要受自身之教育程度與職業地位所影響，職業地位所產生之影響又勝於教育程度所產生之影響，而家庭背景因素對個人收入所得之影響非常微弱。高等教育的獲取減弱了家庭背景因素對個人職業地位與所得的影響，從此點來看，高等教育的擴張使更多人有機會接受高等教育，似乎是一個有利於教育機會均等的政策。

關鍵字：高等教育、地位取得

壹　前言

　　「社會階層」一直以來都是社會學家的核心議題，也是社會學家在了解社會不平等時所使用的重要概念，更是現今公眾人物在政策辯論時所關注的議題。身處何種社會階層會影響一個人所受到不平等現象之對待，而社會階層的高低基本上是依其所能掌握的社會資源之多寡來評定。在現代社會中，影響個人生活甚鉅者莫過於「職業」，一般而言，職業決定個人財富收入、聲望地位，生活方式等，進而間接影響了其他生活要素與狀況，根據 Edwards（1943）的看法，職業類別無異於社會階層，而許多社會學者在研究分析社會階層的現象時，也都以職業為社會階層之最主要的表徵。Blau 和 Duncan（1967）強調，想要了解近代社會的社會階層，最好的辦法就是有系統地去探討職業地位與職業流動，故而社會階層的研究，大多以職業來代表社會階層的位置。

　　在封閉的社會之中，個人的社會階層地位不易改變，而在開放的社會之中，個人的社會階層地位是可以改變的。其改變是根據個人的能力表現，或對社會的貢獻。這種社會階層地位的改變，形成社會階層的流動現象（林清江，1981）。影響一個人職業變動的因素有很多，其中最受廣泛探究的即是「教育」因素，個人如何透過教育來改變職業，進而提昇其社會階層，一直是社會階層化研究的核心焦點，其關心出身背景如何影響個人的教育機會，進而影響其日後職業取得、收入與社會地位。

　　在人類社會的變遷中，教育機會的普及一方面增加社會成員的知識，另一方面則改變其社會地位，許多社會成員都由於獲得了接受較高教育的機會，提昇了他們的社會地位（林清江，1981）。在當前的就業市場裡，接受高等教育幾乎是取得白領職業的必要條件（曾天韻，2000），取得高等教育足以影響個人日後職業、收入與主觀社會地位等（章英華、薛承泰、黃毅志，1996）。在臺灣社會裡，積極取得高等教育除了可以作為個人提高職業、收入的跳板之外，對於社會地位或主觀階級認同也有重要的標榜作用，甚至於很可能就是最重要的區分，在深受「萬般皆下

品，唯有讀書高」的傳統文化影響之下，取得高等教育以提高個人收入、聲望與職業地位，已成為一般民眾提高社會地位最重要也是最主要的途徑；許多人願意相信社會是公平、開放的，只要有能力、肯努力就會成功的機會（黃毅志，1999）。

以功能論而言，教育具有促進社會流動的作用，以衝突論而言，教育可能反成為複製社會階層的機制（劉世閔，2005）。大學教育是個人提升社會經濟地位的重要管道，而大學教育的普及，入學方式的平等，將使一般生、弱勢學生與身心障礙生也都有進入大學就讀的機會，因此，大學的擴充與普及，有助於大學教育機會均等的實現，也是目前大學教育的指標（曹翠英，2006）。楊瑩（1988）曾探討臺灣地區不同家庭背景子女受教育機會之差異情形，發現個人受教育之機會因其父母教育、父親職業、家庭經濟狀況而有顯著差異，家庭背景條件越高者，其接受教育的機會也越好；九年國民教育的實施，雖改善了這樣的差異，但是高中以上階段的教育仍存在差異。「儘管近四十多年來，臺灣地區高等教育人數擴增，但學生數量的增加不一定代表大學入學機會的均等」（周祝瑛，1999，p.38）高社經地位學生進入大學就讀的機會高於低社經地位的學生（黃毅志，1995）。葉至誠（2002）認為，教育能夠改變社會階級結構，促成更自由與平等的社會，個人的社會地位不至影響其教育成就，而是個人的教育成就決定其社會地位，因此，教育對於促成社會流動具有正面的影響。

臺灣高等教育的擴張開始於 1960 年代初期，在當時許多的國家皆相信，高等教育是通往成功人生的道路。也因此高等教育的擴張成為一種全球性的趨勢。1986 年之後，臺灣向政治現代化與民主化邁進，高等教育的需求也急速成長，教育規劃不僅僅受到人力資源發展計畫所限制，同時必須考量多元的社會需求，因此，大學與學院的增加成為臺灣高等教育政策的新指導策略。臺灣的高等教育急速地擴張，擴張對象為大學與學院層級，而非五專層級。大學與學院自 1986 年的 28 所增加到 2000 年的 127 所，然而五年制專科學校，則由 77 所減少到 23 所。誠如 Trow（1974）所預期的，高等教育在全球化的趨勢下，將由菁英式的高等教

表 1-1　臺灣高等教育擴張 1986 年到 2000 年

年度	機構數量			學生數量			
	大學	五專	總計	大學	五專	總計	成長率
1986	28	77	105	184729	244482	429211	3.2%
私立	13	56	69	115478	190946	306424	
%						71.4%	
1990	46	75	121	239082	315169	554251	7.5%
私立	20	62	82	139709	264500	404209	
%						72.9%	
1995	60	74	134	314499	394751	709250	4.2%
私立	26	58	84	183223	330291	513514	
%						72.4%	
1996	67	70	137	337837	412837	750674	5.8%
私立	30	56	86	199947	349107	549054	
%						73.1%	
1997	78	61	139	373702	433865	807567	7.6%
私立	37	51	88	227421	368727	596148	
%						73.8%	
1998	84	53	137	409705	452346	862051	6.7%
私立	41	47	88	255814	388418	644232	
%						74.7%	
1999	105	36	141	470030	457020	927050	7.5%
私立	59	32	91	305879	395886	701765	
%						75.7%	
2000	127	23	139	564059	444182	1008241	8.8%
私立	78	19	97	385550	388888	774438	
%						76.8%	

資料來源：教育部（2001）

育轉為大眾化的高等教育。臺灣高等教育在此時期的快速擴張，也證實了這樣的發展趨勢，由過去的菁英式高等教育轉變成普及化的高等教育。

　　然而，高等教育的擴張是否促進教育機會的均等？進而有助於社會階層的流動？此為本研究所欲探討的主題。高等教育的擴張，提供了一個很好的機會，讓我們重新檢視教育對社會地位及薪資取得的影響。

　　根據前述之研究動機與目的，本研究之研究問題如下：

一、父代之教育程度與職業地位是否影響子代在教育方面的成就？

二、父代之教育程度、職業地位與子代之教育程度是否影響子代在職業
方面的成就？

三、父代之教育程度、職業地位與子代之教育程度、職業地位是否影響
子代在收入方面的成就？

四、有無接受高等教育對子代之教育程度、職業地位的影響是否不同？

以下針對本研究相關重要名詞予以定義，說明如下：

一、社會階層：在社會中的社會成員，根據一個或若干個標準，如學歷、
職業、財富、聲望、權力等來區分，而形成高低不同的社會等級；
也就是依照某些標準來區分社會類別；基本上而言，是指社會上的
一群人享有相同或類似的社會資源。

二、社會流動：社會成員在社會結構中，由一個社會階級移動到另一個
社會階級，或在同一個階級內移動；也就是一個人的職業升遷，財
富地位演變等現象。

三、職業地位：本研究以國內學者黃毅志的「臺灣地區新職業聲望與社
經地位量表」中的職業聲望分數來代表職業地位，分數的高低不同
亦為職業地位的高低不同。

四、高等教育：本研究所界定之高等教育，包括一般大學校院、科技大
學、碩士與博士學位者皆屬之，即實際所受之正教育年度為 16 年
（含）以上者。

貳　文獻探討

一、社會階層化

社會階層是一群由經濟地位、生活方式、態度、信仰、教育程度、
權力、聲望大致相似的人所組成。整個社會大致被區分成幾個大團體，
同一團體的人大致擁有相同的社會地位和其他相似性。因此同一階級的

人在某種程度上可形成次級文化（subculture），他們能夠通婚、居住在一起，表現相似的言談、舉止、喜好或道德標準等（李亦園，1987）。階層制度之存在，對每一個人都有重大的影響。此常造成不平等之現象。而此不平等之現象，常表現在聲望、職業地位之高低、財富與收人、社會互動、階層之意識、價值導向以及權力之控制等（蔡文輝，1997）。

社會上總是有些稀少而有價值的資源，如財富、收入、社會聲望、教育、職業與政治權利等，為大眾所渴望而努力追求，然而有人得到的多，有人得到的少，可按照所得到的各項資源的多寡來給人們分層，這也就構成了許多層級高低不等的社會階層（social strata），同階層者擁有類似資源，如同為每月收入介於三至四萬元間的收入階層者有類似的收入，同為大學以上程度者的高教育階層者有類似的教育。依種種不同的資源來作分層的標準，也就得到許多階層體系，如教育階層體系、收入階層體系、職業階層體系等（許嘉猷，1986；Tumin, 1985），這也就是說階層的區分涉及許多面向，包括教育、收入、職業、權力等，而教育，收入與職業這三者通常也被稱為社經地位（Hodge & Treiman, 1968；黃毅志，1996a）。

社會階層化是將社會成員分配到不同之階層，使其得到不同資源之過程（Tumin, 1985）。在這過程中，如果分配是依據成員能力與努力，不論出身背景為何，只要能力強、肯努力就能晉升到上階層，如取得高學歷，從事高層行政、企業主管職業或高層專業人員之工作，並得到高收入，即符合所謂「機會均等」之原則；如果分配所依據的是出身背景，即使能力不強又不肯努力，背景好的人仍然能憑藉家族的背景而晉身到上階層，即所謂的「機會不均等」。實際上，用來判斷一個社會是否符合機會均等，也就是以出身背景（如父母社經地位、族別、性別、教育程度等）與本人階層（如教育、職業等）的關聯性大小為依據，關聯越大，也就越不符合機會均等（陳奎熹，1998）。

職業階層的高低與社會聲望、經濟財富和政治權力都有很大的關聯，在西方社會中，職業往往也被視為是代表社會階層高低的最佳單一指標，而在講究文憑學歷的近代社會裡，教育往往又是影響職業最

重要之變項（Blau & Duncan, 1967），社會成員被分配到不同教育階層，而取得不同教育成就的過程，此即教育階層化是否符合機會均等原則，是否不論出身背景為何，只要能力強，肯努力，就能在教育上，甚至進一步的職業上出人頭地，更是成為眾所關注的焦點。所謂的「教育機會均等」，是指社會成員不問出身背景，根據其能力與努力來決定是否繼續升學，也根據其能力與努力被分配到不同教育階層，這樣的理想歷程（陳奎熹，1993）。研判一個社會是否符合教育機會均等，也就以出身背景與本人教育階層的關聯性為依據；關聯越大，越不符合教育機會均等。

在文憑掛帥的近代社會裡，教育涉及職業、聲望、財富、權力等多個階層面向，教育機會不均等會造成許多面向的機會不均等；在機會不均等的社會裡，能力強、肯努力者往往由於出身卑微，教育機會不足而位居下層，不論如何努力，也都不一定能出頭，位居高層者往往又是能力不強、不努力的權貴子弟，這不僅埋沒人才，保障因循怠惰，更妨礙整個社會發揮應有的效率，也容易使得下層者感到不公平，影響社會的穩定運作。教育機會是否均等，不但關聯到整體社會的公平與否，也關連到整體社會的進步與穩定，它也就成為國內外眾多理論與經驗研究的探究焦點（陳奎熹，1993）。

二、社會階層化的理論

社會階層化雖為社會普遍存在的現象，但對其存在的原因，卻有著不同的解釋，這些解釋主要可區分為兩派，一為功能論（functional theory），一為衝突論（conflict theory）。功能論強調一個社會的所有功能如政治、宗教、家庭、工作等，都是依據各自之價值成為一個階層體系排列（引自陳照雄，2006）。現代社會根據個人的能力、努力與所擔負的責任來分配其應得之報酬（此即所謂的功績原則），唯有能力高、責任重又肯努力的社會成員得到較高之報酬，整個社會才能有效且正常的運作（Abrahamson, Mizruchi, & Hornung, 1976）。在社會上有些職位的功能比較重要，並且需要特殊的專業才能、知識來擔任職位，才能發

揮該職位應有之功能，社會為了鼓勵人們接受長期的技能、知識訓練，以追求或擔任重要的職位並發揮職位的功能，對於職位應有的報酬，就必須視職位之功能的重要性與所需要的才能、知識有高低之不同。因而在社會裡，社會成員必須具備特殊專業才能、知識，如具有高學歷，才足以勝任重要的職位，並得到較高之報酬（陳奎憙，1998）。社會不平等不僅是不可避免的，而且是必要的。社會不平等是社會存在和發展的必要條件，對於維持社會之運作具有積極的功能。社會必須一方面分配其成員到各個不同的位置上，另一面要該位置之成員能執行該位置的任務與責任。因此，社會必須提供一些動機或誘因來吸引人，使人願意就某種位置，且願意盡其職責（許嘉猷，1986）。衝突論者所持之觀點與功能論者大不相同，衝突論者認為社會的本質不是協調、穩定、和諧的，而是充滿對立，矛盾與衝突，強調社會關係之強制性；社會利益的衝突性，以及社會變遷的普遍性（陳照雄，2006）。個人之社會階層的高低，往往受到不平等的家庭社經背景傳承、勞動的階層意識、不公平的剝削、文化資本的缺乏或霸權、暴力等結果影響，並非充分反映個人的才能以及努力程度。社會階層化形成不同階層間的宰制支配關係，不平等的權力和報酬的爭奪更是透過階層化得以合法化（陳奎憙，1993）。衝突論者認為社會不平等也許是普遍的，但不是必要的，亦非不可避免的，社會階層阻礙社會和個人發揮最理想的功能，需透過改革來改變（易益典、周拱熹，2001）。

三、社會流動

一個社會有階層化的靜態現象，也有社會流動的動態現象，所謂的社會流動，是指社會成員在社會階層內或社會階層間的變化，即社會份子在同一社會階層內的流動，或由某一個社會階層移轉到另一個社會階層的現象，也就是社會成員之職業地位的變動（呂愛珍，1972；張華葆，1987，張曉春，1991；許嘉猷，1986；彭懷真，1994；詹棟梁，2003；蔡文輝，1997；謝高橋，2004）。較開放的社會，其社會流動較為頻繁；反之，較封閉之社會則較少社會流動之現象（彭懷真，1994；郭諭陵

1994）。民主社會主要的特性之一是允許並鼓勵社會成員由一個社會階級流動移轉到另外一個社會階級的活動（呂愛珍，1972）。

四、高等教育與社會流動

　　教育實際上是一種社會選擇的機制，我國實施九年義務教育，故而教育的選擇功能不突出；在此階段之後，尤其是高等教育，選擇的功能明顯增強，社會透過高等教育將精英選拔出來，並分配到上階層之中，具有較高學歷的人在競爭較高地位、職業中處於優勢；具有較高學歷不僅影響人們最初的職業選擇，對其日後職業的變換亦比具有較低學歷者更為有利。因此，與普通教育相比較，高等教育著實對人們向上流動有著不小之作用（張德祥，1997）。高等教育具有影響個人社會流動的作用，社會地位之高低優劣，並非完全取決於個人的身家背景，個人憑藉著才能和努力，便可透過擁有較高之教育成就，進而獲取較高的社會地位，達到向上層社會流動的目的。因此，高等教育被認為是社會弱勢者的最好的社會流動管道，也是社會階層重新分配的最值得依賴的公平力量，讓弱勢者有機會憑藉教育成就所產生的社會流動效果，改變原來其弱勢的社會地位。

五、地位取得相關研究

　　Blau 和 Duncan 運用地位取得模型及迴歸方程式，探討美國社會之出身背景對個人教育與職業成就之影響，以受訪者的父親教育年數和父親職業聲望代表受訪者的家庭背景，而個人教育年數和第一份工作之聲望代表個人的訓練和早期的職業經驗，透過對代間與代內流動的分析，發現父親教育程度和職業地位，解釋了 26%的兒子的教育程度變異量。換言之，一個人的教育程度，有七成左右不受家庭背景的影響；而父親教育程度和職業地位，可解釋 20%兒子職業成就的變異量，亦即個人的職業成就，有八成左右不受家庭背景的影響，顯示出美國社會重視個人努力與功績原則，是個開放的社會，有頻繁之社會流動現象（Blau & Duncan, 1967）。

王湘雲探討臺灣地區父子兩代間的流動情形，結果發現，父親的職業地位對兒子的職業地位的直接影響很低，大部分是透過影響兒子教育進而間接影響兒子的職業地位（Wang, 1980）。許嘉猷探討個人之家庭背景對其成就之影響，仍舊著眼於父子兩代之代間流動的情形，結果顯示，出身變數（第一代教育程度、職業地位與收入）共說明了第二代教育程度 26%的變異量；第二代職業地位 15%的變異量；第二代收入 26%的變異量；第一代的教育程度對第二代得收入影響相當低，而第一代收入對第二代職業收入的影響，大於第一代的職業地位和教育程度所帶來的影響。就整體而言，出身變數對成就變數的影響都不是很大，顯示出 1980 年代左右的臺灣社會是相當開放的。

　　黃毅志（1993）研究臺灣地區教育對職業地位取得的影響，發現大專以上教育年數投資報酬率顯著高於中小學之投資報酬率，亦即教育程度越高者，每多增加一年之教育年數投資，所獲得的職業聲望較教育程度低者來得更高；惟這樣的差異隨著年齡降低而下降。隨著臺灣地區經濟之發展，教育年數對個人初職的影響日漸縮小，可能是因為教育擴充快速以及專技工作創造不足等因素。

　　孫清山、黃毅志（1995）研究影響臺灣地區就業民眾的階級取得之因素，發現教育程度提高，知識、技能或文憑較佳者，會提高取得較高職業之機率，顯示取得高等教育對獲致較高職業有正面之影響。

　　林大森（2002）針對高中、高職的公立、私立分流對地位取得之影響進行研究，發現「教育年數」在個人收入上扮演重要角色，教育年數越高者，其個人之收入亦越高；能接受更多教育者，在現職的取得上有明顯的優勢。

　　綜合上述，臺灣地區民眾之地位取得不完全受限於家庭背景因素，且提高教育年數確實能夠使個人在取得職業地位時，站在優勢的立足點。然而，在高等教育擴張快速的情況下，大學教育是否仍扮演促進社會流動的功能？對於社會地位取得是否仍具有重要影響？此為本研究所關注的議題，並希望透過最近的資料重新檢視之。

參　研究方法與設計

　　本研究以「臺灣社會變遷基本調查資料庫」（Taiwan Social Change Survey）在 2002 年時所做的「四期三次調查」之社會階層組為分析資料，進行 SPSS 之統計分析，探究高等教育對於促進社會流動之情形。

一、研究架構

　　本研究在於了解臺灣地區高等教育對個人職業與社會地位取得之影響，與透過高等教育促成社會流動是否有顯著成效。本研究之模型有五個變項，分別是父代教育程度、父代職業地位、子代教育程度、子代職業地位與子代所得收入；為求方便，將父代教育程度與父代職業地位歸為家庭背景變項，子代教育程度、子代職業地位與子代所得收入歸為個人成就變項。本研究所使用之統計分析方法為「路徑分析」（Path Analysis），圖 3-1-2 為本研究之研究架構圖。

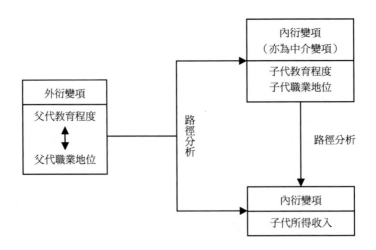

圖 3-1-2　研究架構圖

二、資料來源

　　本研究使用資料全部係採自行政院國家科學委員會支助，由中央研究院社會學研究所執行之「臺灣地區社會變遷基本調查」於 2002 年所做之四期三次計劃之資料。四期三次有兩組問卷，分別為「社會階層」與「性別議題」，本研究採用「社會階層」組之問卷資料，該組資料之內容有十三大項，分別是：基本狀況、宗教信仰、教育狀況、個人教育經驗、職業狀況、謀職與介紹人、社會網絡、生活型態與消費行為、藝術品味、社會階層態度、階級認同與意識、健康行為與身心健康與家庭結構，研究者採用其中之基本狀況、教育狀況、職業狀況與家庭結構四部分裡的資料，包括受訪之者性別、出生年份、教育程度、職位、父親教育程度、就讀國（初）中時父親之職位，及個人平均每個月收入。

　　該計劃係以全臺灣 18 歲（含）以上人口為抽樣對象，依羅啟宏先生所著的「臺灣省鄉鎮發展類型之研究」的分層原則進行分層隨機抽樣，依各級鄉鎮 18 歲以上人口之比例來決定各級地區應抽樣之人數，其抽樣方式為：先根據內政部臺灣地區人口統計資料計算出臺灣各鄉鎮市區在調查當年十（含）歲以上的人口數；並將全臺各鄉鎮市依其發展特性歸類成新興鄉鎮、山地鄉鎮、綜合性市鎮、坡地鄉鎮、偏遠鄉鎮與服務鄉鎮，再加上臺北市、高雄市和省轄市，共計十個等級；統計出各等級區域十八（含）歲以上的人口總數與比例，然後依照該比例算出各等級地區所應抽出之樣數；再抽樣，以鄉鎮市區為第一抽出單位，以村里為第二抽出單位，個人為最後抽出單位，經過面訪預試，於 2002 年 7 月開始正式調查，同年 10 月完成問卷回收工作。「社會階層組」之問卷抽出樣本為 3735 人，實際完成份數為 1992 人，完訪率為 53%（章英華、傅仰止，2003）。

三、變項測量

本研究之變項測量,是依據國內學者許嘉猷(1982)所提出之地位取得模型中,變數測量之定義,且配合臺灣地區社會變遷基本調查四期三次社會階層組問卷之內容做修改,得到之變項定義如下:

(一) 教育程度:此變項之測量方式是以個人實際所受之教育年度為指標。其中「研究所」之修業年限為 2 至 4 年,取其中位數為 3 年,故「研究所」之教育程度為 19 年;而博士修業年限大致為 2 至 7 年,取其中位數 4.5 年,故本研究「博士」之教育程度為 23.5 年。教育程度的測量如下表 3-2-1 所示。

(二) 職業地位:國內學者許嘉猷(1982)所提出之地位取得模型中,職業地位之測量是使用 Treiman 的「標準國際職業聲望量表」(Standard International Occupational Prestige Scale)作為測量職業聲望之指標,但鑑於 Treiman 於 1977 年發表「標準國際職業聲望量表」,距今已 30 餘年,且國內學者黃毅志於 2003 年時針對臺灣地區之社會變遷調查新職業分類,發表了「臺灣地區新職業聲望與社經地位量表」,其內容係依據臺灣地區社會變遷基本調查三期三次計劃中的階層組為分析依據,與本研究所使用之資料係同一資料庫,其職位之測量方式完全相同;且該量表與 Treiman 的「標準國際職業聲望量表」的相關為 0.6972,分析結果已達顯著相關

表 3-2-1　教育程度之測量

學歷	教育程度之測量	學歷	教育程度之測量
無	0	五專	14
自修	3	二專	14
小學	6	三專	15
國中	9	軍警校專修班	14
初職	9	軍警官學校	16
高中普通科	12	技術學院、科技大學	16
高中職業科	12	大學	16
高職	12	碩士	19
士官學校	12	博士	23.5

（黃毅志，2003）。故而本研究之職業地位的測量係採黃毅志「臺灣地區新職業聲望與社經地位量表」，其職業聲望之測量如表3-2-2所示。

表 3-2-2　臺灣地區新職業聲望與社經地位量表
（引自黃毅志，2003，頁 14）

職業類別	職業聲望
1. 民意代表、行政主管、企業主管及經理人員	
雇主與總經理	80.8
主管、校長、民意代表	83.8
2. 專業人員	
大專教師與研究人員	89.8
中小學（學前特教）教師	82.6
醫師、法律專業人員（屬高層專業人員）	87.3
語文、文物管理、藝術、娛樂、宗教專業人員（屬藝文專業人員）	77.7
藥師、護士、助產士、護理師（屬醫療專業人員）	78.4
會計師及商學專業人員	85.1
工程師	82.0
3. 技術員及助理專業人員	
助教、研究助理、補習班、訓練班教師（屬教育學術半專業人員）	80.6
法律、行政半專業助理	82.1
社工員、輔導員、宗教半專業人員	75.0
藝術、娛樂半專業人員專業	74.7
醫療、農業生物技術員、運動半專業（屬生物醫療半專業人員）	78.1
會計、計算 半專業助理	79.1
商業半專業服務人員	76.0
工程、航空、航海技術員	78.9
辦公室監督	80.2
4. 事務工作人員	
辦公室事務性工作	76.6
顧客服務事務性工作、旅運服務生	70.0
會計事務	75.6
出納事務	75.1
5. 服務工作人員及售貨員	
餐飲服務生、家事管理員	66.6
廚師	72.4
理容整潔、個人照顧	76.0
保安工作	79.0
商店售貨	73.1
固定攤販與市場售貨	67.7

6. 農、林、漁、牧工作人員	
農林牧工作人員	68.6
漁民	64.7
7. 技術及有關工作人員	
營建採礦技術工	72.7
金屬機械技術工	74.7
其他技術工	71.6
8. 機械設備操作工及組裝工	
車輛駕駛及移運、農機操作半技術工	70.0
工業操作半技術工	70.6
組裝半技術工	70.3
9. 非技術工及體力工	
工友、小妹	65.1
看管	69.9
售貨小販	63.6
清潔工	66.2
生產體力非技術工	64.1
搬送非技術工	67.1

　　惟問卷資料中之「職業軍人」、「家庭主婦」、「學生」、「失業」、「其他無職業者」這些類別，因黃毅志的職業聲望量表之中沒有說明或歸類，故本研究不討論這些類別之社會成員，故將這些職位類別的社會成員刪除不予以分析。

（三）所得收入：本研究之所得收入是以臺灣地區社會變遷基本調查四期三次計劃社會階層組中的個人所得，每一層級的所得收入之組中點作為測量指標，其分別是：0 元、5000 元、15000 元、25000 元、35000 元、45000 元、55000 元、65000 元、75000 元、85000 元、95000 元、105000 元、115000 元、125000 元、135000 元、145000 元、155000 元、155000 元、165000 元、175000 元、185000 元、195000 元、250000 元、350000 元。

四、模型設定

　　「路徑分析」近來廣受社會學者廣泛的使用於探討地位取得之研究上，主要是因路徑分析可用來研究在時間方面有前後次序的不同變項之間，比較先發生的變項經由什麼來影響其後發生的變項，故研究者根據

前述之理論所提出的變項間因果關係，參照國內學者許嘉猷所提出之地位取得模型，加以修改，畫出本研究之路徑模型，以說明各變項間的可能因果關係。

在「臺灣社會變遷基本調查資料庫四期三次調查－社會階層組」中，對家庭總收入所得之測量係家中所有工作者（包括配偶等）之總所得收入為測量方式，不同於國內學者許嘉猷之地位取得模型中，純以父代之所得收入來界定之，故研究者修正國內學者許嘉猷之地位取得模型，將其模型中之「第一代收入」此一變項刪除後，得到本研究之地位取得模型，如圖 3-2-1 所示。

圖 3-2-1 描述了本研究五個變項間之關係，包括父代教育程度、父代職業地位、子代教育程度、子代職業地位與子代所得收入彼此之間的因果關係。單箭頭代表兩變項之因果關係，且箭頭方向即為因果方向；雙箭頭則表示兩變項之間為相關。因此，依據圖 3-2-1 之地位取得模型，本研究之假設有四：

假設一：父代教育程度與父代職業地位影響子代教育程度。

假設二：父代教育程度、父代職業地位與子代教育程度影響子代職業地位。

假設三：父代教育程度、父代職業地位、子代教育程度與子代職業地位影響子代所得收入。

假設四：父代教育程度與父代職業地位具有相關性。

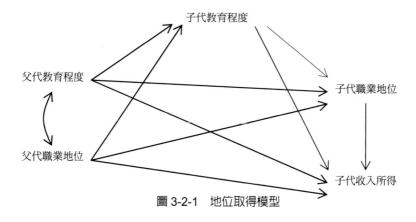

圖 3-2-1　地位取得模型

故根據假設一，可以一迴歸方程式來表現，其中 a_1 為此迴歸方程式之常數，b_1、b_2 為各變項之係數（第一迴歸方程式）：

子代教育程度 $= a_1 + b_1 \times$ 父代教育程度 $+ b_2 \times$ 父代職業地位

根據假設二，可以一迴歸方程式來表現，其中 a_2 為此迴歸方程式之常數，b_3、b_4、b_5 為各變數之係數（第二迴歸方程式）：

子代職業地位 $= a_2 + b_3 \times$ 父代教育程度 $+ b_4 \times$ 父代職業地位 $+ b_5 \times$ 子代教育程度。

根據假設三，可以一迴歸方程式來表現，其中 a_3 為此迴歸方程式之常數，b_6、b_7、b_8、b_9 為各變數之係數（第三迴歸方程式）：

子代所得收入 $= a_3 + b_6 \times$ 父代教育程度 $+ b_7 \times$ 父代職業地位 $+ b_8 \times$ 子代教育程度 $+ b_9 \times$ 子代職業地位。

上述三個迴歸方程式中，各自變項之係數 b_1、b_2、b_3、b_4、b_5、b_6、b_7、b_8、b_9 即為本研究之地位取得模型的路徑係數，如圖 3-2-2 所示，其中 ε_1、ε_2、ε_3 分別為第一迴歸方程式、第二迴歸方程式與第三迴歸方程式之殘差，r 為父代教育程度與父代職業地位之相關性。

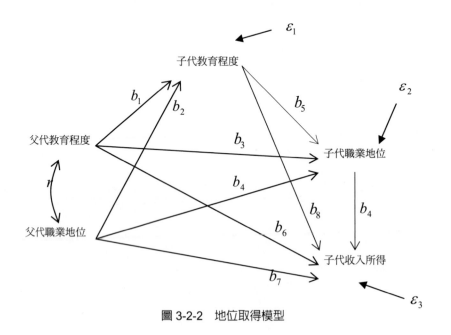

圖 3-2-2　地位取得模型

五、研究對象

本研究刪除不願回答、跳答、不適用資料，再依照前述變項測量之方法，刪除無法分析之職業者，以及未交代教育程度與所得收入者，故本研究之實際研究樣本數為 1027 人。

表 3-3-1 是以各教育程度為依據，觀看各教育程度之樣本個數，與平均之年齡職業聲望分數、收入。值得注意的是，教育程度中樣本個數小於 30（如教育程度為 3、15 及 23.5 者，亦即學歷為自修、三專及博士者），可能不足以構成統計上大樣本的推論依據。

表 3-3-1　各教育程度之樣本個數、平均年齡、職業聲望與收入

教育程度	樣本個數	平均年齡	平均職業聲望分數	平均收入
0	36	62	69	7917
3	5	67	70	6000
6	162	54	70	17191
9	132	41	71	28333
12	332	35	74	36928
14	172	33	76	40378
15	14	48	77	76071
16	139	35	79	47698
19	31	38	82	76452
23.5	4	46	84	121250

肆　統計分析與結果

本研究之統計分析是使用 SPSS 統計軟體進行分析，且為了比較有無接受高等教育對其他依變項之差異，將分為三類進行分析與討論。第一類為在沒有區分有無接受高等教育的情形下，全部受測者之地位取得

模型與分析結果；第二類為未接受高等教育者之地位取得模型與分析結果；第三類為接受高等教育者的地位取得模型與分析結果為何。

一、「未區分有無接受高等教育」

「未區分有無接受高等教育」亦即以本研究之全部研究樣本共 1027 人來進行分析，探討臺灣地區整體之社會現況，以及地位取得過程中各變項之間的影響力。

（一）根據第一迴歸方程式：子代教育程度 $= a_1 + b_1 \times$ 父代教育程度 $+ b_2 \times$ 父代職業地位，其變異數分析如表 4-1-1 所示。

從第一迴歸方程式的變異數分析結果看來，父代教育程度與父代職業地位此二個變數，可以有效地解釋子代教育程度（$p-value < 0.05$，顯著）；且其判定係數 $R^2 = 0.329$，則第一迴歸模式之殘差 $\varepsilon_1 = \sqrt{1-R^2} = \sqrt{1-0.329} = 0.819$。判定係數 $R^2 = 0.329$，代表父代教育程度與職業地位此兩個變數解釋了子代教育程度 32.9%的變異量，即出身背景限制了一定程度之個人教育程度的高低。

由表 4-1-1 可得第一迴歸方程式中各變項之標準化係數，這些標準化係數亦即地位取得模型之路徑係數 b_1、b_2 分別為 0.466***、0.156***，顯示就個人教育程度來說，父代教育程度與職業地

表 4-1-1　未區分有無接受高等教育之
第一迴歸方程式變異數分析與方程式係數摘要表

變異來源	SS	df	MS	F	顯著性
組間	5689.385	2	2844.692	250.971	***
組內	11606.784	1024	11.335		
整體	17296.168	1026			

	未標準化係數		標準化係數	t	顯著性
	B 之估計值	標準誤	Beta 分配		
常數	-0.918	1.885		-0.487	p>0.05
父代教育程度	0.428	0.029	0.466	14.521	***
父代職業地位	0.135	0.028	0.156	4.864	***

（「*」表 p<0.05，「**」表 p<0.01，「***」表 p<0.001）

位還是會產生一定的效果，其中又以父代教育程度產生的效果較大。

（二）根據第二迴歸方程式：子代職業地位 $= a_2 + b_3 \times$ 父代教育程度 $+ b_4 \times$ 父代職業地位 $+ b_5 \times$ 子代教育程度，其變異數分析如表 4-1-2 所示。

從第二迴歸方程式的變異數分析結果看來，父代教育程度、父代職業地位與子代教育程度此三個變數，可以有效地解釋子代職業地位（ $p - value < 0.05$，顯著）；且迴歸方程式之判定係數 $R^2 = 0.420$，故第二迴歸模式之殘差為 $\varepsilon_2 = \sqrt{1 - R^2} = \sqrt{1 - 0.420} = 0.762$。判定係數 $R^2 = 0.420$，代表著父代教育程度與職業地位，以及子代教育程度能夠解釋個人職業地位 42%的變異量，也就是說，個人之職業地位有將近一半的機會受到父代教育程度、職業地位與子代教育程度之影響，顯示臺灣地區個人職業之取得，有四成左右被家庭背景（父代教育程度與職業地位）與個人之教育程度所限制。

由表 4-1-2 可得第二迴歸方程式中，各變項之標準化係數，這些標準化系數亦即地位取得模型之路徑係數 b_3、b_4、b_5 分別為 0.007、0.082**、0.604***。其中以個人之教育程度對其職業地位所造成之影響效果明顯較大。

表 4-1-2　未區分有無接受高等教育之
第二迴歸方程式變異數分析與方程式係數摘要表

變異來源	SS	df	MS	F	顯著性
組間	10674.689	3	3558.230	246.940	***
組內	14740.684	1023	14.409		
整體	25415.373	1026			

	未標準化係數		標準化係數	t	顯著性
	B 之估計值	標準誤	Beta 分配		
常數	59.493	2.125		27.992	***
父代教育程度	7.499E-03	0.037	0.007	0.205	p>0.05
父代職業地位	8.609E-02	0.032	0.082	2.726	**
子代教育程度	0.732	0.035	0.604	20.774	***

（「*」表 p<0.05，「**」表 p<0.01，「***」表 p<0.001）

（三）根據第三迴歸方程式：子代所得收入 $= a_3 + b_6 \times$ 父代教育程度 $+ b_7 \times$ 父代職業地位 $+ b_8 \times$ 子代教育程度 $+ b_9 \times$ 子代職業地位，其變異數分析如表 4-1-3 所示。

　　從第三迴歸方程式的變異數分析結果看來，父代教育程度、父代職業地位、子代教育程度與子代職業地位此四個變數，可以有效地解釋子代的所得收入（ $p-value < 0.05$ ，顯著）；且迴歸方程式之判定係數 $R^2 = 0.207$ ，因此第三迴歸模式之殘差 $\varepsilon_3 = \sqrt{1-R^2}$ $= \sqrt{1-0.207} = 0.891$ 。判定係數 $R^2 = 0.207$ ，代表著父代教育程度與職業地位，及子代教育程度與職業地位能夠解釋子代所得收入 20.7% 的變異量；反過來說，臺灣整體社會個人所得收入有八成左右不受其家庭背景（父代教育程度與職業地位）與個人成就（子代教育程度與職業地位）的影響，顯示出臺灣是個開放的社會，處處充滿機會。

　　由表 4-1-3 可得第一迴歸方程式中，各變項之標準化係數，這些標準化係數亦即地位取得模型之路徑係數 b_6 、 b_7 、 b_8 、 b_9 ，分別為 -0.080*、-0.002、0.238***、0.306***。其中父代教育程度對個人所得收入造成輕微之負影響效果，而子代教育程度與職業地位則是對自己的所得收入造成一定成度的正面影響效果。

表 4-1-3　未區分有無接受高等教育之
第三迴歸方程式變異數分析與方程式係數摘要表

變異來源	SS	df	MS	F	顯著性
組間	227384125485.819	4	56846031371.455	66.850	***
組內	869054482109.120	1022	850346851.379		
整體	1096438607594.939	1026			

	未標準化係數		標準化係數	t	顯著性
	B 之估計值	標準誤	Beta 分配		
常數	-103115.682	21696.870		-4.753	***
父代教育程度	-587.166	280.428	-0.080	-2.094	*
父代職業地位	-14.605	243.528	-0.002	-0.060	p>0.05
子代教育程度	1562.114	240.181	0.238	6.504	***
子代職業地位	2439.599	322.751	0.306	7.559	***

（「*」表 p<0.05，「**」表 p<0.01，「***」表 p<0.001）

（四）未區分有無接受高等教育之地位取得模型

　　　父代教育程度與父代職業地位之相關性分析顯示出兩者達顯著相關，且其 Pearson 相關係數為 0.603，呈現中度相關；又根據前面第一至第三迴歸方程式的變異數分析，未區分有無接受高等教育之地位取得模型如圖 4-1-1 所示。

（五）未區分有無接受高等教育之效果分析

　　　在填寫路徑係數時，無論迴歸係數顯著或不顯著，均需填註於箭頭之側，但在計算變項間之直接效果與間接效果時，若迴歸係數達顯著者，即表示該箭頭兩端之因果變項具有直接效果（direct effect）；未顯著之迴歸係數，其箭頭兩端之因果變項無直接效果存在。

　　　另外，兩變項之間也可能存在間接效果（indirect effect），若變項間之直接效果均存在則有間接效果，若有直接效果不顯著，則該路徑無間接效果。總效果則為所有直接效果與間接效果之加總。整體之直接效果、間接效果與總效果如表 4-1-5 所示。

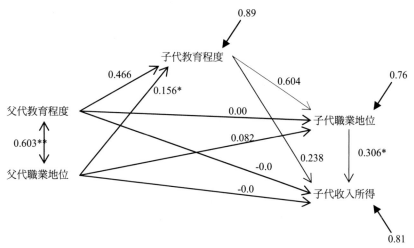

圖 4-1-1　未區分有無接受高等教育之地位取得模型與路徑係數

表 4-1-4　未區分有無接受高等教育之地位取得模型各項效果表

自變項		依變項		
		子代教育程度	子代職業地位	子代所得收入
父代教育程度	直接效果	0.466	-	-0.080
	間接效果	-	0.281	0.197
	總效果	0.466	0.281	0.117
父代職業地位	直接效果	0.156	0.082	-
	間接效果	-	0.094	0.091
	總效果	0.156	0.176	0.091
子代教育程度	直接效果	-	0.604	0.238
	間接效果	-	-	0.185
	總效果	-	0.604	0.423
子代職業地位	直接效果	-	-	0.306
	間接效果	-	-	-
	總效果	-	-	0.306
		0.182	1.061	0.937

綜上所述，子代教育程度最直接影響其職業地位，而子代教育程度與職業地位則以一定程度影響其收入；父代教育程度與職業地位則是間接透過子代教育程度來影響子代職業地位與收入，其間接效果大於直接效果。整體看來，家庭背景（父代教育程度與職業地位）對於個人成就（子代教育程度、職業地位、所得收入）之間有著不同程度之影響。

二、「未接受高等教育者」

「未接受高等教育者」是指未受過大學（含）以上之教育者。在全部樣本共 1027 人之中，共有 853 人未受過大學（含）以上之教育，以下即針對這 853 人進行分析，探討其地位取得過程中各變項之間的影響力。

（一）根據第一迴歸方程式：子代教育程度 $= a_1 + b_1 \times$ 父代教育程度 $+ b_2 \times$ 父代職業地位，其變異數分析如表 4-2-1 所示。

從第一迴歸方程式的變異數分析結果看來，父代教育程度與父代職業地位此二個變數，可以有效地解釋未接受高等教育者之教育程度（ $p-value < 0.05$，顯著）；且其判定係數 $R^2 = 0.309$，則第一迴歸模式之殘差 $\varepsilon_1 = \sqrt{1-R^2} = \sqrt{1-0.309} = 0.831$。判定係數

表 4-2-1　未接受高等教育者之
第一迴歸方程式變異數分析與方程式係數摘要表

變異來源	SS	df	MS	F	顯著性
組間	3373.345	2	1686.673	189.786	***
組內	7554.132	850	8.887		
整體	10927.477	852			

	未標準化係數		標準化係數	t	顯著性
	B 之估計值	標準誤	Beta 分配		
常數	1.354	1.929		0.702	p>0.05
父代教育程度	0.419	0.029	0.490	14.641	***
父代職業地位	9.334E-02	0.028	0.111	3.307	**

（「*」表 p<0.05，「**」表 p<0.01，「***」表 p<0.001）

$R^2 = 0.309$，代表父代教育程度與職業地位此兩個變數解釋了子代教育程度 30.9%的變異量，即對未接受高等教育者來說，出身背景限制了一定程度之個人教育程度的高低。

　　由表 4-2-1 可得第一迴歸方程式中，各變項之標準化係數，這些標準化系數亦即地位取得模型之路徑係數 b_1、b_2 分別為 0.490***、0.111**。

（二）根據第二迴歸方程式：子代職業地位＝$a_2 + b_3 ×$ 父代教育程度＋$b_4 ×$ 父代職業地位＋$b_5 ×$ 子代教育程度，其變異數分析如表 4-2-2 所示。

表 4-2-2　未接受高等教育者之
第二迴歸方程式變異數分析與方程式係數摘要表

變異來源	SS	df	MS	F	顯著性
組間	4467.692	3	1489.231	105.575	***
組內	11975.967	849	14.106		
整體	16443.660	852			

	未標準化係數		標準化係數	t	顯著性
	B 之估計值	標準誤	Beta 分配		
常數	62.463	2.431		25.691	***
父代教育程度	2.748E-02	0.040	0.026	0.681	p>0.05
父代職業地位	5.931E-02	0.036	0.057	1.657	p>0.05
子代教育程度	0.591	0.043	0.482	13.676	***

（「*」表 p<0.05，「**」表 p<0.01，「***」表 p<0.001）

第九章　高等教育與地位取得之探討　383

從第二迴歸方程式的變異數分析結果看來，對於未接受高等教育者來說，父代教育程度、父代職業地位與子代教育程度此三個變數，可以有效地解釋子代職業地位（$p-value < 0.05$，顯著）；且迴歸方程式之判定係數 $R^2 = 0.272$，則第二迴歸模式之殘差為 $\varepsilon_2 = \sqrt{1-R^2} = \sqrt{1-0.272} = 0.853$。判定係數 $R^2 = 0.272$，代表著父代教育程度與職業地位，以及子代教育程度能夠解釋未接受高等教育者之職業地位 27.2%的變異量，也就是說，未接受高等教育個人之職業地位超過七成不受家庭背景（父代教育程度與職業地位）對於個人成就（子代教育程度、職業地位、所得收入）之影響。

　　由表 4-2-2 可得第二迴歸方程式中，各變項之標準化係數，這些標準化系數亦即地位取得模型之路徑係數 b_3、b_4、b_5 分別為 0.026、0.057、0.482***。其中以個人之教育程度對其職業地位所造成之影響效果明顯較大，與臺灣整體社會之情況一致。

（三）根據第三迴歸方程式：子代所得收入 $= a_1 + b_6 \times$ 父代教育程度 $+ b_7 \times$ 父代職業地位 $+ b_8 \times$ 子代教育程度 $+ b_9 \times$ 子代職業地位，其變異數分析如表 4-2-3 所示。

表 4-2-3　未接受高等教育者之
第三迴歸方程式變異數分析與方程式係數摘要表

變異來源	SS	df	MS	F	顯著性
組間	114961716032.187	4	28740429008.047	36.391	***
組內	669729725937.333	848	789775620.209		
整體	784691441969.519	852			

	未標準化係數		標準化係數	t	顯著性
	B 之估計值	標準誤	Beta 分配		
常數	-67273.538	24254.270		-2.774	p>0.05
父代教育程度	-305.384	301.868	-0.042	-1.012	p>0.05
父代職業地位	-270.600	268.264	-0.038	-1.009	p>0.05
子代教育程度	2397.269	357.187	0.283	6.712	***
子代職業地位	1306.936	256.801	0.189	5.089	***

（「*」表 p<0.05，「**」表 p<0.01，「***」表 p<0.001）

從第三迴歸方程式的變異數分析結果看來，未接受高等教育者，其父代教育程度、父代職業地位、子代教育程度與子代職業地位此四個變數，可以有效地解釋個人的所得收入（$p-value < 0.05$，顯著）；且迴歸方程式之判定係數 $R^2 = 0.147$，因此第三迴歸模式之殘差 $\varepsilon_3 = \sqrt{1-R^2} = \sqrt{1-0.147} = 0.924$。判定係數 $R^2 = 0.147$，代表著父代教育程度與職業地位，以及子代教育程度與職業地位能夠解釋子代所得收入 14.7 %的變異量；反過來說，未接受高等教育者之個人所得收入有九成左右不受其家庭背景（父代教育程度與職業地位）與個人成就（子代教育程度與職業地位）的影響，個人可能受之教育程度之限制而無法取得較高之收入；但亦有人能夠為自己創造機會，取得人人稱羨之高收入，彈性頗大。

由表 4-2-3 可得第三迴歸方程式中，各變項之標準化係數，這些標準化係數亦即地位取得模型之路徑係數 b_6、b_7、b_8、b_9 分別為-0.042、-0.038、0.283***、0.189***。其中父代教育程度與職業地位對個人所得收入造成之效果並不顯著，而子代教育程度與職業地位則是對自己的所得收入造成一定成度的正面影響效果。

（四）未接受高等教育者之地位取得模型

未接受高等教育者之父代教育程度與父代職業地位之相關性分析顯示出兩者達顯著相關，且其 Pearson 相關係數為 0.523，呈現中度相關，且根據前面第一至第三迴歸方程式的變異數分析，未區分有無接受高等教育之地位取得模型如圖 4-2-2 所示。

對於未接受高等教育者來說，家庭背景（父代教育程度與職業地位）都是都過直接影響子代之教育程度，然後再間接影響子代的職業與收入，並不直接影響之。表 4-2-4 為沒有接受高等教育者之各變項間的直接效果、間接效果與總效果。

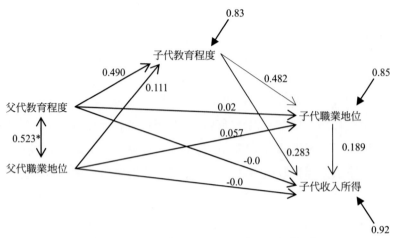

圖 4-2-2　未接受高等教育地位取得模型與路徑係數

表 4-2-4　未接受高等教育者之地位取得模型各項效果表

自變項		依變項		
		子代教育程度	子代職業地位	子代所得收入
父代教育程度	直接效果	0.490	-	-
	間接效果	-	0.236	0.186
	總效果	0.490	0.236	0.186
父代職業地位	直接效果	0.011	-	-
	間接效果	-	0.053	0.041
	總效果	0.011	0.053	0.041
子代教育程度	直接效果	-	0.482	0.283
	間接效果	-	-	0.091
	總效果	-	0.482	0.374
子代職業地位	直接效果	-	-	0.189
	間接效果	-	-	-
	總效果	-	-	0.189
		0.601	0.771	0.790

　　綜上所述，子代教育程度最直接影響其職業地位，父代教育程度與
職業地位則是透過子代教育程度，間接影響子代職業地位，而不直接產
生效果；同樣的，父代教育程度與職業地位間接透過影響子代教育程度
與職業地位來影響子代的收入所得而不直接產生效果。

三、「已接受高等教育者」

「已接受高等教育者」是指受過大學（含）以上，包括一般大學、科技大學、碩士及博士教育者，即正式教育程度在 16 年（含）以上者；在全部 1027 人的樣本中，扣除未受過大學（含）以上之教育 853 人，其餘 174 人則為受過大學（含）以上之教育者，亦即受高等教育者。以下即針對這 174 人進行分析，探討其地位取得過程中各變項間的影響力。

（一）根據第一迴歸方程式：子代教育程度 $= a_1 + b_1 \times$ 父代教育程度 $+ b_2 \times$ 父代職業地位，其變異數分析如表 4-3-1 所示。

從第一迴歸方程式的變異數分析結果看來，父代教育程度與職業地位此二個變數，可以有效地解釋未接受高等教育者之教育程度（$p-value < 0.05$，顯著）；判定係數 $R^2 = 0.030$，則第一迴歸模式之殘差 $\varepsilon_1 = \sqrt{1-R^2} = \sqrt{1-0.030} = 0.985$。判定係數 $R^2 = 0.030$，代表對受高等教育者來說，父代教育程度與職業地位此兩個變數只解釋了子代教育程度 3%的變異量，也就是說，臺灣地區是個十分開放之社會，社會成員可憑藉其努力取得高等教育，幾乎不受家庭背景因素（父代教育程度與職業地位）之影響。

表 4-3-1　受高等教育者之
第一迴歸方程式變異數分析與方程式係數摘要表

變異來源	SS	df	MS	F	顯著性
組間	12.641	2	6.320	2.672	***
組內	404.411	171	2.365		
整體	417.052	173			

	未標準化係數		標準化係數	t	顯著性
	B 之估計值	標準誤	Beta 分配		
常數	12.272	1.944		6.313	***
父代教育程度	-5.857E-02	0.036	-0.168	-1.624	P>0.05
父代職業地位	6.632E-02	0.029	0.239	2.311	p>0.05

（「*」表 p<0.05，「**」表 p<0.01，「***」表 p<0.001）

由表 4-3-1 可得第一迴歸方程式中，各變項之標準化係數，這些標準化系數亦即地位取得模型之路徑係數 b_8、b_9 分別為 -0.168、0.239*。

（二）根據第二迴歸方程式：子代職業地位 $= a_2 + b_3 \times$ 父代教育程度 $+ b_4 \times$ 父代職業地位 $+ b_5 \times$ 子代教育程度，其變異數分析如表 4-3-2 所示。

　　從第二迴歸方程式的變異數分析結果看來，對於受高等教育者來說，父代教育程度、父代職業地位與子代教育程度此三個變數，可以有效地解釋子代職業地位（ $p-value < 0.05$，顯著）；且迴歸方程式之判定係數 $R^2 = 0.138$，則第二迴歸模式之殘差為 $\varepsilon_2 = \sqrt{1-R^2} = \sqrt{1-0.138} = 0.928$。判定係數 $R^2 = 0.138$，代表著父代教育程度與職業地位，以及子代教育程度能夠解釋未接受高等教育者之職業地位 13.8% 的變異量，也就是說，受高等教育者個人之職業地位超過八成不受家庭背景（父代教育程度與職業地位）對於個人成就（子代教育程度、職業地位、所得收入）之影響。

　　由表 4-3-2 可得第二迴歸方程式中，各變項之標準化係數，這些標準化系數亦即地位取得模型之路徑係數 b_3、b_4、b_5 分別為 0.036、0.094、0.341***。其中以個人之教育程度對其職業地位所造成之影響效果明顯較大。

表 4-3-2　受高等教育者之
第二迴歸方程式變異數分析與方程式係數摘要表

變異來源	SS	df	MS	F	顯著性
組間	348.119	3	116.040	9.110	***
組內	2165.446	170	12.738		
整體	2513.565	173			

	未標準化係數		標準化係數	t	顯著性
	B 之估計值	標準誤	Beta 分配		
常數	60.537	5.009		12.085	***
父代教育程度	3.056E-02	0.084	0.036	0.362	P>0.05
父代職業地位	6.384E-02	0.068	0.094	0.944	p>0.05
子代教育程度	.836	0.177	0.341	4.712	***

（「 * 」表 p<0.05，「 ** 」表 p<0.01，「 *** 」表 p<0.001）

（三）根據第三迴歸方程式：子代所得收入 $= a_3 + b_6 \times$ 父代教育程度 $+ b_7 \times$ 父代職業地位 $+ b_8 \times$ 子代教育程度 $+ b_9 \times$ 子代職業地位，其變異數分析如表 4-3-5 所示。

從第三迴歸方程式的變異數分析結果看來，接受高等教育者，其父代教育程度、父代職業地位、子代教育程度與子代職業地位此四個變數，可以有效地解釋個人的所得收入（$p-value < 0.05$，顯著）；且迴歸方程式之判定係數 $R^2 = 0.254$，因此第三迴歸模式之殘差 $\varepsilon_3 = \sqrt{1-R^2} = \sqrt{1-0.254} = 0.864$。判定係數 $R^2 = 0.254$，代表著對受高等教育者來說，父代教育程度與職業地位，以及子代教育程度與職業地位能夠解釋子代所得收入 25.4% 的變異量；反過來說，未接受高等教育者之個人所得收入有七成五左右不受其家庭背景（父代教育程度與職業地位）與個人成就（子代教育程度與職業地位）的影響。

由表 4-3-3 可得第三迴歸方程式中各變項之標準化係數，亦即地位取得模型之路徑係數 b_6、b_7、b_8、b_9 分別為 -0.165、0.117、0.287***、0.295*** 。

表 4-3-3　受高等教育者之
第三迴歸方程式變異數分析與方程式係數摘要表

變異來源	SS	df	MS	F	顯著性
組間	60280605298.240	4	15070151324.560	14.405	***
組內	176802871713.254	169	1046170838.540		
整體	237083477011.494	173			

	未標準化係數		標準化係數	t	顯著性
	B 之估計值	標準誤	Beta 分配		
常數	-333504.049	61899.710		-5.388	***
父代教育程度	-1375.951	764.671	-0.165	-1.799	p>0.05
父代職業地位	774.023	614.482	0.117	1.260	p>0.05
子代教育程度	6852.195	1710.213	0.287	4.007	***
子代職業地位	2867.650	695.069	0.295	4.126	***

（「*」表 p<0.05，「**」表 p<0.01，「***」表 p<0.001）

（四）受高等教育者之地位取得模型

　　受高等教育者之父代教育程度與父代職業地位之相關性分析顯示出兩者達顯著相關，且其 Pearson 相關係數為 0.685，呈現中度相關，且根據前面第一至第三迴歸方程式的變異數分析，未區分有無接受高等教育之地位取得模型如圖 4-3-1 所示。

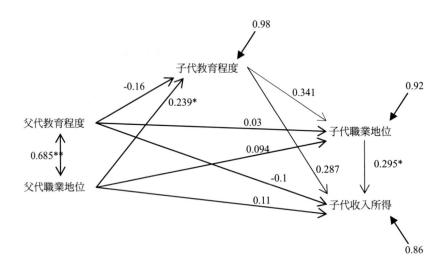

圖 4-3-1　受高等教育者地位取得模型與路徑係數

　　綜上所述，就受高等教育者來說，父代教育程度對其個人成就幾乎不產生直接與間接效果；父代職業地位只對子代教育程度產生直接效果，對子代之職業與收入只產生輕微之間接效果；個人自身之教育程度與職業才是對其所得收入產生較大直接效果者，而個人之職業地位又主要為自身之教育程度所影響。表 4-3-8 為受高等教育者之各變項間的直接效果、間接效果與總效果。

表 4-3-4　受高等教育者之地位取得模型各項效果表

自變項		依變項		
		子代教育程度	子代職業地位	子代所得收入
父代教育程度	直接效果	-	-	-
	間接效果	-	-	-
	總效果	-	-	-
父代職業地位	直接效果	0.239	-	-
	間接效果	-	0.081	0.024
	總效果	0.239	0.081	0.024
子代教育程度	直接效果	-	0.341	0.287
	間接效果	-	-	0.101
	總效果	-	0.341	0.388
子代職業地位	直接效果	-	-	0.295
	間接效果	-	-	-
	總效果	-	-	0.295
		0.239	0.422	0.707

伍　結論

　　綜合前述之分析數據，表 5-1 為綜觀未區分有無接受高等教育者、未接受高等教育者與受高等教育者此三類依變項與自變項之間的直接效果、間接效果與總效果之綜合比較表。

表 5-1　三大類之效果綜合比較表

	未區分有無接受高等教育			未接受高等教育者			受高等教育者		
第一迴歸（依：子收）	20.7 %			14.7 %			25.4 %		
	直接	間接	總	直接	間接	總	直接	間接	總
父教	-0.080	0.197	0.117	-	0.186	0.186	-	-	-
父職	-	0.091	0.091	-	0.041	0.041	-	0.024	0.024
子教	0.238	0.185	0.423	0.283	0.091	0.374	0.287	0.101	0.388
子職	0.306	-	0.306	0.189	-	0.189	0.295	-	0.295

第二迴歸	42%			27.2%			13.8%		
（依：子職）	直接	間接	總	直接	間接	總	直接	間接	總
父教	-	0.281	0.281	-	0.236	0.236	-	-	-
父職	0.082	0.094	0.176	-	0.053	0.053	-	0.081	0.081
子教	0.604	-	0.604	0.482	-	0.482	0.341	-	0.341
第三迴歸	32.9%			30.9%			3%		
（依：子教）	直接	間接	總	直接	間接	總	直接	間接	總
父教	0.466	-	0.466	0.490	-	0.490	-	-	-
父職	0.156	-	0.156	0.011	-	0.011	0.239	-	0.239

一、家庭背景因素對子代教育程度之影響

以臺灣地區整體社會來看，父代之教育程度與職業地位均會直接影響子代的教育程度，尤其是父代之教育程度所產生之影響效果更勝於父代之職業地位對其所產生之影響；且父代之教育程度與職業，可以解釋32.9%子代之教育程度之變異量，亦即個人之教育程度會受到一定程度之家庭背景因素的影響，反過來看，仍約有67%不受家庭背景因素之影響。此結果與范雲張晉芬（2010）從其結果中所得之結論相似。

單看臺灣地區未接受高等教育者，其父代之教育程度與職業地位均會直接影響子代之教育程度，尤其是父代教育程度所產生之影響效果更勝父代職業地位對其所產生之影響，且父代之教育程度與職業地位，可以解釋 30.9%子代教育程度之變異量，說明了對於未接受高等教育者來說，其教育程度約有三成左右是受到家庭背景因素之影響。

就接受高等教育者來看，父代教育程度並未對子代教育程度產生顯著之影響效果，僅父代職業地位對子代教育程度略有影響。且父代教育程度與職業地位，對子代教育程度之變異量只解釋了 3%，顯示出對於接受高等教育者來說，家庭背景因素的影響並不大。

二、家庭背景因素與子代教育程度對子代職業地位之影響

整體看來，臺灣地區整體社會個人教育程度會直接深深地影響其職業地位之取得，父代職業地位則直接與間接的產生輕微的影響效果，而父代教育程度則是透過影響子代教育程度的途徑，間接對子代職業地位

產生影響效果，並不直接影響之；父代教育程度與職業加上子代自身之教育程度，可解釋42%子代教育程度之變異量。

　　單看臺灣地區未接受高等教育者，個人之教育程度會直接深深地影響其職業地位之取得，不過家庭背景因素並非以直接的方式影響之，而是轉以透過影響子代教育程度的途徑，間接對其職業地位產生影響效果，也就是說除了個人之教育程度會直接影響其職業地位之取得之外，家庭背景因素仍然透過間接之途徑對其產生影響。且父代教育程度、職業地位與子代教育程度，可以解釋27.2%子代職業地位之變異量。

　　就受高等教育者而言，父代的教育程度對個人職業地位已經不產生任何效果，個人的職業地位主要受到自身教育程度之直接影響（0.341）。

　　圖5-2為子代個人之教育程度與職業地位條型圖，由此可看出，隨著個人教育程度之提高，其平均職業地位也隨之提高，沒有例外。學歷僅止於國小或國中者，其職業地位之平均聲望大約在70左右，即在社會上大約是擔任機械設備操作工及組裝工此一類型之職業；而取得較高之教育程度者，其職業地位之平均聲望幾乎都超過80，如取得博士之教育

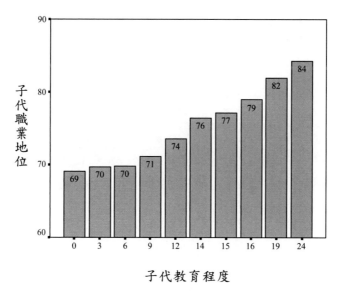

子代職業地位

子代教育程度

圖5-2　子代教育程度與職業地位之條型圖

程度者，其平均聲望為 84，在社會上大約是擔任主管、校長、民意代表或醫師、法律等高層專業人員，相對的亦獲得人人稱羨之較高收入、受人尊敬，甚至享有較多社會資源等。

三、家庭背景因素與子代之教育程度、職業地位對子代收入所得之影響

以臺灣地區整體社會來看，個人之所得收入受到自身之教育程度與職業地位之影響較大；父代之教育程度產生輕微效果，在這輕微的效果中直接效果呈現負面效果；而父代職業教育地位則透過間接影響的方式產生輕微效果；且父代之教育程度與職業以及個人自身之教育程度與職業，可以解釋 20.7%子代之所得收入之變異量。

單看臺灣地區未接受高等教育者，個人之收入所得受到自身教育程度與職業地位之影響較大，教育程度所產生之影響又勝於職業地位所產生之影響；而家庭背景因素皆轉以透過影響子代教育程度與職業地位的方式，間接影響個人收入所得。父代教育程度與職業以及子代個人之教育程度與職業，可以解釋 14.7%子代收入所得之變異量。

就受高等教育者而言，父代的教育程度對個人之收入所得已經不產生任何效果，而父代之職業地位僅以間接的方式產生輕微的效果，個人收入所得主要還是受自身教育程度與職業地位所影響，職業地位所產生之影響又勝於教育程度所產生之影響，此與未接受高等教育者之情況相反，顯示出就受高等教育者，取得高等教育使其獲至較高聲望之職業地位，而該職位為其帶來較高之收入所得。

圖 5-3 為子代個人之教育程度與所得收入條型圖，由此圖可看出教育程度越高者，其平均收入也隨之越高，如學歷僅止於國小或國中者，其平均收入不超過兩萬元，而取得博士之教育程度者，其平均收入為十二萬元，甚至更多，兩者間之差異甚為懸殊。

惟此圖中有兩處非教育程度越高平均收入也越高，一為教育程度為自修者（3 年），其平均收入（6000 元）低於未接受教育者（0 年）之平均收入（7917 元）；另一則為取得大學學歷者（16 年）之平均收入（47698

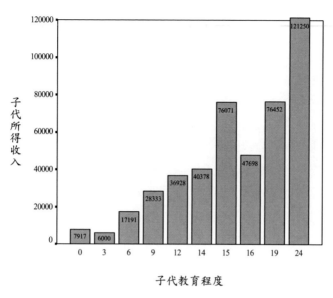

圖 5-3　子代教育程度與所得收入條型圖

元）低於三專學歷者（15 年）之平均收入（76071 元），然此二者之樣本個數均未達 30 個，不足以構成統計上大樣本的推論依據。若將此二者刪除不論，則其他受高等教育者之平均收入確實高於未取得高等教育者。然而，大學學歷者之平均收入僅稍稍高於五專及二專畢業生，可能因高等教育擴張的結果，使得現在大學畢業生僅相當於過去的五專或二專畢業生，此一社會現象值得我們再思高等教育擴張與勞力市場之間的連結關係。

四、高等教育對個人成就的正面助益

　　依前所述，以子代教育程度來說，未接受高等教育者之教育程度仍受家庭背景因素之影響，但對已接受高等教育者來說，家庭背景因素中之父代職業地位才會對其教育程度產生影響，且家庭背景因素所產生之總影響效果不如未接受高等教育者。以子代職業地位來說，未接受高等教育者之職業地位依然受到家庭背景因素之部分影響，但對已接受高等

教育者來說，家庭背景因素所產生之影響甚低。以子代收入所得來說，未接受高等教育者之收入所得依然受到家庭背景因素之間接影響，但對已接受高等教育者來說，家庭背景因素所產生之影響更大為降低。換言之，一旦個人取得高等教育後，家庭背景因素已經不足以成為影響個人教育程度、職業地位與收入所得的顯著因素了，個人但憑自身努力、功績甚至其他因素可獲致更好之個人成就。

　　高等教育的獲取相當程度地減弱了家庭背景因素對個人職業地位與所得的影響，且高等教育確實為個人帶來較高之職業地位與所得收入，這似乎也說明臺灣地區是一個相當開放的社會，個人可憑其努力，透過高等教育的途徑，超越家庭背景與出身所帶來的影響。從此結果來看，高等教育的擴張與大學教育的普及化，使更多人有機會接受高等教育，似乎也不失為一個有利於教育機會均等的政策。個人若選投資高等教育，對其未來的職業地位與收入所得皆應有正面的助益。

五、未來研究建議

　　本研究是以 2002 年「臺灣地區社會變遷基本調查」為研究資料來源，其中包括各種教育程度的樣本，可以觀察到臺灣社會之整體現象。然而，高等教育擴張之後，大學由菁英教育走向大普及教育，幾乎人人皆有機會進入大學，而各類大學之間的差異頗大，例如，公立大學相較於私立大學而言，其學費便宜，且高聲望的公立大學擁有豐富的研究資源，因此，在高等教育階段別之內，是否形成另一種階級差異？家庭背景較佳者，是否擁有更好的機會進入聲望高的大學，進而得到更好的職業地位與收入？這些都是後續值得更細緻探討的部分。未來可運用高等教育資料庫的畢業生資料，進一步探討在高等教育階段別內家庭背景對個人就業與發展的影響。

陸　參考文獻

中文文獻

李亦園（1987）。社會科學概論。臺北市：五南。

呂愛珍（1972）。社會階級、社會流動與教育。教與學，5（1），31-35。

周祝瑛（1999）。大陸高等教育問題研究：兼論臺灣相關課題。臺北市：師大書
　　苑。

易益典、周拱熹（2001）。社會學教程。上海人民出版社。

林大森（2002）。高中、高職的公立、私立分流對地位取得之影響。教育與心理
　　研究，25（1），35-62。

林清江（1981）。教育社會學新論－我國社會與教育關係之研究。臺北市：五南。

范雲、張晉芬（2010）再探臺灣高教育成就的省籍差異。臺灣社會研究季刊，
　　79，259-290。

孫清山、黃毅志（1995）。教育、收入與社會資源和階級取得過程之關連。載於
　　林松齡、王振寰（主編），臺灣社會學研究的回顧與前瞻論文集，151-182。
　　臺中市：東海大學社會學系。

教育部（2001）。2001 年中華民國教育統計。臺北市：教育部。

章英華、薛承泰、黃毅志（1996）。教育分流與社會經濟地位－兼論對技職教育
　　改革的政策意涵。臺北市：行政院教育改革審議委員會。

陳奎熹（1993）。教育社會學。臺北市：三民。

陳奎熹（1998）。現代教育社會學。臺北市：師大書苑。

陳照雄（2006）。當代教育社會學導論。臺北市：心理。

曹翠英（2006）。策略聯盟：強化大學競爭優勢。臺北市：五南。

許嘉猷（1982）。出身與成就：臺灣地區的實證研究。載於陳昭南、江玉龍、陳
　　寬政（主編），社會科學整合論文集，265-300，臺北市：中央研究院三民
　　主義研究所。張華葆（1987）。社會階層。臺北市：三民。

許嘉猷（1986）。社會階層化與社會流動。臺北市：三民。

郭諭陵（1994）。社會流動的影響因素及其對教育的啟示。教育研究雙月刊，35，
　　47-51。

黃毅志（1993）。臺灣地區教育對職業地位取得的影響之變遷。中央研究院民族
　　研究所集刊，74，125-161。

黃毅志（1995）。臺灣地區教育機會不平等性之變遷。中國社會學刊，18，
　　243-273。

黃毅志（1996a）。社會流動，社會網絡與工人意識。臺灣社會學刊，12，85-123。

黃毅志（1999）。社會階層、社會網絡與主觀意識－臺灣地區不公平的社會階層體系之延續。臺北市：巨流。

張德祥（1997）。高等教育在社會流動中的作用。社會科學輯刊，2，42-47。

張曉春等（1991）。社會學概要。臺北市：三民。曾天韻（2000）。臺灣地區出身背景對高等教育入學機會之影響。未出版碩士論文，國立臺東師範學院教育研究所碩士論文，臺東市。

彭懷真（1994）。社會學概論。臺北市：洪葉文化。

葉至誠（2002）。高等教育發展的策略與願景。臺北市：揚智。

詹棟梁（2003）。教育社會學。臺北市：五南。

楊瑩（1988）。臺灣地區教育擴張過程中，不同家庭背景子女受教育機會差異之研究。未出版博士論文，國立臺灣師範大學教育研究所，臺北市。

蔡文輝（1997）。社會學。臺北市：三民。

劉世閔（2005）。社會變遷與教育政策。臺北市：心理。

謝高橋（2004）。教育社會學。臺北市：五南。

英文文獻

Abrahamson, M., Mizruchi, E. H., & Hornung, C. A. (1976). *Stratification and mobility*. New York: Macmillan.

Blau, P. M., & Duncan, O. D. (1967). *The American occupational structure*. New York: Wiley.

Edwards, A. M. (1943). *Comparative occupational statistics for the United States, 1870-1940*. Washington, D. C. Government Printing Office.

Hodge, D. J., & Treiman, D. (1968). Class indifucation in United States. *American Jurnal of Sociology (73)*, 534-547.

Trow, M. (1974). Problems in the transition from elite to mass higher education. In OECD(ed.), *Policies for higher education*(pp. 55-101). Paris: OECD.

Tumin, M. M. (1985). *Social Stratification*. Englewood Cliffs, NJ: Prentice Hall.

Wang, S. Y. (1980). Social mobility in Taiwan. *Social Sciences*, 80(3), 1-22.

Do觀點37　PF0186

臺灣政經轉型下之制度變遷

主　　編／王業立、宋興洲、傅恒德
作　　者／王光旭、王篤強、史美強、李　成、吳秀照、宋興洲、卓俊雄、
　　　　　林庭麒、洪秀芬、高迪理、黃依筠、黃莉娟、賀惠玲、廖培賢、
　　　　　陳文典、陳世佳、謝甄滿
責任編輯／洪仕翰
圖文排版／楊家齊
封面設計／王嵩賀

出版策劃／獨立作家
發 行 人／宋政坤
法律顧問／毛國樑　律師
製作發行／秀威資訊科技股份有限公司
　　　　　地址：114 台北市內湖區瑞光路76巷65號1樓
　　　　　電話：+886-2-2796-3638　傳真：+886-2-2796-1377
　　　　　服務信箱：service@showwe.com.tw
展售門市／國家書店【松江門市】
　　　　　地址：104 台北市中山區松江路209號1樓
　　　　　電話：+886-2-2518-0207　傳真：+886-2-2518-0778
網路訂購／秀威網路書店：https://store.showwe.tw
　　　　　國家網路書店：https://www.govbooks.com.tw

出版日期／2016年7月　BOD一版　定價／560元

|獨立|作家|
Independent Author

寫自己的故事，唱自己的歌

臺灣政經轉型下之制度變遷 / 王業立, 宋興洲,
傅恒德主編. -- 一版. -- 臺北市 : 獨立作家,
2016.07
　　面；　公分. -- (Do觀點 ; 37)
　BOD版
　ISBN 978-986-92963-8-0(平裝)

　1. 政治經濟分析　2. 臺灣

573.07　　　　　　　　　　　　105006490

國家圖書館出版品預行編目

讀者回函卡

感謝您購買本書，為提升服務品質，請填妥以下資料，將讀者回函卡直接寄回或傳真本公司，收到您的寶貴意見後，我們會收藏記錄及檢討，謝謝！如您需要了解本公司最新出版書目、購書優惠或企劃活動，歡迎您上網查詢或下載相關資料：http:// www.showwe.com.tw

您購買的書名：_____

出生日期：_____年_____月_____日

學歷：□高中 (含) 以下　　□大專　　□研究所 (含) 以上

職業：□製造業　□金融業　□資訊業　□軍警　□傳播業　□自由業
　　　□服務業　□公務員　□教職　　□學生　□家管　□其它_____

購書地點：□網路書店　□實體書店　□書展　□郵購　□贈閱　□其他

您從何得知本書的消息？

　□網路書店　□實體書店　□網路搜尋　□電子報　□書訊　□雜誌
　□傳播媒體　□親友推薦　□網站推薦　□部落格　□其他_____

您對本書的評價：（請填代號　1.非常滿意　2.滿意　3.尚可　4.再改進）

　封面設計____　版面編排____　內容____　文／譯筆____　價格____

讀完書後您覺得：

　□很有收穫　□有收穫　□收穫不多　□沒收穫

對我們的建議：_____

_____

_____

_____

11466
台北市內湖區瑞光路 76 巷 65 號 1 樓

獨立作家讀者服務部　　　　收

···

（請沿線對折寄回，謝謝！）

姓　　名：＿＿＿＿＿＿＿＿＿　年齡：＿＿＿＿＿　性別：□女　□男

郵遞區號：□□□□□

地　　址：＿＿＿＿＿＿＿＿＿＿＿＿＿＿＿＿＿＿＿＿＿＿

聯絡電話：(日) ＿＿＿＿＿＿＿＿＿＿　(夜) ＿＿＿＿＿＿＿＿＿＿

E-mail：＿＿＿＿＿＿＿＿＿＿＿＿＿＿＿＿＿＿＿＿＿＿＿＿＿＿